MÁS DE 2,000 AÑOS DE CIENCIA

100 GRANDES CIENTíFICOS es una obra de consulta práctica y amena para el estudiante y el lector general, y llena la necesidad de una colección amplia y razonablemente detallada de biografías de los grandes científicos. Cada biografía da un resumen documentado de la vida y las hazañas del hombre de ciencia. El material se ha ordenado cronológicamente, de modo que el lector tiene también una perspectiva dramática de cómo aparecieron las invenciones, los descubrimientos y las teorías abstractas, y esto constituye una historia de la ciencia misma. Por lo mismo, esta obra no debe faltar en la biblioteca del hogar.

100 GRANDES CIENTíFICOS fue escrita por un grupo de autores, cada uno de ellos especializado en su esfera. Su contenido fue preparado bajo la dirección de Jay E. Greene, distinguido maestro norteamericano, director y autor. El doctor Greene se doctoró en la Universidad de Nueva York y ha enseñado tanto en las escuelas de enseñanza secundaria como en las universitarias. En la actualidad es presidente de la Junta de Examinadores de la Oficina de la ciudad de Nueva York. Entre sus obras publicadas figuran varias colecciones de biografías, *Cómo mejorar el vocabulario y la ortografía*, *Novelas comparadas*, *Ensayos para la juventud moderna* y muchas otras.

**COLECCION
UNIVERSO**

100 GRANDES
CIENTÍFICOS

Recopilación del Dr.

JAY E. GREENE

EDITORIAL DIANA

MEXICO

1a. Edición, Diciembre de 1965
23a. Impresión, Mayo del 2000

ISBN 968-13-2496-X

DERECHOS RESERVADOS ©

Título original: 100 GREAT SCIENTISTS
Traducción: Eduardo Escalona
Copyright © 1964   by Washington Square Press, Inc.
Copyright © 1965   de la primera edición por Editorial Diana S.A.
Copyright © 1990   por Editorial Universo S.A. de C.V. — Roberto
                    Gayol 1219, Colonia Del Valle, México D.F.,
                    C.P. 03100.
Copyright © 1994   por Editorial Diana S.A. de C.V. — Roberto Ga-
                    yol 1219, Colonia Del Valle, México D.F., C.P.
                    03100.

IMPRESO EN MÉXICO — PRINTED IN MEXICO

PRÓLOGO

El descubrimiento de un nuevo cometa, una nueva "droga mágica" o la formulación de un nuevo concepto sobre la materia no es nunca la obra de un solo hombre de ciencia. Es, más bien, la culminación de los esfuerzos de incontables investigadores que, a menudo sin distinción ni recompensa, han trabajado en el trascurso de los años por lograr que progresen las fronteras de la ciencia. Así, por ejemplo, un hombre inventa un microscopio. Años después, un hombre de ciencia, con la ayuda del microscopio, observa organismos pequeñísimos a los que más tarde da el nombre de microbios. Otro investigador demuestra entonces que existe una relación entre esos microbios y la enfermedad. Continúa la cadena de descubrimientos, y las generaciones posteriores de científicos, basándose en lo que se ha conseguido antes, descubren las maneras de destruir y dominar a los microbios nocivos. Este proceso de dependencia recíproca en el progreso científico no sólo es verdadero en la medicina, sino también en la astronomía, la química, la física, la geología y todas las ciencias.

En el mundo de nuestros días, en lo que algunos llaman la Edad Atómica, es conveniente, e inclusive esencial, que todo hombre culto tenga ciertos conocimientos científicos, tanto de los últimos progresos cuanto de los antecedentes en que han tenido su raíz dichos progresos. Una manera excelente de obtener ese conocimiento consiste en leer las vidas y los hechos de los grandes hombres de ciencia del pasado y del presente. Thomas Carlyle dijo en cierta ocasión: "La historia es la esencia de innumerables biografías". De igual manera, los conocimientos científicos aumentan de valor y se hacen más memorables si se conocen las vidas y dificultades con que tropezaron los grandes hombres de ciencia que han participado en el progreso científico.

En esta obra, el recopilador y los autores ofrecen los momentos culminantes en las vidas de cien grandes hombres de ciencia, así como la historia de sus triunfos. Ello se hace en forma narrativa, con un mínimo de lenguaje técnico, pero con algo más que un mero esbozo de los hechos. En cada viñeta biográfica figuran aquellos acontecimientos y problemas que representaron un papel importante en la formación de la vida y la carrera del hombre de ciencia. Son aproximadamente dos mil quinientos años de ciencia los que representan estos hombres, desde Hipócrates (460-370 a. de J.C.) hasta J. D. Watson (1928-   ).

5

Abrigamos la esperanza de que CIEN GRANDES CIEN-TÍFICOS será leído con placer y satisfacción por quienes desean ocupar sus ratos de ocio y tienen el móvil más concreto de buscar información autorizada acerca de algunos científicos distinguidos. Las personas estudiosas que necesiten información más detallada sobre determinados tópicos científicos que la que proporciona esta obra, quizá deseen utilizar los libros de consulta que hemos incluido en la sección de Bibliografía y en la lista complementaria que damos al final del libro. Debemos decir algunas palabras por lo que toca a la selección de los cien hombres de ciencia que figuran en esta obra. No existe una lista en la que aparezcan los científicos según el grado de su importancia, ni tampoco hay acuerdo en la literatura científica acerca de una lista de los cincuenta, cien o doscientos hombres de ciencia "más grandes del mundo". El recopilador y los autores de este volumen hicieron su selección sobre la base de diversos criterios que comprenden lo siguiente: frecuencia de mención en las obras publicadas sobre las hazañas científicas, frecuencia de mención en los cursos de estudio y libros de texto de las escuelas secundarias y superiores, importancia del individuo según se desprende de las bibliografías científicas comunes, e importancia e influjo de la obra del científico según el juicio de personas idóneas a quienes se ha consultado. Con el deseo de ampliar la utilidad de esta obra para que sirva de consulta, se ha incluido una enumeración complementaria de ciento sesenta y dos hombres de ciencia notables, con los datos más importantes de su vida y un bosquejo de su obra.

CIEN GRANDES CIENTÍFICOS es el producto de dos años de esfuerzos y deberá ser una adición valiosa a la biblioteca del hogar. El recopilador y los autores esperan que el presente volumen ofrezca lectura útil y placentera a todos y una fuente de información autorizada a los estudiantes. También abrigamos la esperanza de que habrá algunos que, al leer la vida y los triunfos de esos grandes científicos, encontrarán la inspiración necesaria para consagrarse a la ciencia y contribuir al bienestar del género humano.

JAY E. GREENE

TESTIMONIOS DE GRATITUD

La presente obra fue creada por un grupo de autores que mancomunaron sus planes, su sincera colaboración. No obstante, numerosas personas han colaborado de diversas maneras para realizar el proyecto. En nombre propio y de sus coautores, el recopilador desea agradecer su ayuda con profunda gratitud.

Entre los muchos maestros de ciencia de las escuelas secundarias y superiores que han hecho sugerencias útiles, se cuentan el doctor Albert S. Gordon, profesor de biología de la Universidad de Nueva York; James W. Averett, profesor auxiliar de biología de la Universidad de Nueva York; Jacob Schumer, ex presidente de ciencias físicas de las escuelas secundarias; Bernard Annenberg e Isidore Frucht, maestros de ciencias de las escuelas secundarias, y Milton Lesser, presidente de departamento.

Natalie Greene, maestra de matemáticas, ha dado valiosos consejos, sobre todo en la esfera de las matemáticas.

Algunas partes del manuscrito que tratan de la ciencia médica fueron revisadas por el doctor Morris Wasserman.

Estudiantes de las escuelas secundarias y superiores ayudaron a determinar la reacción a la lectura del manuscrito y contestaron los cuestionarios usados en la selección de los hombres de ciencia. Entre los estudiantes se encontraban Robert Greene, Howard Greene, Marjorie Greene, Michael Berg, Stuart Lassar, Steven Kussin y Enid D. Gordon.

Gladys C. Lipton, Edith Bromberg y Agnes Bryden nos ayudaron a revisar y preparar el manuscrito.

Joan Luisette, especialista en bibliotecas, nos dio importante ayuda en la investigación y preparación de las bibliografías.

CONTENIDO

HIPÓCRATES

(460-370 a. de J.C.)

EN LA MITOLOGÍA griega, Esculapio era hijo de Apolo, dios de la medicina. Con el tiempo, ganó fama de ser tan hábil en el arte de su padre, que se convirtió en el patrono principal de los médicos. El caduceo o vara de Esculapio llegó a ser el símbolo de la profesión médica. En la anti-

gua grecia se erigieron templos en su honor, a los que acudían los enfermos y los deformes para sacrificar un cerdo o un carnero y pedir que se les devolviera la salud. Los sacerdotes de estos templos formaban un poderoso cuerpo de médicos-sacerdotes llamados esculapios. El conocimiento médico se disfrazaba de superstición y se guardaba como sagrado secreto que sólo se trasmitía de padres a hijos.

Los siglos V y IV a. de J.C., fueron la Edad de Oro en Grecia, y durante ella, los grandes escudriñadores de la sabiduría, como Sócrates, Sófocles y Platón, especularon sobre la naturaleza del hombre y del universo. La época era propicia para que un gran espíritu científico como el de Hipócrates liberara a la práctica médica de sus cadenas míticas y supersticiosas.

Hipócrates, padre de la medicina, fue un hombre, no un dios. Nació en el año 460 a. de J.C., en la isla de Cos, en el mar Egeo. Es muy poco lo que se sabe de su vida. Al parecer, su padre fue miembro del cuerpo de médicos en el magnífico templo de Cos. Según la costumbre, el niño fue iniciado por su padre en los secretos del arte de curar. Mostró tanto aprovechamiento en sus estudios que su padre buscó a los maestros más sabios a fin de dar a su hijo la mejor educación posible. Se cree que uno de sus maestros fue Demócrito, quien viajó por el mundo para obtener un gran conocimiento de las ciencias naturales, las matemáticas, la filosofía y las bellas artes. Hipócrates recibió un excelente cimiento para su futuro desarrollo intelectual.

Como su maestro, el joven Hipócrates visitó los grandes centros de cultura del mundo antiguo. Fue a Atenas y se quedó varios años para enseñar y ejercer la medicina. Muy bien puede ser que haya conocido a Platón, discípulo de Sócrates

13

y el maestro más distinguido de la época. En sus obras, Platón aludió a Hipócrates como un distinguido maestro de medicina, y repitió sus palabras de que "no puede uno entender la naturaleza de las partes del cuerpo sin entender la naturaleza del organismo entero". Hipócrates insistía en que el médico debe estudiar al paciente, no sólo su enfermedad. Para hacer un diagnóstico correcto, debe averiguar cuanto sea posible acerca del estado del paciente, su rutina diaria y su ocupación, sus antecedentes familiares y el medio ambiente en que vive. Al tratar al paciente, deberá hacer todo lo posible por ayudar a la Naturaleza, la gran sanadora, a realizar la curación. Su pronóstico final deberá deducirse de observaciones cuidadosas. Con un modo de ver las cosas, notablemente moderno, Hipócrates luchó por eliminar de la práctica médica las conjeturas y los remedios aventurados.

Si bien Hipócrates rechazó la mayoría de las teorías especulativas propuestas por los filósofos para explicar el comportamiento y la salud del ser humano, aceptó la doctrina humoral de su época. Según ella, los hombres eran flemáticos o animosos, coléricos o melancólicos, lo cual dependía de la mezcla de los cuatro humores (líquidos) en el cuerpo: frío, caliente, seco y húmedo. Un grave exceso o deficiencia de cualquiera de los humores del cuerpo se traduciría en un comportamiento anormal, mala salud o inclusive la muerte. El deber del médico consistía en establecer y conservar el equilibrio adecuado de los humores del cuerpo.

La teoría humoral se convirtió en un dogma fundamental de las doctrinas médicas de Galeno en el siglo II, y continuó siendo enseñada y aceptada durante muchos años. En el siglo XVI, Paracelso insistió en que cada enfermedad tiene una causa y un remedio concretos, y para demostrar su desprecio por la teoría humoral quemó públicamente las obras de Galeno. Sin embargo, trescientos años más tarde, el gran filósofo francés Claudio Bernard, subrayó el papel que representan los líquidos del cuerpo para conservar un ambiente interno constante. En la actualidad se considera esencial para el funcionamiento normal y la salud del cuerpo un equilibrio dinámico de las sustancias químicas de la sangre, la linfa y el líquido de los tejidos. Sin poseer conocimientos de la química, el pensamiento de Hipócrates contenía una semilla, de verdad, que necesitó más de dos mil años para germinar.

Como los antiguos griegos prohibían estrictamente la disección del cuerpo después de la muerte, era muy primitivo el conocimiento de la anatomía, la fisiología y la patología humanas. A pesar de ello, el tratado atribuido a Hipócrates sobre *Fracturas y Dislocaciones* revela un conocimiento notablemente adelantado de la estructura y la función de los huesos y los ligamentos, de los músculos y los tendones. En virtud de que

los griegos insistían grandemente en la aptitud física, el tratamiento de las lesiones producidas por los vigorosos ejercicios
se convirtió en una fase rutinaria de la práctica médica. Sus
instrucciones para el diagnóstico y el tratamiento de las dislocaciones y las fracturas, que comprendía algunos métodos para
vendar y entablillar, son sorprendentemente modernos.

Los médicos acompañaban a los ejércitos griegos en los campos de batalla con el propósito de cuidar de los enfermos
y dar atención quirúrgica a los heridos. ¿Sirvió Hipócrates
alguna vez como cirujano del ejército? Todas las palabras
contenidas en los tratados hipocráticos sobre la cirugía revelan
a un autor que adquirió sus conocimientos, su técnica y su
habilidad mediante la experiencia real. Sus obras contienen
instrucciones juiciosas y prácticas para el tratamiento y atención
de las heridas. Mucho antes que Lister, se reconocía la necesidad de la asepsia, aunque no se entendía. Hipócrates daba
instrucciones para la preparación de la sala de operaciones y
los instrumentos quirúrgicos. Se limpiarían escrupulosamente las
heridas antes de cerrar sus bordes con el vendaje. Se aplicaban
hierbas curativas y se cubrían con un paño limpio. Insistía
mucho en la dieta, el cuidado y la atención del paciente
mientras la Naturaleza sanaba sus heridas. Hipócrates se sentiría
en su elemento en un hospital del siglo XX.

Un hito de la medicina fue la reunión de los escritos médicos
de Hipócrates y sus discípulos para la gran biblioteca de
Alejandría durante el siglo III a. de J.C. Esta gran obra,
llamada *Colección hipocrática*, fue la biblia del médico durante
casi quinientos años. Consta de ochenta y siete tratados médicos que abarcan casi todas las fases de la práctica médica.
Su mayor valor estriba en la insistencia sobre la necesidad de
establecer principios correctos para estudiar los problemas de la
salud y de la enfermedad. Ante todo, la colección subraya
la nobleza de la medicina y la preparación que deberían recibir los futuros médicos. Algunos de sus tratados ocupan un
lugar importante en el pensamiento médico contemporáneo.

El tratado hipocrático *Sobre la enfermedad sagrada* ofrece
una opinión ilustrada sobre la epilepsia, enfermedad que se
caracteriza por convulsiones y pérdida de la conciencia. Muchos
médicos ignorantes, que consideraban esta violenta enfermedad
como la posesión de un dios o un demonio airado, intenta-
ban exorcizar al paciente con encantamientos, hechizos o amuletos. Se hace evidente la ira de Hipócrates cuando indica
que dichos médicos consideran sagrada la enfermedad tan sólo
porque no son capaces de averiguar su verdadera causa. Insistía en que toda enfermedad, por espantosa que resultase,
tendría una causa natural. Éste fue un paso prodigioso para
la medicina científica porque eliminó de la práctica médica el
último vestigio de mito y superstición.

Ya en los días de Hipócrates, los buenos médicos tenían exceso de trabajo. En sus *Aforismos* hay una serie de preceptos sentenciosos que lo incitan a pensar correctamente en todo momento. El tono del libro lo da la aseveración con que comienza, que se cita muy a menudo: "La vida es breve y el arte (de curar) largo; la oportunidad (de curar) es fugaz; el experimento es peligroso y la decisión difícil". Algunos de los aforismos, como el dicho de que "lo que cura a uno mata a otro", se han convertido en parte de nuestro lenguaje cotidiano. Algunos de los procedimientos que aconsejaba, como la inducción del estornudo para contener el hipo, son todavía remedios caseros muy populares.

Para Hipócrates, la medicina era un arte a la vez que una ciencia. En este arte, era fundamental su insistencia de que los médicos adquieren la habilidad para aplicar lo que han aprendido mediante la observación y la experiencia. Hipócrates escribió: "La medicina es la más noble de todas las artes, pero, debido a la ignorancia de quienes la practican, va muy a la zaga de las demás". Sus discípulos estaban obligados con su maestro mediante un contrato privado que más tarde se conoció con el nombre de *juramento hipocrático*. A pesar del trascurso de los siglos, todo nuevo médico, cuando recibe su título, hace este juramento para "conservar la pureza y la santidad tanto de su vida como de su arte".

BIBLIOGRAFÍA

Clendening, L. (recopilador). *Source Book of Medical History*.
Sigerest, H. E. *A History of Medicine*, vol. II.
Taylor, H. P. *Greek Biology and Medicine*.

ARISTÓTELES

(384-322 a. de J.C.)

CAMINANDO lentamente entre la columnata del Liceo, Aristóteles leyó el mensaje que le entregaron. Su apacible y docto rostro no se alteró, pero en su interior bullían emociones mezcladas de pesar, amargura e ira. La nota informaba de la muerte de Alejandro de Macedonia, Alejandro el Grande, quien fue su tutor en su juventud. Ahora se hablaba en Atenas de un levantamiento para sacudir el yugo macedónico.

Aristóteles volvió una vez más los ojos a las palabras de la carta: "Querido amigo", leyó, "en Atenas te acecha el peligro. Tus enemigos azuzarán al populacho contro ti debido a tus antiguas relaciones con Alejandro. Recuerda con cuánta injusticia acusaron y quitaron la vida a Sócrates. Debes huir de Atenas".

Así fue cómo, en el año 323 a. de J.C., Aristóteles, de sesenta y dos años de edad, abandonó su amada Escuela Peripatética, donde trabajó con los sabios más grandes de la época, y huyó a una pequeña isla, Eubea, que estaba a cierta distancia. Aristóteles nació en el año 384 a. de J.C. en Estagira, pequeña población que se encontraba en la costa nordoccidental del mar Egeo. Su padre fue médico de la corte del rey Amintas de Macedonia, abuelo de Alejandro el Grande. Durante su juventud, sus padres y preceptores se ocuparon de su educación, y recibió la acostumbrada enseñanza griega. Bajo el influjo de su padre, demostró vivo interés en las ciencias naturales y reunió todo género de muestras de la vida marina recogidas en las playas cercanas del Egeo.

A la edad de diecisiete años, inició su educación superior asistiendo a la Academia de Atenas. En ella, su maestro fue el gran filósofo Platón, quien reconoció el genio de Aristóteles y lo llamó "la mente de la escuela". Durante los siguientes veinte años, Aristóteles estuvo relacionado con la Academia de Platón en la "búsqueda de la verdad y la bondad". Los sabios de la Academia no sólo se ocupaban de las ideas, la filosofía y la teoría del gobierno, sino también de las matemáticas, la astronomía y otros estudios científicos. Aristóteles resultó el más distinguido de los discípulos de Platón, pero existía una diferencia fundamental entre el pensamiento del alumno y el del maestro. Platón, que se interesaba más en las ideas abstractas y las matemáticas, se daba por satisfecho con aceptar el mundo como una totalidad estática y con esforzarse por comprenderlo. Aristóteles, en cambio, menos interesado en lo abstracto, se apegaba más a la realidad. Le interesaba más la observación de lo visible y la clasificación de los seres vivos. Su mundo era menos estático, más dinámico.

En el año 342 a. de J.C., después de la muerte de Platón, Aristóteles fue invitado por el rey Filipo de Macedonia para ser el preceptor del joven Alejandro, quien entonces tenía catorce años de edad. Aristóteles se quedó en Macedonia siete años, hasta que su joven discípulo se convirtió en Alejandro el Grande, soberano de un vasto imperio.

Los servicios de Aristóteles en Macedonia dieron un gran resultado. Alejandro le concedió grandes sumas de dinero y los servicios de ayudantes en todo su imperio, que reunían muestras de la vida animal e informaban sus observaciones y hallazgos a Aristóteles. Sobre la base de estas observaciones, Aristóteles fundó la ciencia de la biología, y clasificó a las creaturas vivas de acuerdo con la complejidad de la estructura, el método de la reproducción y ciertas características de la sangre, facilitando así el estudio y la comparación de las especies. Describió en detalle el comportamiento de centenares de distintas muestras de la vida animal e inclusive hizo disecciones para ampliar su conocimiento de los organismos. Las clasificaciones de Aristóteles se mantuvieron virtualmente inalterables hasta los trabajos de Lineo en el siglo XVIII. Las obras que escribió Aristóteles sobre biología fueron *Sobre las partes de los animales* e *Historia de los animales*. En geología, sugirió lo que aún se acepta como historia verosímil de la evolución de la tierra: es decir, levantamientos de montañas sobre la superficie, seguidos por la erosión, la nivelación y el retorno al mar.

Después de que Alejandro ascendió al trono, Aristóteles volvió a Atenas, donde fundó su escuela, equivalente a una escuela superior de la actualidad, en el Liceo. Se le conoció con el nombre de Escuela Peripatética, que viene de la palabra griega *peripatos*, la cual significa *pasear*. Había columnatas y jardines en el terreno de la escuela, donde Aristóteles y otros sabios *paseaban* y discutían los diversos temas de estudio, y esa circunstancia dio su nombre a la escuela.

El espíritu de Aristóteles casi no tiene par en la historia del género humano si se considera la variedad y hondura de su erudición. Fundó la ciencia de la lógica y la forma de razonamiento llamada *silogismo*, que expuso en su obra titulada *Organon*, la cual comprende la *Analítica anterior y posterior* y las *Refutaciones sofísticas*. Inició la ciencia de la sicología con un análisis de factores tales como la sensación, la memoria, la reflexión y los sueños.

Se supone que Aristóteles escribió unos mil libros, de los cuales se han perdido casi todos. Las pocas obras que se conservan consisten, sobre todo, en sus notas para las lecciones que daba en la Escuela Peripatética.

Aristóteles y otros hombres de ciencia se dedicaron más a explicar *por qué* ocurrían ciertos fenómenos, que a observar de cerca lo que ocurría. Así, por ejemplo, aceptó la suposición de que un objeto más pesado caía a la tierra con mayor rapidez que otro más ligero, declarando que todos los objetos pesados buscan su "lugar natural" al caer hacia el centro de la tierra, y que los más pesados se mueven con mayor rapidez hacia ese "lugar natural". Siglos más tarde, Galileo, experimentando con la caída de los cuerpos para verificar la exactitud de esa suposición, descubrió que, cualquiera que fuera su peso, los objetos llegaban al suelo en el mismo tiempo cuando se dejaban caer desde la misma altura. Aristóteles expuso la teoría de que era imposible el vacío; pero, más tarde, los hombres de ciencia lograron crearlo. También sostuvo la teoría de que el estado natural de un objeto era el reposo y que se requería una fuerza o motor para mantenerlo en movimiento.

Siglos más tarde, Newton refutó esta teoría mediante la experimentación (primera ley del movimiento, de Newton), demostrando que un cuerpo puesto en movimiento propende a seguir una trayectoria recta. Aristóteles creía que el mundo estaba compuesto sólo de cuatro elementos (los observables): agua, tierra, aire y fuego, pero, por supuesto, muchos siglos de experimentación han demostrado que su composición es más complicada. Naturalmente, su mayor fama la alcanzó en la epistemología y la ética. Sus principales obras a este respecto son la *Metafísica* y la *Ética a Nicómano*, en las cuales puso de manifiesto su concepción dinámica de la vida. Creía que ésta era un proceso de evolución y crecimiento hacia el cumplimiento de una capacidad potencial. El mismo punto de vista dinámico se refleja en la teoría política de su libro titulado *Política*. También su *Física* propone una teoría del crecimiento o evolución en la ciencia. El ámbito del genio aristotélico abarcó también la esfera de la literatura. En nuestra época, los estudiantes pueden leer con provecho su *Poética*.

Las teorías biológicas de Aristóteles, basadas en la observación y la investigación científica, tuvieron validez durante mucho tiempo. Empero, en la esfera de la astronomía y la física, sus teorías no se basaron en el método científico ni la experimentación, sino en el análisis filosófico de observaciones limitadas y suposiciones que carecían de validez.

En la astronomía, el razonamiento de Aristóteles fue también admirable, pero, debido a que las observaciones que aceptó eran imperfectas, sus conclusiones fueron también imperfectas. Así, por ejemplo, aceptó las suposiciones de que la Tierra estaba en un punto fijo del centro del Universo, que el círculo, que representa una forma de perfección geométrica, era la trayectoria de la órbita de los cuerpos celestes y que la Luna emitía su propia luz. Siglos más tarde, Galileo, Kepler y otros, demostraron que estas suposiciones eran falsas, revelando que la Tierra y otros planetas se mueven en una órbita elíptica y que la Luna sólo emite la luz reflejada del sol.

Las primeras líneas de la *Metafísica* de Aristóteles afirman: "Todos los hombres, por naturaleza, desean saber". Aristóteles sentía este deseo y buscó el conocimiento en diversas esferas. Debido a su gran prestigio, los conocimientos y las soluciones que obtuvo fueron aceptados casi sin disputa por el género humano. No cabe duda de que, exceptuando la esfera de la biología, su ascendencia estorbó el progreso científico. Sin embargo, Aristóteles no tiene la culpa de que los hombres aceptaran sus opiniones sin disputa. Si hubieran seguido su ejemplo de *desear saber,* habrían puesto en duda, ampliado y modificado sus afirmaciones, en lugar de aceptarlas como juicios definitivos.

BIBLIOGRAFÍA

Cooper, L. *Aristotle, Cooper and the Tower of Pisa.*
Kaplan, J. D. *The Pocket Aristotle.*
Randall, John H. *Aristotle.*
Ross, W. D. *Selections from Aristotle.*

EUCLIDES

(330-275 a. de J.C.)

> "Sólo Euclides contempló la belleza desnuda...
> Que callen todos quienes de ella hablan..."

LA GRAN poetisa norteamericana Edna St. Vincent Millay, que tenía el universo entero e ilimitados siglos para escoger la esencia de la belleza, rindió tributo en su poema a la belleza de la lógica y el esplendor de los relámpagos de una visión trasformada en un orden lógico por el pensamiento claro. La civilización clásica griega fue famosa por su creación y percepción de la belleza, lo mismo en el arte (como la escultura) que en la simetría de las ideas de sus grandes filósofos y hombres de ciencia. Euclides fue uno de los que crearon el arte de ordenar las ideas en su forma suprema mediante el razonamiento deductivo.

Es muy poco lo que se sabe acerca de la vida personal de Euclides. Probablemente nació y se educó en Atenas, y después fue a Alejandría, en Egipto, que era entonces un gran centro de cultura. Allí fundó una escuela en la que enseñó los principios de la geometría que han llegado hasta nuestra época. (Uno de sus discípulos, Conón, fue maestro de Arquímedes). Los antiguos escritores que hablan de Euclides, dicen que era un "anciano afable y bondadoso".

Sus discípulos lo veneraban por su paciencia y bondad. Sin embargo, podía ser firme, hasta con un rey. El rey Tolomeo I de Egipto, al que le resultaba difícil estudiar la geometría en el texto de Euclides (los *Elementos)* le preguntó si no existía otra manera más fácil para que un monarca aprendiera la materia. A esto, Euclides respondió: "Majestad, no hay camino real para la geometría".

Los egipcios usaban la geometría para deslindar y medir los terrenos después que las inundaciones anuales del Nilo arrasaron muchas de las señales que servían para delimitar la propiedad: la palabra misma *geometría* significa *medición de la tierra*. A los griegos, en cambio, no les interesaban las aplicaciones prácticas de la geometría, sino, más bien, sus teoremas y proposiciones como ejercicios en la lógica y el razonamiento deductivo. En cierta ocasión, cuando un discípulo de Euclides se quejó de que no veía ninguna ventaja práctica en el aprendizaje de la geometría, Euclides se volvió hacia uno de los criados y le dijo con aspereza: "Entrega a este alumno una moneda, ya que debe sacar algún provecho de lo que aprende".

Sin embargo, Euclides era capaz de dar aplicaciones prácticas a la geometría. Una vez, solicitaron a sus colegas de la Universidad de Alejandría que midieran la altura de la Gran Pirámide. Siendo imposible bajar una línea desde el ápice para medir la altura, quedaron perplejos. Empero, Euclides ofreció una sencilla solución geométrica. Esperó hasta que llegara la hora del día en que su sombra midiera exactamente lo mismo que su estatura. Luego, midió la sombra de la pirámide y así determinó la altura de ésta.

La gran contribución de Euclides a las matemáticas consistió en revisar y reorganizar la geometría como un estudio ordenado, en simplificar y refundir las obras separadas de sus predecesores, en establecer órdenes lógicos de los teoremas y las proposiciones, en refundir sus pruebas y en idear nuevas pruebas geométricas cuando presentaba lagunas. Algunos de los antiguos geómetras cuya obra mejoró Euclides fueron Hipócrates de Quíos, Tales y Pitágoras.

El más famoso de ellos fue Pitágoras, quien en el siglo VI a. de J.C., ayudó a hacer de las matemáticas una asignatura independiente y de gran importancia. Pitágoras y sus partidarios, conocidos con el nombre de pitagóricos, formularon las definiciones de algunos elementos geométricos fundamentales, como el *punto*, la *línea* y la *superficie*. Demostraron y utilizaron el teorema de Pitágoras, el cual dice que la suma de los cuadrados de los dos lados de un triángulo rectángulo es igual al cuadrado de la hipotenusa. En la aritmética, los pitagóricos dieron una nueva concepción de los números. Usaron los números y las relaciones numéricas para aclarar las distancias en índole y en relaciones de los objetos de diferentes formas. Inclusive explicaron la música desde el punto de vista numérico demostrando que se producían diferentes sonidos pulsando cuerdas de distintas longitudes numéricas. Además, los pitagóricos dieron a los números una cualidad mística. El número "uno" estaba asociado con la razón debido a que era un todo. El "cinco" estaba asociado al matrimonio porque representaba la primera unión de un número par (dos) con un número impar (tres); el número uno, que representa la unidad, no estaba considerado como número impar ni par.

La obra de Euclides, *Elementos*, que se ha traducido a todos los idiomas, ha estado en uso como libro de texto fundamental de la geometría durante más de dos mil años; sir Henry Billingsley hizo la primera traducción inglesa en 1570. Los *Elementos* fueron escritos en trece libros, de los cuales sólo suelen incluirse seis en las ediciones escolares. Algunas partes de los *Elementos* fueron preparadas por los discípulos de Euclides, pero la dirección, la preparación y las principales porciones son suyas.

Euclides empezaba con definiciones de los términos esenciales, tales como "línea recta" (la que se extiende de manera uniforme entre dos extremos), el "punto", el "triángulo", etc. Luego se esforzó por establecer verdades absolutas o axiomas por lo que toca a estos conceptos, que serían aceptados por todo hombre racional sin necesidad de pruebas. Así, ideó axiomas como: "El todo es mayor que cualquiera de sus partes"; "Es posible trazar una línea recta que una a dos puntos cualesquiera". Los axiomas fueron expuestos en sus *Elementos*, y basándose en ellos, Euclides procedió, mediante un sistema de razonamiento lógico y deductivo a probar una multitud de teoremas para describir las propiedades de las figuras geométricas que pueden construirse con la regla y el compás.

Los primeros cuatro libros de los *Elementos* tratan de las figuras geométricas más sencillas: el triángulo, el círculo, los polígonos, las líneas paralelas y las aplicaciones del teorema de Pitágoras. El Libro V ofrece una teoría de la proporción que usa varias formas de la ecuación $\frac{a}{b} = \frac{c}{d}$. Los Libros IX a XIII tratan de la geometría en el espacio, es decir, de figuras tales como la pirámide, el cilindro, el cono y la esfera. Pasó siglo tras siglo, y la geometría y los axiomas de Euclides siguieron aceptándose casi sin polémicas. Aunque nadie se atrevía abiertamente a discutir a Euclides, un axioma (el postulado de las líneas paralelas) preocupaba a algunos matemáticos. Dicho axioma explicaba que por un punto P, que no estuviera en la línea X, sólo podría trazarse una línea L que no se uniera a la X por mucho que se extendieran las líneas.

Algunos audaces geómetras razonaban que era imposible extender indefinidamente las líneas en el espacio; por lo tanto, quizá la afirmación no fuera cierta. Centenares de matemáticos trataron en vano de demostrar el postulado de las paralelas usando otros axiomas. Luego, un gran matemático alemán del siglo XVIII, Carlos Gauss, creó una geometría no euclidiana que no aceptaba el postulado de las paralelas. Sin embargo, la obra de Gauss no se publicó sino hasta después de su muerte. Por último, en el siglo XIX, un matemático ruso, Lobachevsky, y un húngaro, Bolyai, demostraron que era posible que por un punto P pasara un número infinito de líneas que fueran paralelas a X. Tuvieron el valor de proclamar y publicar sus descubrimientos y de crear una geometría "no euclidiana" la cual, sin embargo, utilizaba muchos de los axiomas y métodos de prueba creados por Euclides. Más tarde, el alemán Riemann contribuyó de manera muy importante al progreso de la geometría "no euclidiana".

Euclides escribió otras obras aparte de los *Elementos*. Muchas se han perdido, pero entre las que sobrevivieron se encuentran la *Óptica;* una obra titulada *Fenómeno*, que trata de las esferas, y un libro llamado *Datos*, que contenía noventa y cuatro proposiciones para demostrar que, si se dan ciertos elementos de una figura, es posible determinar otros elementos.

La obra de Euclides tuvo un prestigio que se extendió más allá de la geometría. Dio a los hombres de ciencia y a los filósofos principios que les sirvieran de guía y un método (razonamiento deductivo) para el análisis lógico y la solución de los problemas. Aunque la ciencia moderna ha hecho progresar nuestros conocimientos mucho más allá del saber de los antiguos griegos, algunos de éstos se destacan como hombres cuyas aportaciones científicas han resistido con éxito el paso de los siglos. Uno de ellos, en la esfera de las matemáticas, fue Euclides.

BIBLIOGRAFÍA

Callahan, J. J. *Euclid or Einstein.*
Heath, T. L. *History of Greek Mathematics.*
Kline, Morris. *Mathematics in Western Culture.*

ARQUÍMEDES

(287-212 a. de J.C.)

DE LOS QUE se reunieron en el muelle, pocos pensaban que el joven y presuntuoso Arquímedes, que se decía hombre de ciencia, cumpliría su promesa. La mayoría manifestaba en voz alta su incredulidad. ¿Cómo era posible que un mortal, sin ayuda de otro, levantara un buque completamente cargado, que pesaba miles de kilos? Cuando el rey Hierón se acercó a la nave, se hizo el silencio en la escéptica muchedumbre. El rey tomó el extremo de la cuerda que colgaba de las poleas construidas por Arquímedes. El otro extremo de la cuerda estaba atado a un pesado buque mercante que flotaba en el agua, junto al muelle. Con poquísimo esfuerzo, el rey tiró de la cuerda. No sucedió nada. "Tirad de nuevo, Majestad", le pidió Arquímedes. Una vez más, el rey tomó la cuerda y tiró de ella varias veces. Entonces, se alzó un murmullo en la multitud. La proa del barco, como por arte de magia, se estaba levantando del agua. El murmullo se convirtió en un rugido de aclamaciones cuando el buque se levantó a mayor altura sobre la superficie, y el rey se volvió para felicitar al hombre de ciencia, de rostro grave, que estaba a su lado, el cual preparó el experimento con la cuerda y las poleas. "¡Has triunfado otra vez, Arquímedes!", exclamó. "Las maravillas de la ciencia, en verdad, no tienen límite".

Arquímedes fue un precursor de los grandes hombres de ciencia que, aunque interesados principalmente en la ciencia pura, fueron inventores de aparatos mecánicos que usaría el género humano para fines prácticos de construcción en la paz y para fines destructores en la guerra.

Hijo del astrónomo Fidias, Arquímedes nació en Siracusa (Sicilia). En su juventud, estudió en Alejandría, que entonces era el centro de cultura y aprendizaje del antiguo mundo griego. Las matemáticas, y en particular la geometría, fueron su interés de toda la vida. Entre sus maestros se contaron Conón de Samos, discípulo del gran Euclides, "padre de la geometría". Eran los albores de la cultura en la civilización occidental. Las enseñanzas de Pitágoras y Euclides transformaron la Tierra y el Universo, dando a la humanidad una nueva comprensión de las distancias, las relaciones del espacio y las formas geométricas.

Arquímedes quería consagrar su vida a la carrera de matemático filosófico, a ampliar los conocimientos del hombre en la esfera de las matemáticas. Sin embargo, las circunstancias no se lo permitieron, y dedicó gran parte de su tiempo y sus energías a proyectos más mundanos y más prácticos.

Hierón, rey de Siracusa y pariente de Arquímedes, pidió en cierta ocasión que le hicieran una corona de oro. Sospechando que el orfebre no era honrado, le pidió a Arquímedes que encontrara la manera de determinar si la corona estaba hecha totalmente de oro. Durante algún tiempo, Arquímedes no supo qué hacer. Pero un día, al meterse en una bañera llena de agua, ésta se desbordó. Con un relámpago de intuición, ideó el método para resolver su problema. Se dice que gritó: "¡Eureka! ¡Eureka!" (¡Lo he encontrado!) Olvidando su desnudez, corrió hacia su casa por las calles de Siracusa. El plan que imaginó consistía en sumergir una cantidad de oro puro, cuyo peso fuera igual al de la corona, en un recipiente lleno de agua y luego medir el desbordamiento de ésta. Después, sumergiría la corona de oro en el recipiente de agua y compararía el peso del segundo desbordamiento con el primero. Arquímedes encontró que el peso del agua que se desbordó al sumergir la corona era diferente de la desbordada cuando se puso en el recipiente un peso igual de oro, lo cual indicaba que las sustancias eran distintas; en otras palabras, la corona no estaba hecha de oro puro. Así, pues, y con una combinación de casualidad y observación inteligente, Arquímedes descubrió la teoría de la gravedad específica (conocida todavía con el nombre de *Principio de Arquímedes*), la cual dice que "un cuerpo sumergido en un líquido pierde una parte de su peso igual al peso de un volumen igual del líquido".

Trabajando por órdenes del rey Hierón, Arquímedes inventó unos cuarenta aparatos distintos que se usaron comercialmente o como instrumentos de guerra. Uno de sus inventos, llamado *tornillo de Arquímedes*, se usa todavía para desaguar las tierras bajas pantanosas. Consiste en un gran tirabuzón hueco, cuyo extremo se sumerge en el agua. Cuando se inclina y se hace girar dicho tirabuzón, el agua sube por él y se vacía en la parte superior. En la época de Arquímedes, este invento práctico se usó para sacar el agua de las calas de los barcos y para irrigar los campos áridos de Egipto. Antes de que se inventara la bomba, el *tornillo de Arquímedes*, fue un gran recurso para ahorrar trabajo.

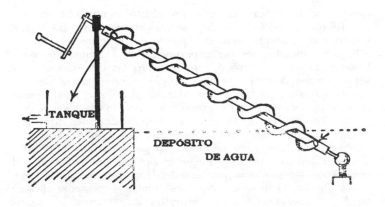

Tornillo de Arquímedes

Se dice que los antiguos egipcios levantaron enormes bloques de granito para construir las pirámides, usando sólo la fuerza muscular del hombre. Pero Arquímedes reconoció el poder de las poleas y las palancas cuando ocupan una posición apropiada, y fue un precursor en la esfera de la mecánica. Se cuenta que dijo en cierta ocasión: "Dadme un punto de apoyo y moveré el mundo". Con ello quería explicar que una pequeña fuerza, si se aplica apropiadamente como una palanca, o

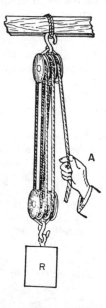

La fuerza que debe aplicarse en A para levantar A lentamente no es más que 1/6 de R debido a los seis cordones de la combinación de poleas.

con el uso de poleas, movería un objeto inmenso. Cuando el rey Hierón le pidió que demostrara su tesis, decidió experimentar con el buque mercante que hemos descrito.

Poco tiempo después del experimento de Arquímedes con el barco y las poleas, apareció ante las murallas de Siracusa el general romano Marcelo con sus tropas y una flotilla de unas sesenta naves de guerra. El rey Hierón pidió auxilio al hombre de ciencia, Arquímedes, y gracias al ingenio de éste se prolongó tres años el asedio romano. Arquímedes ideó toda clase de aparatos que rechazaron una y otra vez a los invasores. En cierta ocasión, construyó enormes espejos cóncavos de metal y, según la leyenda, prendió fuego a algunos de los buques de madera de los romanos, provocando el pánico entre los tripulantes de los demás. Cuando los romanos pusieron pesadas torres de guerra contra las murallas de Siracusa, se usaron enormes ganchos y grúas de hierro, ideados por Arquímedes, para destrozarlas. Y si los barcos romanos se aventuraban demasiado cerca, los sujetaban los grandes ganchos y los hacían pedazos. Era tal la reputación de Arquímedes como científico-mago entre los romanos que, según Plutarco, retrocedieron y huyeron del campo de batalla cuando vieron lo que parecía ser una de sus armas.

Por último, los romanos tomaron la ciudad escalando las murallas una noche en que los defensores, después de celebrar una fiesta, se descuidaron y se quedaron dormidos. En la matanza general que siguió, un soldado romano asesinó a Arquímedes, aunque Marcelo, el general romano, impartió órdenes de que lo respetaran. Según la leyenda, el soldado encontró a Arquímedes cuando dibujaba unos signos matemáticos en la arena. Lo último que pidió al soldado fue que le permitiera terminar su cálculo y su dibujo.

La tumba de Arquímedes quedó marcada a solicitud de él, con una esfera inscrita en un cilindro, pues consideraba importantísimo su descubrimiento de la relación que existe entre la superficie y el volumen de una esfera y el cilindro que la circunscribe. Para hacer ese descubrimiento, construyó un cilindro cuya altura y diámetro eran iguales, y dentro de este cilindro acomodó una esfera tan apretadamente como fue posible. Llenó el cilindro de agua y luego sumergió en ella la esfera. Comparando el desbordamiento del agua con la cantidad original que contenía el cilindro, encontró que el volumen de una esfera inscrita es igual a los dos tercios del volumen del cilindro que la encierra.

Aunque las hazañas e inventos mecánicos de Arquímedes tuvieron gran importancia práctica, él consideraba por su parte, que sus contribuciones en la esfera de la matemática filosófica eran valiosísimas, llegando al punto de negarse a poner por escrito sus invenciones mecánicas.

Entre las principales contribuciones matemáticas de Arquímedes que nos han llegado por escrito, se encuentran las siguientes: 1) Calculó que la relación que existe entre la circunferencia de un círculo y su diámetro es menor de 3 1/7 y mayor que 3 10/71 veces su diámetro; 2) Sus trabajos para encontrar las superficies de los segmentos parabólicos fueron, en realidad, equivalentes a un cálculo integral de nuestros días; 3) Escribió un tratado de 32 proposiciones sobre los conoides y los esferoides; 4) Sentó la base de la mecánica teórica mediante tratados sobre el equilibrio de los planos o los centros de gravedad de los planos; 5) Preparó un tratado de 24 proposiciones que aclaraba la relación de una parábola, es decir, entre los segmentos de una parábola y el triángulo que tiene la misma base e igual altura; 6) Ideó un sistema para expresar grandes números de una manera abreviada usando "órdenes" y "periodos" que indicaban la magnitud; 7) Usó métodos experimentales en muchas de las soluciones de los problemas, es decir, numerosas pruebas y observaciones para comprobar diversas hipótesis. En la época moderna, a este método se le conocería como método inductivo o científico.

Arquímedes, el matemático filósofo que vivió hace más de dos mil años, tenía eso en común con muchos de los grandes científicos de los tiempos modernos: sus fórmulas y ecuaciones teóricas, enigmas para los no iniciados, se convirtieron en la base para descubrimientos e inventos que, por mortíferos que fueran en la guerra, enriquecieron la vida humana en la paz.

BIBLIOGRAFÍA

Thomas, Henry, and Dana, Lee. *Living Biographies of Great Scientists*.
Bell E. T. *Men of Mathematics*.
Sedgwick, W. T., y Tyler, H. W. *A Short History of Science*.
Heath, T. L. (traductor). *Archimedes' Works*.

TOLOMEO

(90-168)

EN LA GRAN biblioteca y museo de la Alejandría del siglo II estaban las obras de los astrónomos, matemáticos y lógicos de la antigüedad. A ella acudía diariamente para leer los antiguos escritos, un griego llamado Claudio Tolomeo, que nació en Egipto. Es muy poco lo que se sabe sobre los primeros años de Tolomeo, fuera de que el estudio de la astronomía y las matemáticas lo llevaron a Alejandría, centro cultural de su época. Al leer las teorías contradictorias de los astrónomos, acabó por creer que las matemáticas y la lógica le darían la clave para entender la estructura del Universo

En el año 230 a. de J.C., Aristarco expresó que el Sol era el centro del Universo; pero los antiguos, que no tenían instrumentos para hacer observaciones, rechazaron esta teoría por no estar de acuerdo con la concepción filosófica de una tierra móvil, morada del hombre, y los cielos, más perfectos, en eterno movimiento. Se propusieron muchas otras teorías sobre la estructura del Universo. Algunos astrónomos presentaron un esquema según el cual la Tierra era el centro del Universo y en su derredor giraban la Luna, los planetas y el Sol, en círculos concéntricos fijos. Pero, al aplicar esa teoría no podían predecir con exactitud cuáles serían las posiciones de los planetas en un momento determinado.

Apolonio de Pérgamo, en el año 200 a. de J.C., e Hiparco de Nicea, en el año 150 a. de J.C., adoptaron la concepción de que la Tierra era el centro de un Universo giratorio; pero, según sus teorías, los demás cuerpos celestes giraban en epiciclos o círculos pequeños siguiendo una pauta excéntrica en torno a la Tierra. Tolomeo aceptó también esta teoría y formuló matemáticamente una pauta práctica de los epiciclos y círculos excéntricos para los planetas, la cual era asombrosamente exacta para predecir sus posiciones. La hazaña matemática de Tolomeo fue tanto más asombrosa cuanto que se basaba en la suposición de que los cuerpos celestes se movían en un círculo perfecto, lo cual era incorrecto. (Kepler demostró más tarde que su trayectoria es una elipse.)

Tolomeo incluyó en su obra, *El gran tratado de Astronomía*, conocido también como el *Almagesto*, la teoría geocéntrica de que la Tierra es el centro del Universo, así como sus cálculos sobre los movimientos de los planetas. En dicha obra, Tolomeo declaraba que el cielo es esférico y gira como una esfera, que la Tierra es de forma esférica, que está situada en el centro del Universo y que no se mueve. Aunque la teoría tolemaica del

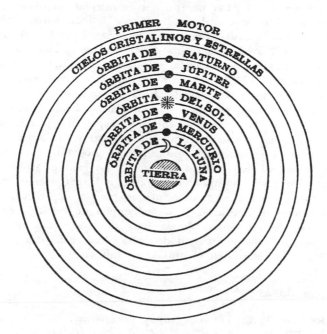

Sistema tolemaico del Universo

Universo, que se aceptó durante mil cuatrocientos años, fue refutada por Copérnico y otros (con la teoría heliocéntrica de que el Sol era el centro del Universo), sirvió para explicar las relaciones entre las estrellas y los planetas, para ayudar a los astrónomos a predecir con exactitud las posiciones de los cuerpos celestes y para proporcionar a los marinos unas cartas geográficas más precisas.

En el *Almagesto*, Tolomeo demostró que la trigonometría podía aplicarse a la astronomía. Imaginó al círculo dividido en trescientas sesenta partes iguales o grados, subdivididos a su vez en minutos y segundos, y calculó el valor de π en 3.1416. En realidad, Hiparco y Tolomeo pusieron los cimientos de la trigonometría plana y esférica. Usando el teorema de Tolomeo sobre un cuadrilátero inscrito en un círculo, creó una tabla de cuerdas de ángulo por graduaciones de medio grado, que servía para el mismo fin que nuestra tabla de logaritmos.

Otra hazaña de Tolomeo, de valor más permanente, fue la laboriosa catalogación de 1,028 estrellas, aproximadamente cuatrocientas más de las que se observaron y registraron hasta entonces. Escribió también una obra titulada *Óptica*, cuya mayor parte se ha perdido, pero que tuvo la fama de ser el primer intento de idear una teoría de la refracción de los rayos luminosos al pasar por medios de diferente densidad.

Tolomeo hizo una útil aportación al mundo antiguo como geógrafo. Basando sus esfuerzos en la obra de Marino de Tiro, escribió un *Tratado geográfico* en el cual, adoptando las medidas de longitud y latitud determinadas por algunos griegos anteriores a él, fijó la posición de todos los lugares conocidos en su época, desde las Islas Británicas hasta Arabia y la India. A pesar de algunos errores imputables a su cálculo equivocado del tamaño de la Tierra, las tablas y mapas en que aparecían estas posiciones resultaron de gran utilidad para los marinos, mercaderes, y generaciones posteriores de geógrafos

La autoridad de Tolomeo, último de los grandes astrónomos griegos, fue casi indisputable durante mil cuatrocientos años. Sus aportaciones han sido refutadas por la experiencia, los instrumentos de medición y los telescopios de nuestro mundo moderno, pero, considerando la falta de equipo científico de su época, su inmensa facultad de deducción le ganó con justicia un lugar distinguido en el mundo en que vivió.

BIBLIOGRAFÍA

Rylands, T. C. *The Geography of Ptolemy.*
Sedgwik, W. T. y Tyler, H. W. *A Short History of Science.*
Stahl, W. H. *Ptolemy's Geography.*

GALENO

(130-199)

CUANDO el estimado filósofo griego llamado Eudemo enfermó gravemente de fiebre, los más competentes médicos de Roma probaron en vano todos los remedios. La muerte estaba a su puerta cuando Eudemo mandó llamar a Galeno, joven médico griego recién llegado a la ciudad.

Los doctores romanos que atendían a Eudemo preguntaron con mofa al recién llegado: "¿A qué secta de médicos perteneces?" Galeno, que no se dejó intimidar, repuso atrevidamente: "No pertenezco a ninguna secta, y considero que son esclavos quienes aceptan como definitivas las enseñanzas de Hipócrates o de cualquiera otro". Luego procedió a recetar los remedios que en poco tiempo devolvieron la salud a su paciente. Se enemistó con los médicos romanos, pero ganó la admiración de Eudemo y sus muchos amigos y discípulos.

Galeno nació en el año 130 en Pérgamo, capital de la provincia romana de Asia menor, famosa por su escuela de escultura y por su biblioteca, que rivalizaba con la de Alejandría. Nicón, padre de Galeno, era un rico agricultor con una educación bastante completa en matemáticas, filosofía y ciencias naturales. Inculcó en su hijo el amor al lenguaje y a la literatura y lo instruyó en los principios fundamentales de las matemáticas y las ciencias naturales. En el campo, el impresionable muchacho aprendió muchos secretos de la vida animal y vegetal. Cuando tenía catorce años, el padre de Galeno lo envió a estudiar con los mejores maestros de Pérgamo. Con la lectura de Aristóteles recibió sus primeras lecciones de biología y aprendió que el biólogo debe estudiar la Naturaleza mediante la observación directa.

Antes de que Galeno llegara a la edad viril, enfermó de gravedad. Con gran alarma por la vida de su único hijo, Nicón llevó al muchacho al magnífico santuario de Esculapio en Pérgamo. Nicón oró toda la noche pidiendo que sanara su hijo y tuvo un sueño en el cual Esculapio le prometía oir su petición si permitía que su hijo fuera médico. Galeno amaba a su padre y respetaba todos sus deseos, por lo tanto, cuando cumplió los diecisiete años, comenzó a estudiar la medicina y la anatomía con Sátiro, el discípulo más famoso de Hipócrates en Pérgamo.

La súbita muerte de su padre, cuando Galeno tenía veinte años de edad, fue una gran conmoción emocional. Como en su hogar lo rodeaban tantas cosas que le hacían recordar los felices años que pasó al lado de su padre, Galeno resolvió irse de Pérgamo. Después de todo, poseía todos los conocimientos que impartían los maestros de la ciudad. Su educación de médico sólo quedaría completa cuando cursara sus estudios en los grandes centros extranjeros de cultura médica. Galeno llegó a Alejandría en el año 153. Allí enseñó y trabajó, quinientos años antes, Hipócrates, su mayor ideal. Galeno pasó cuatro fructuosos años en Alejandría. El conocimiento que recibió de sus distinguidos maestros y de la gran biblioteca hizo de Galeno el médico más culto de su época.

Solitario e inquieto, Galeno, que ya tenía veintisiete años, volvió a su patria. Estaban a punto de comenzar las luchas anuales de gladiadores en el circo de Pérgamo. Aunque los gladiadores eran esclavos o prisioneros de guerra, se les consideraba como una propiedad valiosa, debido a sus aptitudes y preparación. Se necesitaba un médico hábil para cuidar de los lesionados y heridos, de manera que pudieran vivir para luchar otra vez. El primer sacerdote encargado de los juegos suplicó a Galeno que asumiera esta responsabilidad, y Galeno aceptó. Sin duda, agradeció esta oportunidad para estudiar la anatomía humana práctica y obtener experiencia en los procedimientos quirúrgicos radicales. Las luchas eran encuentros brutales que daban por resultado cabezas partidas, huesos rotos, brazos y hombros lacerados y horribles lesiones abdominales. Galeno tuvo un éxito notable para curar estas lesiones.

Sin embargo, sentía el ansia de viajar, y decidió visitar la resplandeciente capital del Imperio romano. En esa época, en Roma ejercían innumerables médicos que pertenecían a muchas sectas o escuelas diferentes. Recibieron fríamente al recién llegado, que no reconocía ninguna secta y que consideraba charlatanes a quienes seguían cualquier sistema de medicina que no se fundara en la observación y la experiencia práctica. Galeno vivía en la soledad, pues sus rivales destruyeron su reputación al grado de que ningún paciente se iba a consultar.

Cuando estaba a punto de irse de Roma para siempre, enfermó la esposa del cónsul romano Flavio. Como los mejores médicos de Roma no pudieron hacer nada, Flavio, como último recurso, pidió a Galeno que visitara a su esposa. Con el tratamiento, la mujer se recuperó rápidamente. El cónsul alabó en público la habilidad médica de Galeno y le dio suficiente dinero para establecer un laboratorio de estudios anatómicos. En ese lugar se estudiaba todo género de animales, comprendiendo cerdos, ovejas, gatos, perros, caballos e inclusive leones. No obstante, cuando era posible, Galeno disecaba monos porque creía que su anatomía era idéntica a la del hombre.

Durante el crudo invierno del año 168, el emperador Marco Aurelio estuvo acuartelado en Italia septentrional con su ejército. Muchos de sus mejores oficiales se encontraban gravemente enfermos, y sus médicos resultaron nulos. El Emperador se acordó de Galeno y envió a sus correos más rápidos a Pérgamo, donde residía entonces Galeno, pidiendo su urgente ayuda. El médico de Pérgamo no defraudó sus esperanzas. Cuando el complacido Marco Aurelio comprobó que sus soldados recobraban la salud y el vigor con el tratamiento de Galeno, dijo: "He aquí a un médico que no es esclavo de las tradiciones estúpidas".

Cuando el siguiente verano regresó el victorioso ejército a Roma, Galeno fue recibido como un héroe, pero ya estaba hastiado de la dura vida del ejército. Solicitó que se le eximiera del servicio futuro convenciendo al emperador de que Esculapio le previno en un sueño, que sufriría una tragedia si salía en otra campaña. Esta pequeña estratagema le permitió continuar sus investigaciones y seguir escribiendo sus obras, a lo que dedicó la mayor parte del tiempo durante los siguientes treinta años que pasó en Roma.

Los experimentos que realizó Galeno con los músculos y los nervios fueron asombrosos si considera uno cuán limitados eran los conocimientos de la fisiología humana en el siglo II. Galeno fue el primer verdadero fisiólogo experimental. Los resultados de sus investigaciones en la biología y la neurología, concebidos de manera precisa y explicadas con claridad, sirvieron de fundamento a los futuros estudios de las relaciones entre los músculos y los nervios. Subsiste la pregunta de cómo es posible que no se reconociera la verdadera significación de sus experimentos hasta bien entrado el siglo XIX.

Galeno tuvo muchas oportunidades para estudiar la acción de los músculos del cuerpo humano. Como médico de los soldados y los gladiadores, aprendió cuáles eran los efectos de determinadas lesiones en las actividades de diversas partes del cuerpo, y completó sus estudios de los músculos análogos a los del hombre en diferentes animales de experimentación. Como consecuencia de esas investigaciones, publicó el primer tratado de cinesiología, al que llamó Sobre los movimientos de los músculos. Identificó y describió por primera vez la acción de muchos músculos del cuerpo. Los libros modernos de anatomía humana usan todavía muchos de los nombres que dio Galeno a ciertos músculos.

Al estudiar la función muscular, descubrió que cada músculo del cuerpo sólo tiene una acción, es decir, que se encoge o se contrae. Así, por ejemplo, cuando se dobla el brazo en el codo, el bíceps se contrae; pero cuando se extiende el brazo, se encoge otro músculo (el tríceps, que está en la parte posterior del brazo), en tanto que el bíceps se afloja. Galeno llegó a la conclusión de que los músculos funcionan siempre en pares o grupos antagónicos para doblar o extender, subir o bajar, causar aducción o abducción, contraer o dilatar varias partes del cuerpo.

Después de observar la forma en que funcionan los músculos, comenzó a preguntarse por qué se contraen. Se preguntó qué fuerza es la que interviene y dónde tiene su origen esa fuerza en el cuerpo. Sabía que los guerreros quedaban total o parcialmente paralizados debido a que les rompían la cabeza con la espada o la cimitarra, o a que les clavaban en la espina una jabalina o un tridente. Tenía casi la certidumbre de que la parálisis estaba relacionada con una lesión del cerebro o de la medula espinal, pero, ¿cómo podía probar esta suposición? Para encontrar la respuesta, realizó una serie de experimentos que resultaron asombrosos para su época. En un grupo de animales de experimentación cortó la medula espinal en varios niveles de la columna vertebral, comenzando entre las dos primeras vértebras del cuello y siguiendo hacia abajo hasta las inferiores. Llevó cuidadosa nota de cada animal operado. La lesión entre las dos primeras vértebras interrumpía la respiración, por lo que el animal moría de asfixia. Si cortaba la medula entre la sexta y la séptima vértebras, se producía la parálisis no sólo en los músculos del tórax y las extremidades anteriores, sino también en toda la parte inferior del cuerpo. Sin embargo, cuando cortaba entre dos vértebras de una porción inferior de la columna vertebral, sólo se paralizaban las partes del cuerpo que estaban abajo de la lesión; no se afectaban las extremidades anteriores y otras porciones de la parte superior del cuerpo, entre el cerebro y el punto donde estaba la lesión. Galeno dedujo que el movimiento de las partes del cuerpo estaba regulado por el sistema nervioso central, y que la fuerza que provocaba la contracción muscular tendría su origen en el cerebro.

Durante esos experimentos, describió detalladamente la afección que se conoce con el nombre de paraplejía. También advirtió que cuando sólo se cortaba la mitad de la medula espinal, la parálisis no afectaba más que a la mitad del cuerpo. Observó que el tejido de la medula espinal no sanaba o regeneraba, y que la parálisis producida por la rotura del cuello o de la espina que causara una rotura completa de la medula espinal era permanente.

Otro de los importantes descubrimientos de Galeno, que fue consecuencia de cortar distraídamente los nervios laríngeos de un animal con el que experimentaba, zanjó la vieja controversia entre los antiguos sobre el lugar que servía de asiento a la inteligencia. Aunque Hipócrates sostuvo que la inteligencia se concentraba en el cerebro, Aristóteles insistió en que estaba en el corazón. El principal argumento de Aristóteles en favor de su teoría era la observación de que la voz tiene su origen en la cavidad torácica, donde se encuentra el corazón.

Galeno siguió hasta el cerebro la trayectoria de los nervios que regulan el habla.

El adelanto de los conocimientos anatómicos de Galeno se reveló en el caso de un famoso filósofo que perdió la sensibilidad de tres dedos de la mano con que escribía. La víctima consultó, sin obtener éxito, a varios médicos y después llamó a Galeno. La primera pregunta que le hizo éste fue la de si el paciente sufrió alguna lesión poco tiempo antes. Cuando el filósofo confesó que cayó de su carroza pegando las espaldas contra una piedra, Galeno recetó compresas húmedas. Explicó que la pérdida de la sensibilidad era a resultas de una lesión del nervio traqueal. Los otros médicos pusieron vigorosas objeciones al diagnóstico por la falta de movimiento de los dedos. Galeno explicó que las porciones sensoriales y motoras de los nervios periféricos salen separadamente de la medula espinal. Nadie reconoció la agudeza de su ingenio hasta el siglo XIX, cuando se demostró que las raíces dorsales de los nervios espinales son sensoriales, en tanto que las raíces ventrales son motoras.

No todas las obras escritas por Galeno tienen la validez de su obra sobre los músculos y los nervios. Sus conocimientos de la fisiología se restringían a las regiones en que experimentó, y sus conocimientos anatómicos estaban limitados por las leyes que prohibían la disección del cuerpo humano después de la muerte. Su tratado *Sobre las preparaciones anatómicas* se basaba, principalmente, en la disección de los monos. A pesar de todo, su obra fue tan concienzuda, que su tratado siguió siendo el texto aceptado de anatomía de los estudiantes de medicina durante más de mil doscientos años. Hasta la época de Vesalio, en el siglo XVI, casi todos los maestros de anatomía se apegaron estrictamente a las teorías anatómicas de Galeno. Esta ciega aceptación de las enseñanzas de cualquier hombre de ciencia habría disgustado a Galeno, quien se enorgullecía de la independencia de sus investigaciones científicas.

Durante su vida, Galeno escribió más de cuatrocientos tratados. En el año 192 estalló un gran incendio en Roma que destruyó el templo de Esculapio. Al parecer, el templo se usaba como biblioteca médica, donde se reunían los doctores para estudiar y dar consulta. La mayoría de los escritos de Galeno quedaron destruidos en este incendio; algunos de sus tratados carecían de copia y fue imposible remplazarlos. Esta tragedia fue un punto decisivo de su vida. Galeno decidió volver a su patria, a Pérgamo. Tenía más de sesenta años de edad. Deseaba pasar sus últimos días en su ciudad natal y descansar en el mismo cementerio que su padre, al que veneraba tanto.

Aunque a menudo se acusó a Galeno de ser egoísta, vano e irritable, siempre fue honrado y sincero. Tenía pocos amigos íntimos. Pero el gran número de los que curó como el agradecido Eudemo, su primer paciente en Roma, le valió el título de taumaturgo de Pérgamo.

BIBLIOGRAFÍA

Galeno. *Sobre los procedimientos anatómicos.*
Galeno. *Sobre la experiencia médica.*
Sarton, G. *Galen of Pergamon.*

ROGERIO BACON

(1214-1294)

SE ATRIBUYE A Rogerio Bacón, que vivió en el siglo XIII, el haber inspirado a Colón para que hiciera su viaje de descubrimiento en el siglo XV. En la sección de matemáticas del *Opus Majus*, Bacon indicó la posibilidad de llegar a las Indias navegando hacia el occidente desde España. Este pasaje impresionó tanto a Colón que lo citó en una carta dirigida a Fernando e Isabel. Tal vez sirvió inclusive para persuadir a los dos monarcas de que ayudaran al navegante italiano en el viaje que lo llevó a descubrir América. Es notable que a este hombre, que tuvo poca importancia en las ideas de su tiempo se le considere en la actualidad como el primer científico moderno. En el siglo XIII escribió sobre máquinas que navegaban sin remos, carros que se movían con increíble rapidez sin animales de tiro y aparatos voladores en que un hombre que accionaba cierto mecanismo, hacía que unas alas artificiales batieran el aire como un pájaro.

Aunque los documentos no están en completo acuerdo, se dice que Bacon nació en el año 1214, en Ilchester (Inglaterra). Cuando tenía doce años de edad ingresó en Oxford, donde se hacían los estudios en latín. El curso de estudios consistía en el *trivium* (gramática, retórica y lógica) y el *quadrivium* (aritmética, música, geometría y astronomía). Al *trivium* y el *quadrivium* juntos se les conocía como las "siete artes liberales". Bacón recibió su grado en Oxford y se quedó para dar clases y estudiar.

Los científicos medievales mostraron a veces una extraña indiferencia por las mediciones exactas, y a menudo repitieron errores basados en experimentos no verificados, copiados de antiguos escritores. Contra tales males del escolasticismo levantó la voz Rogerio Bacon, criticando a sus contemporáneos por su ignorancia y su disposición a perpetuar el error cuando bastarían las observaciones más sencillas para demostrarles la verdad. A diferencia de otros de su época, Bacon pareció darse cuenta de la enorme información que era necesario desenterrar, y aunque respetaba la obra de los antiguos, no podía creer que hubieran hecho las aportaciones finales al conocimiento.

Un resultado de la Cuarta Cruzada fue que muchos manuscritos griegos llegaron a manos de los sabios, que antes sólo conocían las obras científicas de los antiguos en su traducción árabe. Bacon estaba versado en el latín, el griego, el hebreo y posiblemente el árabe, de manera que le fue posible interpretar estos manuscritos.

En 1245, Bacon estaba disertando sobre Aristóteles en la Universidad de París, donde lo invitaron porque eran pocos los que en esa ciudad estaban preparados para la tarea. De ese periodo se han impreso ocho conferencias sobre Aristóteles. Las que se conservan están en forma de preguntas y respuestas (Quaestiones), técnica empleada por Bacon y que permitía un mayor grado de intercambio de ideas entre el maestro y el discípulo.

Antes de 1250 volvió a Inglaterra, dominado por la idea de la unidad del conocimiento en que todas las ciencias están relacionadas recíprocamente y son mutuamente valiosas. Deseoso de adquirir la mayor cultura posible, gastó grandes sumas de dinero en comprar libros, instrumentos y documentos a fin de convertirse en una audaz autoridad, deseo que no pudo realizar en su vida.

Se desconoce la fecha exacta en que se hizo monje de la orden franciscana, lo mismo que la razón para que diera ese paso. No cabe duda de que consideraba que el fin último de la ciencia era el de servir a la Iglesia y creía que la cristiandad estaría protegida gracias a su poder sobre la Naturaleza. Aunque, como miembro de una orden religiosa, se le permitió proseguir sus investigaciones, no se le alentó a publicar sus obras y a menudo se le reprendió cuando su obra lindaba con lo que se consideraba entonces magia.

Se hizo acreedor a la hostilidad de su orden por sus constantes críticas a sus métodos y por dedicarse a experimentos prohibidos; en 1257 fue enviado por sus superiores a París, donde era posible ejercer una vigilancia y una restricción más cuidadosa. Hay pruebas de que apeló al papa Clemente IV para que le ayudara, con la esperanza de persuadirlo a cambiar la enseñanza en las escuelas cristianas a fin de que se hiciera mayor hincapié en la observación y la experimentación. En una carta fechada en 1266, el Papa le pidió a Bacon que le enviara su obra "a fin de que podáis declararnos con vuestros escritos qué remedios os parecen adecuados para esas cuestiones que, como habéis insinuado recientemente, son de tan grande importancia; y hacedlo tan en secreto como podáis y con el menor retardo posible". A pesar de las dificultades que entrañaba este mandato, antes de un año estaban en camino el *Opus majus* y el *Opus minor*. El *Opus majus* fue su obra principal y demostró que Bacon resultaba uno de los pensadores más profundos y originales de su época, a pesar de que también profesaba algunos de los prejuicios de su tiempo.

El *Opus majus* se dividía en siete partes: *1)* causas del error; *2)* filosofía vs. teología; *3)* estudio de los idiomas; *4)* importancia de las matemáticas; *5)* óptica; *6)* ciencia experimental y *7)* filosofía moral. El *Opus minor*, que envió con su tratado principal, era un resumen del *Opus majus* por si el Papa estaba tan ocupado que le fuese imposible leer la obra mayor.

En los días de Bacon, el rechazo de la autoridad para aceptar las creencias era un paso importante y valeroso, sobre todo para el miembro de una orden religiosa. "Significaba la rebelión completa contra el espíritu del escolasticismo; era la afirmación de la libertad de pensamiento, del derecho de la ciencia a proseguir hasta llegar a sus propias conclusiones..."

Se ha descrito a Rogerio Bacon como un "escolástico progresista" que criticaba a sus contemporáneos por su excesiva consideración a la autoridad y que predijo inventos desconocidos para el hombre de su época. Al parecer, previó descubrimientos fundamentales, como la posibilidad de circunnavegar el globo, de impulsar las naves con medios mecánicos, de volar, de utilizar la propiedad explosiva de la pólvora y de mejorar la visión humana mediante el uso adecuado de lentes. Quizá no se considere notable ninguna de estas predicciones por sí sola, pero la combinación de tantas resulta extraordinaria.

Su principal derecho a la fama se lo dio su fe en el método experimental. Aunque hizo pocos experimentos y no estaba versado en las matemáticas superiores, vio mejor que todos los de su tiempo que las matemáticas eran la clave de las ciencias, pero consideró que se necesitaba la experimentación para realizar las investigaciones que sugería la deducción matemática. Aunque en sus días fue infructuosa su carta al Papa en favor de la corrección del calendario, se le atribuye autoridad para que se adoptara la corección gregoriana en 1582.

Bacon vivió quinientos años antes de que apareciera la química como la conocemos hoy. La alquimia era la química en su periodo científico y, como tal, se confundía a menudo con la magia. Para Bacon, era un medio de estudiar la transición de la materia en su forma final y, si se ocupó de la magia, lo hizo para poner de manifiesto "las locuras del mago" mediante las pruebas de la ciencia experimental. Fue uno de los primeros en insistir en que la medicina usaría los remedios que proporcionaba la química.

Es cierto que copió de las obras de otros, pero agregó algo propio a la obra de cada uno. Existen indicios de que experimentó con la pólvora, que hasta entonces se usaba sólo para hacer fuegos artificiales; sugirió que aumentaría el poder explosivo de ella si se encerraba en un instrumento de material sólido. Continuó el estudio del arco iris, experimentando con el Sol en diferentes posiciones con relación a las gotas de la lluvia y al observador, e indicó que el arco iris se produce por la refracción de la luz del sol al pasar al través de las gotas discontinuas de agua.

En la esfera de la óptica, sabía que el uso de los espejos parabólicos hacía que todos los rayos reflejados se concentraran en un solo foco. Su principal aportación estribó en sus esfuerzos por dar uso práctico a lo que ya se conocía. Tenía una concepción perfectamente clara del microscopio y su mente científica lo llevó a sugerir las posibilidades de acercar los objetos distantes y de agrandar los pequeños. Los árabes idearon un método para aislar las estrellas, observándolas al través de un tubo; sin embargo, se reconoce el mérito de Rogerio Bacon por las sugestiones que hizo y que condujeron a la invención del telescopio en 1571.

Describió el uso de la geometría práctica en esferas tales como la fabricación de instrumentos astronómicos, instrumentos musicales, instrumentos ópticos, utensilios médicos y quirúrgicos,

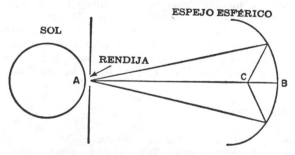

Bacon investigó los rayos reflejados que se originan en un punto del sol y se reflejan en un espejo cóncavo esférico. Los rayos que no son paralelos al eje (AB) cortarán al eje en un punto que se encuentra entre el centro del espejo cóncavo y el espejo mismo (C).

y aparatos químicos. Es evidente que le dominaban más las matemáticas aplicadas que las abstractas.

A Bacon le interesaba profundamente la astrología. Creía que las estrellas y los planetas ejercían un poderoso influjo en todo y en todos. Consideraba que la observación cuidadosa de la posición de las estrellas en el momento del nacimiento sería útil para predecir el porvenir del individuo. En esa creencia, no era distinto de otros hombres cultos de la época medieval. Hacía una distinción clara entre la astrología y la magia, mas gran parte de lo que creyó se considera en la actualidad que es error y superstición.

Al volver a Oxford, pensó en escribir una obra enciclopédica sobre todas las ciencias, pero es dudoso que haya podido terminarla. Existe un fragmento de la *Communia Mathematicae (Principios de matemáticas)* y la mayor parte de la *Communia Naturalium (Principios de Física)* y de *De Coelestibus (Sobre las esferas celestes)*. Existen copias de estos manuscritos en varias biliotecas europeas.

En 1277, Jerónimo de Ascoli, general de los franciscanos, "condenó y reprobó las enseñanzas de fray Rogerio Bacon por contener algunas novedades sospechosas, a causa de las cuales el dicho Rogerio fue condenado a prisión". Como no se explica en qué consistían esas "novedades", es posible que su condena se basara en la animosidad provocada por sus críticas a la autoridad. Probablemente su prisión duró hasta 1294, año en que murió Jerónimo, que se había convertido en el papa Nicolás IV.

El primer biógrafo de Bacon, Juan Rous, fijó la fecha de su muerte en 1294 indicando que "el noble doctor fue sepultado en Oxford, en la fiesta de San Bernabé, el apóstol". Adivino a medias, hombre de ciencia a medias, Bacon fue durante su vida un enciclopedista notable que reunió una gran riqueza de conocimientos en su deseo de demostrar su unidad y su relación con la revelación divina. En la historia de la ciencia, ha ido aumentando su estatura a consecuencia de la profundidad, diversidad y capacidad creadora de su pensamiento.

BIBLIOGRAFÍA

Crombie, A. C. *Augustine to Galileo.*
Little, A. C. (recopilador). *Roger Bacon Essays.*
Westacott, E. *Roger Bacon in Life and Legend.*

LEONARDO DE VINCI

(1452-1519)

EN 1503 HUBO UNA guerra encarnizada e indecisa entre las ciudades italianas de Pisa y Florencia. El ejército florentino estaba a las puertas de Pisa y se esperaba un largo y sangriento asedio. En este punto, la Signoria de Florencia solicitó la ayuda de un famosísimo pintor. El pintor era Leonardo de Vinci, apacible y humanitario, que voluntariamente dejó de comer carne hacía años, movido por su gran amor a los animales. La fecunda mente de Leonardo concibió un plan osado que reduciría permanentemente el poderío de Pisa. La idea era tan sencilla y, sin embargo, tan eficaz, que haría que Pisa perdiera tanto su abastecimiento de agua como su puerto en el mar. Su plan consistía en desviar de su cauce al río Arno para llevarlo por dos canales que desembocarían en Leghorn, el cual se encontraba al sur de Pisa. Procedió, pues, a hacer el proyecto de una presa en el Arno y a diseñar una serie de máquinas novedosas para cavar los canales.

Éste era el mismo Leonardo de Vinci que pintó la *Mona Lisa* y *La Última Cena* y que, casi sin ayuda, descubrió la mayoría de las leyes de la aerodinámica más de cuatrocientos años antes de que se efectuara el primer vuelo en una máquina más pesada que el aire. Algunos han dicho que fue el genio más grande del mundo. Sus cuadernos científicos, descubiertos hace poco, describen e ilustran con dibujos un *ornitóptero*, semejante a un murciélago, así como el boceto de un aparato parecido a un deslizador. Debido al secreto con que rodeó sus experimentos, nadie sabe a ciencia cierta si alguno de estos aparatos voló alguna vez. No obstante, muchos científicos de nuestros días están dispuestos a reconocer que Leonardo habría hecho el primer vuelo en un aeroplano si se hubiera inventado entonces el motor de gasolina.

Leonardo nació en una pequeña población de Italia, Anchiano, el 15 de abril de 1452, y fue hijo de una campesina llamada Catalina. Cuando tenía cinco años de edad, su padre, Pedro de Vinci, se lo llevó a la casa de su familia, en la cercana población de Vinci, de la que ambos tomaron su apellido. Leonardo fue recibido cariñosamente por su madrastra, quien carecía de hijos. Pasó sus primeros años en la holgura, y durante ellos comenzó a poner de manifiesto su singular talento como artista y hombre de ciencia. A la edad de quince años era un ávido coleccionista de insectos. Invariablemente llevaba a su casa los que capturaba para estudiarlos con afán y hacía dibujos de cada uno de ellos.

Sin que lo supiera Leonardo, su padre llevó algunos de sus detallados dibujos a Florencia para enseñárselos al famoso artista y escultor Andrea del Verrocchio. El entusiasmo del maestro fue tan grande, que Pedro decidió poner a Leonardo de aprendiz en el estudio de Verrocchio. En él, Leonardo encontró un maestro que estimuló sus diversas investigaciones y su curiosidad. El Verrocchio era maestro de varias artes, como la escultura, la arquitectura, la pintura, la orfebrería y la fabricación de armaduras y juguetes. A consecuencia de ello, el joven pudo desarrollar sus maravillosas facultades de observación y su habilidad artística. También se percató de la insuficiencia de su educación, por lo que empezó a pedir libros prestados y a buscar hombres que pudieran enseñarle. Después de terminar el día de trabajo, continuaba por la noche sus estudios de astronomía, botánica, hidráulica, el movimiento y el peso.

Durante los primeros años de su aprendizaje, Leonardo empezó a escribir sus famosas *Notas*. Por alguna razón desconocida, usó una escritura "secreta" que inventó él mismo para anotar sus observaciones, proposiciones y recordatorios. Sólo podían leerse cuando se sostenían ante un espejo. Tal vez esta excentricidad se debió al hecho de que era zurdo. También compraba pájaros enjaulados para ponerlos en libertad. Muchos observadores creen que tenía otro propósito: observar su vuelo con el mayor cuidado a fin de dibujar una máquina voladora para los seres humanos.

De Vinci se interesó en las necesidades prácticas de la industria y el comercio y dedicó sus esfuerzos al estudio de las máquinas que ya existían, así como a la invención de aparatos que ahorraban trabajo. Tenía la idea de la época moderna: con la máquina apropiada, un hombre podría hacer el trabajo de muchos.

Asistió también a las lecciones de Juan Argirópulos, un griego que hablaba acerca de las teorías aristotélicas de la historia natural y tradujo la *Física* de Aristóteles. Esas lecciones abrieron todo un mundo nuevo de ideas para Leonardo. Experimentó con ruedas dentadas, aparatos para levantar pesos e instrumentos para neutralizar la fricción. Así, pues, ahora iba su interés desde el vuelo de un insecto hasta las estrellas.

Comenzó a confiar más en su experiencia que en lo que le decían o en lo que leía. Esa actitud lo puso en conflicto con los astrólogos y los seudoquímicos, llamados alquimistas, que trataban de hacer oro con metales menos costosos y que vivían de los temores supersticiosos. Aunque era devoto, a Leonardo se le llamó pagano a menudo, cuando tenía ocasión de poner en tela de juicio algunos de los preceptos de la Iglesia que creía contrarios a los progresos científicos.

De conformidad con su filosofía, ponía a prueba sus teorías y sus conocimientos por medio de la experimentación. Para 1478, estudiaba simultáneamente geometría, botánica y las leyes mecánicas. En realidad, descubrió el principio del cambio de velocidades del automóvil uniendo tres ruedas dentadas de diámetro desigual a una rueda giratoria común. Así, vio que se obtenían al mismo tiempo diferentes velocidades de rotación. De la mecánica escribió que era "el paraíso de las ciencias matemáticas porque, por medio de ella, llega uno a su fruto".

Ahora escribía también acerca de sus observaciones sobre el vuelo de las aves y el comportamiento del humo y las corrientes de aire. Observó las semejanzas que existían entre el vuelo de las aves y el nado de los peces en el mar y entre el flujo del aire y el flujo del agua. Gracias a estas observaciones, pudo definir el principio de la "acción y reacción", aplicado a los fenómenos aerodinámicos doscientos años antes de que Newton propusiera su Tercera Ley del Movimiento.

Leonardo tenía ideas para hacer navegable al río Arno desde Florencia hasta Pisa mediante la adición de canales. De esta manera, Florencia obtendría una salida al mar, y podría usarse el agua del Arno para la irrigación de la tierra.

No recibió de la familia Médicis de Florencia el reconocimiento ni la ayuda que merecían su genio como artista y sus inventos artísticos y militares. Llegó a la conclusión de que quizá su porvenir se encontraba en la gran ciudad del norte, Milán, cuyo soberano, Ludovico Sforza, llamado El Moro, estaba fascinado tanto por el arte como por la cultura de Florencia.

Aunque Ludovico quedó impresionado con la obra artística de Leonardo, le faltó imaginación para aceptar sus planes de ingeniería. Así, por ejemplo, cedió el puesto de ingeniero militar a un hombre que tenía menos talento, y de nuevo se pospuso la oportunidad de Leonardo para que se reconociera su genio. Sin embargo, consiguió ganarse modestamente la vida aceptando numerosos encargos artísticos. También trabajaba de manera intermitente en una enorme estatua ecuestre del padre de Ludovico, Francisco. El enorme modelo de yeso fue precedido por prolongados estudios sobre la anatomía y el movimiento de los caballos.

Después de que las grandes pestes bubónicas de 1484 y 1485 diezmaron a Milán, Leonardo presentó algunos planes radicales para reconstruir y modificar el trazo de Milán. Sus planes comprendían canales para el trasporte, un sistema moderno de cloacas subterráneas y amplias calles de dos niveles, cuya anchura debería ser proporcional a la altura de los edificios. Sin embargo, cuando disminuyó la violencia de la peste, disminuyeron también los temores de Ludovico, quien desechó los planes por considerar que eran sueños imposibles de realizar.

En 1493, Leonardo alcanzó por fin el reconocimiento y la fama que lo eludieron en el pasado cuando, al celebrarse la boda de un sobrina de Ludovico, descubrió el modelo de arcilla, de ocho metros de altura, del monumento que se erigiría en honor de Francisco Sforza. Para levantar esa enorme estatua, Leonardo inventó nuevos sistemas de poleas, palancas y gatos mecánicos que por su aspecto y principios fueron los precursores de nuestros modernos gatos para los automóviles. Sin embargo, el modelo de arcilla no se fundiría nunca para hacer la estatua de bronce de cincuenta toneladas, pues se necesitaba el metal para la construcción de cañones.

Poco después de que Leonardo terminó su *Cenacola (Última Cena)*, conoció a un monje franciscano llamado fray Luca Pacioli en la corte de Ludovico. Pacioli, a quien Ludovico nombró poco tiempo antes profesor de matemáticas, volvió a despertar el interés de Leonardo por las matemáticas teóricas. Pronto se hicieron amigos íntimos y colaboradores. En 1499, Leonardo y Pacioli resolvieron irse de Milán después de que los ejércitos de Luis XII, rey de Francia, conquistaron la ciudad. Andando el tiempo llegaron a Venecia, donde Leonardo ayudó a proyectar las defensas militares de tierra, de mar y submarinas. Inventó un traje de buceo y una cámara submarina de aire como parte de un insólito proyecto para hacer agujeros en los cascos de los barcos enemigos. Leonardo se negó a publicar los detalles de estos inventos debido a la naturaleza perversa del hombre, el cual, según temía, "tramaría asesinatos en el fondo del mar".

Cuando lo permitieron las condiciones, regresó a Florencia, donde prestó más atención a su estudio de la geometría y a sus otras investigaciones que a los encargos de pinturas. Como le escribiera una duquesa pidiéndole que terminara una pintura, contestó que estaba "completamente entregado a la geometría y le impacientaba el pincel". Siguió trabajando con Pacioli en la edición que hizo este último de los *Elementos* de Euclides. Sin embargo, la constante tensión política obligó a Leonardo a dedicar gran parte de su genio científico a los proyectos bélicos. Así, por ejemplo, en 1502, César Borgia lo nombró ingeniero militar para la Romaña.

Después de terminar su trabajo con Borgia, Leonardo volvió a Florencia para continuar sus investigaciones científicas sobre el vuelo de los pájaros y la naturaleza del aire. Empero, se encontraba todavía ante la necesidad de alimentar y dar albergue a su creciente familia de aprendices. Aceptó un encargo para pintar el retrato de Madonna Lisa, esposa de un rico mercader florentino. Lo que empezó siendo un encargo de poca importancia fue terminado después de tres años de pintura intermitente: era la hoy mundialmente famosa *Mona Lisa*. Fue también el periodo en que Leonardo logró desviar por algún tiempo al río Arno, y en el que se despertó la rivalidad con Miguel Ángel, aunque Leonardo no tenía deseo de competir. Como tardó en comenzar la pintura que le encomendó la Signoria de Florencia para la cámara del Consejo, se dio el encargo de la otra pared a Miguel Ángel.

La naturaleza experimental de Leonardo fue la causa de una pérdida lamentable. Cuando estaba listo el dibujo de la Batalla de Anghiari para ser trasferido al muro de la cámara del Consejo, preparó las paredes con sustancias químicas especiales que, según suponía, harían resaltar el brillo de sus colores al temple. Los colores resultaron tan brillantes como esperaba, pero, por alguna razón, el fresco no estaba secando debidamente. Para facilitar el proceso de la desecación, Leonardo dirigió contra la pared corrientes de aire calentado en el fuego, y entonces ocurrió el desastre. Comenzaron a bajar de la pared pequeños chorros de pintura y, antes de que pudiera extinguir el fuego, las grandes figuras y los corceles de guerra empezaron a fundirse y escurrirse en manchas de color. Poco después de ese desastre se inició la fase francesa de la vida de Leonardo. En 1506 entró al servicio de Carlos d'Amboise, virrey del rey de Francia, para volver a Milán a fin de dedicarse a la pintura y otros diversos proyectos. El rey Luis XII no sólo reconoció a Leonardo como un gran artista, sino que fue también uno de los pocos protectores que pudo apreciar la magnitud de su genio científico y mecánico. Con los ingresos asegurados y el prestigio de su nuevo título, Pintor e Ingeniero del Virrey del Rey Luis XII de Francia, tuvo libertad para proseguir sus estudios científicos de anatomía y anatomía comparada. También comenzó a escribir un nuevo libro sobre la naturaleza del agua, que difería de sus libros sobre hidráulica y la fuerza del agua en que el primerc representaba la teoría, en tanto que los últimos representaban la práctica.

Leonardo comenzó entonces a reunir sus notas, voluminosas aunque dispersas, sobre todos los temas que estudió, con los que experimentó o de los que tenía escritos. Hizo correcciones, eliminó las repeticiones e indicó que estaba pensando en publicar todo su material. Al mismo tiempo, tomó también como discípulo a Francisco de'Melzi, el cual no tardó en ser como un hijo para Leonardo, relación que duró hasta el fin de la vida de De Vinci en Amboise.

Cuando el nuevo rey de Francia, Francisco I, ofreció su protección a Leonardo, el achacoso genio y su leal y joven amigo, Francisco de'Melzi, emprendieron el largo viaje a Francia. Leonardo recibió el reconocimiento que nunca se le otorgó en su patria, así como una generosa pensión. Aunque se dedicó a vigilar la pintura de sus discípulos, a diseñar el castillo del rey en Amboise y a examinar el río Loira como parte de un gigantesco plan para hacer navegable el río hasta Lyons y de allí a Italia, comprendió que no viviría para ver la publicación de sus notas.

Desgraciadamente, ninguno de los primeros biógrafos de Leonardo ni sus discípulos consideraron que sus estudios científicos fueran algo más que caprichos o fantasías. Por ello, no se divulgaron ni se les prestó atención hasta el siglo XX. Ahora sabemos que fue un verdadero inmortal en el mundo de la ciencia, el primero entre los modernos que se esforzó por encontrar experimentalmente la solución a muchos de los problemas de la Naturaleza. En sus días, Leonardo sabía ya mucho de lo que andando el tiempo descubrirían Galileo, Francisco Bacon, Watt y Newton, aunque su terminología era diferente de la que usaron estos grandes científicos. Sus estudios y diagramas de la anatomía humana fueron tan exactos y adelantados que, más que a Harvey, podría atribuírsele el descubrimiento de la circulación de la sangre. La historia de Leonardo es, en realidad, una historia de lo que pudo haber sido en la ciencia, debido a que gran parte de su obra tuvo que ser descubierta de nuevo, independientemente, en el siglo XX.

BIBLIOGRAFÍA

Boas, Marie. The Scientific Renaissance (1450-1650).
Gillete, Henry S. Leonardo da Vinci, Pathfinder of Science.
Hart, I. The World of Leonardo da Vinci.
Reason, H. A. The Road to Modern Science.
Taylor, Pamela (recopiladora). The Notebooks of Leonardo da Vinci.

NICOLÁS COPÉRNICO

(1473-1543)

ERA EL AÑO 1502. El joven profesor de astronomía de la Universidad de Roma, hizo una breve pausa en su lección sobre el plan del Universo. De todos los países civilizados del mundo arribaron sus discípulos para oir las lecciones de Copérnico sobre las estrellas y los planetas. Continuó haciendo su exposición del sistema tolemaico: "La Tierra es el centro del Universo; el Sol, la Luna y los cinco planetas son satélites que giran diariamente en torno a nuestra majestuosa tierra en un círculo perfecto. Más allá se encuentran las estrellas fijas, que todo lo rodean. Éstas son las verdades fundamentales que escribió el gran Claudio Tolomeo hace más de mil quinientos años y que son evidentes para los sentidos".

Un joven de ojos brillantes hizo una pregunta: "Distinguido profesor". dijo tímidamente el joven, "¿no disputó esto el antiguo filósofo griego Pitágoras, diciendo que no es la Tierra la que se encuentra en el centro del Universo, sino el Sol?"

Copérnico estaba a punto de responder, como lo hizo muchas veces, que el gran Aristóteles refutó categóricamente a Pitágoras y que, siendo el hombre la obra maestra de Dios, la Tierra que habitaba debería estar en el centro del Universo. Esta vez, sin embargo, Copérnico tenía tan poca fe en su acostumbrada respuesta que dio por terminada la clase y salió bruscamente de la sala. Después de tres años de dedicarse a la enseñanza, resolvió renunciar. Como no deseaba ya enseñar lo que él mismo dudaba, decidió volver a su casa, en Frauenburg, que entonces era parte de Polonia, para dedicarse a determinar para su satisfacción si Tolomeo y los distinguidos profesores del siglo XVI tenían razón o estaban equivocados.

Nicolás Copérnico nació en Thorn, pequeño puerto de Polonia en el río Vístula, cerca del mar Báltico. Su padre, que era mercader, murió cuando Nicolás tenía diez años de edad, y su tio que era una figura principal de Polonia, el obispo Lucas Watzelrode, asumió la responsabilidad de educarlo. De joven, en Nicolás influyó el punto de vista positivo y práctico de su padre mercader y de su tío administrador de la Iglesia. Por otra parte, estimularon su imaginación las victorias de los marinos y mercaderes que pasaban por el puerto de Thorn cuando venían de Asia, Italia, Rusia y otros lugares lejanos.

En 1492, cuando Colón descubría América y abría un nuevo mundo geográfico, Copérnico se matriculó en la Universidad de Cracovia, en Polonia, uno de los centros más distinguidos de cultura de esa época. Quedó bajo la tutela de Alberto Brudzewski, notable matemático y astrónomo, que cultivó el profundo interés de Nicolás en esas materias. Sin embargo, por consejo de su tío, el obispo, Nicolás se licenció en medicina, a fin de prestar una ayuda más directa a sus compatriotas.

La obra de Nicolás en Cracovia le abrió las puertas de la cultura. Le preguntó a su tío si podía continuar sus estudios en Italia, centro de aprendizaje y cuna del Renacimiento. Prudentemente, su tío consintió e hizo los arreglos necesarios para que asistiera a la famosa Universidad de Bolonia, donde estudió derecho y amplió sus conocimientos de matemáticas y astronomía. También aprendió griego a fin de leer los textos originales de los astrónomos griegos, así como sus traducciones de los antiguos matemáticos árabes. De conformidad con el concepto renacentita de la educación universal, Copérnico desarrolló también sus aptiudes como pintor y poeta.

En esta época, fue nombrado profesor de astronomía de la Universidad de Roma. Aunque enseñaba la tradicional astronomía tolemaica, su lectura de los textos originales de Pitágoras y otros filósofos antiguos, así como su educación pragmática, lo hicieron dudar de la exactitud de la teoría tolemaica sobre la estructura geocéntrica del Universo, que fue aceptada durante mil quinientos años. Se hizo preguntas como estas: Si el Sol gira alrededor de la Tierra en la órbita fija de un círculo perfecto, ¿cómo explicar el cambio de las estaciones? ¿Cómo es que algunas estrellas y planetas varían de posición de un año a otro? Naturalmente, los sabios de la época explicaban dichas variaciones llamándolas aberraciones, migraciones caprichosas o movimientos místicos de las almas interiores de los planetas. Para la mente aguda e inquisitiva del joven Copérnico, estas respuestas eran una farsa; por lo tanto, decidió irse de Roma y buscar las soluciones que lo dejaran satisfecho en la calma de su patria. Pero pasaría mucho tiempo antes de que encontrara esas soluciones. En 1504 renunció a su profesorado y regresó a Frauenburg para convertirse en canónigo de la Iglesia. A partir de entonces, pasó varios años como médico y ayudante de su tío, el obispo Watzelrode. En esta calidad, ganó la estimación y el afecto de todos aquellos con quienes tuvo relación. Sus estudios de derecho le permitían ser justo y equitativo en la administración de las tierras de la Iglesia. Se dio a conocer por todas partes como médico hábil y ofrecía gratuitamente sus conocimientos médicos para curar a los pobres y los menesterosos. Cuando los vecinos necesitaban ayuda, ya para hacer menos rigurosa la sequía, construyendo una presa, ya para almacenar los alimentos en previsión del hambre, buscaban su consejo, que les daba sabiamente.

A solicitud del Papa, aconsejó algunas reformas prácticas para hacer más preciso el calendario. Clavio, que estudió la evolución de nuestro moderno calendario, decía: "Copérnico fue el primero en descubrir la duración exacta del año". Autoridades posteriores encontraron que sus cálculos de la longitud del año tenían un error de sólo veintiocho segundos.

Cuando los soberanos de Polonia, en una época de crisis económica, pidieron a Copérnico que reformara el sistema monetario, abogó por la acuñación central de moneda para toda Polonia, y devolvió la confianza en el dinero polaco prohibiendo la acuñación de nuevas monedas sin el debido respaldo de la plata o el oro. Por un tiempo, en 1520, sirvió como gobernador del castillo de Allenstein y lo defendió victoriosamente contra el asedio de los caballeros teutónicos.

Aunque se consagró al bienestar de su Iglesia y de sus compatriotas durante estos años, no olvidó su deseo de resolver el enigma de la estructura del Universo. Pasaba las noches en la torre de su casa, en lo alto de la montaña, observando las estrellas y los planetas, haciendo anotaciones sobre su posición y leyendo todos los manuscritos que tenía de los antiguos astrónomos. Su investigación era especialmente difícil, debido a que aún no se inventaba el telescopio y, en esa región, durante gran parte del año, el clima oscurecía la visibilidad del cielo. El progreso era lento. Estudió los eclipses que ocurrieron en 1509 y 1511. Usando fórmulas matemáticas y su teoría del movimiento de los planetas, predijo las posiciones de los planetas Marte, Saturno, Júpiter y Venus. Luego, explorando ansiosamente el cielo durante varios años para ver si sus cálculos eran correctos, descubrió con gran alegría que lo eran.

Al fin tenía pruebas para demostrar que la teoría tolemaica, con su falsa explicación de las variaciones y sus telarañas de confusión e incoherencias que hacían de la astronomía una ciencia equivocada, era falsa.

La teoría que verificó Copérnico ponía al Sol en el centro del Universo, la Tierra y los otros planetas giraban alrededor de él, y las estrellas lo rodeaban todo en el cielo infinito. Sabía que la Tierra gira también sobre su propio eje, lo cual daba el día y la noche. Dichos movimientos siguen las infalibles leyes matemáticas de la Naturaleza. Puede predecirse con fórmulas matemáticas la posición de cada planeta en el cielo en cualquier momento dado, inclusive los eclipses.

Sistema copernicano del Universo

Copérnico descubrió la verdad, pero el conseguir que el mundo la aceptara era un proceso lento y peligroso, que se enfrentaba a antiguas creencias vinculadas con la superstición y el dogma religioso. Aunque el Renacimiento fue una época de investigaciones y de considerable libertad de discusión en los círculos ilustrados, se consideraba herética la contradicción sospechosa del dogma religioso. Por lo tanto, Copérnico decidió no publicar sus hallazgos, sino tratar de ganar partidarios entre los hombres cultos mediante la conversación y la discusión. Lo hizo así con éxito limitado, pero inclusive este camino estaba preñado de peligros. Martín Lutero lo acusó de ser un necio que quería "volver completamente del revés el arte de la astronomía". Calvino citó el Salmo 93 contra él: "También el mundo está afirmado; no será movido".

Hacia el fin de su vida, cuando lo convencieron de que debería publicar sus ideas, escribió *De revolutionibus orbium coelestium (Sobre las revoluciones de las esferas celestes)*, y dedicó el libro al papa Paulo III para obtener la aprobación eclesiástica. Al impresor de Nuremberg le atemorizó tanto la naturaleza revolucionaria del texto que encargó a alguien que escribiera un prólogo en el cual se afirmaba que el libro no era un tratado científico, sino una "fantasía ociosa". Copérnico se habría enfadado si hubiera leído esta descripción de la obra de su vida, pero nunca pudo leer el libro impreso, que le fue puesto en las manos cuando estaba en su lecho de muerte, el 21 de mayo de 1543.

La obra de Copérnico fue el cimiento sobre el que Galileo, Brahe, Kepler, Newton, Einstein y otros construyeron la astronomía moderna, pero hizo algo más que eso. Más tarde su ejemplo animó a otras almas intrépidas a desafiar otras creencias místicas basadas en supersticiones que aherrojaban el espíritu del género humano. Además creó un modelo de investigación científica basada en la observación cuidadosa y paciente, en el análisis y la experimentación. Nicolás Copérnico fue una de las figuras verdaderamente grandes del Renacimiento.

BIBLIOGRAFÍA

Armitage, Angus. *Copernicus: Founder of Modern Astronomy*.
    The World of Copernicus.
Kesten, H. *Copernicus and His World*.
Thomas, Henry. *Copernicus*.

FILIPO AUREOLO PARACELSO (TEOFRASTO BOMBAST VON HOHENHEIM)

(1493-1541)

CUANDO EL PRESIDENTE de la sala se inclinó hacia adelante, se hizo el silencio en la sala del tribunal. Las incómodas bancas de madera estaban llenas de un segmento insólito de la población de Basilea, Suiza. Algunos jóvenes estudiantes de medicina de la Universidad de Basilea admiraban la habilidad médica y el valor de su maestro Paracelso. Médicos ricos, boticarios y sus adictos que lo odiaban por sus puntos de vista heterodoxos. Acudieron algunos de sus colegas profesionales, hombres a los que contradijo e inclusive ridiculizó, los cuales esperaban verlo humillado.

Expresó el anciano jurista: "Este tribunal declara que no es posible valorar los servicios del doctor Paracelso, como pretende, en cien florines. No aplicó ninguno de los tratamientos de los médicos reconocidos. La rápida curación de este paciente sólo puede atribuirse a causas naturales, no a las píldoras ofrecidas por el doctor Paracelso. El tribunal considera que los seis florines que le ofrece el paciente son más que suficientes".

Paracelso se puso en pie de un salto con gesto de desafío y de ira (algunos dirían que de arrogancia) en el rostro. Era una figura impresionante, alto y fornido, de rasgos romanos. "¡Es una burla a la justicia!", gritó. "Os habéis confabulado contra mí en inicua alianza con los médicos incompetentes, con los boticarios y otros charlatanes".

Sus amigos lo obligaron a sentarse. Hablar de esa manera era una traición, y Paracelso tenía ya suficientes enemigos. ¡Pero estaba hecho el daño! Esa noche, en 1528, sus enemigos prepararon la acusación que pudo haberle costado la vida, pero Paracelso se apresuró a huir de Basilea para vivir como un proscrito, menesteroso y errante, hasta que murió trece años después, a la edad de cuarenta y ocho.

Teofrastro Bombast von Hohenheim pudo haber llevado una vida fácil y cómoda desde su nacimiento si hubiera querido hacerlo. Su padre era un médico acomodado, y su madre directora de un hospital en Einsiedeln, Suiza, donde nació el muchacho. Sus primeros conocimientos de medicina se los dieron sus padres y la asistencia a la Universidad de Basilea, donde, con cierta vanidad, adoptó el nombre de Paracelso para demostrar que era igual al antiguo médico romano Celso ("Para" significa "igual a"). El Renacimiento estaba en su apogeo y algunos hombres valerosos se esforzaban por descubrir nuevas verdades y poner en tela de juicio las ideas aceptadas. El sabio holandés Erasmo y el alemán Martín Lutero se rebelaron contra las enseñanzas de la Iglesia y pedían que se hicieran reformas. Sir Tomás Moro, en Inglaterra, censuraba el comportamiento del rey Enrique VIII. Copérnico disputaba la vieja teoría tolemaica de que la Tierra era el centro del Universo, y algunos exploradores, como Colón, se aventuraban por rutas desconocidas. La invención de la imprenta de Gutenberg abrió nuevos horizontes de comunicación. Sin embargo, fue también una época peligrosa para expresar nuevas ideas, pues la autoridad era vigorosa e implacable. En esos tiempo, Paracelso desafió las antiguas tradiciones de la práctica médica.

Después de salir de la universidad, pasó varios años como químico en los distritos mineros del Tirolny en Suecia. Siguieron diez años de vagar por toda Europa y otros continentes en busca de los conocimientos más amplios y prácticos de la ciencia de curar. Se mezcló con gitanos, barberos-cirujanos, alquimistas, nigromantes, ladrones de tumbas, astrólogos y sabios. Sirvió de cirujano en los ejércitos de tres reyes y visitó a Constantinopla, el antiguo Egipto y Persia. Para decirlo con sus propias palabras: "En todos los rincones del mundo interrogué a la gente y busqué la verdad y experimenté las artes de la medicina".

Cuando volvió en 1526, era ya famoso y, por consecuencia, lo nombraron profesor de medicina química en la Universidad de Basilea. En el espíritu de Paracelso arraigaron varias creencias. La educación médica tradicional que se basaba en aprender de memoria las reglas de los antiguos (Hipócrates, Galeno, Avicena y otros) era equivocada e inclusive nociva. La educación médica tenía que basarse en la observación cuidadosa, el antiguo tratamiento místico de la enfermedad servía más para enriquecer a los médicos y a los boticarios que para ayudar al paciente. Los amuletos atados al cuerpo, los hediondos brebajes, los encantamientos mágicos, las sangrías y los hechizos fijados a los marcos de las puertas eran remedios inútiles. Paracelso creía que la enfermedad se debía a parásitos extraños que perturbaban el funcionamiento normal del cuerpo. Por lo tanto, buscaba compuestos químicos que aumentaran la fuerza vital del cuerpo para luchar contra dichos parásitos. (Este razonamiento se acercaba mucho a la teoría microbiana de la enfermedad que apareció trescientos cincuenta años más tarde y el uso de las "drogas mágicas" de nuestro tiempo.)

Paracelso sostenía que la función de la química "no era la de hacer oro, sino la de preparar medicamentos". Así, pues, preparaba muchas sales de los metales, como el mercurio, el arsénico y el cinc, que usaba con éxito como medicaciones. Fue el primero en usar médicamente la tintura de opio, a la que dio el nombre de láudano.

En Basilea, Paracelso comenzó entonces a luchar por sus creencias. Demostró su desprecio por los antiguos métodos de preparar a los médicos quemando públicamente las obras de Avicena y Galeno y dando sus lecciones en alemán en lugar de latín, como era común.

Como médico oficial de la ciudad de Basilea, exigió el derecho de examinar las pociones y recetas de los boticarios. Atacó públicamente a los profesores de medicina, a los médicos y los boticarios, por considerarlos charlatanes que se enriquecían sin desempeñar sus funciones propias. Rechazó la idea aceptada de que la enfermedad era resultado de la falta de equilibrio entre los líquidos de la flema, la bilis y la sangre, y aconsejó el uso de remedios químicos para las enfermedades. En esto, sin duda, fue un rebelde que clamaba en el desierto medieval de la superstición y la ignorancia científica contra las poderosas fuerzas de la tradición y la autoridad. Se mofaba de los profesores de medicina, llamándolos "maestros... que combinan los piojos con la comezón. No son dignos de que un perro levante la pata trasera contra vosotros".

Paracelso era a veces arrogante, ególatra y grosero, y sus poderosos adversarios luchaban contra él sin escrúpulos y lo ridiculizaban. Por último, lo obligaron a huir de Basilea, pues corría el peligro de que lo juzgaran por traición. Como se le negó un puesto en la universidad o la residencia permanente en muchas ciudades, se convirtió en un médico vagabundo, a menudo demasiado indigente para pagar por el vestido y el sustento. Al envejecer, volvió de nuevo a la alquimia, queriendo convertir los metales viles en oro y encontrar el elíxir mágico de la vida que proporcionara la eterna juventud a su posesor.

Durante la vida de Paracelso, la fuerza de las universidades hostiles y de otras autoridades, le impidieron publicar sus teorías, pero sus ideas se conservaron en manuscritos que se publicaron varios años después de su muerte y que, en sus conceptos, eran modernos. Describió las enfermedades profesionales de los mineros que observó en el Tirol y ofreció métodos para prevenirlas; declaró que las enfermedades nerviosas resultaban de las afecciones físicas y no de los demonios, habló de la importancia que tenía el prevenir la infección externa en la cirugía.

Paracelso fue un iconoclasta y un cruzado de la ciencia en una época en que la negativa a someterse estaba preñada de peligros personales. Murió en la pobreza, en una miserable posada de Salzburgo.

Sin embargo, siguieron escuchándose los ecos de su ronca voz, instando a que se pusiera fin al tratamiento supersticioso de la enfermedad y pidiendo a los químicos que buscaran curaciones para los padecimientos. En uno de sus poemas, Roberto Browning hace decir a Paracelso:

> Pero, después de todo, me conocerán
> ...Apareceré algún día.

Pasaron varios siglos antes de que la ciencia reconociera las verdades por las que tanto luchó Paracelso.

BIBLIOGRAFÍA

Hargrave, John. *Paracelsus: Life and Soul.*
Jaffe, Bernard. *Crucibles.*
Rosen, Sidney. *Doctor Paracelsus.*

ANDRÉS VESALIO

(1514-1564)

LA TENSIÓN CRECÍA en el espíritu de Andrés Vesalio, joven flamenco que estudiaba medicina, al escuchar día tras día la monótona lectura de un antiguo tratado sobre la anatomía del cuerpo. Sentado a gran altura sobre la mesa de disección y a prudente distancia del hediondo cadáver, el monótono profesor hacía una pausa y señalaba imperiosamente con el puntero para que sus ayudantes mostraran las partes del cuerpo que describía. Los ayudantes no eran anatomistas preparados, sino ineptos barberos-cirujanos que tajaban el cuerpo con sus cuchillos de carnicero. Por último, Vesalio no pudo soportar más y, lanzando una mirada temerosa al profesor, se abrió paso hasta la mesa de disección e hizo a un lado a los barberos-cirujanos. Con gran asombro de todos, procedió a separar y mostrar cada órgano y tejido descritos con una precisión y habilidad que nunca antes observaron.

El profesor que impartía la clase en la Universidad de París quedó pasmado al ver el descaro de ese joven extranjero. Pero un coro de aclamaciones y una salva de aplausos de los estudiantes impidieron que desahogara su ira. El avariento maestro vivía del estipendio que le pagaban los estudiantes, y sólo un profesor popular podía enriquecerse. Vesalio obtuvo la renuente autorización de su maestro, Jacobo Sylvius, para proseguir la disección, pero se ganó un enconado enemigo que más tarde le hizo imposible la vida y lo obligó a abandonar su único y grande amor: la enseñanza de la anatomía.

Los conocimientos y la habilidad anatómica de Vesalio, que tenía dieciocho años, no eran un accidente. Era hijo de un boticario-médico de Bruselas y descendía de un largo y famoso linaje de médicos prácticos. Su madre reunió cuidadosamente los libros de medicina de la familia para crear una biblioteca que era casi inaudita en el siglo XVI. Pero, cosa más importante aún, inculcó en su hijo el amor a los libros y al estudio, y en esa atmósfera se estimuló su curiosidad. Ya a temprana edad, su aguda inteligencia reconoció las limitaciones de sus tiempos y se dio cuenta de que el tratamiento de la enfermedad depende de un conocimiento concienzudo de la estructura del cuerpo. Coleccionaba celosamente todo género de animales (ranas, topos, ratones y ratas) y hacía su disección en la mesa de la cocina. Sus facultades de observación se volvieron precozmente agudos y sus manos y dedos de niño adquirieron la gran destreza que asombraría más tarde a todos los que presenciaban sus disecciones. La educación formal de Vesalio resultó excelente. Después de recibir una preparación muy completa, fue aceptado en la cercana Universidad de Lovaina. Allí progresó rápidamente en las humanidades y los idiomas, pues dominó el griego, el latín, el árabe y el hebreo. Aunque se enorgullecía del dominio que adquirió de estos idiomas en Lovaina, le decepcionó el hecho de que la facultad no sólo descuidara las ciencias, sino que prohibiera la disección del cuerpo humano. Sin perder de vista su verdadera ambición (profundizar sus conocimientos de anatomía), se tornó cada vez más obstinado. Por último, en 1533, abandonó Lovaina para ir a París, donde encontró a su futura némesis, Jacobo Sylvius.

Sylvius tenía gran reputación por su elocuencia y vasta cultura. En los primeros años se dedicó a la enseñañnza de las lenguas clásicas y se familiarizó con los antiguos tratados médicos. Tomó la resolución de estudiar medicina cuando ya era un hombre maduro, y su determinación fue la consecuencia de su excesivo amor al dinero. Como maestro de anatomía, recibía los estipendos de 400 a 500 estudiantes cada año. Sylvius daba sus clases de anatomía leyendo palabra por palabra las obras de Galeno. médico griego del siglo II. Aceptaba como verdad del Evangelio el texto de Galeno, aun cuando el cadáver difiriera en algún modo de la descripción que aparecía en el antiguo texto.

La penetrante mirada de Vesalio comenzó a advertir muchas discrepancias entre la estructura del cuerpo y las descripciones correspondientes del "infalible" Galeno, en las disecciones que presenciaba. Con el testimonio de sus propios ojos, empezó a poner en tela de juicio la autoridad de Galeno y disputó acaloradamente con Sylvius por lo que, según sabía, era un error. Sylvius no toleraba las dudas ni la oposición, y fue creciendo la división entre maestro y discípulo. Vesalio se sentía cada vez más a disgusto en París. Según sus propias palabras, las lecciones de anatomía "eran pruebas detestables en que los barberos cortan el cadáver y el profesor, desde lejos, canturrea como una cotorra acerca de temas sobre los que no tiene experiencia".

Deprimido y desilusionado, regresó a Lovaina en 1536 sin recibir el título de médico. Con una intensidad que casi era furia, hacía la disección de toda especie de animales (cerdos, perros y ratas) para aumentar su habilidad y sus conocimientos sobre la estructura de los mamíferos. Después de las ejecuciones públicas, iba por la noche al cementerio para desenterrar los cadáveres de los criminales a fin de proseguir sus estudios. En más de una de estas expediciones subrepticias fue atacado por manadas de perros salvajes que le disputaban el preciado tesoro.

La mayoría de los cadáveres se encontraban en tal estado de descomposición que sólo podían hacerse disecciones parciales, sin relación con la anatomía completa del cuerpo. Luego, en una excursión nocturna, Vesalio tropezó con el increíble espectáculo de un esqueleto casi intacto que colgaba de sus cadenas, en lo alto del patíbulo. Las aves de rapiña consumieron el cuerpo del criminal muerto hasta dejar mondos los blancos huesos. Tomando de otras disecciones los huesos que faltaban, Vesalio unió cuidadosamente con alambre la osamenta y tuvo así su primer esqueleto completo. Llegó a conocer todas las protuberancias y depresiones de cada uno de los huesos de su esqueleto de una manera tan concienzuda como no se realizó antes. Cual si fuera un amigo íntimo, se levantaba en uno de los extremos de su mesa de laboratorio y presenció todas las disecciones que realizaría durante los años subsecuentes.

En el año siguiente ocurrieron dos sucesos importantes que ejercerían una profunda autoridad en el porvenir de Vesalio. Aunque sólo tenía veintitrés años de edad, dio sus primeras clases de anatomía humana y publicó su primer libro. Lovaina hizo menos rigurosas sus prohibiciones de la disección del cuerpo humano, y las autoridades civiles permitían ya que se entregaran a la universidad los cadáveres de los criminales ajusticiados para usarlos en las clases de anatomía. La primera lección de anatomía de Vesalio fue un verdadero acontecimiento en la historia de la medicina. Personalmente hizo la disección completa del cadáver e improvisó la clase mientras realizaba la disección.

En sus ratos de ocio, entre una y otra clase, hizo la traducción libre del árabe de uno de los libros médicos de Rhazes, quien vivió unos seis siglos antes de Vesalio. Esta traducción anotada, que exponía el tratamiento de las enfermedades de todas las partes del cuerpo, fue durante más de cien años un libro de consulta muy popular y valioso para los médicos europeos. Contenía muchos remedios conocidos en la práctica médica de ese tiempo, la cual se basaba, principalmente, en los conocimientos recibidos de los antiguos médicos griegos.

Animado por la gran ambición de escribir un tratado de anatomía que fuera completamente nuevo, Vesalio fue a Padua, donde lo nombraron profesor de cirugía. Por fin enseñaría la anatomía como estaba convencido de que debería impartirse dicha materia. Empleaba a los discípulos en lugar de ayudantes y conservaba su esqueleto preferido a su lado, como un centinela, para referirse constantemente a él al empezar con una consideración de la anatomía externa general del cuerpo y proceder luego, con infinito detalle, a hacer la disección ordenada de cada uno de los aparatos del cuerpo. Usaba gráficas o dibujos espontáneos, preparados previamente para explicar las relaciones, y exponía la estructura anatómica con respecto a su función. Cada disección humana resultaba una prueba agotadora, pues eran los días en que aún se desconocían las sustancias químicas para conservar los cadáveres, como el formaldehído, y era necesario terminar la disección en el menor tiempo posible. Aunque quedaba extenuado después de cada curso, el cual exigía la enseñanza ininterrumpida día a día durante un periodo de tres semanas, nunca se sintió más feliz. Acudían médicos experimentados y estudiantes de medicina para escuchar a este nuevo maestro cuyo aspecto juvenil parecía desmentir sus grandes conocimientos.

Aunque a Vesalio le complacía esta aprobación, su único deseo era ayudar a los estudiantes a aprender y conservar para el uso futuro los conocimientos anatómicos que les inculcaba. Logrado este propósito, era esencial un buen texto de anatomía. Mientras iba tomando forma en su mente el esbozo de la obra maestra que proyectaba, preparó, con la ayuda del artista Jan von Calcar, una serie de láminas anatómicas soberbias y exactas. Luego, a pesar del tiempo que tenia que dedicar a la enseñanza, empezó a componer *La estructura del cuerpo humano (De humani corporis fabrica)*. Vesalio decía que la composición del texto requería "un trabajo monstruoso en la preparación de las disecciones, en la redacción de las descripciones concisas y exactas y en el esfuerzo de dirigir los ojos, la mano y la inteligencia del artista" para preparar el tipo de dibujos que exigía. Es comprensible la aversión del artista si se recuerda que tenía que pasar interminables horas con la cabeza inclinada sobre un cadáver asqueroso y hediondo. Por fin, la persistencia de Vesalio se vio premiada con unas láminas anatómicas tan precisas que estuvieron destinadas a servir de consulta a los pintores y escultores de la forma humana durante muchos años.

Vesalio terminó *La estructura del cuerpo humano* en tres años. Para obtener la mejor calidad de impresión y reproducción de las láminas, envió su manuscrito y grabados de madera a un renombrado impresor de Basilea, Suiza. Por carta pidió que tuviera el mayor de los cuidados para evitar los errores. Al fin llegó el día, en 1542, en que se le entregó el primer ejemplar salido de la imprenta. Por fin se realizaba su sueño, su gran obra de amor estaba soberbiamente impresa.

Su antiguo enemigo, Sylvius, escogió este momento para atacar a Vesalio. Sólo se puede atribuir el encono y la ferocidad de la crítica del anciano al intenso disgusto de que un joven y talentoso sabio hubiera puesto de manifiesto la insuficiencia y la equivocación de sus enseñanzas. Sylvius condenó a su antiguo discípulo llamándolo "advenedizo sin principios" y "loco cuyas malignas doctrinas estaban envenenando a Europa". Vesalio se horrorizó. Pero lo que más le hirió fue el hecho de que su propia facultad y sus antiguos discípulos lo recibieran fríamente y desacreditaran la aportación que hizo a la ciencia. Disgustado, se fue de Padua para nunca más volver.

Vesalio no tenía más que treinta años, pero su carrera de hombre de ciencia terminó. En 1544 aceptó la invitación del rey español Carlos V para ser el médico de cabecera de la familia real. Su estancia en España duró veinte años. Sin embargo, la vida de la corte española no era propicia para las empresas intelectuales. La pesada mano de la Inquisición impedía el progreso de las ciencias naturales, y se consideraba como un sacrilegio la disección del cuerpo humano. Vesalio escribió: "No podía ni tan siquiera poner la mano sobre un cráneo reseco, mucho menos correr el riesgo de hacer una disección". Así, pues, en su largo y voluntario exilio, el enmohecimiento de sus escalpelos simbolizó la decadencia de una brillante mente científica que pudo haber apresurado el progreso médico en muchos años.

El paso del tiempo trajo una nueva generación de médicos que comenzó a redescubrir la enorme aportación de Vesalio a la anatomía. Nuevos maestros como Falopio, quien ocupó la cátedra de anatomía que renunció Vesalio en Padua, comenzaron a seguir atrevidamente el sendero de los estudios anatómicos abierto por Vesalio. Cuando murió repentinamente el joven Falopio, en 1562, no pudo encontrarse en Italia a ningún anatomista de suficiente estatura para sucederle. No existía más que una alternativa: llamar al maestro para que ocupara de nuevo la cátedra de anatomía que fundara veinte años antes en Padua. Fue un gran momento de triunfo para Vesalio; ahora volvería a su primero y único amor: la enseñanza de la anatomía.

Poco antes de volver a Italia, Vesalio hizo una peregrinación a Jerusalén para visitar el Santuario del Santo Sepulcro. A su regreso se desató una violenta tempestad en el Mediterráneo y naufragó en una pequeña isla, frente a la costa de Grecia. Murió en ese lugar a resultas de las lesiones que sufrió, y de agotamiento, en octubre de 1564. Así, después de brillar durante dos décadas, se apagó la chispa del genio de un gran hombre de ciencia al que hoy se considera el padre de la anatomía moderna. Inclusive en su tumba, triunfó Sylvius. Debido al imaginario menosprecio de Vesalio durante sus días de estudiante en París, intervino en el ostracismo científico completo y definitivo del anatomista más grande de todos los siglos.

BIBLIOGRAFÍA

Ball, J. M. *Andreas Vesalius, Tre Reformer of Anatomy.*
Cushing, H. W. *A Bio-Bibliography of Andreas Vesalius.*
Singer, C., y Rabin, C. *Prelude to Modern Medicine.*

TICHO BRAHE

(1546-1601)

EN LA MISMA época, aproximadamente, en que Guillermo Shakespeare ponía en escena el drama de un joven y melancólico príncipe de Elsinore, un noble danés, Ticho Brahe, moría de indigestión en Praga. Como era su costumbre, comió con exceso, y ahora, mortalmente enfermo, sintió que llegaba rápidamente su fin. Llamó a su talentoso ayudante, Juan Kepler, y le suplicó que continuara la gran obra a que se dedicaban los dos. Cuando Kepler le hizo la promesa, Ticho se tendió de espaldas, satisfecho. Pocas horas después falleció el astrónomo más grande de su siglo.

Inclusive a las puertas de la muerte, Brahe era una figura imponente: su enorme mole hacía gemir la cama; los penetrantes ojos que exploraron el cielo durante cuarenta años, sin ayuda del telescopio, no perdieron su brillo, y la punta de la nariz le refulgía a la luz de la vela; de joven le cercenaron parte de la nariz en un duelo, y la tenía rehabilitada con una placa de una aleación de oro y plata.

La vida de Brahe resultó plena. Desde su nacimiento en 1546, cerca de Elsinore de Hamlet, hasta su muerte en 1601, vivió con magnificencia. Como era costumbre entre los nobles del Renacimiento, viajó en un mundo de cultura y brutalidad, privilegio y falta de equidad, encajes y miserias. Contrastes por todas partes. Brahe podía deleitarse con los lujos en que abundaba su Europa del siglo XVI, pero pasó la vida adulta mirando más allá de los confines de nuestro pequeño planeta. Por consecuencia, en su vida, Ticho reflejó las contradicciones que lo rodeaban.

Su verdadero nombre era el de Tyge (Ticho es latín), y descendía de un largo linaje de señores feudales daneses. Un tío que no tenía hijos, adoptó al pequeño y procuró que recibiera la mejor educación posible. A la edad de siete años, Ticho hablaba el latín con facilidad, escribía graciosos poemas, manejaba la espada, componía música y salía vencedor en las polémicas que sostenía con su tío sobre los graves problemas de la lógica. Cuando tenía doce años, fue a estudiar retórica y filosofía en la Universidad de Copenhague; le esperaba la carrera de hombre de Estado.

Pero, como muchos otros hombres de su tiempo, a Ticho le interesaba la astrología. Unos astrólogos de Dinamarca pronosticaron un eclipse para agosto de 1560, y cuando se produjo, quedó tan conmovido que salió apresuradamente y compró una traducción latina de las obras de Tolomeo. La astronomía y la astrología dominarían el resto de su vida, y Ticho Brahe las dominaría a las dos.

Convenció a su tío de que lo enviara a la Universidad de Leipzig, donde estudiaría con los principales astrónomos de la época. Cuando aprendió todo lo que tenían que enseñar, inició un programa de educación autodidacta. A los diecisiete años empezó a escribir sus observaciones de los cielos de una manera sistemática. Su modo científico de considerar la astronomía era relativamente nuevo, ya que el estudio del cielo resultaba fortuito, confundiéndose con la magia, la superstición y la mitología.

Durante siglos, el hombre tenía la creencia de que los dioses habitaban en el cielo y las estrellas eran sus joyas. No fue sino hasta que progresó la agricultura y se perfeccionaron los barcos de vela que el hombre pidió información más precisa acerca de los cielos: el agricultor necesitaba informes concretos sobre las estaciones, y el navegante requería datos más exactos debido a que tenía que guiarse por las estrellas. En el siglo II a. de J.C., Hiparco dio el primer paso para obtener información científica: observó las posiciones de más de mil estrellas. Claudio Tolomeo, el famoso astrónomo griego que vivió en el siglo II, llevó la obra mucho más adelante. Su impresionante tratado, que se basaba en el supuesto de que la tierra está inmóvil y los cuerpos celestes giran alrededor de ella, predominó en el mundo durante más de mil cuatrocientos años. La teoría de Tolomeo fue refutada por Copérnico, quien demostró la redondez de la Tierra y le dio su lugar apropiado en el Universo.

Ticho aceptó las ideas de Copérnico hasta cierto punto, y continuó investigándolas con el propósito de idear su propio sistema para entender el Universo. Hombre religioso, no podía aceptar la teoría copernicana que rebajaba a la Tierra hasta darle un papel secundario en el Universo. Propuso su propio esquema en que la esfera celeste entera, con estrellas y todo, giraba alrededor de la Tierra una vez al día; además, todos los planetas giraban alrededor del Sol, y éste giraba alrededor de la Tierra.

Jurando que no daría nada por supuesto, Ticho estudió los cielos con incansable intensidad. Comprobaba, volvía a comprobar y verificaba cada uno de sus hallazgos. Tan eficaz fue su técnica, que pudo registrar las mediciones de las estrellas con un error de menos de 1/60 de grado. El objetivo de Ticho era hacer un inventario completo y autorizado del cielo, objetivo en verdad ambicioso si se considera que aún no se inventaba el telescopio. A pesar de todo, nos maravilla la precisión de Brahe: ¡Pudo determinar la longitud del año con un error de menos de un segundo!

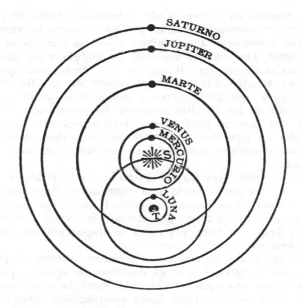

Sistema del Universo según Ticho

En 1572 vio una supernova, una brillante estrella que estalla como una bomba en el aire. La llamó "Nova" y publicó un libro acerca de ella, indicando que las estrellas podían tener un principio, un medio y un fin. Era una idea revolucionaria que daba al traste con la antigua creencia aristotélica de que las estrellas eran "fijas".

El rey Federico II de Dinamarca se enteró de la obra de Ticho y le hizo un maravilloso ofrecimiento. Le daría la isla de Hvenn, cerca de Copenhague, para que construyera un observatorio. Además, usaría un donativo de veinte mil libras para equipar la isla según las especificaciones de Brahe. La única compensación que recibiría Federico II por tal generosidad sería la de solazarse con la fama que pudieran dar a Brahe los subsecuentes descubrimientos.

Con otras veinte mil libras que aportó Ticho, procedió a embellecer su isla. El edificio principal era un castillo al que llamó Uranienburg (castillo de los cielos). Estaba trazado como un jardín y sus extremos miraban al norte, al sur, al este y al oeste. Los muros del castillo estaban cubiertos de pinturas y esculturas; se construyeron pródigos dormitorios para Brahe y la multitud de dignatarios que iban a visitarlo. Se reservaron otras partes del suntuoso palacio para una imprenta, la biblioteca, el laboratorio y los observatorios. Un segundo observatorio estaba hundido en el suelo, y sólo sobresalía el techo, de manera que sus instrumentos estuvieran protegidos contra los elementos. Pronto comenzaron a acumularse los datos que reunía Brahe diariamente. Los enormes registros, las gráficas y los cuadernos de notas crecieron con tal rapidez que Brahe tuvo que convertir en almacén una parte del espacio del castillo. En una esfera celeste, que tenía metro y medio de diámetro, marcaba la posición de las estrellas conforme las identificaba. Ideó un ocular con ranuras para hacer observaciones más precisas y construyó un gigantesco cuadrante (se necesitaban veinte hombres para levantarlo) a fin de dar exactitud a sus observaciones y cálculos.

Cuando murió Federico II, Ticho se vio obligado a buscar ayuda en otra parte. Envió una carta de solicitud, impresa y encuadernada, al emperador Rodolfo II de Praga, monarca al que le interesaba la astrología. Rodolfo lo recibió con beneplácito en Praga, en 1599, y puso a su disposición un castillo y un observatorio.

En Praga, inició un ambicioso programa. Además de predecir el porvenir de Rodolfo y otros miembros de la corte, prosiguió sus cuidadosas observaciones del cielo. Enseñaba a sus ayudantes que no sólo era importante hacer observaciones múltiples, sino también que dichas observaciones se hicieran durante un periodo prolongado. Así, por ejemplo, sería necesario observar a Marte durante cuatro años, y a Saturno durante treinta años, por lo menos, a fin de obtener registros completos de sus respectivos ciclos. Ticho hizo de Marte uno de sus proyectos favoritos, y la información que reunió fue asombrosamente exacta. Roberto Richardson, astrónomo moderno, decía hace poco: "Si alguna vez logramos llegar a Marte, debemos erigir un monumento en ese planeta a los hombres que hicieron posible el viaje. Deseo proponer en primer lugar a Ticho Brahe".

Debido al abrumador trabajo, Brahe buscó un ayudante. En 1600 hizo venir a Praga a Juan Kepler, que estaba destinado a ser un astrónomo aún más famoso que Ticho. Aunque Kepler prefería la teoría de Copérnico a la de Brahe, anhelaba trabajar con el corpulento danés y ansiaba tener acceso a la valiosísima colección de observaciones de Ticho (éste no trató muy bien a Kepler y se mostró poco dispuesto a permitirle leer sus notas). Brahe, "el mayor astrónomo a la simple vista de todo los tiempos", era un excelente modelo para el joven, y el amor que profesaba a la astronomía y su consagración a los procedimientos científicos, impresionaron profundamente a Kepler. El lugar que dejaba vacío el danés era muy grande, pero Kepler estaba dispuesto a llenarlo. Así, cuando sucumbió Ticho en 1601, el mundo de la ciencia pudo en verdad decir: "¡El rey ha muerto! ¡Viva el rey!"

BIBLIOGRAFÍA

Gade, Jolen A. *Life and Times of Tycho Brahe*.
Moore, P. *The Story of Man and the Stars*.

GALILEO GALILEI

(1564-1642)

TENÍA SESENTA Y nueve años de edad y su cabello y su barba eran tan blancos como la espuma. Sus ojos, que miraron al cielo al través de sus telescopios y observaron más que cualquier ser humano desde el principio de los tiempos, estaban apagados por la edad. Su reputación de ser uno de los más brillantes científicos de su tiempo fue razón de que reyes, reinas, príncipes y duques disputaran sus servicios. Ahora estaba arrodillado ante el temido tribunal de la Inquisición, obligado a confesar públicamente un error que no era error: "Yo, Galileo Galilei..., abandono la falsa opinión... de que el Sol es el centro (del Universo) y está inmóvil... Abjuro, maldigo y detesto los dichos errores". Algunos dicen que cuando el anciano se puso de pie murmuró para sus adentros: *"E pur si muove":* Y sin embargo (la Tierra) se mueve (alrededor del Sol).

Se haya atrevido o no a musitar esta retractación, su espíritu tenía libertad para retroceder muchos años. Pensó en las exhortaciones que le hizo su padre cuando era niño "...preguntar libremente y responder libremente... como conviene a quienes buscan con sinceridad la verdad". En realidad, siguió el consejo de su padre. Al principio fue cauto, como cuando rechazó al joven Kepler que lo instaba a apoyar públicamente la teoría copernicana. Luego se acordó de la satisfacción que sintió cuando, años después, su libro *Siderius nuncius* reveló al mundo las pruebas de la teoría copernicana, que observó mediante sus telescopios. La suerte quedó echada, y luchó por la verdad contra la ignorancia supersticiosa y la autoridad inexorable. La lucha fue larga, contra formidables obstáculos, y se preguntaba ahora si resultó vana, pues la voz implacable de la Inquisición ordenaba que se prohibieran los libros de Galileo y que se le pusiera en prisión. Así, en 1633, el viejo científico en su agonía, volvió la mirada a los años pasados.

Nació en Pisa, Italia, en una familia de siete hijos, con un padre que era un talentoso músico y un hombre de considerable cultura. A temprana edad, Galileo prometía mucho tanto mental como manualmente. Tenía diecisiete años cuando ingresó en la Universidad de Pisa, donde se especializó en medicina y estudió también matemáticas y ciencias físicas.

Una vez, cuando todavía estudiaba en Pisa, observó la regularidad con que oscilaba una lámpara en la catedral. Apenas pudo esperar hasta que volvió a su casa para experimentar con bolitas de plomo atadas a hilos de diferentes longitudes. ¡Maravilla de maravillas! Descubrió que, cualquiera que fuese la magnitud de la oscilación o el peso del plomo, la bolita necesitaba el mismo tiempo para completar un viaje de ida y vuelta. Sólo el cambio de la longitud afectaba el tiempo de la oscilación (periodo de vibración). Esta observación condujo al invento del péndulo, usado en los relojes y otros instrumentos para medir con precisión el tiempo. Leyó ávidamente las obras de Arquímedes y usó las matemáticas para probar algunos de los experimentos de este último con líquidos y aleaciones. Como estudiante, tuvo una mente inquisitiva y fama de disputador.

A los veinticinco años, con la ayuda del gran duque de Toscana, cuya atención conquistó por su obra científica de estudiante, Galileo fue nombrado profesor de matemáticas de la Universidad de Pisa con un salario de unos sesenta y cinco dólares anuales. (En esa época, a los profesores de matemáticas se les pagaba mucho menos que a todos los demás, debido a que se consideraba que las matemáticas resultaban de poca importancia.) Como profesor, Galileo prosiguió su búsqueda de la verdad, analizando las teorías científicas de Aristóteles mediante la aplicación de las matemáticas y las observaciones experimentales. Así, por ejemplo, Aristóteles afirmó que la velocidad de los objetos era proporcional a su peso. Galileo, conocedor de los experimentos realizados por un científico holandés que refutaban esa teoría, anunció que probaría públicamente la falsedad de la teoría aristotélica. Ante un multitud de observadores, entre los que estaban muchos de sus escépticos colegas de la universidad, procedió a dejar caer desde la parte alta de la torre de Pisa una bola de plomo de una libra y otra de diez libras. ¡Y he aquí que las dos bolas de plomo llegaron al suelo aproximadamente al mismo tiempo! Viendo una semejanza fundamental entre la caída libre de los cuerpos y los objetos que ruedan por un plano inclinado, Galileo prosiguió este experimento haciendo un plano inclinado con una tabla de madera

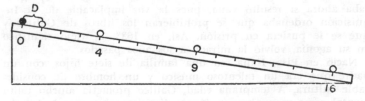

Distancias totales recorridas durante cuatro segundos sucesivos

de doce metros de longitud, pues se le ocurrió pensar que sería más fácil estudiar el movimiento de los objetos en un plano inclinado. Hizo ranuras en un lado de la tabla para señalar las distancias y medir el tiempo que tardarían en rodar por el plano unas bolas de plomo, con lo que formuló las teorías sobre las relaciones que existen entre la velocidad, el tiempo y la distancia.

Así creó el concepto de la aceleración que se usa en la física moderna (la aceleración es el incremento de la velocidad por unidad de tiempo) y el concepto moderno de la fricción y la inercia con respecto a los objetos en movimiento. Analizó los componentes de la fuerza, demostrando, por ejemplo, que las fuerzas que afectan a la trayectoria de una bala son hacia abajo y hacia adelante, de tal manera que pueden medirse sistemáticamente. Estos experimentos iniciados antes de 1590, fueron perfeccionados y publicados en 1638 en su obra *Diálogos sobre dos nuevas ciencias* (movimiento y mecánica). La obra de Galileo, que inició la comprensión de estas esferas, llevó a la formulación de las leyes del movimiento de Newton, más precisas, y al perfeccionamiento que de esas leyes hicieron más tarde otros científicos. De gran significación fue el aforismo de Galileo de que se debe aprender acerca de la Naturaleza mediante la observación y el experimento en vez de buscar las respuestas en las obras de Aristóteles y los antiguos sabios. En las lecciones que daba en la Universidad de Pisa, Galileo ofrecía sus observaciones experimentales y criticaba con vigor las obras ortodoxas de los antiguos cuando encontraba que eran falsas. Luchando así por nuevas verdades contra los defensores del *statu quo*, se ganó poderosos enemigos.

Galileo resultó un rebelde en otros sentidos. Así, por ejemplo, se negaba a ponerse las ropas académicas que usaban sus colegas, aduciendo que estorbaban innecesariamente sus movimientos. Por no usarlas, se le obligó a pagar varias multas de su escaso salario. Por fin prevalecieron sus enemigos, y Galileo fue despedido de la faculta de Pisa.

A pesar de sus rigurosas circunstancias en esa época, Galileo fue muy generoso con su familia. Asumió la responsabilidad de una considerable dote para el matrimonio de su hermana. Un hermano joven y extravagante le pedía constantemente dinero para poder vivir con elegancia.

El hecho de que Galileo tuviera que abandonar la Universidad de Pisa resultó afortunado, pues obtuvo un empleo mejor pagado (equivalente a unos doscientos dólares anuales) en la Universidad de Padua, donde también encontró mayor libertad de expresión. Su vida fue feliz y productiva durante muchos años.

En Padua, uno de sus primeros inventos fue un instrumento de cálculo llamado sector, el cual consistía en dos reglas rectas unidas en un extremo, y que podía emplearse para dibujar a escala toda clase de figuras de muchos lados. Variando el ángulo del sector y moviéndolo sobre un cuadrante que tenía su centro en el punto donde se unían las dos reglas, podía usarse para hacer muchos cálculos, como, por ejemplo, para extraer la raíz cuadrada o calcular intereses. Estableció un taller para fabricar estos instrumentos (brújulas magnéticas) y, más tarde, termómetros y telescopios. También llegó a ser un experto en la construcción de fortificaciones militares. Su reputación era tan grande, que sus discípulos venían de todas las clases y lugares para oir sus lecciones. En un tiempo, hasta veinticuatro estudiantes vivían con él, como era la costumbre de la época, y a Galileo le gustaba inmensamente la vida social.

A principios del siglo XVII escuchó que un óptico holandés logró unir una lente cóncava y una lente convexa, de tal manera que hacía que los objetos distantes parecieran más cercanos. Usando esa idea, construyó un telescopio que ampliaba los objetos treinta veces, y en 1609 dio una demostración pública de su uso. El embajador del Gran Duque de Florencia, que fue uno de los que asistieron a la demostración, comunicó su asombro al Gran Duque. Mirando el mar al través del telescopio, distinguió barcos que sólo tres horas después se hicieron visibles a simple vista. Galileo ofreció el telescopio al duque y, por gratitud, éste lo nombró profesor vitalicio de la Universidad de Padua con un salario equivalente a unos cinco mil dólares anuales.

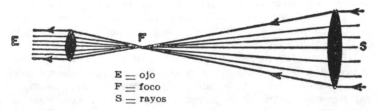

E = ojo
F = foco
S = rayos

Principios del telescopio

Cuando Galileo volvió su telescopio hacia el cielo, por la noche, abrió nuevos campos de conocimiento que describió en su libro *Siderius nuncius (Mensajero de las estrellas)*. En él dice: "Doy gracias a Dios, que ha tenido a bien hacerme el primero en observar las maravillas ocultas a los siglos pasados. Me he cerciorado de que la Luna es un cuerpo semejante a la Tierra... He contemplado una multitud de estrellas fijas que nunca antes se observaron... Pero la mayor maravilla de todas es el descubrimiento de cuatro nuevos planetas (cuatro satélites de Júpiter)... He observado que se mueven alrededor del Sol". Descubrió que la Vía Láctea consistía en una miríada de estrellas; que el Universo no era fijo e inmutable, como creían sus contemporáneos, pues aparecían ante su vista nuevas estrellas que luego desaparecían; que los planetas Venus y Mercurio se movían también alrededor del Sol y que el Sol mismo giraba sobre su eje.

Galileo, que ansiaba volver al suelo donde había nacido, buscó en esta época, y obtuvo, un nombramiento en la Universidad de Pisa. Fue un error trágico, según resultó después, ya que Pisa estaba dominada por la Inquisición, en tanto que Padua, en el territorio veneciano, tenía mayor independencia.

En Pisa, su libro, en lugar de ser recibido como una obra que probaba de manera irrefutable la verdad de la teoría copernicana, provocó la profunda animosidad de los grupos reaccionarios que estaban en el poder. En 1616, cuando Galileo escribió una carta criticando a la jerarquía gobernante al afirmar que la aprobación de la tradicional teoría geocéntrica del Universo no se debía a errores de *las Escrituras*, sino a errores de quienes las interpretaban, fue llamado por la Inquisición. Sin embargo, la amistad del papa Paulo V y la autoridad de otros amigos encumbrados le permitieron salir del paso con una amonestación, pues se comprometió a no "profesar, enseñar o defender" la teoría copernicana.

Después de esto, durante algunos años se dedicó a la meditación, a las investigaciones astronómicas y a nuevas investigaciones en la física sobre sus teorías del movimiento y la mecánica. Tomó una pequeña casa cerca del convento en el que eran monjas sus dos hijas, nacidas de un breve matrimonio consuetudinario. Le gustaba visitar a sus hijas en el convento y platicar con ellas. Pero su único hijo, producto también de esa relación, resultó ser un holgazán extravagante.

En 1632 rompió el silencio que le impusieron y publicó otro libro, *Diálogo sobre los dos principales sistemas del mundo*, brillante sátira que demostraba por medio del diálogo las fallas del sistema geocéntrico tolemeico en comparación con el sistema heliocéntrico copernicano.

Una vez más fue llamado ante la Inquisición, pero ahora su predicamento era mucho más grave, debido a que rompió su promesa de 1616, con la que ofreció someterse y desistir de las herejías. Por último, se dio a conocer la decisión de que Galileo debería jurar públicamente que sus creencias eran falsas, debería abandonar todo su trabajo científico y viviría en prisión. Debido a su mala salud y ancianidad, se le permitió quedar bajo vigilancia en la pequeña casa que compró cerca del convento de sus hijas.

Inclusive, ahora, no se impuso completo silencio al gran científico. Preparó su último libro, *Diálogos sobre dos nuevas ciencias*, en el que resumía todas sus investigaciones sobre el movimiento y la mecánica, y lo envió subrepticiamente a Holanda, donde fue publicado en 1638. Lamentablemente, Galileo no lo vio impreso jamás porque, en 1638, a la edad de setenta y cuatro años, quedó ciego. Cuando murió en 1642, venerado por los ciudadanos y muchos hombres principales de la Iglesia y de los seglares, la Inquisición se negó a permitir la realización de un funeral público.

Galileo no tenía por qué temer que sus esfuerzos fueran vanos, pues pronto el mundo reconoció sus triunfos en la astronomía y la física. Además, su método basado en la experimentación y la observación directa, en vez de la autoridad anterior, fue una de las piedras fundamentales de la ciencia moderna. Quizá de suprema importancia es la lección que con su experiencia debieron aprender las futuras generaciones: el progreso humano requiere que el espíritu de los hombres tenga libertad para disputar las ideas y buscar la verdad sin temor a la represión o la represalia.

BIBLIOGRAFÍA

Fermi, L., y Bernadini, G. *Galileo and the Scientific Revolution*.
De Santillana, Giorgio. *The Crime of Galileo*.
Harsany Zoalt de. *Star-Gazer*.
Levinger, Elma E. *Galileo, First Observer of Marvelous Things*.
Rosen, Sidney. *Galileo and the Magic Numbers*.
Taylor, F. Sherwood. *Galileo and the Freedom of Thought*.

JUAN KEPLER

(1571-1630)

SIR ISAAC NEWTON, que entendía la cronología del progreso científico, fue lo bastante prudente para atribuir su propia grandeza al hecho de que se hubiera "subido sobre los hombros de unos gigantes". Uno de esos gigantes fue el enigmático y fascinador Juan Kepler, astrónomo y astrólogo, matemático y místico.

Imagine el lector un jardín plagado por las más atroces hierbas: en medio de esa repugnancia hay una bella rosa que nos asombra por su esplendor y perfección. Esta imagen es aplicable a la vida de Kepler, pues los antecedentes de su familia son una historia de degeneración, miseria, fracaso, enfermedad y acusaciones de practicar la brujería. Por lo tanto, resulta extraño que en tal ambiente hubiera crecido un joven cuyo espíritu pudo penetrar hasta la entraña misma de los problemas científicos más complicados.

Sin embargo, los primeros años de Juan Kepler no fueron prometedores. Nacido en Weil, Alemania meridional, en 1571, fue un niño enfermizo que padecía furúnculos, dolores de cabeza, miopía, infecciones de la piel, hemorroides, fiebres y afecciones del estómago y de la vesícula. A la edad de cuatro años, casi sucumbió con los estragos de la viruela. El hecho de que sobrevivió a una época en que la muerte provocada por la viruela no causaba ninguna extrañeza, lo indujo a creer que salvó su vida para un propósito, y durante toda su existencia trabajó con intensidad para justificar a la Providencia divina.

Por fortuna para Kepler, los duques de Wurtemberg alentaban entonces la educación de los niños precoces. Pudo terminar sus estudios en el seminario teológico y fue a graduarse en la Universidad de Tubinga gracias a lo que en el siglo XVI equivalía a una beca. En Tubinga tuvo el apoyo de un profesor que secretamente le enseñó las ideas de Copérnico, cosa que fue necesario hacer en secreto debido a que sólo la teoría tolemaica tenía la aprobación oficial. En esta época de la carrera de Kepler, parecía seguro que sería sacerdote, pero por alguna razón desconocida cambió de planes y aceptó el empleo de maestro de astronomía y matemáticas en Graz, capital de la provincia austriaca de Estiria.

Fue en Graz, en 1596, donde Kepler publicó su notable libro: *El misterio del Universo*. Con el ardor y la exuberancia de la juventud, declaró que había descubierto el orden fundamental que servía de base a las distancias que separaban a los planetas del Sol; en otras palabras, creyó haber resuelto el enigma del plan divino del Universo.

La teoría de Kepler (que, debe sobrentenderse, era errónea) resultaba muy ingeniosa. Sabía que sólo existían cinco sólidos perfectos que podrían construirse en el espacio tridimensional:

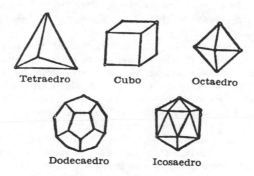

Tetraedro   Cubo   Octaedro

Dodecaedro   Icosaedro

Se le ocurrió a Kepler que estos cinco sólidos podrían caber exactamente en los cinco intervalos que separaban a los seis planetas (no se conocían más en ese tiempo). En la órbita de Saturno inscribió un cubo; en ese cubo insertó otra esfera, Júpiter. Inscribió el tetraedro en Júpiter y luego inscribió en él la esfera de Marte. El dodecaedro cabría perfectamente entre Marte y la Tierra; el icosaedro entre la Tierra y Venus, y entre Venus y Mercurio puso el octaedro. ¡Y he aquí que Kepler creyó haber encontrado la clave del gran enigma! Lo resumió así: "En unos días, todo quedó en su lugar. Vi que un sólido tras otro encajaba con tanta precisión entre las órbitas apropiadas que si un campesino preguntaba con qué gancho estaban prendidos los cielos para no caerse, sería fácil contestarle".

Kepler envió informes de esta teoría a todos aquellos en quienes pudo pensar, contando a Galileo y el famoso astrónomo Ticho Brahe. Los dos hombres sostuvieron correspondencia con el joven astrónomo; y cuando la intolerancia religiosa obligó al protestante Kepler a irse de Graz, aceptó la invitación de ayudar a Brahe, quien era matemático de la corte de Rodolfo II de Praga. En una fecha propicia, el 1 de enero de 1600, Kepler salió hacia Praga, donde habría de subirse, por algún tiempo, sobre los hombros del gigante Brahe, cuya pasión por la exactitud comenzaba a elevar la astronomía al nivel de una ciencia exacta.

Kepler usó ávidamente los instrumentos de Brahe y estudió los detalles que encontró en sus cuadernos de notas. Aunque los dos hombres se adelantaron muchos años a su época, eran, sin embargo, producto de ella. Como científicos podrían haber dado la espalda a la astrología y, no obstante, ambos estaban convencidos de que las estrellas determinaban la naturaleza y el destino del hombre. El hecho de que creyeran en un Universo ordenado es permitía aceptar la relación del hombre con los influjos celestes. Más tarde, la concepción de Kepler de un universo armonioso, armonizado por la mano de Dios, habría de dar por resultado uno de sus más importantes libros; pero inclusive en esta época pudo decir: "Me siento arrebatado y poseído por un éxtasis inefable al contemplar el divino espectáculo de la armonía celeste".

Kepler vio que en "su estrella" estaba el trabajar al lado de Ticho a fin de perfeccionar sus aptitudes y sus concepciones. Escribió: "Si Dios se ocupa de la astronomía, como quiere creer la devoción, entonces espero que alcanzaré algo en este dominio, pues veo que me permitió vincularme a Ticho mediante un destino inalterable y no me dejó separarme de él a pesar de las más abrumadoras penalidades".

Cuando murió Ticho en 1601, Kepler lo sucedió en el puesto de matemático imperial. Una de sus obligaciones consistía en preparar horóscopos para el emperador y otros dignatarios de la corte. Pero, al hacerlo, tuvo que enfrentarse a los espinosos poblemas dignos de un genio matemático, astronómico y filosófico. En 1065, después de penosos estudios que llenaron quinientas hojas de papel de oficio, se preparó para publicar su *Nueva astronomía*, primer libro moderno sobre la materia. Contenía dos de las tres leyes revolucionarias de Kepler, que resultaron indispensables para los subsecuentes descubrimientos de Newton. Dichas leyes eran: *1)* Todo planeta sigue una órbita *ovalada* alrededor del Sol, la cual se llama *elipse*. El Sol se encuentra en un foco de la órbita elíptica. (Así podía explicar Kepler la velocidad irregular de un planeta en su órbita.) *2)* Una línea imaginaria que vaya del centro del Sol al centro de un planeta recorre *siempre* una área *igual* en un tiempo *igual,* lo que indica que los planetas se mueven más de prisa cuando están más cerca del Sol.

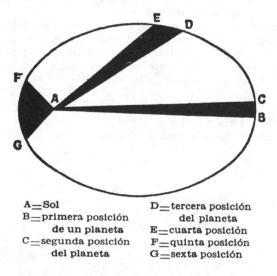

A=Sol
B=primera posición
    de un planeta
C=segunda posición
    del planeta

D=tercera posición
    del planeta
E=cuarta posición
F=quinta posición
G=sexta posición

Primera y segunda leyes de los movimientos planetarios, de Kepler

La tercera ley fue propuesta en la *Armonía del mundo* de Kepler, publicada en 1619: *3)* El tiempo que necesita un planeta para hacer un recorrido completo alrededor del Sol es su *periodo*. Los cuadrados de los periodos de dos planetas son proporcionales a los cubos de sus distancias medias al Sol.

¿Cuál fue la significación de estas leyes? En realidad, separaron a la astronomía de la teología y establecieron la relación directa de la física con la astronomía. Además, pusieron fin a muchas creencias erróneas sobre los cielos y permitieron que el hombre imaginara una serie de cuerpos celestes sobre su cabeza, a los que afectaban las fuerzas físicas, pero que giraban libremente en el espacio.

Pero aun cuando Kepler no formulase sus importantes leyes, de todas maneras ocuparía un lugar importante en la historia por su obra científica. La vista defectuosa de Kepler lo llevó a interesarse toda la vida en la óptica. Sus trabajos comprenden explicaciones sobre el modo en que los anteojos ayudan a los miopes y a los présbitas; también abarcaron el principio de la cámara fotográfica. Despertada su curiosidad por el recién inventado telescopio, Kepler publicó su *Dióptrica* en 1611, en la cual bosquejó el diseño de un telescopio astronómico de inversión que se usó mucho a partir de entonces. En la esfera de las matemáticas, se le atribuye el haber contribuido a crear el cálculo infinitesimal y estimular el uso de los logaritmos en los cálculos. Fue uno de los primeros en advertir el efecto que tiene la Luna sobre las mareas.

Han pasado más de tres siglos desde que murió Kepler en Regensburg, en 1629, pero los años que siguieron no han hecho más que aumentar el fulgor de sus aportaciones. No hay mejor manera de bajar el telón sobre la historia de Kepler que la de citar el epitafio que compuso para su lápida:

Medí los cielos, y ahora las sombras mido,
En el cielo brilló el espíritu,
En la tierra descansa el cuerpo.

BIBLIOGRAFÍA

Casper, Max. *Johannes Kepler*.
Moore, P. *The Story of Man and the Stars*.

GUILLERMO HARVEY

(1578-1657)

UN JOVEN INGLÉS de penetrante mirada se inclinó ansiosamente hacia adelante en el pequeño anfiteatro circular, iluminado por las velas. Miró con detenimiento, mientras el profesor de anatomía hacía la disección de las arterias y las venas del cadáver que estaba sobre la mesa de operaciones. La época: casi a fines del siglo XVI; el lugar: la Universidad de Padua, en

Italia septentrional. El estudiante era Guillermo Harvey, quien llegó al antiguo centro de cultura para estudiar anatomía con el renombrado Fabricius.

Aunque durante el siglo anterior se ejecutaron grandes adelantos en la anatomía humana, se sabía poco acerca del misterioso funcionamiento del corazón y los vasos sanguíneos. El desaliento de los anatomistas de la época se reflejaba en la conclusión de un médico de que "sólo Dios podía entender el corazón". Se creía que la sangre que salía de este órgano fluctuaba hacia adelante y hacia atrás en los vasos sanguíneos hasta que se consumía; nunca volvía al corazón.

Harvey, que analizó a Galeno con gran diligencia, como lo interpretaron los demás estudiantes de su tiempo, no perdía una sola de las palabras con que Fabricius describía los vasos sanguíneos, cuyo recorrido siguió hasta las extremidades del cuerpo. Aumentó su atención cuando el maestro señaló una serie de válvulas que recubrían las grandes venas, válvulas que descubrió Fabricius, pero cuya función no podía explicar. A Harvey lo desconcertaban esas válvulas. De seguro, el designio previsor de la Naturaleza no las colocó en las venas sin un propósito. Trascurrirían muchos años antes de que la aguda mente de Harvey pudiera resolver este enigma y, como consecuencia, provocar cambios revolucionarios en el estudio y la práctica de la medicina.

Harvey, hijo de un próspero mercader de Londres durante el reinado de Isabel I, se graduó de bachiller en la Universidad de Cambridge en 1597, a la edad de diecinueve años. Su deseo de recibir la mejor preparación posible de médico lo indujo a emprender el largo y peligroso viaje a Padua. La antorcha de la libertad académica y del descubrimiento científico, que ardía entonces en la antigua universidad, atraía a algunos de los mejores espíritus de Europa. Su maestro, Jerónimo Fabricius, que se distinguió como anatomista, no enseñaba la materia con los libros, sino con la observación diligente y repetidas y cuidadosas disecciones.

Guillermo Harvey recibió su diploma médico en 1602, con mención especial por su erudita excelencia. Durante el tiempo que estuvo en Padua, enseñaba el gran Galileo. Los estudiantes acudían en gran número y escuchaban sus conferencias sobre las leyes que gobernaban la caída de los cuerpos y la rotación de la Tierra. Tal vez Galileo inflamó la imaginación creadora de Harvey, pues a éste lo dominó la impaciencia por iniciar sus investigaciones a fin de dilucidar los misterios de la Naturaleza que incitaban su curiosidad. Quedó fascinado al ver los corazones vivos y la sangre móvil en las arterias y venas de los animales del laboratorio. ¿Cuál era la verdadera función del corazón? ¿Cómo se movía la sangre en este órgano, ya que, al hacer las disecciones, no encontraba en ninguna parte los poros que, según suponía Galeno, permitían que la sangre pasara de un lado del corazón al otro? ¿Cuál era el propósito de las desconcertantes válvulas existentes dentro de las venas? Estos problemas preocupaban a Harvey cuando se acercó a su fin el tiempo que pasó en Padua.

En 1602 volvió a Inglaterra, para reanudar sus estudios en Cambridge. En el mismo año en que se representó por primera vez el *Hamlet* de Shakespetre en el teatro El Globo, Harvey comenzó a ejercer su profesión en Londres. En 1615, su nombramiento de maestro del Real Colegio de Médicos le dio la deseada oportunidad de proseguir sus investigaciones y de presentar a sus jóvenes discípulos sus nuevos hallazgos sobre la acción del corazón y el movimiento de la sangre.

El anunciar un nuevo descubrimiento científico era una cosa, pero el persuadir a los médicos, cegados por nociones preconcebidas, para que aceptaran sus doctrinas revolucionarias, era otra mucho muy distinta. Harvey necesitaba pruebas irrefutables. Para reunirlas, pasaba largas horas haciendo pacientes disecciones, estudiando y comparando los sistemas vasculares de muchos organismos, comprendiendo formas tan variadas como los caracoles, los camarones, las anguilas y las ranas. En todos los animales que investigó encontró una semejanza fundamental en la manera en que se contraía el corazón e impulsaba la sangre en los vasos sanguíneos. Harvey reconoció la índole muscular del corazón y observó con cuidado el origen y naturaleza de sus contracciones. Además, observó que el pulso, que se percibía comprimiendo una arteria con un dedo, era resultado del aumento de la presión ejercida por la sangre cada vez que se contraía el corazón. Contando el número de pulsaciones por minuto en una arteria, se determinaría la rapidez con que latía el corazón. Este sencillo descubrimiento habría de tener una profunda importancia en la futura práctica médica, pues indicaba un procedimiento fundamental de diagnóstico que antes no se conocía.

Harvey dedicó entonces su atención al problema aún más difícil de determinar la trayectoria que seguía la sangre al pasar por las cuatro cavidades del corazón y por los vasos sanguíneos de los mamíferos. En prolongados y meticulosos estudios de animales de laboratorio, determinó una pauta de la circulación de la sangre. La estructura y disposición de las válvulas del corazón sólo permitían que la sangre fluyera en un sentido. La sangre del ventrículo derecho pasaba a los pulmones por las arterias pulmonares y volvía a la aurícula izquierda por las venas pulmonares. De allí, pasaba al ventrículo izquierdo, desde el cual era impulsada por la aorta y sus arterias hasta las extremidades del cuerpo. Se completaba un ciclo cuando la sangre volvía por la vena cava a la aurícula derecha y luego al ventrículo derecho del corazón para comenzar un nuevo ciclo circulatorio. Harvey llegó a la conclusión de que "el latido del corazón provoca el continuo movimiento de la sangre en un círculo".

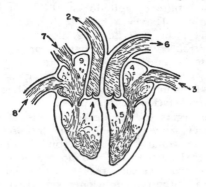

Diagrama de la sección del corazón de un mamífero. 1) Ventrículo derecho; 2) arteria pulmonar; 3) vena pulmonar; 4) aurícula izquierda; 5) ventrículo izquierdo; 6) aorta; 7) vena precava; 8) vena postcava; 9) aurícula derecha. (Las flechas indican la dirección en que circula la sangre.)

Para probar su tesis de que la sangre volvería continuamente al corazón, hizo una determinación aproximada de la cantidad de sangre que salía de este órgano cada vez que se contraía. Conociendo la rapidez del pulso, o número de latidos por minuto, calculó entonces que el volumen de la sangre que sale del corazón cada media hora, excede a la cantidad total de sangre de todo el cuerpo. Para demostrar que las venas llevan la sangre al corazón, oprimió firmemente el dedo en una vena del brazo. Usó suficiente apoyo para impedir el flujo y hacer que la vena se hinchara con la sangre acumulada bajo el punto de presión. Cuando subía el dedo en el brazo por la trayectoria de la vena desde un punto que estaba abajo de una válvula hasta otro que estaba junto a una válvula contigua, la sangre ascendía por el brazo. Las válvulas permitían que la sangre venosa sólo subiera en un sentido: hacia el corazón.

Durante más de una década de estudio y enseñanza, Harvey demostró, mediante experimentos sencillos y razonamientos claros, la validez de sus teorías sobre la circulación de la sangre. La aparición, en 1628, de su monografía clara y concisa *Ejercicio anatómico sobre el movimiento del corazón y la sangre,* fue un hito en la historia de la medicina. Pero, como muchos otros descubrimientos científicos, la obra de Harvey encontró vigorosa oposición. Sabía que era poco lo que se conseguiría mediante las controversias acaloradas y respondió apaciblemente a sus atacantes, con digna lógica, y pidiendo sólo que observaran los hechos y repitieran sus experimentos.

Tres años después de que se publicó su obra sobre el corazón y la circulación, fue nombrado médico del desventurado Carlos I, quien resultó decapitado en 1649. Las complicaciones políticas obligaron a Harvey a huir de Londres con el rey y su corte durante la lucha civil de 1642. En su ausencia, los revolucionarios entraron en su casa y destruyeron sus notas y muestras de laboratorio, que representaban cuatro décadas de cuidadosas investigaciones científicas. Fue un golpe terrible para Harvey, pues se perdieron para siempre las observaciones registradas sobre la generación de los insectos.

En vez de entregarse al desaliento durante el exilio político, Harvey hizo nuevas investigaciones sobre los procesos de reproducción y del desarrollo embrionario, que le interesaron desde que estudiaba en Padua. El rey accedió con gusto a su solicitud para usar los ciervos del coto real en sus estudios. Harvey no consiguió nunca encontrar embriones que tuvieran menos de dos meses de edad en las ciervas de las que hizo la disección. Las células sexuales y los embriones jóvenes eran demasiado pequeños para observarlos a la simple vista. En realidad, deberían trascurrir más de doscientos años antes de que los biólogos, trabajando con los mejores microscopios de que podrían disponer, encontrarían las respuestas que buscaba Harvey a preguntas tales como: ¿Dónde y cómo se forman las células sexuales? ¿Cómo se fecundan los óvulos? ¿Cómo se desarrolla el óvulo fecundado para producir los diversos órganos del embrión?

Harvey pasó casi la mitad de su vida estudiando los problemas que se referían a la reproducción de los animales. En 1651 apareció su obra *Ejercicios sobre la generación de los animales*, e inmediatamente fue un éxito editorial. Quizá el verdadero valor de este libro consistió en que estimuló el interés en las fases de la generación que se dejaron casi sin estudiar desde los días de Aristóteles. En su proemio, Harvey insistía en la necesidad de la observación y el experimento para todos los futuros científicos: "Sin frecuente observación y reiterados experimentos, la mente se extravía buscando fantasmas y apariencias". Ésta fue, pues, la mayor aportación de Harvey a la ciencia. Todos los conceptos modernos de las actividades normales y anormales del cuerpo humano se han formado por una prolongación del método de Harvey de incesante experimento y diligente observación.

BIBLIOGRAFÍA

Chauvois, L. *William Harvey.*
Keynes, J. *Personality of William Harvey.*
Meyer, A. *Analysis of the "De Generatione Animalium", of William Harvey.*

RENATO DESCARTES

(1596-1650)

RENATO DESCARTES TIENE fama de filósofo y el intelecto más grande de los que contribuyeron a crear la llamada
"Edad de la Razón" durante el último periodo del Renacimiento. Creía firmemente en que la verdad era como una estatua
velada que esperaba a ser descubierta. Estaba convencido de
que los hombres se convertirían pronto en "los señores y dueños
de la Naturaleza" cuando descubrieran las causas y efectos de
todas las cosas, desde la enfermedad física hasta la naturaleza
de los cometas. A fin de confirmar sus creencias, formuló un
método maravillosamente nuevo para determinar la verdad: la
aplicación directa de los métodos lógicos de las matemáticas
a todos los aspectos de la vida.

Descartes nació en una familia francesa noble en la Turena,
el 31 de marzo de 1596, y fue el tercero y último hijo de la
primera esposa de su padre, quien murió poco después del
nacimiento de Renato. Su padre era un hombre de raro sentido común que hizo todo lo posible por compensar a sus
hijos la pérdida de su madre. Un aya excelente ayudó al débil
y enfermizo Renato a sobrevivir; y creció para convertirse en
un niño pálido y serio, que siempre deseaba conocer la causa
de todas las cosas que existían bajo el Sol.

Debido a la mala salud de su hijo, su padre aplazó la educación formal hasta que llegó a la edad de ocho años. Entonces
escogió el colegio jesuita de La Flèche como la escuela ideal.
El rector se encariñó en seguida con el pálido y confiado niño.
Evidentemente, decidió que necesitaba ayudar a fortalecer el
cuerpo del pequeño si quería educar su mente. Como Renato
parecía requerir más descanso que los niños normales de su
edad, se le permitía levantarse tan tarde como quisiera antes
de reunirse con sus condiscípulos. Durante su vida, Descartes
siguió esta costumbre de levantarse tarde después de pasar tran-
quilamente la mañana en silenciosa meditación. Este consenti-
miento no tuvo efectos adversos en la educación de Renato;
cursó los estudios normales de lógica, ética, metafísica, historia,
ciencias y literatura. Luego se dedicó a trabajar independientemente en el álgebra y geometría, que se convirtieron en sus
materias favoritas "debido a la certidumbre de sus pruebas".
Prosiguió sus estudios en la Universidad de Poitiers, donde
cursó las materias de derecho. En cuanto recibió su diploma,

"abandonó del todo el estudio de las letras y resolvió no aspirar ya a ninguna otra ciencia que no fuera el conocimiento de sí mismo o de los grandes libros del mundo".

Siguiendo este propósito, fue a París para divertirse con los juegos de azar. Pronto se cansó de ellos y se retrajo al mundo de la erudición, a pesar de sus antiguas resoluciones. Pasó los dos años siguientes en la soledad, estudiando matemáticas. Esta vida terminó bruscamente cuando, por accidente, encontró a uno de sus antiguos amigos, quien lo indujo a volver nuevamente al "Escenario del Mundo". Poco después, Descartes, que tenía apenas veintidós años de edad se ofreció como voluntario en el ejército del príncipe Mauricio de Nassau.

Después de ingresar en el ejército, fue enviado a Breda, en Holanda. Un día, cuando se reunía una multitud ante un cartel, pidió a un anciano caballero que se lo tradujera. Éste leyó el problema matemático contenido en el cartel y el reto para resolverlo. Al punto, Descartes procedió a resolver el problema para el caballero, el cual era Isaac Beeckman, uno de los más grandes matemáticos y doctores de Holanda. Beeckman comprendió en seguida que Descartes no era un soldado común y se convirtió en su amigo y mentor. A Descartes lo entusiasmó tanto esta amistad accidental, que menos de cuatro meses después informó a su amigo el descubrimiento de una nueva manera de estudiar la geometría. Lo inquietaron los métodos de los geómetras griegos para llegar a sus ingeniosas pruebas sin un sistema fundamental de ataque y se propuso corregirlos mediante el manejo de líneas y figuras tridimensionales en una gráfica. Dibujaba la gráfica marcando unidades en una línea horizontal (eje x) y una línea vertical (eje y); así, cualquier punto de la gráfica podía describirse con dos números. El primer número representaba una distancia en el eje x y el otro número representaba una distancia en el eje y. Aunque conservaba las reglas de la geometría euclidiana, combinaba el álgebra y la geometría, consideradas entonces como independientes, para formar una nueva disciplina matemática llamada geometría analítica.

Descartes continuó sus viajes y su carrera militar, y fue a Alemania, donde se ofreció como voluntario para luchar en favor del duque de Bavaria. Después de año y medio, renunció cuando mataron a su general en una batalla, y sus vagabundeos lo llevaron entonces por la mayor parte de los países de Europa central. Cuando observó todo lo que deseaba del mundo, volvió a París. Después de unos años en la capital francesa, comenzaron a importunarlo las constantes visitas, pues ya tenía reputación de matemático y filósofo. Por lo tanto, en 1629, decidió irse a vivir a Holanda. Sin embargo, siguió manteniéndose en contacto con París por medio de un antiguo amigo de la escuela, el padre Marin Mersenne. A fin de eludir a los visitantes e impedir el derroche de su precioso tiempo, Descartes se esmeró en ocultar su paradero. Por lo general, no se acercaba a las ciudades de Holanda y cambiaba de domicilio una vez al año, por término medio.

Durante su largo vagabundeo por Holanda, estudió otras cosas aparte de la filosofía y las matemáticas, comprendiendo la óptica, la física, la química, la anatomía y la medicina. En 1634 aún no publicaba nada, pero seguía dedicado a incorporar todos sus conocimientos, desde la astronomía hasta la anatomía humana, en un impresionante tratado que se llamaba *El mundo*.

Todo París esperaba con viva curiosidad la obra maestra de Descartes, la cual, según se suponía, sería un regalo de año nuevo a su amigo íntimo ,el padre Mersenne. Pero no sucedería así, pues Descartes se enteró de que la Inquisición condenó a Galileo por atreverse a defender la teoría copernicana de que el Sol era el centro del Universo.

El hecho de que suprimiera su tratado filosófico no era imputable al temor a la prisión, pues en Holanda prevalecía la tolerancia religiosa. Lo que pasa es que, en realidad, se encontraba en una situación insoluble que le dolía mucho. Estaba tan firmemente convencido de la verdad del sistema copernicano como lo estaba de su propia existencia y de la infalibilidad del Papa; pero, en ese momento, la supresión le permitió conservar a la vez su convicción coperniana y su religión.

Su determinación se extendió a toda su obra. Sin embargo, debe hacerse notar que la Iglesia, a la que Descartes temía ofender (pero a la cual nunca se opuso), acudió generosamente en su ayuda. Los cardenales De Bérulle y Richelieu lo animaron de manera abierta a publicarla. Por último, el 8 de junio de 1637 vencieron la negativa de Descartes, y éste dio al mundo su geometría analítica como un apéndice modesto de su obra maestra *Discurso del método*.

Descartes intentó evitar la controversia sobre su filosofía revolucionaria, expuesta en el *Discurso del método,* afirmando que no pretenía "exponer el método, sino tan sólo hablar de él". Sin embargo, continuó creciendo su reputación, aun cuando fuera objeto tanto de adulación extrema como de ataques que a menudo resultaban de celos mezquinos. Cuando fue condenado salvajemente por los teólogos protestantes de Utrecht, Holanda, como una amenaza atea para el Estado, el príncipe de Orange puso su gran autoridad del lado de Descartes y lo apoyó sin reservas.

Al propalarse la fama de Descartes, la realeza comenzó a cortejarlo. Carlos I de Inglaterra y Luis XIII de Fancia invitaron al famoso filósofo a adornar sus respectivas cortes. Isabel, princesa de Bohemia, se convirtió en su fiel corresponsal y discípula. En 1646, Descartes vivía en feliz aislamiento en Egmond, Holanda, meditando, cuidando su pequeño jardín y sosteniendo correspondencia con intelectuales de Europa, cuando la reina Cristina de Suecia le suplicó que fuera a su corte.

Quizá fue la parcialidad de Descartes por la realeza, o tal vez el insaciable deseo de la reina Cristina de agregar al sabio más famoso a su colección de hombres de letras, lo que llevó directamente a su desafortunado fin. Con graves recelos, Descartes partió por fin hacia "la tierra de las rocas y los osos" en el otoño de 1649. Todo podría haber resultado perfecto para Descartes si Cristina no hubiera insistido en hacer que le enseñara filosofía a partir de las cinco de la mañana en un aposento grande y frío. Descartes era demasiado bien educado o le infundía demasiado respeto la realeza para quejarse de esta desagradable circunstancia, aunque siempre odiaba el frío y rara vez se levantaba antes del mediodía. Después de tres meses de estas espantosas clases antes del amanecer, enfermó de gravedad y murió de una enfermedad respiratoria, que probablemente fue pulmonía. Diecisiete años más tarde, su cadáver volvió a París, donde fue sepultado en lo que hoy es el panteón.

Tomás Hobbes, que fue uno de los críticos contemporáneos de Descartes, expresó su pena por dispersar su genio en tantas esferas científicas en lugar de concentrarlo únicamente en las matemáticas. Muchas de sus ideas de la física y la astronomía fueron erróneas, pues usaba la razón pura para formular una teoría y luego procuraba acomodar a ella los hechos observables, como hizo cuando negó la existencia del vacío de Torricelli. No obstante, en la medicina, creía que sólo mediante la observación y el experimento se podrían reunir los datos necesarios para descubrir las leyes naturales. Así, por ejemplo, también descubrió que la sangre circula y salió al instante en defensa del doctor Guillermo Harvey. El apoyo de un hombre de la estatura y la fama de Descartes apresuró en mucho la aceptación de las teorías de Harvey.

La mayor aportación de Descartes fue la trasformación de la geometría. Su geometría analítica combinó y fortaleció tanto al álgebra como a la geometría. Llevó directamente al cálculo, que fue formulado posteriormente por Leibnitz y Newton. Descubrió un sistema de ecuaciones que permite a los matemáticos clasificar todas las curvas que sean secciones de un cono. Sus descubrimientos matemáticos contribuyeron grandemente a la formación de una subestructura de la física matemática moderna que inició Galileo y fue perfeccionada más tarde por Newton y Lagrande.

BIBLIOGRAFÍA

Bell, E. *Men of Mathematics.*
Muir, J. *Of Men and Numbers.*
Scott, J. F. *The Scientific Work of René Descartes.*

EVANGELISTA TORRICELLI

(1608-1647)

GALILEO INFLUYÓ EN el porvenir de la ciencia no solo con sus experimentos y obras, sino también con su enseñanza. Uno de sus discípulos más conocidos fue Evangelista Torricelli. Éste nació en Faenza, Italia septentrional, el 15 de octubre de 1608. Después de ser un excelente estudiante en la escuela jesuita de su ciudad natal, fue a Roma a estudiar las ciencias en el Colegio de Sapienza. Allí conoció las teorías de Galileo sobre la gravedad, la mecánica y el movimiento, gracias a Castelli, discípulo de Galileo. Torricelli leyó los *Diálogos sobre dos nuevas ciencias* y escribió un tratado defendiendo la teoría de éste de que el movimiento de un proyectil (una bala de plomo) describía una parábola.

En 1641, Torricelli fue a Florencia, donde sirvió de secretario y ayudante del ya ciego Galileo. Éste, que intentó vanamente crear el vacío tirando de un pistón encerrado en un cilindro, interesó a Torricelli en la experimentación en esta esfera. Después de la muerte de Galileo, Torricelli fue nombrado profesor de matemáticas de Florencia y matemático de Fernando, Gran Duque de Toscana. Un año más tarde, en 1643, empeñado en descubrir la razón de que la Naturaleza se resistiera a la crea-

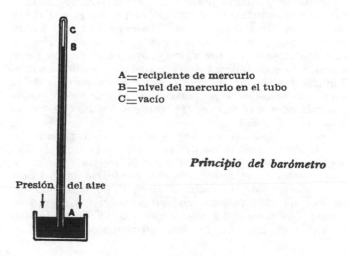

A=recipiente de mercurio
B=nivel del mercurio en el tubo
C=vacío

Principio del barómetro

Presión del aire

81

ción del vacío, realizó su famoso experimento que condujo a la invención del barómetro.

Mandó preparar dos tubos de vidrio, de un metro y quince centímetros, cerrados en un extremo. (Florencia era el centro de la industria del vidrio.) Después de llenar cada tubo con mercurio (al que llamaba azogue), puso un dedo en los extremos abiertos e invirtió los tubos para introducirlos en un recipiente de mercurio. Éste, que llenaba los tubos de vidrio descendió, pero no completamente. Quedó formando unas columnas de unos 78 centímetros por encima de la superficie del metal que llenaba el recipiente. Cuando Torricelli inclinaba los tubos, una parte volvía a ellos; pero el nivel se mantenía siempre a unos 78 centímetros por encima del nivel del azogue que llenaba el recipiente, cuando se le medía verticalmente.

Torricelli declaró que el espacio vacío comprendido entre la parte superior del tubo invertido y la columna del metal era un vacío, pues resultaba imposible que hubiera entrado algo allí cuando descendió el mercurio. Sin embargo, las preguntas más importantes que se hizo fueron éstas: ¿Qué fuerza impedía que el azogue cayera en el recipiente? ¿Por qué se mantenía la columna a la altura aproximada de 78 centímetros?

Torricelli pudo contestar a estas preguntas. Explicó que la fuerza que mantenía al metal en las columnas era la presión del aire. En una disertación escrita en 1644, expresó que vivimos en el fondo de un océano de aire, el cual tiene más de ochocientos kilómetros de altura y un peso de 1/800, aproximadamente, de la densidad del agua. Era el peso de la atmósfera sobre la superficie del mercurio contenido en el recipiente lo que oprimía a éste hacia arriba hasta que se alcanzaba en el tubo un equilibrio de 78 centímetros, más o menos. Así, pues, 78 centímetros de mercurio pesan tanto como ochocientos kilómetros de aire. Torricelli fue el primero en demostrar este efecto sobre la presión atmosférica. Decía: "Sostengo que esta fuerza es externa... que el azogue sube hasta el punto de entrar en equilibrio con el peso del aire exterior, que hace presión sobre él". Demostró su conocimiento de la gravedad específica de diferente líquidos cuando declaró que el agua se comportaría de la misma manera, salvo que se necesitaría un tubo de vidrio mucho más largo, de unos diez metros. (El mercurio es unas 13.6 veces más denso que el agua.)

Blas Pascal perfeccionó los experimentos de Torricelli llevando los barómetros o "tubos de Torricelli" a la cima de una montaña, donde observó que la columna de mercurio descendió varios centímetros en el aire rarificado. Desde entonces, Pascal usó el barómetro para predecir el tiempo, pues las lecturas menores que da el barómetro en un mismo lugar, significan que se reduce la presión del aire y que hay una mayor cantidad de vapor de agua en él. Esta circunstancia, cuando va acompañada de un descenso de la temperatura del aire, a menudo precede a la lluvia o la tormenta. Todavía se usan mucho los barómetros de mercurio, pero hoy existen también barómetros secos o aneroides, los cuales tienen diafragmas metálicos muy sensibles a la presión atmosférica. Los barómetros aneroides se usan como altímetros para medir la altura sobre el nivel del mar en los aviones, que se mueven rápidamente.

Torricelli continuó su estudio de las propiedades del vacío y observó que la luz, el calor y el magnetismo se trasmitían tan libremente al través de él como de la atmósfera. Hizo algunas mejoras al telescopio de Galileo y construyó un microscopio primitivo. También escribió tratados sobre el movimiento de los líquidos y la trayectoria de los proyectiles. En estas obras se puso de manifiesto su habilidad de matemático, así como en sus estudios de la curva conocida como *cicloide* (curva formada por un punto en el radio de un círculo en movimiento).

Torricelli murió en Florencia, Italia, el 25 de octubre de 1647, a la edad relativamente joven de 39 años. Como hombre de ciencia, había abierto el camino para conocer el océano de aire o atmósfera en que vivimos.

BIBLIOGRAFÍA

Schwartz, G., y Bishop, P. *Moments of Discovery*.
Shipley, A. E. *The Revival of Science in the Seventeenth Century*.

BLAS PASCAL

(1623-1662)

EN LA PRIMERA mitad del siglo XVII, en un hogar francés de la clase media, trabajaba asiduamente con unos diagramas matemáticos un muchacho de doce años. Trató de descubrir los principios de la geometría por sí mismo, y ahora pretendía probar que los tres ángulos de un triángulo suman dos ángulos rectángulos. Cuando llegó su padre, Étienne, se sintió dominado por el orgullo y la alegría, a pesar de que su educación resultó muy deficiente.

La madre de Blas Pascal murió cuando sólo tenía tres años. Entonces, su padre resolvió ser padre, madre y tutor de sus hijos. Tenía sus teorías propias acerca de la enseñanza, que se distinguían en que a sus hijos debería "enseñárseles mediante la conversación fácil' y no apresurarlos ni sobrecargarlos de estudio. Así, pues, Étienne, que estaba enamorado de las matemáticas, decidió hacer de esta asignatura "la corona de su programa educativo". Su hijo debería aprender primero latín, griego, geografía e historia; y luego, a la edad de dieciséis años, geometría. Por consecuencia, sacó deliberadamente todos los libros de matemáticas de la casa. A pesar de estas precauciones, Blas descubrió por sí solo gran parte de la geometría euclidiana a la edad de doce años, e inventó nombres para las líneas y los círculos, a los que llamaba "barras" y "redondos".

Nada lo podría contener: a los dieciséis años escribió un *Tratado de las secciones cónicas,* el cual versaba sobre una prueba matemática apenas sugerido por el matemático Desargues. La mayoría de los hombres de ciencia contemporáneos encomiaron la obra de Pascal, menos Renato Descartes, quien lo menospreció considerando que era la obra de Desargues, aunque. en realidad, Pascal comenzaba donde aquél se detuvo.

Probablemente Pascal fue más famoso durante su breve vida por su invención de una máquina calculadora. Su padre fue nombrado recaudador de impuestos de Rouen en 1640; su trabajo era agotador, y nunca podía acostarse antes de las dos de la mañana. A Blas lo animaba el deseo de aliviar las penosas tareas de su padre con respecto a sus interminables cálculos. Para 1645, ideó un modelo práctico que quiso patentar. Para 1652, tenía un modelo en producción. Inclusive regaló una de estas máquinas a la reina Cristina de Suecia.

Pascal vivió durante una época de despertar científico y de grandes descubrimientos, que tuvo sus principios en la multitud de observaciones y experimentos científicos de Galileo. En toda Europa, a los hombres les interesaba esta nueva filosofía experimental de la ciencia. Funcionaba en París una organización de dichos hombres llamada la Academia Libre, precursora de la actual Academia de Ciencias. Entre sus miembros estaba el padre de Blas, Étienne Pascal, y su secretario, el padre Mersenne, que era fraile mínimo, maestro de teología y filosofía, y un gran matemático.

Aunque Pascal no conoció nunca a Torricelli ni a Galileo, no tardó en participar en los mismos experimentos que iniciaron aquéllos. Uno de los discípulos de Galileo, Evangelista Torricelli, inventó un barómetro de mercurio en 1644, cuando trataba de descubrir por qué una bomba de aspiración no levantaba el agua desde una profundidad de más de diez metros. Llegó a la conclusión de que el aire debería tener peso y que, por consecuencia, nuestro "mar de aire" ejercía una presión que podría hacer entrar una columna de diez metros de agua o de 78 centímetros de mercurio (el mercurio es casi catorce veces más pesado que el agua) en un espacio vacío. Era una conclusión notable; contradecía del todo lo que declararon Aristóteles y otros famosos filósofos desde hacía veinte siglos acerca de la "imposibilidad del vacío". La muerte de Galileo, en 1642, y la temprana muerte de Torricelli, en 1647, impidieron que dichos científicos hicieran nuevos descubrimientos para comprobar esta nueva teoría del vacío.

La noticia del experimento de Torricelli llegó a Francia en una carta dirigida al padre Mersenne. Sin embargo, no fue sino hasta fines de 1646 que Blas Pascal se enteró de ella cuando Pedro Petit, intendente general de Puertos y Fortificaciones de Francia, llegó a Rouen para visitar a sus amigos los Pascal. Les contó que el padre Mersenne intentó en vano repetir el experimento de Torricelli, pues los tubos de vidrio que empleó eran muy frágiles. Debido a que Rouen tenía una de las mejores fábricas de vidrio de Francia, inmediatamente pidieron que se hiciera un tubo de cristal de un metro y veinte centímetros, que estuviese cerrado en un extremo. Llenaron este tubo con una porción de sus cincuenta libras de mercurio. Un experimentador cubrió el extremo abierto con un dedo e invirtió el tubo lleno de mercurio en un recipiente abierto de mercurio. No retiró el dedo del extremo abierto hasta que tanto el dedo como la parte inferior del tubo estuvieron completamente sumergidos en el recipiente de azogue. El metal del tubo cayó parcialmente en el recipiente, pero la parte inferior de la columna se mantuvo maravillosamente suspendida a una altura de unos 78 centímetros por encima del recipiente, dejando un espacio de 42 centímetros entre la parte superior del mercurio y el extremo cerrado del tubo. ¿Qué había en ese espacio? ¿Podía haber un vacío en él a pesar de que la Naturaleza odia el vacío? Por desgracia, Pedro Petit no conocía en ese tiempo la explicación que dio Torricelli a este maravilloso experimento.

Esto despertó el interés de Pascal. Llegó provisionalmente a la conclusión de que "la fuerza que sostiene al azogue viene de afuera, y el azogue entra y sube en una columna a suficiente altura para alcanzar el equilibrio con el peso del aire exterior que lo obliga a subir". Con la ayuda de tubos de vidrio de diferentes longitudes, diámetros y formas (dos de ellos tenían catorce metros de altura), descubrió que el agua subía siempre a la altura de once metros y el aceite a más de doce metros, por gruesa que fuera la columna del líquido o por grande que fuera el espacio que quedaba por encima del líquido. Ahora estaba completamente convencido de que el espacio que quedaba encima del líquido de un tubo de Torricelli estaba vacío, y publicó una disertación científica en ese sentido.

En 1647, Pascal estuvo muy enfermo y se retiró a París a pasar la convalecencia. Descartes lo visitó y discutió esos experimentos con gran detalle; no obstante, Pascal no pudo convencer a Descartes de que se había creado el vacío, pues los prejuicios de este último eran todavía demasiado grandes. Sin embargo, esta reunión movió a Pascal a realizar nuevos experimentos a pesar de las órdenes del médico. Descubrió que la altura de su columna de mercurio era ligeramente inferior cuando se medía desde el techo de un edificio alto de París que cuando se medía desde el pie de ese edificio, como estaba previsto; insatisfecho aún, pidió a Perier, su cuñado, que hiciera este mismo experimento en el Puy de Dome, montaña que está cerca de Clermont. Los resultados fueron concluyentes, pues la columna de mercurio cuando se medía en la cima de la montaña, era siete centímetros menor que la lectura que daba al pie de esa misma montaña. El altímetro moderno de los aeroplanos es una consecuencia directa de este experimento, pues ahora sabemos que la presión del aire disminuye aproximadamente a razón de dos centímetros y medio de mercurio por cada trescientos metros durante los primeros tres kilómetros sobre el nivel del mar. Luego continúa disminuyendo en proporción menor.

Los experimentos de Pascal con los líquidos lo llevaron a otra conclusión, a la que hoy se da en los libros científicos el nombre de *principio de Pascal,* el cual dice: "La presión ejercida en cualquier lugar de un líquido contenido en un recipiente cerrado se trasmite sin disminuir por todo el líquido y actúa en ángulo recto con respecto a todas las superficies del recipiente". Ese principio es la base de la prensa hidráulica y del gato hidráulico, aparatos que pueden multiplicar una fuerza por un factor de cien o más. De esta manera, es posible que una persona levante un coche de una tonelada de peso ejerciendo la sola fuerza de seis o nueve kilos en la manivela de un gato hidráulico.

Las creencias y la educación religiosa de Pascal resultaron ortodoxas en comparación con su educación secular. Hasta en-

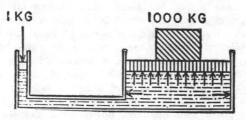

Prensa hidráulica

tonces, no leyó mucho en la esfera de la religión o la filosofía. Sin embargo, en enero de 1646, una crisis religiosa cambió esta situación cuando Étienne Pascal se hirió gravemente al caer en una superficie de hielo. Le dieron los primeros auxilios los hermanos Deschamps, quienes fueron convertidos por algún piadoso cura, convenciéndolos de que dedicaran su vida a las buenas obras. Todos los miembros de la familia Pascal quedaron conmovidos por este acto de caridad. Blas inició en seguida un serio estudio de la *Biblia*. Sus cartas comenzaron a demostrar que estaba "inflamado por el celo religioso". Sin duda, se hallaba ahora en conflicto consigo mismo por sus actividades científicas.

Aunque los años de 1648 a 1654 serían los más brillantes de Pascal con respecto a los descubrimientos científicos, fueron un periodo de gran incertidumbre personal y de lucha interior. Murió su padre, y su querida hermana, Jacqueline, su más íntima compañera, decidió ser monja en el convento de Port Royal. La enorme energía de Blas se dedicó entonces a leer mucho sobre teología y filosofía. Era un gran admirador de la vitalidad de estilo que se expresaba en los *Ensayos* de Montaigne, pero también le horrorizaba y escandalizaba lo que decía. No seguía a Montaigne a donde éste quería, pero tampoco podía apartarse de él. No cabe duda de que Montaigne influyó grandemente en los famosos *Pensamientos* y *Cartas* de Pascal, que fueron publicados después de su muerte.

El 23 de noviembre de 1654 tuvo otra intensa experiencia religiosa. Inmediatamente después de su visión, la describió en un pergamino, que cosió en su ropa. A partir de entonces cambió su vida, y las cuestiones religiosas y las plegarias fueron su principal preocupación. Pero no renunciaría del todo a la ciencia. Anónimamente, desafió a todos los matemáticos a resolver algunos problemas relacionados con una curva especial llamada *cicloide*. Llegaron comunicaciones de Cristián Huygens, Juan Wallis, Cristóbal Wren y otros. Sin embargo, nadie igualó las soluciones anónimas de Pascal, las cuales, cuando se publicaron, produjeron una verdadera sensación. Durante esta última parte de su breve vida, escribió también un ensayo filosófico, *El espíritu de la geometría,* el cual es considerado por muchos como el equivalente al *Discurso del método* de Descartes. No estaría completa esta breve relación de la vida de Pascal si no mencionáramos cuán profundamente estudió el juego este hombre religioso para formular una gran parte de la teoría matemática de la probabilidad, sobre la cual descansa, en mucho, nuestro pensamiento científico del siglo XX. Usó un método analítico para resolver dos problemas que fueron propuestos por Chevalier de Méré. (Méré era un hábil escritor y jugador que ayudó a Pascal a crear su estilo claro y preciso.) Cuando Pascal envió su solución a Pedro Fermat, a Tolosa, éste obtuvo las mismas soluciones con métodos algebraicos. Esto animó tanto a Pascal, que prosiguió su estudio de las teorías matemáticas de la probabilidad. Como consecuencia, creó el triángulo aritmético, que es un compendio del cálculo de probabilidades.

Pascal murió a la temprana edad de treinta y nueve años. Sin gran esfuerzo, se vio continuamente comprometido en las controversias, ya fueran científicas, filosóficas o religiosas. Luchó consigo mismo intentando reconciliar su fe religiosa con el espíritu de las matemáticas y las ciencias. Sin embargo, la historia le ha dado el lugar que le corresponde como uno de los científicos más extraordinarios y uno de los primeros experimentadores. Las máquinas calculadoras modernas, los altímetros de los aeroplanos, los aparatos hidráulicos y algunos aspectos de la geometría, la estadística y el cálculo deben mucho al genio de este hombre. Además, como escritor de prosa y como autor de los *Pensamientos*, también fue excepcional. Los estudiantes de filosofía y de ciencia estudian hoy sus obras con renovado entusiasmo.

BIBLIOGRAFíA

Cailliet, E. *Pascal (The Emergence of Genius)*.
Mesnard, J. *Pascal (His Life and Works)*.
Mortimer, E. *Blaise Pascal, The Life and Work of a Realist*.

ROBERTO BOYLE

(1627-1691)

A LAS OCHO de la mañana aparecieron varios trabajadores en la casa de Roberto Boyle y quitaron la puerta de la calle. A las nueve se detuvo frente a la casa un largo carro tirado por caballos. Cuatro hombres bajaron de él, con grandes cuidados, un objeto envuelto pesadamente, de unos tres metros y medio de longitud, y lo metieron por la puerta. Aunque su carga era voluminosa, la sostenían con muchos miramientos, cual si fuera una canasta con huevos. A las diez el carro de reparto del farmacéutico dejó en la acera tres barriles pequeños, pero pesados. Después de que los metieron los ayudantes de Boyle, volvieron a poner en su lugar la puerta de la calle, dejando que los desconcertados vecinos se hicieran vagas suposiciones acerca de las actividades de Boyle en esa mañana de 1662.

Dentro de la casa estaba a punto de realizarse uno de los experimentos clásicos de la historia científica. Cuando pensamos en la experimentación científica, propendemos a imaginar un laboratorio inmaculado y un hombre de ciencia de bata blanca, absorto en el microscopio. Pero, debido a la índole de su investigación, Roberto Boyle escogió para terreno de prueba el pozo de la escalera de su casa. La razón era evidente, pues el paquete cuidadosamente envuelto, contenía un tubo de cristal tan alto que no cabía en una habitación común. Varias semanas antes, Boyle solicitó a un vidriero de Londres que construyera el tubo de vidrio más largo y fuerte que jamás hubiera hecho. Además, debería tener la forma de una J, con una rama mayor de cinco metros de longitud y una menor de un metro y medio, cerrado en la parte superior con una llave de paso.

El vidriero consiguió hacer lo que se pedía. Se puso el tubo en el pozo de la escalera, descansando la parte inferior en un recipiente de metal, a fin de recoger el mercurio en caso de que se rompiera el vidrio. Abrieron los barriles para revelar que contenían muchos litros de mercurio. Un ayudante subió a la parte alta de la escalera y con un vaso comenzó a verter el mercurio en el extremo abierto del tubo. Al entrar éste,

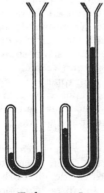

Tubos en J.

oprimió al mercurio que estaba ya en el tubo, introduciéndolo aún más en la rama pequeña, la cual contenía aire encerrado. Así, demostró de un modo concluyente que era posible comprimir el aire, pues no podía pasar por la columna de mercurio que iba subiendo.

Boyle continuó entonces su experimento abriendo la llave de paso de la rama corta del tubo y agregando mercurio hasta que tuvo un espacio de aire de 75 centímetros entre la llave de paso y la parte superior de la columna de mercurio.

El nivel del mercurio era ahora el mismo en las dos ramas del tubo, y la presión de aire en ambas columnas era *igual*. Entonces, cerró la llave de paso sabiendo que esta columna de 75 centímetros de aire encerrado tenía una presión que era igual a la presión atmosférica. Luego, su ayudante vertió más mercurio en la rama del tubo en J, hasta que el aire encerrado se comprimió en un espacio de 37.5 centímetros. Al medir la diferencia de altura entre las columnas de mercurio de las dos ramas del tubo, Boyle descubrió que era, aproximadamente, de 72.8 centímetros de azogue, la cual representaba la altura de la columna de azogue de un barómetro en ese día. Esto indicaba que el ayudante de Boyle duplicó la presión sobre la columna de aire encerrado, al disminuir su volumen a la mitad de su tamaño original. Se agregó otra vez mercurio hasta que la columna de aire se redujo a 18.7 centímetros, es decir, la cuarta parte del volumen a la presión atmosférica, y Boyle descubrió que la diferencia de altura entre las columnas de mercurio era de 220 centímetros aproximadamente, que equivalía a un presión cuatro veces mayor que la de la atmósfera. Se repitió una y otra vez el experimento durante la siguiente semana. Algunas veces se rompía el tubo, y su hermosa cascada de azogue caía en el recipiente de metal. Los resultados que obtenía Boyle eran siempre los mismos: al aumentar la presión sobre un gas, disminuye el volumen del gas exactamente en la misma proporción. Los químicos y físicos de la actualidad siguen la ley de Boyle: la presión multiplicada por el volumen de un gas será una constante si la temperatura es siempre la misma; es decir, si se duplica la presión, el volumen se reducirá a la mitad; si se triplica la presión, el volumen se reducirá a un tercio.

Roberto Boyle logró realizar el experimento para demostrar cierto punto acerca de la compresibilidad del aire y otros gases, y descubrió la ley que rige la relación entre la presión y el volumen. El principio expresado por Boyle (al duplicar la presión se reduce a la mitad el espacio que ocupa el gas) le demostró que ideaba también un pistón perfecto. La cabeza de este pistón era la parte alta del mercurio contenido en la rama corta de su tubo en forma de J. Al aumentar la presión de la columna contenida en la rama grande mediante la adición de mercurio, el pistón líquido comprimía el aire que estaba sobre él en la rama corta. Cuando se eliminaba la presión sacando el mercurio, se retiraba el pistón, sin pegarse. Así, pues, la ley de Boyle es el fundamento de las máquinas de vapor y de combustión interna; además, toda la maquinaria moderna que es accionada por aire o gas, se basa en el principio que descubrió Boyle.

Los muchos triunfos de Boyle en la química y la física no fueron una sorpresa para quienes lo conocían bien. Nacido en Irlanda en 1627, decimocuarto hijo del rico conde de Cork, Roberto se distinguió a temprana edad como lingüista. Cuando era aún niño, dominó el latín y el francés, asombrando a sus maestros particulares con sus aptitudes. A la edad de ocho años, el precoz Roberto fue enviado a Eton, la más importante escuela preparatoria de Inglaterra, donde aprendió hebreo y griego. Siguió luego Oxford, y fue allí donde Boyle encontró espíritus afines y formó un grupo conocido con el nombre de "Colegio Invisible". Estos jóvenes sabios estaban de acuerdo con Rogerio Bacon, quien insistió en la importancia que tiene la experimentación para buscar la verdad. Cuando Carlos II estimuló la investigación científica, no hubo necesidad ya de "ser invisible", y por eso el grupo aceptó una carta de privilegio y llegó a ser conocida con el nombre de Sociedad Real.

Boyle se quedó a vivir en la estimulante atmósfera intelectual de Oxford, y su casa se convirtió en el lugar de reunión semanaria de la Sociedad Real. Conforme los aficionados leían los informes de los estudios e intercambiaban ideas, y conforme sus investigaciones comenzaron a ser productivas, se hizo patente la necesidad de que existiera un método más profesional. Boyle mandó construir un laboratorio en su casa y tomó de ayudante a un joven llamado Roberto Hooke. Esta medida fue ideal: Boyle tenía el dinero suficiente para costear las investigaciones y la capacidad bastante para que se le ocurrieran las ideas originales; Hooke tenía los conocimientos técnicos y también la capacidad intelectual para convertir las ideas de Boyle en modelos prácticos.

Aunque a Boyle le interesaban todas las ramas de la ciencia (exceptuando la anatomía, pues no le gustaba hacer la disección de los animales), pasaba una buena parte de su tiempo dedicando la atención al aire. La obra de otros hombres de ciencia, que despertó su curiosidad, lo animó a aprender algo más acerca de la composición y el comportamiento del aire. Conocía los experimentos de Torricelli para crear el vacío, y sabía que el alemán Otón van Guericke construyó un aparato bastante eficaz para sacar el aire de un cilindro. Boyle, seguro de que podría mejorar la bomba de aire de von Guericke, bosquejó algunas innovaciones y pidió a Hooke que construyera la nueva bomba. La máquina de Boyle, reforzada por una válvula diseñada por Hooke, podía sacar el aire de cualquier recipiente al que se conectara.

Con su bomba de aire, Boyle realizó una gran variedad de experimentos para determinar las propiedades físicas de la atmósfera. A fin de probar el funcionamiento de la bomba, colocó un reloj despertador dentro de una cámara de vidrio. El tic tac se oía claramente al principio. pero, a medida que sacó el aire de la cámara, el sonido fue desapareciendo; así, demostró de manera concluyente que el sonido se trasmitía por el aire.

Boyle dio a conocer sus experimentos en 1660, en un volumen titulado *Nuevos experimentos fisicomecánicos tocantes a la elasticidad del aire y sus efectos (hechos en su mayoría con una nueva máquina)*. Sus afirmaciones acerca de la compresibilidad del aire fueron objeto de una vigorosa crítica, sobre todo del jesuita Francisco Linus. Al responder a Linus, Boyle describió su famoso experimento con el tubo en J y propuso la ley de Boyle.

Durante los siguientes treinta años, Boyle emprendió numerosos senderos científicos, haciendo importantes descubrimientos y abriendo el camino para que lo siguieran otros. Se le considera como uno de los fundadores de la química, pues creía que ésta era algo más que una rama del estudio de la medicina y abogó por la experimentación. El breve resumen de sus aportaciones es impresionante: *1)* fue el primero en sugerir que el calor era resultado del movimiento de las moléculas; *2)* fue probablemente el primer químico en reunir un gas para estudiarlo; *3)* previó los descubrimientos de Lavoisier y de Priestley. Boyle afirmaba: "A menudo he sospechado que el aire no es, como imaginan muchos, un cuerpo sencillo y elemental, sino un agregado confuso de efluvios que constituyen, por su pequeñez y diversos movimientos, una gran masa de materia fluida"; 4) recomendó el alcohol como sustancia útil para conservar las muestras. Antes de eso, los científicos no podían hacer estudios satisfactorios con muestras cuyas formas y colores se alteraban al secarse; 5) fue el primero en usar el término "análisis" como lo conocen nuestros químicos. Asentó los principios fundamentales para reconocer los ingredientes químicos mediante distintas pruebas; 6) hizo la primera caracterización significativa de ácidos y bases; 7) sugirió que podía usarse un barómetro para medir la altura de las montañas y fue el primer científico que hizo y usó en Inglaterra un termómetro cerrado.

Durante su vida, padeció muchas enfermedades, reales e imaginarias. Casi falleció de niño, cuando una medicina preparada incorrectamente le envenenó el organismo. Desde entonces, desconfiaba de las recetas de los médicos, recurriendo a una extraña mezcla de bebidas caseras para sostenerlo durante sus frecuentes enfermedades. A pesar de todo, vivió hasta alcanzar los sesenta y cuatro años de edad, y tuvo tiempo para escribir más de cuarenta libros sobre materias tan diversas como el lenguaje, la química, la óptica, la astronomía, la religión y la física.

Boyle murió en 1691, amado por quienes lo conocían. Aristócrata y caballero de la cabeza a los pies, "en su vida entera no ofendió jamás a ninguna persona con su comportamiento".

BIBLIOGRAFÍA

Boas, M. *Robert Boyle and the Seventeenth-Century Chemists.*
Conant, J. B. *Robert Boyle's Experiments in Pneumatics.*
Irwin, K. *The Romance of Chemistry.*

MARCELO MALPIGHI

(1628-1694)

SHAKESPEARE ESCOGIÓ LA pequeña población de Verona, en Italia septentrional, para escenario de la historia de amor más famosa del mundo. Nadie puede leer *Romeo y Julieta* sin quedar profundamente conmovido por la tragedia de los jóvenes enamorados, víctimas inocentes del odio entre sus familias. En el año 1645, en otra pequeña población cercana a Bolonia, en Italia septentrional, un joven que tenía más o menos la edad de Romeo, y enamorado de la literatura, leyó la obra

de Shakespeare. Marcelo Malpighi quedó muy afectado al leer
la historia de los Montescos y los Capuletos que tanto se parecía a la historia de su propia familia. Desde hacía mucho
existía una disputa por los límites de la propiedad entre los
Malpighis y los Sbaraglias; hizo del inocente muchacho una
víctima de la enemistad familiar que se traduciría en una vida
de vejámenes y sufrimientos.

Marcelo, que nació en 1628, fue el mayor de ocho hijos. Por
naturaleza era apacible, modesto y pacífico, y ansiaba dedicar
su vida a ayudar a los demás. Cuando perdió a sus padres a
la edad de veintiún años, aceptó con gusto la responsabilidad
de encargarse de sus hermanas y hermanos menores y aplazó su
educación hasta que quedaron en regla los asuntos de su familia.

Durante este periodo, a Marcelo le preocupaban la salud y
el bienestar de los miembros más jóvenes de su familia, y decidió que la mejor manera de ayudarlos consistiría en estudiar
medicina. Tenía veintitrés años cuando ingresó en la escuela
de medicina de la Universidad de Bolonia. Su madurez, inteligencia y aplicación a los estudios le ganaron la inmediata atención de sus maestros. Massari, renombrado profesor de anatomía de Bolonia, tomó interés personal en ayudar al afable y
simpático estudiante. Le pidió a Malpighi que lo auxiliara en
sus disecciones y lo invitó a su casa para hacer uso de su
biblioteca. Aquí, Malpighi se familiarizó con las obras clásicas
de los grandes hombres de la ciencia médica, como Vesalio,
Fabricius y Harvey, que habrían de ayudarlo en sus posteriores
investigaciones científicas. También aquí, Malpighi encontró el
amor; su enlace con la hermana menor de Massari se tradujo
en un matrimonio feliz.

Malpighi recibió su diploma médico en Bolonia, en 1653,
cuando tenía veinticinco años de edad. El tema de su tesis
médica fue la vida y la influencia de Hipócrates, el antiguo
médico griego que se consagró a hacer de la práctica médica
una profesión respetada de hombres aptos y honrados. Por
recomendación de Massari, recibió, en 1656, el nombramiento
de profesor de medicina teórica en la Universidad de Pisa. El
joven médico pronto se hizo amigo de un profesor que tenía
más edad y experiencia que él, Juan Borelli, quien enseñaba
entonces matemáticas.

Borelli fue discípulo de Galileo, quien le enseñó a pulir
lentes y a usarlos para observar maravillas de la Naturaleza
que nunca antes observaron los ojos del hombre. Su contacto
con Galileo le infundió también la audacia para resolver los
problemas científicos. Los primeros pasos del tímido Malpighi
en el estudio microscópico de los tejidos animales fueron dados
con la guía de Borelli. Conjuntamente publicaron una disertación sobre la estructura de los músculos del corazón. La audaz
intuición de Borelli dio a Malpighi la seguridad en sí mismo

que necesitaba para confiar en sus propias facultades de observación, que habrían de llevar a tantos y tan significativos descubrimientos científicos.

La mala salud, combinada con la soledad a consecuencia de
la prolongada separación de su familia, hicieron que Malpighi
resolviera volver a Bolonia en 1659. Después que recibió un
nombramiento para enseñar anatomía en Bolonia, continuó sus
estudios microscópicos de muchos tipos diferentes de tejidos.
Cuando examinaba la fina estructura de los pulmones de una
rana, vio por primera vez los *alvéolos* con sus paredes membra-
nosas, a través de las cuales entran y salen de la sangre el
oxígeno y el dióxido de carbono durante la respiración.

Malpighi hizo su mayor descubrimiento cuando el estudio
minucioso de los tejidos del pulmón reveló que las arterias
pulmonares más pequeñas se subdividían para formar diminutas redes capilares que eran continuación de los pequeñísimos
vasos del sistema venoso. Después de confirmar la presencia
de estos capilares microscópicos en otros órganos, comprendiendo
el mesenterio, la vejiga urinaria y el riñón, comprendió que
desentrañaba el misterio que desconcertó a Harvey cuando publicó en 1628 su gran obra clásica sobre la circulación de la
sangre. Harvey falleció cuatro años antes del descubrimiento
de Malpighi sin lograr determinar cómo pasaba la sangre de las
arterias a las venas.

Con gran emoción, Malpighi comunicó su descubrimiento de
los capilares de la sangre a su amigo Borelli, quien hizo publicar la carta en 1661. A medida que Malpighi fue adquiriendo
más habilidad en el uso del microscopio y en la interpretación
de la estructura detallada de los tejidos que estudiaba, hizo
otros descubrimientos, tales como la existencia de los corpúsculos
sanguíneos. Inesperadamente, su creciente reputación como científico provocó la antigua animosidad de los miembros de la
familia Sbaraglia, que procedieron a difamarlo y a desacreditar
su obra científica. A Malpighi, cuya mansa naturaleza no le
permitía hacer daño a nadie, le faltó el ánimo de luchar con
sus enemigos, y por eso huyó a Mesina, donde vivió cuatro años.

Cuando estaba más desalentado, sorprendentemente llegó la
ayuda para sus empresas científicas de un país extranjero. Malpighi fue invitado a publicar memorias formales de sus descubrimientos de los capilares y los corpúsculos de la sangre en
las *Actas* de la Sociedad Real de Londres, recientemente organizada. Los encomios que recibió Roberto Hooke, miembro
fundador y uno de los microscopistas antiguos más famosos,
alentaron a Malpighi a continuar sus investigaciones. El biólogo,
al que no se honraba en su patria, recibió el merecido reconо-
cimiento de su obra científica cuando fue elegido miembro honorario de la Sociedad Real en 1668.

Malpighi prosiguió la correspondencia con sus amigos ingleses durante toda su vida. En 1669 envió a la Sociedad Real una monografía titulada *La estructura y metamorfosis del gusano de seda.* Este estudio original fue la primera descripción completa de la anatomía interna de un invertebrado. Malpighi describió por primera vez los aparatos respiratorio, nervioso, digestivo y excretorio de un insecto. Siguió la trayectoria de la red de plateados tubitos de aire o tráqueas que llevan el aire de los espiráculos del tórax y el abdomen a todas las partes del cuerpo. También siguió la trayectoria e hizo dibujos exactos de los ganglios craneales y del cordón nervioso central que da origen a los nervios periféricos que enervan todos los órganos del cuerpo. Describió en detalle el conducto alimenticio y los diminutos órganos excretorios que los entomólogos llaman todavía tubos de Malpighi. Al aparecer las nuevas estructuras ante sus ojos, cansados ya e inflamados por las prolongadas observaciones microscópicas, escribió: "Tantas maravillas de la Naturaleza aparecieron ante mis asombrados ojos que sentí un júbilo interior que no podría describir mi pluma".

Malpighi volvió entonces sus microscopio al estudio de la vida vegetal. Los pequeños cortes de hojas colocados bajo el microscopio revelaron una disposición precisa de agregados de pequeñas unidades, que Malpighi llamó "utrículos". Esta descripción de las células vegetales se adelantó casi dos siglos a la exposición que hizo Schleiden de la teoría celular. Malpighi advirtió también por primera vez las *estomas* o poros en la epidermis de las hojas, al través de las cuales se produce el intercambio de gases en el proceso de la respiración y la fotosíntesis de la planta. Con notable intuición, sugirió que las hojas verdes fabrican el alimento que se necesita para mantener la vida en la planta. Se combinaron muchas otras observaciones para hacer su tesis, sobre la *Anatomía de las plantas,* un hito en la ciencia de la botánica.

Como a todos los biólogos anteriores, a Malpighi le preocupaban los problemas aún no resueltos relativos al origen de la vida y al desarrollo del organismo vivo. ¿Cómo comienzan a vivir los animales? ¿Cómo se desarrollan? Seleccionando el huevo de la gallina, que también emplearon los investigadores anteriores para estudiar la formación de los embriones, Malpighi utilizó el microscopio a fin de estudiar los embriones durante el ciclo de desarrollo: desde el momento en que se pone el huevo hasta que sale el pollito. En 1673 terminó dos tratados sobre el desarrollo del pollito. Describió la emoción que sintió cuando vio "que la pequeña mancha opaca de la superficie de la yema creció hasta convertirse en un ave viva que respiraba, que tenía plumas". Malpighi supuso equivocadamente que todos los huevos, en el momento de la fecundación, contienen un diminuto embrión preformado que, durante la incubación, aumenta de tamaño y complejidad. Su error se debió, sobre todo, a que no se dio cuenta de que las temperaturas del verano, que en Bolonia ascienden por lo general a 39.5 grados C., alcanzan la temperatura normal de las gallinas. En tales circunstancias, continuaba el desarrollo aunque la gallina no se echara sobre el huevo.

Aun cuando Malpighi no observó los cambios embrionarios que se producen durante las primeras veinticuatro horas del desarrollo, fueron notablemente exactas sus descripciones de la embriogenia subsecuente de los órganos del pollito. Sus dibujos de las diversas etapas de diferenciación del corazón y los arcos aórticos podrían aparecer en cualquier texto moderno de embriología. Pasaría un siglo antes de que Gaspar Wolf observara los embriones durante el primer día de desarrollo y describiera con perfección la manera en que se desarrollan a partir de un huevo fecundo, relativamente no organizado. A Malpighi se le considera, en justicia, como el padre de la embriología descriptiva.

Después de estudiar la estructura detallada de los embriones, Malpighi dedicó toda su atención al tema casi inexplorado de la anatomía microscópica del cuerpo. La Sociedad Real publicó una serie de breves artículos científicos, cada uno de los cuales contenía el análisis de algún descubrimiento original. Son notables sus descripciones de la piel, los órganos gustativos de la lengua, el hígado y su papel en la producción de la bilis, los conductos fibrosos de la medula espinal y la materia gris del cerebro. Varias estructuras, como por ejemplo, la capa de Malpighi de la piel y los corpúsculos de Malpighi del riñón y el bazo, llevan todavía el nombre de este hábil científico, al que se reconoce como fundador de la anatomía microscópica.

Malpighi conquistó el respeto y el amor de sus compañeros, pero nunca pudo encontrar la paz en su Bolonia. Inclusive en la vejez, fue perseguido por sus incansables enemigos que saquearon su villa, destruyeron sus instrumentos científicos y quemaron sus notas y manuscritos.

Inclusive la pérdida de todos sus bienes no destruyó la bondad humana que caracterizó a la vida de Malpighi. En lugar de entregarse a la desesperación, generosamente y sin vanidad abandonó a Bolonia en 1691 y fue a Roma para convertirse en el médico personal de Inocente XII. En la Ciudad Eterna encontró la dicha y la satisfacción completa por primera vez. Murió en 1694. Nunca buscó la fama y el aplauso, pero reconoció su grandeza la multitud de científicos para quienes Malpighi y su microscopio señalaron nuevos campos de conocimiento.

BIBLIOGRAFÍA

Shipley, A. E. *The Revival of Science in the Seventeenth Century.*
Shrzock, R. H. *The Development of Modern Medicine.*

CRISTIÁN HUYGENS

(1629-1695)

IGUAL QUE LOS jugadores de hoy que parecen prometer son contratados por los principales equipos, así en los siglos pasados los científicos entraban al servicio de los soberanos que deseaban obtener fama y otros beneficios con sus descubrimientos. Así, por ejemplo, el astrónomo Ticho Brahe abandonó Dinamarca para ir a Praga cuando le ofreció un puesto el emperador Rodolfo. Y así sucedió que cuando, en el siglo XVII, el rey francés Luis XIV oyó hablar del notable matemático holandés Cristián Huygens, invitó a ese joven para que se encargara de todas las investigaciones científicas francesas. Este generoso ofrecimiento del rey Luis fue un oportuno reconocimiento de las aptitudes del joven holandés en esta esfera. A diferencia de muchos prodigios que nunca cumplen las promesas de su juventud, Cristián Huygens se convirtió en un verdadero genio.

Huygens nació en La Haya, en 1629, y se educó en las excelentes universidades de Breda y Leyden. Desde el principio se dio a conocer como un estudiante extraordinario y su obra atrajo la atención del famoso filósofo Renato Descartes. Con la ayuda de su hermano y un amigo, el filósofo Benito Spinoza, se dedicó a mejorar las lentes de los telescopios. La lente de Huygens era tan buena que observó el cielo con mayor claridad que ningún hombre hasta entonces. Por consecuencia, fue el primero en identificar la constelación de Orión (1656), y en indicar que la "aureola" vista por Galileo alrededor de Saturno consistía, realmente, en grandes anillos.

A Huygens le interesó la astronomía toda su vida. Lo mismo que sus predecesores, comprendió que el estudio de los cielos era inexacto debido a que faltaba un instrumento que pudiera dar una medición precisa del tiempo durante la observación de los cuerpos celestes. Galileo insinuó que podría usarse un péndulo para medir el tiempo, y Huygens se consagró a esta idea. (Ver ilustración.) En 1657 construyó un reloj cuyas manecillas recorrían una distancia fija con cada oscilación del péndulo. Fue un enorme progreso para los astrónomos, que entonces lograron medir *con exactitud* el movimiento de las estrellas, el sol y los planetas.

Empero, el péndulo de Huygens tuvo otras aplicaciones. Sabía que el tiempo que duraba la oscilación completa del péndulo variaba con su situación geográfica. Cuando llevaron uno de

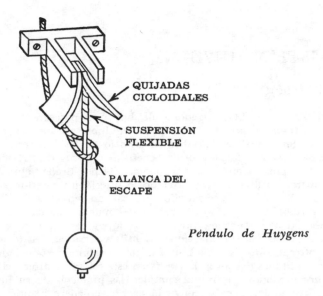

QUIJADAS
CICLOIDALES

SUSPENSIÓN
FLEXIBLE

PALANCA DEL
ESCAPE

Péndulo de Huygens

sus relojes a la cima de una montaña, se retrasó debido a que
la atracción de la gravedad terrestre sobre el péndulo era más
débil, lo cual hacía que el péndulo oscilara menos veces en un
tiempo determinado. La atracción de la gravedad es también
menor en el ecuador, a consecuencia de que la distancia al
centro de la Tierra (radio terrestre) es ligeramente mayor y
de que la reacción centrífuga que resulta de la rotación de la
Tierra sobre su eje es un tanto mayor. La rotación diaria
de la Tierra hace que un objeto se mueva en el ecuador con
una velocidad de más de mil quinientos kilómetros por hora
en torno a su eje, en tanto que un objeto que esté en la
ciudad de Nueva York (que tiene una latitud de 41 grados,
aproximadamente) gira a menos de mil kilómetros por hora.
Esta velocidad de la rotación disminuye al alejarse del ecuador
hacia cualquiera de los dos polos.

Cuando Huygens examinó su reloj de péndulo en la Guayana
Francesa ecuatorial, sabía de antemano cuánto iba a perder;
sin embargo, observó una y otra vez que era equivocado su
cálculo. Su reloj se atrasaba dos minutos y medio diariamente,
lo cual excedía en mucho su predicción matemática. Esto llevó
a Huygens a descubrir que existe una curvatura adicional en
la superficie de la Tierra a la altura del ecuador, la cual
reducía aún más el efecto de la gravedad. Los aparatos perfeccionados de la ciencia moderna han comprobado que la hipótesis de Huygens era correcta: la curvatura de la Tierra en el

ecuador hace que la gente y los objetos queden más allá del
área donde es mayor la fuerza de la gravedad.

Huygens continuó éstos y otros experimentos de 1666 a 1681,
y durante dichos años dirigió las investigaciones científicas de
la corte de Luis XIV. Cuando volvió a Holanda, concentró sus
actividades en la esfera de la óptica, la cual despertaba su curiosidad desde hacía mucho tiempo. Sir Isaac Newton, que
era trece años más joven que Huygens, leyó algunos de los
manuscritos del holandés y se interesó mucho en sus teorías.
Los dos hombres usaron prismas para estudiar la luz, y ambos
se sentían atraídos por los colores que se ocultaban en ella.
Huygens tomó las expresiones *longitud de onda* y *frecuencia*
(factores que determinan el tono de un sonido) y las usó en su
Tratado sobre la luz, escrito en 1673. Expresaba que cuando
la luz pasa por un prisma, se reduce la velocidad de las ondas
luminosas y se refractan en diversos grados: la luz violeta y la
azul tienen la mayor frecuencia y la menor longitud de onda;
la luz verde y la amarilla tienen la menor frecuencia y la mayor longitud de onda, y el rojo tiene la menor frecuencia y la
mayor longitud de onda de todos los colores. La luz del sol,
según descubrió Newton, era una mezcla de todos los colores
del espectro.

En toda exposición sobre las teorías de Huygens, la palabra
"onda" tiene importancia decisiva. Explicaba que la luz se difunde en ondas, lo mismo que el sonido. Hay ondas primarias
y ondas secundarias; cada onda primaria es la envoltura o masa
vaporosa que rodea a un número indefinido de ondulaciones
secundarias (elevaciones y descensos, o pulsaciones, de la onda).
Las crestas de cada ondulación están separadas por distancias
fijas, que se conocen como longitudes de onda. Cada ondulación se mueve en el sentido de la propagación con una velocidad fija, que es, aproximadamente, de 300 mil kilómetros por
segundo cuando la luz viaja por el vacío o por el aire. Gracias
a este principio, Huygens pudo predecir, conociendo la forma
de una onda, cuál sería su forma un instante después.

En 1676, un científico llamado Roemer, observó los eclipses
de unas de las lunas de Júpiter cuando la Tierra estaba entre
Júpiter y el Sol y cuando la Tierra estaba al otro lado del Sol.
Determinó el momento en que comenzaría el eclipse al alejarse
la Tierra de Júpiter, y observó que la diferencia era de dieciséis minutos. Creyó que la diferencia se debería al aumento
de la distancia que tenía que recorrer la luz desde Júpiter, lo
cual probaba con claridad que no era instantánea. Huygens usó
las observaciones de Roemer para confirmar su teoría ondulatoria, la cual afirmaba que la luz viaja en movimientos pulsa-
torios que pueden analizarse matemáticamente.

La teoría ondulatoria ganó muchos partidarios, pero también
sus críticos fueron muchos. La mayoría de los científicos esta-

ban dispuestos a creer en la teoría corpuscular de Newton, la cual proponía la idea de que de la fuente de luz salían diminutas partículas. Tanto Huygens como Newton tenían razón, pues los científicos de nuestros días han podido combinar ambas teorías al buscar la verdad de esta cuestión. Aunque la teoría ondulatoria de Huygens explicaba correctamente el ochenta por ciento de todos los fenómenos luminosos, la teoría de Newton fue la que se aceptó en los siguientes cien años. Al envejecer Huygens, se dedicó una vez más a estudiar el cielo, para lo cual construyó lentes de gran distancia focal que montaba en enormes soportes. La Universidad de Leyden tiene un modelo de estos telescopios aéreos, cuya percepción focal es de 63 metros. Huygens se dedicó a la astronomía hasta su muerte, ocurrida en La Haya en 1695. Sus manuscritos y descubrimientos han sido objeto de recientes estudios y, en opinión de muchos expertos, Cristián Huygens fue igual a Newton como fisicomatemático, lo cual es un encomio muy digno para cualquier hombre.

BIBLIOGRAFÍA

Bell, Arthur E. *Christian Huygens and the Development of Science in The Seventeenth Century.*
Moulton, F. R., y Schiffers, J. J. *The Autobiography of Science.*

ANTONIO VAN LEEUWENHOEK

(1632-1723)

EN EL CUARTO de Antonio van Leeuwenhoek hacía un calor insoportable, y los once distinguidos ciudadanos holandeses se preguntaban cómo fue posible que se dejaran convencer para ir a él. Dos de ellos eran sacerdotes; uno, notario público, y los demás eran burgueses de la ciudad de Delft, clientes que frecuentaban la tienda de lencería de Leeuwenhoek. Uno a uno se acercaron a la ventana iluminada por el sol y sostuvieron las lentes que pulió Leeuwenhoek para contemplar el fantástico mundo de los "animalejos" (bacterias) que se movían bajo la doble lente convexa. Repentinamente se olvidó el sofocante calor cuando cada uno de estos respetables testigos tuvo la oportunidad de contemplar un espectáculo que nadie, fuera de Leeuwenhoek, observara antes.

Cuando se saciaron de mirar y quedaron convencidos de que eran ciertos los rumores acerca de las proezas científicas de su vecino, los burgueses firmaron los testimonios que tenía preparados el previsor Antonio. El testimonio de los testigos presenciales se agregó a una carta que Leeuwenhoek en 1674 a la Sociedad Real de Londres, asociación de los hombres de ciencia más notables de la época. Aunque la carta, que se titulaba "Muestra de algunas observaciones hechas con un microscopio inventado por el señor Leeuwenhoek, del moho de la piel, carne, etc.," reflejaba la falta de educación formal del holandés, demostró a los miembros más perspicaces de la Sociedad Real que se desarrollaron procedimientos científicos excelentes y que muy bien podría suceder que los resutados tuvieran significación trascendental.

Esta nueva estrella en la constelación de los científicos, Antonio van Leeuwenhoek, nació en Delft, Holanda, en 1632; fue aprendiz en un negocio de lencería de Amsterdam y luego volvió a Delft para abrir su propia tienda. Debido a que una de sus funciones consistía en examinar las telas con una lente, el conocimiento que tenía Van Leeuwenhoek resultó normal Era un hombre acostumbrado a hacer las cosas por sí mismo, en parte a causa de su natural ahorrativo, pero, sobre todo, debido a su habilidad manual. Por lo tanto, si se rompía una lente, pensaba en hacerla él mismo en lugar de pagar un precio exorbitante por un nuevo pedazo de vidrio pulido. En consecuencia, aprendió los rudimentos del pulimento de las lentes e ideó su propia técnica para montarlas en marcos metálicos. Sus primeros esfuerzos superaron a la lente comercial, y vio sus telas ampliadas en grado notable.

El hombre común piensa en construir un instrumento mejor, pero nunca se decide a hacerlo. El hombre superior piensa en ello, lo construye, y ahí se detiene. Los Van Leeuwenhoek del mundo van más allá que los demás: conciben, ejecutan, refinan y perfeccionan. Y así sucedió que el tendero de Delft se dedicó a sus lentes, mejorando y aprendiendo, hasta que construyó los más poderosos del mundo.

El sostén ideado para sus lentes de aumento tenía, aproximadamente, dos centímetros y medio de ancho y cuatro centímetros de largo. Consistía en dos planas de latón unidas con remaches. En cada placa un orificio que estaba directamente frente al otro, y entre las dos placas descansaba el lente de vidrio, que encajaba con exactitud en los orificios. Una aguja agregada a una de las placas servía de sostén para los objetos sólidos que Leeuwenhoek deseaba examinar.

Cuando se aburrió de examinar las telas, usó sus lentes para observar otras cosas. Pelos de animales, insectos, piel humana, astillas de madera, el ojo de un buey; todo ello lo colocó bajo la lente mágica, y en cada caso tuvo una experiencia singular,

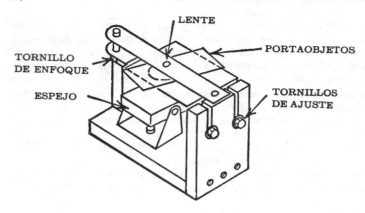

Microscopio de Leeuwenhoek

pues fue el primer hombre que "realmente vio" cada uno de estos objetos. Al parecer, el negocio de la lencería comenzó a ocupar un lugar secundario con respecto a la afición de Leeuwenhoek, pues sus cuadernos de notas revelan una preocupación creciente por la composición de los objetos que examinaba, e indican que la mayor parte de sus días los dedicaba a pulir nuevas lentes, a observar y a anotar sus observaciones.

Sabiendo que serían pocas las personas de la ciudad holandesa que se interesarían seriamente en su trabajo, rara vez hablaba de él. Invitó a varios amigos íntimos a mirar por el precioso cristal, pero no abría la boca cuando los pulidores profesionales y los fabricantes de anteojos le pedían que les explicara su técnica especial. Sin embargo, habló con un hombre al que respetaba, el doctor Regnier de Graaf, distinguido sabio y médico, que fue el primero en apreciar lo realizado. Fue De Graaf quien instó al tendero a escribir a la Sociedad Real de Londres, la cual abrió el camino para que el mundo reconociera su notable aportación.

No fue sino hasta que Leeuwenhoek comenzó a examinar los líquidos, cuando hizo el importante descubrimiento de los "animalejos". En un tubo de agua estancada de un lago, que puso bajo sus lentes, vio millares de pequeños animales en movimiento, que nadaban y tropezaban unos con los otros como los automóviles eléctricos que chocan actualmente en los lugares de recreo. Muy pronto descubrió que también el agua de los barriles en que se recogía la lluvia y de los charcos de las calles, tenían colonias de animales. Con la experiencia, Leeuwenhoek distinguió los diferentes tipos de "microbios" descubiertos. No tardaron en llenarse sus cuadernos de notas con observaciones sobre las colas, los cuernos y las patas de aquellas creaturas mil veces más pequeñas que el más diminuto de los insectos que podía percibirse a la simple vista. El observador inocente sonreiría al ver las travesuras de las juguetonas creaturas, sin advertir su enorme poder. Para usar las palabras de Paul de Kruif: "Eran animales de una especie que destruía y aniquilaba a razas enteras de hombres millones de veces más grandes que ellos. Eran animales más terribles que los dragones que escupían fuego o los monstruos de cabeza de hidra. Eran silenciosos asesinos que mataban a los niños en las cunas y a los reyes en los palacios protegidos".

¿Vivían estos llamados animales en todos los líquidos? Ésa era la pregunta que deseaba responder Leeuwenhoek. Se le ocurrió pensar que las creaturas que observaba en el agua de lluvia vendrían del barril mismo o de los caños de plomo por los que bajaba el agua. Por lo tanto, intentó recoger agua pura de lluvia, colocando en su patio un plato limpio de porcelana sobre la parte superior de un cubo de madera que tenía unos cuarenta y cinco centímetros de altura. De esa manera, esperaba evitar impurezas en el líquido. El examen inmediato del agua pura no reveló ninguno de los microbios conocidos. Leeuwenhoek siguió estudiando la misma agua de lluvia dos veces al día hasta que, cuatro días después, vio que los diminutos "animalejos" nadaban como solían hacerlo. Al describir el tamaño de los bichos, Leeuwenhoek los comparó con pequeños gorgojos del queso, que apenas son visibles a la simple vista: "Yo diría que la proporción es esta: el tamaño de los animalejos del agua es al tamaño de un gorgojo, como el de una abeja al de un caballo" Llegó a la conclusión de que los microbios eran trasportados por el polvo y el viento.

Los omnipresentes animalejos siguieron asombrando a Leeuwenhoek. Los encontraba en todas partes, inclusive en las raspaduras de sus propios dientes. Hablaba de sus hallazgos en cartas informales que divertían a la Sociedad Real. Aunque no se negaba el mérito científico de las investigaciones de Leeuwenhoek, a algunos miembros más importantes de dicha sociedad les decepcionaba su extravagante corresponsal holandés. Después de que Leeuwenhoek fue elegido para formar parte de la Sociedad Real en 1680, uno de los dignatarios, el doctor Tomás Molyneux, dio su impresión del nuevo miembro: "Un hombre muy cortés y agradable, sin duda de grandes aptitudes; pero, al revés de lo que yo esperaba, ignorante de las letras... lo cual es un gran obstáculo en sus razonamientos sobre las observaciones que hace, pues como ignora los pensamientos de otros, confía excesivamente en los suyos".

La obra de Leeuwenhoek se difundió en círculos concéntricos, e hizo más descubrimientos que ningún otro científico. En 1674 logró ver los vasos capilares por los que pasa la sangre de las venas a las arterias; de esta manera, confirmó la teoría de

Harvey sobre la circulación de la sangre. Hizo la primera representación exacta de las bacterias, fue el primero en ver las levaduras, detalles del tejido muscular y nervioso, protozoarios, espermatozoides y muchísimos otros objetos. Su estudio de la historia de la hormiga demostró que lo que comúnmente se tomaba por huevos de las hormigas eran, en realidad, sus pupas, las cuales contenían al insecto entero, pronto a salir al mundo exterior. En su estudio clásico de la mosca, Leeuwenhoek describió su estructura con precisión y examinó su historia a satisfacción de los expertos; al hacerlo, terminó con el mito acerca de la generación de la arena o el polvo, y probó que la mosca se reproduce como cualquier otro insecto alado. Ofreció pruebas semejantes para demostrar que las anguilas, las almejas y los crustáceos se reproducían normalmente y no se generaban en el lodo o la arena.

No pasó mucho tiempo sin que todo aquel que tuviera alguna importancia quisiera mirar al través de las lentes de Leeuwenhoek. El rey y la reina de Inglaterra fueron a Delft, lo mismo que el emperador de Alemania. Pedro el Grande, zar de Rusia, le hizo una visita en 1698, y también invitó a Leeuwenhoek a enseñarle su lente de aumento. Durante varias horas Pedro contempló fascinado mientras Leeuwenhoek le mostraba la circulación en la cola de una anguila, el cerebro de una mosca, los microbios tomados de sus dientes y muchos otros objetos asombrosos.

La curiosidad de Leeuwenhoek se extendió inclusive a la naturaleza de su enfermedad mortal. A la edad de noventa años tuvo las suficientes energías para enviar dos cartas a la Sociedad Real describiendo el ataque sufrido, "que tenía su origen en una enfermedad del diafragma". El 26 de agosto de 1723, la infección de propagó a los pulmones y Antonio van Leeuwenhoek sucumbió durante el día. Dio antes instrucciones a su hija María para que enviara a la Sociedad Real una caja de laca que contenía veintiséis de sus mejores lentes de aumento "para manifestar mi gratitud por el honor de que he disfrutado y que he recibido de Sus Excelencias".

Todo bacteriólogo moderno reconocerá la deuda que tiene la humanidad con el comerciante holandés que abrió el camino para Spallanzani y Pasteur. En la iglesia de Delft se puso un monumento que lleva la siguiente inscripción:

"A la querida y eterna memoria de Antony (Antonio) van Leeuwenhoek, miembro de la Sociedad Real Inglesa, quien, al descubrir mediante la aplicación y el escrutinio los misterios de la Naturaleza y los secretos de la filosofía natural por medio de microscopios inventados y construidos maravillosamente por él, y al describirlos en el dialecto holandés, ha merecido la aprobación más alta del mundo entero".

BIBLIOGRAFÍA

Dobell, Clifford. *Antony van Leeuwenhoek and His "Little Animals".*
Schierbeck, A. *Measuring the Invisible World.*
Shippen, K. *Men, Microscopes and Living Things.*

ROBERTO HOOKE

(1635-1703)

EN 1669, UN catedrático de la Universidad de Oxford describió a los miembros de la Sociedad Real de Londres, que se acababa de fundar, diciendo que eran individuos que "sólo admiran las moscas, los piojos y a sí mismos". El maligno ataque estaba dirigido principalmente a Roberto Hooke, encargado de experimentos de la Sociedad, el cual publicaba hacía poco su *Micrografía*. En este libro, Hooke describía la diminuta estructura de algunas plantas y animales conocidos que observó con un microscopio construido y perfeccionado por él mismo. No se sabe si Hooke contestó alguna vez a esta pulla; pero su popular libro, que contenía dibujos exactos y detallados de la estructura microscópica de muchos animales, comprendiendo la mosca y el piojo, despertó el interés y la curiosidad de los científicos jóvenes y presagió el papel tan significativo que conquistaría el microscopio en el futuro progreso de la biología. Aunque casi se ha olvidado la identidad de su crítico, el nombre de Hooke se ha inmortalizado entre los científicos por haber dado nombre y descrito por primera vez en esta obra clásica a los pequeños componentes de unas rebanadas muy delgadas de tejido de corcho. Les dio el nombre de *células*, palabra que hoy se usa universalmente para designar las estructuras fundamentales que componen los tejidos de todos los organismos.

Todos los estudiantes de biología conocen los dibujos de Hooke, frecuentemente reproducidos, en los que aparecen las "células" del corcho y el microscopio primitivo que usó para observarlas. Los estudiantes de física han aprendido de memoria la ley de Hooke. Pero pocas personas conocen el extraño genio y la personalidad paradójica del hombre que se codeó con muchos de los grandes científicos y tuvo una gran autoridad en el rápido progreso de la ciencia realizado en Inglaterra durante la segunda mitad del siglo XVII.

Roberto Hooke nació en 1635 en la isla de Wight, frente a la costa meridional de Inglaterra. La desolación de la costa rocosa donde nació, refleja la soledad de su infancia. Fue un niño sensible y enfermizo que no podía correr ni jugar con los otros pequeños. Confinado en su hogar, desarrolló su mente inventiva haciendo toda clase de juguetes mecánicos, como relojes de sol, molinos de agua y barcos. Su padre, bondadoso cura rural, era entonces demasiado pobre para enviar a su hijo a la escuela. Enseñó al inteligente Roberto la lectura, la escritura y la aritmética, así como los clásicos. La súbita muerte de su padre, cuando Roberto tenía apenas trece años de edad, fue un golpe trágico. Desaparecido su único amigo, quedó completamente atenido a sus propios recursos.

Hooke se fue a Londres para convertirse en aprendiz de artista. Por último, pudo usar sus pequeños ahorros y asistir a la escuela de Westminster, donde demostró ser un estudiante de provecho. Su aptitud para las matemáticas era tal, que dominó los primeros seis libros de geometría en una sola semana. Su aprovechamiento en los estudios le mereció la pronta admisión en la Universidad de Oxford.

Tenía dieciocho años de edad cuando ingresó en Oxford, y su pobreza fue, en el fondo, una ventaja. El tiempo que utilizaban los otros estudiantes en diversiones frívolas, lo dedicaba él a ganarse la vida. Su aplicación en los estudios y su genio científico incipiente atrajeron pronto la atención de uno de sus maestros, Roberto Boyle, el notable químico que realizó en su laboratorio algunos experimentos sobre la naturaleza de los gases. Hooke se consideró el más afortunado de los jóvenes del mundo cuando Boyle le dio el puesto de ayudante de laboratorio para auxiliarlo en sus experimentos. Así nació entre los dos científicos una amistad cordial que duró toda la vida.

La primera misión de Hooke en el laboratorio de Boyle fue la de diseñar y crear una bomba a fin de comprimir el aire y producir el vacío. Boyle usó la bomba de aire construida ingeniosamente por Hooke para completar los experimentos que se tradujeron en la formulación de su ley de los gases, la cual dice que el volumen de un gas es inversamente proporcional a su presión. Boyle demostró muy pronto su estimación por Hooke, recomendándolo para el puesto de primer encargado de experimentos de la Sociedad Real. Hooke fue invitado a ser miembro de dicha Sociedad, no sólo debido a la recomendación de Boyle, sino también sobre la base de una excelente disertación en la que dio a conocer sus trabajos originales sobre la tensión superficial y los fenómenos de la acción capilar. Como encargado de experimentos, las responsabilidades de Hooke eran muy importantes: debería determinar los lineamientos según los cuales se efectuarían las investigaciones de la Sociedad, servir de consultor general de investigaciones para los miembros de ella y presentar tres o cuatro experimentos importantes para la consideración y discusión pública en cada reunión semanal. El rápido progreso de la Sociedad Real puede atribuirse casi exclusivamente al genio de Hooke, a su inagotable entusiasmo y a su capacidad para ejecutar un trabajo verdaderamente abrumador.

En 1665, Hooke fue nombrado profesor de geometría en el Colegio de Gresham. En dicho plantel, en una pequeña torre sobre sus habitaciones, se encontraban los telescopios que construyó para observar los movimientos de las estrellas. Hooke se sentía satisfecho de vivir en este pacífico centro de cultura para el resto de su vida.

En 1667 fue designado topógrafo de la ciudad de Londres. Estos ingresos fijos le permitieron continuar su obra en la Sociedad Real. En realidad, toda la existencia de Hooke estuvo estrechamente vinculada a las actividades de la Sociedad durante cuarenta años. En este periodo, hizo muchas aportaciones significativas, las cuales le han ganado el derecho a ser considerado entre los grandes científicos de todos los tiempos; sin embargo, muchos historiadores de la ciencia no han reconocido sus méritos. En general, se le criticó por una u otra de estas supuestas razones: *1)* Sólo fue un técnico con cierta habilidad para ofrecer demostraciones basadas enteramente en las ideas de otros; *2)* se dedicó de modo superficial a varias esferas del conocimiento y planteó muchos problemas científicos, pero no resolvió ninguno, y *3)* era un "excéntrico al que le gustaba disputar". La evaluación que en los últimos tiempos se ha hecho de su obra, demuestra que estas críticas eran injustificadas.

En la época de Hooke, las proezas de Inglaterra, e inclusive su supervivencia, dependían de que dominara los mares, y el dominio de la navegación en los días de los barcos de vela dependían de la habilidad para predecir con exactitud los cambios del tiempo. Hooke fue el fundador de la meteorología científica, pues ideó los instrumentos usados para registrar los cambios de las condiciones del tiempo y perfeccionó los métodos para registrar sistemáticamente la información obtenida. En la lista de los instrumentos que inventó figuran el barómetro de cuadrante, un termómetro de alcohol, un cronómetro mejorado, el primer higrómetro, un anemómetro y un "reloj" para registrar automáticamente las lecturas de sus diversos instrumentos meteorológicos. La supremacía sobre los mares, que conservaría Inglaterra en las generaciones futuras, debió mucho al genio inventivo de Hooke.

La perfección de su bomba de vacío hizo posible que realizara varios experimentos sobre la naturaleza de la combustión. Su observación de que los objetos no ardían en el vacío lo llevó a prender fuego a un pedazo de madera en un recipiente cerrado con una cantidad limitada de aire. Se produjo la combustión durante un breve lapso y luego cesó hasta que se renovó la reserva de aire. Hooke dedujo que alguna sustancia del aire, que ahora sabemos que es el oxígeno, se consumía durante el proceso. Lo demostró cuando determinó que el volumen de aire disminuía después de que cesaba la combustión. Su intuición lo llevó a preguntar qué sucedería si se colocaban plantas o animales en una cámara de la que se hubiera extraído el aire. Advirtió que cesaba toda actividad de los organismos vivos y que se producía la muerte en breve tiempo. Entonces dedujo que la respiración debe ser una forma de combustión que requiere una sustancia esencial del aire.

Aunque los experimentos de Hooke sobre la combustión se hicieron en 1668, unas dos décadas más tarde Stahl propuso su equivocada teoría del flogisto, la cual afirmaba que las sustancias arden debido a que pierden algo que pasa al aire. No fue sino hasta 1780 que Lavoisier y Laplace publicaron su memoria refutando la teoría del flogisto. Uno de los grandes misterios de la ciencia es el hecho de que durante más de un siglo se olvidaran completamente los experimentos de Hooke sobre la combustión, y que nunca se le reconociera el mérito de ese descubrimiento.

Uno de los notables atisbos que del porvenir tuvo Hooke, es el que vemos en su predicción de que algún día se harían sustitutivos artificiales de la seda. Después de observar con el microscopio que unas glándulas especiales del gusano de seda producen una secreción pegajosa con la que se forman las fibras para tejer su capullo, pensó que sería factible producir sustancias glutinosas sintéticas para formar fibras y emplearlas a fin de tejer nuevas clases de tela. ¡Cuán proféticas fueron sus palabras! En 1945, los químicos de la Du Pont terminaron sus prolongadas investigaciones que llevaron al descubrimiento del nailon, el orlón, el dacrón y otras notables fibras científicas que han revolucionado a la industria de las telas.

Previendo la posibilidad de que el hombre del porvenir desearía adaptarse a una presión atmosférica alterada, se encerró durante cierto tiempo en una cámara de presión reducida y registró con cuidado los efectos que tenía ese cambio del ambiente en su cuerpo. Inclusive ideó y probó un traje de buceo que permitía al hombre tolerar la inmersión en la profundidad del mar durante cuatro minutos. Entre las muchas aportaciones de Hooke se encuentran las siguientes: fue el primero en formular la teoría de los movimientos planetarios como problema mecánico; tuvo un atisbo de la gravitación universal; ideó un sistema práctico de telegrafía; inventó el resorte espiral de los relojes y el primer cuadrante dividido con tornillos y construyó la primera máquina aritmética y el telescopio gregoriano. Sin duda, Hooke fue el mecánico más notable de su época.

Sin embargo, se le ha presentado a menudo como un hombre
solitario, egoísta, arisco e irritable, sin ninguna de las cualidades
humanas que despiertan el afecto por el científico entre sus
semejantes. La Naturaleza no resultó generosa con él: tenía
un cuerpo flaco, encorvado y el pelo enmarañado le colgaba
sobre el adusto y feo semblante.

No obstante, tuvo una multitud de amigos durante los años
en que realizó su tarea científica más significativa. A pesar de
todo, los últimos años de su vida no fueron felices. Tuvo un
desacuerdo con sir Isaac Newton, quien lo acusó de ser un usur-
pador. Newton decía que Hooke quiso robarle el mérito de su
obra sobre la gravitación, pero otros científicos no compartían
su opinión. La Sociedad Real acudió a su sepelio como muestra
de respeto a su extraordinario mérito de científico, cuyo genio
universal, diversos descubrimientos e intuiciones ingeniosas tuvieron una profunda importancia en el progreso de la ciencia
durante el siglo XVII.

BIBLIOGRAFÍA

Espinasse, M. *Robert Hooke.*
Keynes, G. L. *Bibliography of Dr. Robert Hooke.*

ISAAC NEWTON

(1642-1727)

ERA EL AÑO de 1696. Newton tenía ya cincuenta y cuatro
años de edad. Acababa de recuperarse de una prolongada enfermedad del sistema nervioso y se le concedió el lucrativo nombramiento político de director de la casa de moneda inglesa.
Los científicos del mundo se hacían conjeturas. ¿Se convirtió
Newton en un hombre que ya pertenecía al pasado? ¿Perdió el
maestro su sagacidad y agudeza de intelecto? Entonces, Juan
Bernoulli, famoso por su obra sobre el cálculo integral y expo-
nencial, envió una carta a los principales matemáticos plan-
teando un problema que entrañaba la determinación de la curva
a cuyo largo, en determinadas condiciones, caería un cuerpo
en el tiempo más corto. Desafió a los matemáticos del mundo
a resolver ese problema en el plazo de seis meses. Un día, al
atardecer, le entregaron a Newton el artículo impreso que
contenía el problema, y menos de veinticuatro horas después
terminaba la solución y enviaba anónimamente una copia de

ella a Bernoulli. Pero, cuando éste la leyó, reconoció el estilo maestro del autor y dijo: *Tanquam ex ungue leonem* ("Se ve la garra del león".) Así se enteró el mundo científico de que el maestro no renunciaba aún a su primer lugar.

Difícilmente podría decirse que el camino de Newton a la fama estaba predestinado. Su nacimiento fue prematuro, y durante algún tiempo pareció que no sobreviviría debido a su debilidad física. Su padre murió tres meses antes de que naciera. Cuando Isaac tenía dos años de edad, su madre volvió a casarse, y el niño se fue a vivir con su anciana abuela a una granja de Woolsthorpe. Fue probablemente aquí, en un distrito de Inglaterra en que era vigoroso el influjo puritano, privado de las relaciones normales con padres, hermanos y hermanas, y alejado de otros niños, donde adquirió las facultades de meditación y concentración que más tarde le permitieron analizar y encontrar la solución de problemas que desconcertaban a otros científicos.

Cuando Newton tenía doce años, ingresó en la Escuela del Rey, en Grantham, donde vivió con un boticario llamado Clark, cuya esposa era amiga de la madre de Isaac. Pasó cuatro felices años en el hogar de los Clark, en el que se divertía construyendo toda clase de modelos de molinos de viento, carros mecánicos, relojes de agua y cometas. Encontró un desván lleno de libros científicos que le encantaba leer, y toda suerte de sustancias químicas y frascos de botica además de la deliciosa compañía de la pequeña señorita Storey, hija adoptiva del matrimonio.

Cuando Isaac tenía dieciséis años, murió su padrastro, y el muchacho volvió a su casa a fin de ayudar a su madre en la administración de su pequeña propiedad en Woolsthorpe; empero, Newton no sentía inclinación a la vida del campo. En lugar de cumplir sus tareas agrícolas o de discutir sobre los precios del mercado, gustaba de pasar el tiempo leyendo en silencio sus amados libros científicos. Por fin, se decidió permitirle que continuara su carrera académica e ingresó en el Colegio de la Trinidad, de Cambridge.

Isaac Newton no se distinguió en el primer año de estudios en Cambridge. Pero, por fortuna, tuvo la ayuda valiosa de Isaac Barrow, distinguido profesor de matemáticas y personalidad dinámica y exuberante. Barrow quedó impresionado con las aptitudes de Newton y, en 1664, lo recomendó para una beca de matemáticas. Ahora quedaba abierto el camino para una carrera científica. Gracias a la instrucción de Barrow, tenía un excelente fundamento en la geometría y la óptica. Se familiarizó con la geometría algebraica de Descartes, que simplificaba la geometría mediante el uso de métodos y símbolos algebraicos en el cálculo de las relaciones entre los puntos y las líneas en el espacio. Conocía la *Óptica* de Kepler, y estudió la refracción de la luz, la construcción de los telescopios y el pulimento de las lentes.

Aunque Newton tenía un profundo conocimiento de los principios matemáticos, no le interesaban las matemáticas puras o filosóficas, sino más bien su aplicación para comprender mejor el mundo científico y el Universo. Su interés juvenil en la construcción de cosas se reflejó en su método científico para resolver los problemas mediante la experimentación, el análisis y la nueva experimentación.

En 1664 se cerró provisionalmente la Universidad de Cambridge debido a la gran peste (bubónica), y Newton volvió a Woolsthorpe, donde pasó un año y medio. Durante ese tiempo hizo tres de sus grandes descubrimientos científicos. El primero fue el binomio de Newton y los elementos del cálculo diferencial, que llamaba *fluxiones*. Poco después dijo que "había encontrado el método inverso de las *fluxiones*"; es decir, el cálculo integral y el método para calcular superficies encerradas en curvas como la hipérbole, y los volúmenes de los sólidos. Años más tarde, cuando se publicaron sus hallazgos, hubo cierta duda acerca de si el matemático alemán Leibnitz era considerado el creador del cálculo diferencial. Al parecer, ambos, independiente y casi simultáneamente, hicieron este notable descubrimiento.

Su segundo gran descubrimiento se refería a la materia del Universo. Conocía la teoría copernicana de que los planetas giran alrededor del Sol, las leyes de Kepler que describen los movimientos de traslación de los planetas en elipses, y las leyes de Galileo del movimiento y la mecánica de los cuerpos móviles. Ninguno explicaba aún qué era lo que mantenía a los planetas en sus órbitas, ni existía prueba matemática indisputable para confirmar los puntos de vista de Copérnico ni Kepler. Newton se preguntó si los planetas y otros cuerpos celestes obedecían las mismas leyes que regían el movimiento de los cuerpos en la Tierra. Esta fuerza, llamada gravedad, que hacía que la manzana cayera al suelo, ¿afectaba también a masas tan grandes como las de los planetas y los satélites? Newton nos dice: "...Comencé a pensar que la gravedad se extendía hasta la esfera de la Luna..." Por último, tuvo la prueba que necesitaba para establecer la verdad fundamental de su especulación. La fuerza que estaba difundida en el Universo y mantenía a los planetas en sus órbitas era la gravedad, y era una fuerza que podía medirse. Dedujo que la fuerza que mantiene a un planeta en su órbita debe ser inversamente proporcional al cuadrado de la distancia que lo separa del centro alrededor del cual gira. Aplicó esta deducción al cálculo de la fuerza de gravedad ejercida sobre la Luna, y los resultados confirmaron su creencia. Para decirlo con sus propias palabras: "...habiendo comparado así la fuerza que se necesita para mantener a la Luna en su órbita con la fuerza de la gravedad en la superficie de la Tierra y encontré que respondían muy de cerca..."

Newton no reveló este descubrimiento, pues se necesitarían años de nuevos análisis, experimentos y solución de los detalles a fin de comprobar la veracidad de su creencia. Pero, si era verdad, sería un gran descubrimiento que haría figurar su nombre con los de Copérnico, Galileo y Kepler. Por fin, los hombres podrían tener una comprensión lógica y fundamental de la estructura del Universo y las partes que lo componían.

El tercer gran esfuerzo de este periodo de Woolsthorpe, que va de 1665 a 1666, correspondió a la esfera de la óptica y la refracción de la luz. Sus trabajos en la fabricación de lentes y prismas revelaron que la luz está compuesta de rayos individuales que son "diferentemente refrangibles", y que los rayos de color no son "modificaciones de la luz... sino propiedades originales e innatas" que existen en diferentes rayos y tienen sus características propias. Si su análisis de los rayos luminosos era correco, entonces se abría la puerta para el estudio preciso de las características de los componentes de los rayos luminosos.

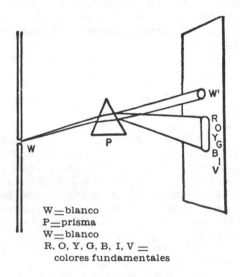

W=blanco
P=prisma
W=blanco
R, O, Y, G, B, I, V =
    colores fundamentales

Dispersión de la luz por un prisma

Aquí, en esencia, estaba el principio de la ciencia de la espectroscopia.

Los telescopios de la época de Newton tenían el grave defecto de que las imágenes que se veían a través de las lentes estaban bordeadas de color, debido a que los índices de refracción de los colores del espectro eran ligeramente distintos cuando la luz pasaba por las lentes. Este fenómeno recibía el nombre de aberración cromática. Creyendo que era imposible construir una lente acromática, Newton ideó un telescopio en el cual se veía una imagen acromática (sin aberración de los colores) en un espejo cóncavo. En realidad, un óptico, Juan Dolland, consiguió fabricar una lente acromática satisfactoria un siglo después, en 1760.

La primera publicación de Newton, que trataba de sus experimentos con los prismas, la luz y el color, le dio fama nacional; a la edad de treinta años fue elegido miembro de la Sociedad Real de Londres, que era el más alto honor para un científico. Para corresponder a ese honor, obsequió a la Sociedad el primer telescopio reflector que manufacturó. Tenía quince centímetros de longitud, con un espejo metálico de unos dos centímetros de diámetro y, como decía Newton, "descubriría tanto como cualquier tubo de tres o cuatro pies".

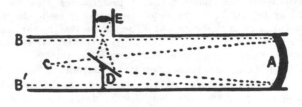

A = espejo
BB' = haz de luz
C = punto focal
D = espejo
E = ocular

Telescopio de Newton

Su publicación provocó la crítica de Roberto Hooke, que entonces era presidente de la Sociedad Real, el cual sostuvo que él practicó los mismos experimentos con un prisma. Esto sólo era verdad en parte, ya que los experimentos de Hooke no resultaron concluyentes. Cristián Huygens y otros científicos criticaron también las observaciones de Newton. Aunque éste escribió detalladas respuestas a las críticas, el resultado de su controversia fue que resolvió no publicar ninguno de sus futuros descubrimientos. Por consiguiente, escribió a Leibnitz diciendo: "Me importunaron tanto con las discusiones sobre la publicación de mi teoría de la luz, que achaqué a mi propia imprudencia el haberme privado de una bendición tan grande como la de mi tranquilidad para correr tras un fantasma".

Newton tomó una cuarta decisión, importantísima. Siguió sosteniendo correspondencia con la señorita Storey, en cuya casa vivió cuando asistía a la escuela de Grantham, y por quien sentía un gran afecto. La idea de casarse y tener familia propia era seductora, pero el matrimonio le impediría ocupar un puesto en la facultad del Colegio de la Trinidad, de Cambridge. Después de mucho reflexionar, Newton decidió consagrarse a la ciencia y volvió a Cambridge en 1667 para aceptar una plaza pensionada que no tardaría en convertirse en la de profesor de matemáticas. Durante los siguientes veinte años, Newton llevó la vida de un profesor típico de Cambridge. Además de sus trabajos en las matemáticas y la física, se interesó en la química, pues quiso trasmutar los metales viles en oro y buscar el secreto de la vida misma. También estudió teología, y sus escritos se acercaron a la herejía al poner en tela de juicio la Santísima Trinidad, creencia fundamental en que se fundaba su propio colegio; sus ideas tendían al unitarianismo.

Físicamente, Newton era de baja estatura, de frente amplia, de rasgos afilados, nariz larga y penetrantes ojos pardos. Su pelo, que le caía hasta los hombros según el estilo de la época, encaneció prematuramente. Aunque de porte tímido, reservado y casi melancólico, tenía una sonrisa cordial, y su rostro se iluminaba cuando una discusión atraía su interés.

En 1664, Edmundo Halley, el joven astrónomo, visitó a Newton en Cambridge para pedirle su ayuda a fin de aclarar el concepto de la gravitación como fuerza de la Naturaleza. Quedó asombrado cuando se le dijo que Newton lo tenía resuelto hacia muchos años. Lo instó a publicar sus descubrimientos. Recordando su desagradable experiencia con la publicación de su obra anterior sobre la luz y el color, Newton se mostró renuente, pero lo persuadió la elocuencia de Halley. Por lo tanto, en los siguientes dos años, Newton escribió lo que resultó ser uno de los documentos más importantes que se hayan producido jamás en el mundo científico, los *Philosophiae naturalis principia mathematica* (Principios matemáticos de la filosofía natural), publicados por el joven Halley a su costa. Escritos en latín, ricos en detalles, con pruebas basadas con exactitud en la geometría clásica, y sorprendentemente raros en sus conclusiones filosóficas, matemáticas y científicas. los *Principia* contenían tres libros.

El primero reunía las tres leyes del movimiento de Newton: *1)* Todo cuerpo continúa en su estado de reposo o de movimiento uniforme en línea recta a menos que lo obligue una fuerza externa a cambiar ese estado de inercia; *2)* el grado en que cambie el movimiento es proporcional a la fuerza que obre si el cambio ocurre en la dirección en que obra la fuerza, y *3)* para toda acción hay una reacción igual y opuesta.

El segundo libro trataba del movimiento de los cuerpos en

medios resistentes, como los gases y los líquidos. Aclaró la ley
de Boyle sobre la presión de los gases con el concepto de que
un gas es una reunión de átomos elásticos. Su análisis del efecto
de la presión sobre los gases lo llevó, indirectamente, a calcular
la velocidad de las ondas sonoras.

El tercer libro de los *Principia*, que se ocupaba de la fuerza
de la gravitación en la Naturaleza y el Universo, explicaba de
qué manera afecta la gravitación a la caída de los objetos sobre
la tierra, las órbitas de los planetas e inclusive las mareas de la
tierra. Hasta entonces, el Universo estuvo envuelto en el misterio. La obra de Newton trasformó el misterio y el temor
supersticioso en una estructura ordenada del Universo. El cosmos parecía ahora un enorme reloj o una máquina en que
cada parte representaba un papel definido, según las leyes mecánicas universales. Por primera vez, el científico podría mirar
a los cielos y decir: "Comprendo".

Poco después de la publicación de esta gran obra en 1689,
Newton fue elegido miembro del parlamento por Cambrigde.
Cuando se le nombró director de la casa de moneda de Inglaterra en 1701, renunció a su cátedra de Cambridge. En 1703
fue nombrado presidente de la Sociedad Real de Londres, cargo
que ocupó durante el resto de su vida. En 1705 le concedió
nobleza la reina Ana, y fue el primer científico que recibió este
honor por sus obras. Cosa peculiar: este hombre asombroso, que
descubrió los secretos de la Naturaleza y del Universo, decidió
dedicar su tiempo y sus energías a aumentar su autoridad política y su prestigio social entre la clase media acomodada de
su tiempo. Con facilidad se daba por ofendido y se entregaba
a disputas mezquinas con otros científicos que criticaban su obra.

En los últimos años que pasó en Londres, Newton, famoso
y rico, preparó una segunda edición de los *Principia* y, algunas
veces, se ocupó de problemas particulares que le planteaban.
Algunas de esas especulaciones fueron sorprendentemente modernas en sus conceptos. Así, por ejemplo, previó la trasmutación de partículas en radiaciones y de radiaciones en partículas,
y las ideas fundamentales de la termodinamica.

¿Cuál fue el secreto del talento de Newton? No cabe duda de
su genio, pero tenía también la facultad de desentenderse de las
cosas que no venían al caso, concentrando la atención en
las consideraciones fundamentales y organizando su método de
tal manera que, paso a paso, llegaba a la solución. Tan intenso
era su poder de concentración que, cuando estaba preparando
el borrador de los *Principia*, a menudo trabajaba hasta las
dos o tres de la mañana, comía poco y a veces se olvidaba de
hacerlo.

¿Qué lugar ocupa Newton en la ciencia? Debido a la magnitud e importancia de su obra, algunos consideran que es el
científico más notable de todos los tiempos. Aunque Einstein

amplió, aclaró e inclusive modificó algunos de los descubrimientos de Newton, la sustancia fundamental de éstos se mantiene con firmeza como el cimiento de los modernos conceptos científicos sobre la Naturaleza del Universo. El famoso poeta Alejandro Pope dijo refiriéndose a Newton:

"La Naturaleza y las leyes naturales se ocultaban en la noche: Dios dijo «¡Que nazca Newton!» y se hizo la luz".

BIBLIOGRAFÍA

Andrade, E. N. Sir Isaac Newton.
Anthony, H. D. Sir Isaac Newton.
Dougall, J. Sir Isaac Newton.
More, L. T. Isaac Newton.
Turnbull, H. W. Mathematical Discoveries of Newton.

CARLOS DE LINNEO

(CARL VON LINNÉ)

(1707-1778)

LA BOTÁNICA PARECE una esfera pacífica para estudiar y trabajar. Difícilmente puede uno imaginar que el público demuestre alguna emocion por los escritos de un botánico y, sin embargo, Carlos de Linneo arrostró una fiera tempestad de la opinión pública cuando propuso sus ideas acerca de la reproducción de las flores. Se le acusó de ser una especie de degenerado y corruptor de la moral cuando afirmó que las plantas, como los animales, tiene diferencias sexuales a las que se debe su reproducción. No debe extrañar, pues, que Linneo fuera difamado por los fanáticos del siglo XVIII cuando se atrevió a explicar, con detalles científicos, que las flores sabían tanto de "los hechos de la vida" como los pájaros y las abejas.

Ya cuando era un niño que crecía en Smaland (Suecia), donde nació en 1707, Carlos de Linneo se sentía fascinado por las maravillas de la Naturaleza. Mientras otros niños se dedicaban a jugar, el pequeño Carlos recorría los campos y jardines de los vecinos observando con cuidado todo lo que crecía.

A su padre, que era un ministro religioso de escasos recursos, no le impresionó la afición de su hijo, pero sí llamó la atención de un botánico de la universidad, el cual animó a Carlos para que continuara lo que se ha dado en llamar "el primer estudio de campo en la historia de la ciencia". En 1732, Carlos partió para Laponia, que es la provincia más septentrional de Suecia, con el objeto de hacer un estudio directo de sus flores y recursos naturales. El equipo que trasportó en su caballo era modesto: telescopio, vara de medir, cuchillo, rifle de caza, diario, pluma, tintero, microscopio, papel para secar plantas y un mosquitero. Resultó ser un viaje maravilloso. La educación científica de Linneo se amplió inmensamente con la observación de las flores silvestres del Ártico y su vida animal. Recorrió miles de kilómetros y trajo más de cien ejemplares de nuevas especies. Además, a Carlos le impresionó tanto el potencial de las tierras forestales de su patria que, a su regreso, aconsejó al gobierno un programa de conservación, idea singular para principios del siglo XVIII.

De regreso, Carlos se enamoró de Sara Lisa Moraeus, hija de un médico. Su padre era un hombre práctico que no podía concebir como yerno a un experto en las flores. Propuso un trato que aceptó Carlos: Linneo iría a Holanda a estudiar medicina tres años, y el doctor garantizaría que Sara Lisa esperaría a que se graduara. El aficionado a la botánica se llevó sus libros y manuscritos a Holanda, donde dividió su tiempo entre los cursos de medicina y sus observaciones sobre la rica vida vegetal de Holanda.

Uno de los manuscritos en los que estaba trabajando creó el furor a que nos hemos referido antes. Con un melodioso estilo latino, Linneo propuso su "sistema sexual" para clasificar todas las plantas. Demostró que el pistilo u órgano femenino contenía un ovario con una cavidad parecida a la matriz, para que la ocupara la semilla después de la fecundación. El germen fértil, según sostenía Linneo, es trasportado por el polen, el cual se desprende del estambre u órgano masculino. Gran parte de las explicaciones de Linneo eran casi poéticas: "Los pétalos de la flor no intervienen en la procreación, pues sólo sirven de lechos nupciales que el Creador ha dispuesto gloriosamente, adornándolos con hermosas cortinas y perfumándolos con variados y dulces aromas".

Mucho más importante que la explicación sobre las diferencias sexuales de las plantas fue el método de clasificación de Linneo. Tradicionalmente, las plantas se clasificaban de un modo fortuito de acuerdo con alguno de estos lineamientos: *1)* Carnosas o espinosas; *2)* alfabéticamente; *3)* en orden de importancia, y *4)* según el supuesto efecto sobre el cuerpo humano.

El sistema de Linneo, revelado en su obra publicada en dos volúmenes, *Species plantarum* (1753), que revolucionó el estilo de la botánica, identificaba a las plantas de acuerdo con el

número y posición de sus órganos masculinos y femeninos.
Por ejemplo:

1 estambre	1 pistilo	Canáceas
2 estambres	1 pistilo 2 pistilos 3 pistilos	Lila, verbena Pasto de la primavera Pimienta
3 estambres	1 pistilo 2 pistilos 3 pistilos	Lirio, azafrán Mayoría de pastos Guiñadas de mar, alfombrilla
4 estambres	1 pistilo	Cornejo
5 estambres	1 pistilo 2 pistilos 3 pistilos	No me olvides Genciana Saúco

A pesar de las protestas contra las "pintorescas" interpretaciones de Linneo, sus ideas se extendieron rápidamente. Tenían sentido, y se lo daban al caos botánico que precedió a Linneo. Con el título médico en la mano, Carlos volvió a Suecia a pedir a su novia. Ejerció la medicina con éxito, progresando hasta que llegó a ser uno de los médicos de la reina, pero, al mismo tiempo, no olvidaba sus flores. A medida que sus obras publicadas propalaban su fama por el mundo entero, los admiradores le enviaban plantas para su jardín, el cual ha sido conservado hasta nuestros días por el gobierno sueco en recuerdo de Linneo. Sin embargo, su extensa colección de diferentes especies de plantas fue adquirida por un inglés y llevada a Inglaterra para exhibirla en la Sociedad de Linneo después de la muerte de éste.

Se aceptaba entonces la idea (como la aceptaba el mismo Linneo) de que Dios creó todas las especies de plantas en un solo tiempo y que dichas especies continuaban fijas e inalterables. El deber del botánico consistía, según Linneo, en ordenar las especies de acuerdo con las concepciones consecutivas del Creador. Uno de los aspectos más confusos de la botánica era el hecho de que diferentes pueblos conocieran a las diversas especies con nombres diferentes. Faltaba una nomenclatura uniforme y Linneo, en su gran obra de 1753, *Species plantarum*, ideó el sistema de nomenclatura doble por el que es más famoso. A cada planta se le dieron dos nombres: el del género, en forma de sustantivo latino, y el de la especie, en forma de adjetivo. Todas las rosas comenzaban con la palabra *Rosa*; después, se modificaban los nombres de las diferentes rosas, como, por ejemplo, *Rosa gallica* y *Rosa odorata*. A Linneo le gustaba mucho inventar los nombres de su sistema artificial.

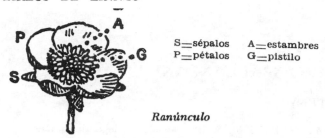

S=sépalos   A=estambres
P=pétalos   G=pistilo

Ranúnculo

Debido a que es costumbre poner el nombre de una persona después de los dos nombres que les da esa persona, encontramos la "L" de Linneo que sigue a muchas de las especies que estudiamos; por ejemplo, *Beta vulgaris L.* (remolacha común) o *Brassica rapa L.* (nabo).

Por haber conseguido introducir el orden en la historia natural, colmaron de honores a Linneo. Se le concedió la nobleza en 1761, y tomó el nombre de Carl von Linné. Acudían a sus clases los estudiantes de todo el mundo, y cuando volvían a su patria, difundían sus enseñanzas entre sus compatriotas. Con su aceptación, su obra creció rápidamente. Su primer libro sólo necesitó catorce páginas para explicar el sistema e identificar las especies; la decimasegunda edición, publicada diez años antes de su muerte, abarcaba 2,500 páginas. Pero, por grande que fuera, el sistema de Linneo contenía muchos errores. Se necesitó un Darwin para demostrar a los botánicos que un sistema "natural" de clasificación, basado en la descendencia de un antepasado o grupo de antepasados comunes, sería superior al sistema que se avenía a la fijeza de las especies.

Dicho sea de paso, Linneo se distinguió por haberse anticipado a Carlos Darwin. Amplió su exposición de las clasificaciones de las plantas hasta comprender el reino animal con sus clases y subclases. Provocó nuevas críticas al incluir al hombre en el mismo grupo que los monos, lémures y murciélagos, e inventó la palabra "primates" (jefes) para los mamíferos erectos. Por su fama, quizá no provocó el desastre ni se le consideró hereje por su obra. Sin embargo, la crítica fue muy severa. El notable naturalista francés, Buffon, lo acusó de idear un sistema que era "una *verdad* humillante para el género humano".

Huelga decir que Linneo sobrevivió a los ataques de los airados moralistas puritanos. Hoy, su obra sigue siendo un requisito previo para los estudiantes de la botánica.

BIBLIOGRAFÍA

Hedberg, O. (recopilador). *Systematics of Today.*
Peattie, D. *Green Laurels.*
Shippen, K. *Men, Microscopes and Living Things.*

LÁZARO SPALLANZANI

(1729-1799)

A SPALLANZANI SE le ha llamado biólogo de biólogos. En el siglo XVIII planteó muchos de los problemas biológicos fundamentales y los resolvió ideando experimentos que despiertan la admiración entre los biólogos modernos. Su gran talento pudo haber hecho de él un erudito clásico, un perspicaz abogado o un buen sacerdote. En su inquieta juventud recibió la educación de todas estas vocaciones. El consejo de una pariente juiciosa, Laura Bassi, lo indujo a convertirse en científico. Encontraría la satisfacción de su vida en la carrera de biólogo.

Lázaro Spallanzani nació en 1729, en la pequeña población de Scandiano, provincia de Módena, en Italia septentrional. Como hijo de un abogado que deseaba que su primogénito siguiera sus pasos, recibió una educación clásica en el Colegio Real del lugar. Allí, Lázaro despertó la admiración en sus maestros y, por ello, más tarde fue invitado a formar parte de la facultad del Colegio Real como maestro de filosofía y griego. Sin embargo, sus primeros intereses intelectuales no dieron indicio de la grandeza que alcanzaría como científico experimental.

Creyendo que poseía vocación para el sacerdocio, pidió el permiso de su padre para ingresar en el seminario. Aunque recibió las órdenes menores, no encontró la paz de espíritu que anhelaba en el servicio de la Iglesia. Abandonó el seminario, pero hasta el fin de su vida se le llamó abate, título de respeto que se daba a los eclesiásticos de su época. Después de que salió del seminario, fue nombrado profesor de griego en el Colegio Real; mas su mente aguda e inquisitiva no se satisfacía con la contemplación del pasado, pues Lázaro no podía contentarse con consagrar su vida al estudio de una lengua muerta. Comenzó a dedicar cada vez más sus horas de ocio al estudio de la Naturaleza.

Aproximadamente en esta época, Spallanzani visitó a su prima, Laura Bassi, maestra de matemáticas y física de la antigua Universidad de Bolonia. La profesora Bassi no sólo era una maestra notable, sino también madre de doce hijos. Con su bondadosa orientación, el desconcertado joven examinó su propio espíritu y, por último, decidió convertirse en un científico.

Spallanzani tenía treinta y un años de edad cuando aceptó la cátedra de ciencias naturales en la Universidad de Módena, en su país natal. Su entusiasmo por las ciencias se contagiaba a sus discípulos. Los informes sobre su éxito como maestro e investigador indujeron a la emperatriz María Teresa a pedirle personalmente que aceptara el puesto de profesor de la Universidad de Pavía en 1768. Allí empezó su prolongada relación con Pavía cuando recibió la promesa real de que tendría libertad para formar un departamento de ciencias naturales y contaría con un presupuesto generoso para fundar un museo de ciencias.

Es asombrosa la variedad de intereses científicos de Spallanzani. Pocos son los problemas biológicos que se consideren significativos hoy que no se le hayan ocurrido antes a este espíritu brillante. Inclusive cuando sus experimentos no tuvieron éxito, sus métodos fueron muy valiosos para los futuros investigadores que edificaron sobre los cimientos puestos ya por él. En la gran variedad de sus investigaciones figuraban el origen de la vida, la reproducción, la regeneración, la percepción sensorial, la digestión, la circulación y la respiración.

Uno de los primeros intereses de Spallanzani fue el problema de la regeneración. ¿Por qué una salamandra acuática madura puede regenerar una extremidad perdida si no lo pueden hacer el perro o el hombre? ¿Por qué se limita la regeneración de los mamíferos a la reparación de los tejidos o cicatrización de las heridas? Spallanzani hizo varios experimentos clásicos en 1768 para estudiar este fenómeno. En uno de ellos, le cortó las patas y la cola a una salamandra joven y, durante un periodo de tres meses, extirpó los mismos órganos que se regeneraron repetidamente. ¿Cómo es posible, se preguntó, que una salamandra madura pueda "recordar" y repetir exactamente una fase de su desarrollo embrionario? ¿Por qué mengua la facultad de regeneración al envejecer la salamandra? Repitió este experimento con las ranas y advirtió que los renacuajos pueden regenerar las extremidades perdidas, pero no sucede lo mismo con las ranas adultas. ¿Podría estar relacionada la capacidad regenerativa durante el ciclo vital de la rana con el efecto del agua en que vive el renacuajo? Respondió esta pregunta cuando descubrió que las salamandras que se mantenían fuera del agua después de la amputación de una extremidad tenían órganos regenerados normales. ¿Qué "propensiones" del renacuajo se pierden durante su siguiente metamorfosis? ¿Es demasiado fantástica para tomarla en consideración la posibilidad de establecer las condiciones apropiadas para la regeneración de las ranas adultas e inclusive en los mamíferos, comprendiendo al hombre? Aunque no resolvió este misterio, escribió un nuevo capítulo de la biología. Hoy, los biólogos buscan la respuesta a muchas de las preguntas que planteó Spallanzani.

Para el biólogo de nuestros días, con su mayor conocimiento de la complicada complejidad fisicoquímica de la célula viva, es inconcebible la aparición repentina inclusive de un organismo vivo sencillo; para los antiguos griegos y romanos, el origen de la vida parecía patente. La vida surgía de la materia inanimada cuando eran favorables las condiciones del ambiente. Del cadáver de un animal que se pudría en el sol, surgía espontáneamente un enjambre de moscas. Inclusive en el siglo XVII un químico belga tenía una receta para producir ratones. Cubría con un trapo sucio un recipiente de barro que contuviera alimento y lo ponía en un rincón oscuro del sótano; antes de que pasaran dos semanas, encontraba ratones en el recipiente. En 1668, Francisco Redi refutó por fin tales ideas de la generación espontánea.

Sin embargo, después del descubrimiento de las bacterias hecho por Van Leeuwenhoek en 1683, los defensores de la teoría de la abiogénesis comenzaron a afirmar que los microorganismos se producían espontáneamente en los diversos medios orgánicos. En 1748, J. T. Needham, sacerdote irlandés exiliado en Inglaterra, describió un experimento en que aparecían microorganismos en caldo de carne calentado y guardado en frascos de cristal. Dedujo que esa vida tuvo un origen espontáneo. Spallanzani puso en duda la validez de la deducción de Needham repitiendo el experimento y demostrando que si se hervía cuidadosamente el caldo antes de ponerlo en frascos cerrados, permanecía indefinidamente estéril. Como Needham objetó que el sobrecalentamiento del caldo destruyó la "fuerza vegetativa" esencial para la vida, Spallanzani rompió los tapones de los frascos e informó que contenían organismos vivos.

La controversia sobre la teoría del origen espontáneo de los organismos vivos prosiguió después del descubrimiento del oxígeno. Sus partidarios sostenían que no aparecían organismos vivos en los frascos cerrados de Spallanzani a causa de que se excluía el aire. Correspondería al ingenioso Pasteur, un siglo más tarde, idear su conocido frasco de cuello de cisne que permitía que entrara el aire, pero impedía que penetraran las partículas contaminantes suspendidas en él. Pasteur demostró que la "fuerza vegetativa" de Needham era puramente imaginaria. Por eso, con justicia, se considera que Spallanzani fue un precursor de Pasteur debido a la importancia de sus investigaciones.

Medio siglo antes de que se identificaran las enzimas de la saliva y el jugo gástrico, Spallanzani probó que la digestión era un proceso químico más bien que mecánico. Hizo observar, primero, que un pedazo de pan masticado concienzudamente se vuelve dulce al gusto. Después investigó el papel que representa el jugo gástrico en la digestión poniendo carne en una pequeña jaula de alambre atada a un cordón. Luego, deglutió la jaula y la dejó en el estómago algún tiempo. Cuando sacó la jaula, encontró la carne disuelta. También usó el jugo gástrico extraído del estómago para digerir la carne fuera del cuerpo. Se anticipó así al descubrimiento de la pepsina, hecho por Teodoro Schwann en 1836.

En 1785, Spallanzani publicó sus *Experimentos sobre la generación de los animales y las plantas*, obra que contiene la descripción de varios importantes experimentos sobre la reproducción animal. Harvey, por razones ignoradas, suponía que los óvulos de los mamíferos se desarrollan bajo la influencia de un vapor que se desprende del semen. Spallanzani describió los experimentos que hizo con sapos, los cuales demostraron que el vapor del semen es incapaz de fecundar los óvulos, pero que el mismo semen, en contacto directo con éstos, inducía la segmentación y el subsiguiente desarrollo embrionario. A pesar de la validez de sus experimentos, Spallanzani no percibió el papel que representan los espermatozoides en la fecundación. Advirtió que el semen que se ha filtrado por un secante efectuaba la fecundación, pero no se dio cuenta de que era el diminuto espermatozoide la causa del proceso. El verdadero papel del espermatozoide fue un misterio hasta que Jorge Newport, en 1854, vio en su microscopio espermatozoides móviles que pasaban por las cubiertas de los óvulos de rana.

Los hallazgos de Spallanzani sobre el papel del espermatozoide en un anfibio, donde la fecundación se produce fuera del cuerpo, ¿eran aplicables a los animales de fecundación interna? Escogió una perra sana que aisló en un cuarto cerrado. En el momento oportuno del estro, le inoculó semen, obtenido de un perro sano, en el aparato reproductor, para lo cual usó una jeringa. A su debido tiempo, la perra dio señales de un embarazo normal, y 62 días después, dio a luz una camada de dos machos y una hembra que no sólo se parecían a su madre, sino también al macho cuyo semen se utilizó. Spallanzani escribió: "El éxito de este experimento me complació más que cualquiera de mis estudios filosóficos". No pudo prever que su experimento sobre la reproducción artificial iniciaría en nuestro siglo un procedimiento rutinario para mejorar el ganado.

A Spallanzani le fascinaban todos los fenómenos de la Naturaleza. ¿Por qué volaban los murciélagos en un bosque oscuro sin chocar con los árboles o sus ramas? Su ingeniosa intuición lo llevó a pensar en la posibilidad de que los oídos de los murciélagos se hubieran especializado para volar en la oscuridad. A fin de comprobar su hipótesis, puso algunos murciélagos en un cuarto oscuro, a través del cual colocó alambres. Con los ojos vendados, los murciélagos evitaban hábilmente todo contacto con los alambres. Pero cuando se cubrían los oídos de los murciélagos, chocaban con los objetos más visibles. El artículo que publicó sobre este experimento fue recibido con incredulidad por muchos que preguntaban sarcásticamente: "Si los murciélagos ven con los oídos, ¿oyen con los ojos?"

No fue sino hasta 1920 que un fisiólogo inglés descubrió que, al volar, el murciélago emite una serie continua de sonidos de tono tan alto que el oído humano no puede oírlos. Percibe los objetos que están en su camino cuando sus oídos, altamente especializados, captan las ondas sonoras reflejadas. Los científicos han aplicado este principio para determinar la profundidad del océano, cosa que hizo posible el estudio inicial de Spallanzani sobre este fenómeno de los murciélagos.

La muerte de Spallanzani, ocurrida en 1799, fue llorada por los científicos del mundo entero. Era miembro honorario de muchas sociedades cultas de todos los países europeos. Un gran biólogo francés contemporáneo, Carlos Bonnet, escribió lo siguiente: "Spallanzani ha descubierto en algunos años más cosas que las que han descubierto en medio siglo academias enteras de científicos". Estos sentimientos fueron confirmados por la multitud de científicos que lo amaron y respetaron.

BIBLIOGRAFÍA

Doetsche, Raymond (recopilador). *Microbiology*.
Gabriel, M. L., y Fogel, S. (recopiladores). *Great Experiments in Biology*.
Hall, T. S. (recopilador). *A Source Book in Animal Biology*.

ENRIQUE CAVENDISH

(1731-1810)

SE ABRIÓ LENTAMENTE la puerta posterior de la elegante mansión londinense y apareció en el umbral una figura sombría, vestida con ropas pasadas de moda hacía veinte años. Miró furtivamente a uno y otro lado de la calle y luego, cuando se cercioró de la soledad en las cercanías, salió a la oscuridad de la noche. De pronto, dobló la esquina un carruaje tirado por caballos, y las dos ocupantes, al descubrir la embozada figura, lo saludaron: "Buenas noches, señor Cavendish".

El hombre levantó la mirada un momento, aterrado. Después, ocultando el rostro en el gabán, desapareció en la noche, para gran mortificación de las damas. ¿Un ladrón? No. ¿Un espía? No. ¿Un asesino? ¡Por supuesto que no! ¿Un genio anormal que salía a dar un paseo en la noche? ¡Naturalmente!

Sí; quienes estudian la sicología anormal podrían pasar un buen rato con Enrique Cavendish, el cual fue, ciertamente, uno de los hombres más extraños que hayan existido. Era el principal accionista del Banco de Inglaterra; sin embargo, vivía frugalmente con unas cuantas libras esterlinas a la semana. Como uno de los científicos más distinguidos del mundo, eran muchos los que buscaban su compañía, pero su temor morboso de tratar a la gente lo mantenía alejado del mundo. Su noble linaje y su gran riqueza hacían de él uno de los solteros más codiciados de Inglaterra, pero el ver a una mujer acobardaba a Cavendish hasta el punto de sentirse físicamente enfermo. En todos los siglos han existido personas tan "enfermas" como Cavendish. Anteriormente víctimas del ridículo y la humillación, hoy los trata con mayor consideración un público que entiende mejor los problemas mentales y emocionales. Pero los hombres y las mujeres del siglo XVIII, a quienes faltaban nuestros conocimientos sobre la conducta típica, debieron considerar que Cavendish era un "chiflado". Dice uno de sus biógrafos: "En todos los manicomios hay figuras como la de Enrique Cavendish". Sea cual fuere el nombre que le demos, o la clasificación que hagamos de su neurosis, debemos reconocer que fue un químico genial y poseyó una aguda mente científica.

La historia de su familia se remonta a la Edad Media; se jactaba de contar entre sus antepasados a sir Juan Cavendish, presidente del Tribunal Supremo de Eduardo III, y Tomás Cavendish, quien fue el segundo inglés que circunnavegó el globo. Enrique, nieto de un duque e hijo de lady Ana y lord Carlos Cavendish; nació en Niza en 1731. Su madre murió cuando tenía dos años de edad, y los "detectives" siquiátricos podrían concentrar su atención en los siguientes años de su vida para buscar indicios acerca de lo sucedido. Faltan detalles, pero se sabe que, después de estudiar de interno, Enrique ingresó en Cambridge. Su aplicación en los estudios fue vana, pues se obstinó en no participar en los aspectos religiosos de los cursos de estudio, por lo cual se le negó el título universitario.

Después de salir de Cambridge, estudió en París y luego volvió a Inglaterra, donde siguió consagrándose a la ciencia. Su padre, científico aficionado, lo llevó a presenciar los experimentos que se hacían en las reuniones de la Sociedad Real de Londres, y esas visitas le dejaron una impresión indeleble. Su padre ordenó la construcción de un laboratorio privado en el hogar de la familia, donde Enrique podía pasar todos sus momentos de vigilia leyendo y experimentando. Allí encontró la pureza de la ciencia, su gracia matemática y su armonía, su libertad de la hipocresía y la codicia; y también encontró cierta compensación a la esterilidad de su existencia terrenal.

La comunidad científica de la época de Cavendish estaba interesada en la "teoría del flogisto". Según sus defensores, en todo lo que se quema existe una sustancia combustible, el flogisto. Cuando se ha agotado éste, cesa la combustión. Pero, mientras no pudiera aislarse el misterioso flogisto, la teoría era débil, por lo que Cavendish concentró todas sus energías para ese fin. Comenzó vaciando ácido sulfúrico y ácido clorhídrico en ciertos metales, como el estaño, el cinc y el hierro. El gas idéntico que se desprendía de ellos difería del aire porque era más ligero y ardía con una clara llama azul cuando se le pegaba fuego. Este "aire inflamable" debía ser el flogisto, según razonó Cavendish, y así lo informó a la Sociedad Real en 1766.

Como sabemos hoy, el "aire inflamable" de Cavendish era, en realidad, el hidrógeno. Cuando la gente se enteró de que tenía la propiedad de ser más ligero que el aire, comenzaron a usarlo en toda especie de juegos de salón. Una bolsa de papel llena de hidrógeno asombraba a los invitados de una fiesta porque ascendía en el espacio. Inclusive los empresarios teatrales aprovecharon la novedad. Un cantante inhalaba un poco de hidrógeno y luego cantaba notas que estaban una octava por encima de su voz normal. Otro comediante terminaba su número arrojando el hidrógeno inhalado en una vela encendida; cuando el hidrógeno se inflamaba, salían llamas amenazadoras de sus labios. Pero, durante una exhibición, el aire se mezcló con el hidrógeno y, para usar las palabras del espantado artista: "¡La explosión fue tan aterradora que pensé que me arrancaba todos los dientes!"

A Cavendish no le sorprendió que este gas se inflamara en presencia de una llama, pero lo desconcertaron especialmente las gotas de agua que quedaban después de la explosión. ¿De dónde venían esas gotas? Estaba resuelto a encontrar la respuesta. Mezclando su nuevo gas con oxígeno, Cavendish lo hizo estallar en un globo de cristal por medio de una chispa eléctrica. Para su asombro, vio que las gotas de humedad cubrían la superficie interior del globo. Después de hacer estallar más mezclas de este nuevo gas y oxígeno, reunió unos diez centímetros de líquido en un largo cilindro de cristal y procedió a analizarlo cuidadosamente. No tenía sabor, parecía puro como el agua, no dejaba sedimento y tenía el mismo peso que el agua. En resumen, estaba dispuesto a decir que era posible convertir en agua la combinación del aire "inflamable" y de cierta mezcla de aire común (un quinto).

Siguieron pruebas rigurosas. Los amigos de Cavendish atestiguaban que nunca aceptaba una conclusión hasta haberla probado cincuenta veces, por lo menos. Al fin, en 1784, logró comunicar a sus colegas algunos hechos sorprendentes acerca del aire y el agua. El elemento conocido con el nombre de agua, según declaró, no era un elemento en modo alguno. Sin embargo, contenía un elemento, el "flogisto" (Antonio Lavoisier le dio el nombre de *hidrógeno*, de las palabras griegas que significan "que engendra agua"). Cuando se combinaban dos volúmenes de hidrógeno con aire "desflogisticado" (oxígeno), se producía agua.

El hidrógeno es el más sencillo de los elementos, y a menudo se dice que es la base de todos los demás. Su descubrimiento tuvo una gran importancia, y si Enrique Cavendish no hubiera hecho otra cosa, su fama habría quedado garantizada. Otras proezas de Cavendish fueron las siguientes: el cálculo exacto de la densidad de la Tierra, el descubrimiento del ácido nítrico, comentarios perspicaces sobre el calor y la electricidad, que resultaron asombrosamente proféticos, y muchos descubrimientos en la esfera de la electricidad estática.

Al crecer la fama de Cavendish, creció también su deseo de apartarse del género humano. Un escritor lo explica así: "La sensación de aislamiento de sus hermanos lo obligaba a apartarse de su sociedad y evitar su presencia, pero lo hacía cual si tuviera conciencia de su inferioridad, no por jactarse de su excelencia". Cuando murió su padre, Enrique heredó una gran fortuna, pero ello no alteró su modo de vivir. Más tarde, un tío le dejó trescientas mil libras esterlinas, que entregó a sus banqueros para que se encargaran de ellas, pues no tenía ningún interés en el dinero. Los miles se convirtieron en millones y, al principiar el siglo XIX, Cavendish era, probablemente, el hombre más rico de Inglaterra. "'El más rico de todos los sabios", según un historiador, "y el más sabio de todos los ricos".

Londres veía cada vez menos al tímido científico. Mandó construir una escalera en la parte posterior de su casa a fin de entrar y salir sin ser visto por las doncellas. Cada mañana, los criados encontraban una tira de papel en la que pedía ciertos platillos para el día. En cuanto estaba preparada la comida, deberían llevarla al comedor y dejarla antes de que Cavendish entrara de puntillas en la habitación.

Así, apartado del mundo, murió en 1810, cuando tenía setenta y nueve años de edad. Se usó una parte de su enorme fortuna para fundar los famosos laboratorios Cavendish, de la Gran Bretaña, a los que actualmente acuden los científicos jóvenes de más talento para cambiar ideas y trabajar con el equipo más moderno de que puede disponerse. Los millones de Cavendish, que permanecieron intactos durante la vida de éste, se gastan hoy para aumentar los conocimientos de lo desconocido; es indudable que Cavendish lo habría aprobado.

BIBLIOGRAFÍA

Berry, A. J. *Henry Cavendish, His Life and Scientific Work.*
Wilson, G. *Life of Henry Cavendish.*

JOSÉ PRIESTLEY

(1733-1804)

BENJAMÍN FRANKLIN terminaba una conferencia sobre la electricidad en un pequeño salón de actos de Londres, y sus oyentes se apiñaban en su derredor con preguntas y felicitaciones. Desde el fondo de la multitud se adelantó un joven que vestía la negra ropa de los clérigos y le dijo: "Señor Franklin, me interesan mucho sus experimentos sobre la electricidad. ¿Cómo puedo indagar algo más acerca de esta maravillosa fuerza?" Observando el enjuto y resuelto rostro, Franklin se volvió hacia él y le preguntó su nombre. "José Priestley, señor". Franklin le tendió la mano: "Muy bien, reverendo Priestley. Si mañana le interesa todavía la electricidad, vaya a visitarme a mi casa".

Cuando se ausentó el joven sacerdote, Franklin preguntó quién era. "Oh", respondió uno de los invitados, "es un pobre clérigo, un disidente de Leeds, que se interesa en la química. Pero no estudió en la universidad y, según parece, no vale mucho".

Franklin sonrió para sus adentros; tampoco él estudió en la universidad. Volvió a su memoria el rostro resuelto del joven. Hablaría con el reverendo Priestley y le daría la mejor ayuda posible.

Así fue como José Priestley, pobre ministro presbiteriano de Leeds que luchaba por sostener a su familia con una miserable pensión eclesiástica que complementaba dando clases en sus horas desocupadas, recibió aliento para hacer su primera aportación escrita a la ciencia, un tratado que se tituló *Historia de la electricidad*. La publicación de esta obra determinó su elección como miembro de la Sociedad Real de Londres.

José Priestley, hijo de un pobre trabajador textil, nació el 13 de marzo de 1733 en una pequeña población, Fieldhead, en Inglaterra. Cuando murieron sus padres, antes de que cumpiiera los siete años de edad, se fue a vivir con una tía, la cual era socia activa de un grupo protestante llamado Los Disidentes. Esta secta tenía elevados ideales de cultura y un código estricto y sencillo para vivir. El joven Priestley no se entregaba a los acostumbrados juegos infantiles, sino que buscaba el recreo en los libros y en oir las discusiones religiosas de sus mayores. Tenía una aptitud natural para los idiomas,

y dominó el griego, el latín, el francés, el alemán e inclusive
el árabe.

En 1752 ingresó en la pequeña academia disidente de Daven-
try a fin de prepararse para el sacerdocio. Al graduarse, encontró pocas oportunidades. Por lo general, las congregaciones
disidentes eran pobres y, como predicador, Priestley tenía la
desventaja de ser tartamudo. Durante doce años apenas ganó
lo suficiente para subsistir en varios pequeños curatos, y se
dedicó, además, a enseñar idiomas y gramática inglesa. A la
edad de treinta y cuatro años, cuando lo nombraron pastor
de la capilla de Mill Hill, en Leeds, tenía ya una pequeña
familia. Entonces conoció a Benjamín Franklin, y fue allí donde adquirió un interés perdurable en la ciencia, particularmente en la química, como afición.

José Priestley leía muchos libros de química y estaba experimentando con los gases. Cerca de su casa, en Leeds, trabajaba una fábrica de cerveza que atrajo su interés. Las enormes
tinas, llenas de líquidos en fermentación que dejaban escapar
todo género de gases malolientes, parecían ofrecer muchas oportunidades para la experimentación. Durante sus horas de ocio
se podía ver al joven ministro, vestido de negro, inclinado
sobre las tinas, en las que suspendía astillas de madera encen-
didas, o tratando de recoger parte de los gases en una gran
variedad de recipientes. No es de extrañar que algunos de sus
feligreses, después de algún tiempo, comenzaron a preguntarse
si era un discípulo de la Divinidad o un secuaz de los malos
espíritus.

Cuando Priestley observó que el gas incoloro que salía de
las tinas en fermentación extinguía el fuego de las astillas que
sostenía sobre ellas, sospechó que podía ser el mismo "aire
fijo" obtenido por José Black unos años antes calentando piedra
caliza. Trabajando en su casa, pudo preparar una cantidad
de ese mismo gas, y haciéndolo pasar por agua, encontró que
una parte del mismo se disolvía en el líquido, dejando "un
vaso de agua burbujeante muy agradable". El gas era el bióxido de carbono, aunque Priestley no le dio ese nombre,
y el "agua burbujeante" se conocería más tarde como agua
de soda. Con esto llamó la atención de la Sociedad Real de
Londres.

Y entonces, José Priestley, el ministro religioso que era científico aficionado, comenzó a dedicar cada vez más tiempo a su
laboratorio y a sus experimentos químicos. Calentando la sal
ordinaria con vitriolo y recogiendo el gas resultante en una
cubeta de mercurio, obtuvo gas de cloruro de hidrógeno. Cuando este gas se disolvía en el agua, se formaba ácido clorhídrico, cada descubrimiento aumentaba su entusiasmo y su celo
por hacer nuevos experimentos. Calentando espíritu de amoniaco (agua amoniacal) en su cubeta de mercurio, descubrió

un gas penetrante al que dio el nombre de "aire alcalino". Era, en realidad, gas de amoniaco, que se usa hoy en los refrigeradores y los abonos. Su siguiente experimento consistió en hacer pasar chispas eléctricas por este gas a fin de separarlo de sus componentes de nitrógeno e hidrógeno.

El éxito que obtuvo al aislar y descubrir los gases se debió, en parte, a su invención de la cubeta neumática para recoger los gases en el mercurio en lugar del agua. Además, usaba frascos y recipientes de vidrio para reunir los gases, en lugar de las vejigas elásticas de la época, que eran difíciles de manejar. Priestley llenaba un frasco de mercurio, insertaba un tubo en el frasco y luego lo invertía en una cubeta de mercurio. Cuando el gas entraba en el frasco por el tubo, desalojaba al mercurio del frasco y quedaba atrapado. En el antiguo método, en que se usaba agua en vez de mercurio, el gas entraba en la botella o vejiga, y como muchas veces era soluble en el agua, se introducía en la solución en lugar de desplazar al agua. Así, pues, si hubiera usado el antiguo método, nunca habría podido aislar el amoniaco u otro gases solubles.

Aunque el tiempo de Priestley parecía estar completamente ocupado con sus deberes eclesiásticos y su pasión por las investigaciones químicas, participó también en la lucha por la libertad política e intelectual que le enseñaron a apreciar su vida anterior. Escribió folletos y cartas criticando al gobierno británico por el trato que daba a las colonias norteamericanas y apoyó abiertamente la lucha de estas últimas por la independencia.

En 1772 dejó su puesto en Leeds para aceptar el de bibliotecario y compañero literario de lord Shelburne. Después de estar con este último ocho años, pudo retirarse con una pequeña pensión. Fueron para José Priestley años fecundos, pues ahora tenía un laboratorio bastante bien equipado y dedicaba más tiempo a sus experimentos.

Hizo su mayor descubrimiento en 1774. Estuvo empleando una gran lente de aumento, de treinta centímetros de diámetro, a fin de aprovechar los rayos del sol para calentar diversos sólidos en un recipiente de campana. Un día calentó un polvo (óxido rojo de mercurio) y recogió en un frasco el gas incoloro que resultó. Cerca de él ardía una vela, y recordando posiblemente los experimentos hechos en la fábrica de cerveza, decidió ver qué le sucedería a la vela cuando la introdujera en el frasco. En lugar de apagarse la vela, para su sorpresa ardió con más brillo en el nuevo gas. Introdujo una astilla de madera encendida, y estalló en llamas. Fue éste un descubrimiento trascendental, hecho casi por casualidad, pues Priestley decía de esta ocurrencia: "Si por casualidad no hubiera tenido una vela encendida frente a mí, probablemente nunca habría hecho la prueba..." Así, pues, el oxigeno, al que llamó aire "desflogisticado", fue descubierto por ese notable sacerdote, quien aprendió la química por afición.

Continuando sus experimentos con el aire "desflogisticado", observó que los animales pequeños, como los ratones, podían vivir y medrar en su presencia. Cuando Priestley inhaló el aire, se sintió vigorizado y se dio vagamente cuenta de sus posibilidades médicas. Hoy se da este mismo oxígeno a las personas que respiran con dificultad, debido a algún padecimiento o a otras causas. Para Priestley, éste no era un componente del aire, sino, más bien, el aire mismo "con mayor perfección", pues no sabía que el aire estaba compuesto de varios gases identificables. Fue Lavoisier, a quien Priestley conoció en Francia, y a quien describió su experimento inicial con el aire "desflogisticado", el que descubrió algo más acerca de la función de este gas en la atmósfera, particularmente en la combustión, y le dio el nombre de *oxígeno*.

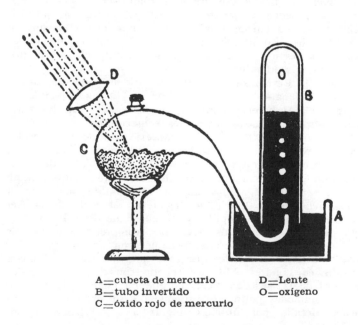

A = cubeta de mercurio   D = Lente
B = tubo invertido   O = oxígeno
C = óxido rojo de mercurio

Método de Priestley para aislar el oxígeno

A Priestley le resultaba difícil entender las propiedades del nuevo gas, debido a su creencia en la teoría del flogisto sobre la combustión, proclamada en 1669 por un químico alemán, Juan Becher, y era aceptada por el mundo científico de la época. Según esa teoría, todo el aire era inicialmente flogisto, el cual era suministrado a la Tierra por los volcanes y purificado por los elementos y la vegetación. Las sustancias capaces de arder contenían flogisto, que se deprendía en la combustión. El flogisto emitido en la atmósfera era eliminado por las plantas, las cuales servían para "devolver la pureza" al aire. Varios siglos antes de Becher, Leonardo de Vinci llegó a la conclusión de que la atmósfera no era un solo elemento, sino que consistía en dos sustancias, por lo menos. La creencia de Priestley acerca de la naturaleza indivisible de la atmósfera y su fe en la teoría del flogisto le impidieron llevar hasta el fin su descubrimiento del oxígeno y entender mejor la naturaleza de la atmósfera.

En 1780, Priestley se estableció en Birmingham, Inglaterra, donde se hizo miembro de la Sociedad Lunar, asociación de hombres distinguidos que contaba, entre otros, al famoso inventor de la máquina de vapor, Jacobo Watt, a Erasmo Darwin, abuelo de Carlos Darwin, y a Juan Kerr, conocido químico. La Sociedad Lunar se llamaba así debido a que sus miembros se reunían mensualmente en una noche en que la luna llena les permitía ver fácilmente el camino para volver a sus casas después de pasar la velada discutiendo sobre química, política y literatura.

Durante la Revolución Francesa, el disidente Priestley apoyó a los revolucionarios en su lucha por la "libertad, igualdad y fraternidad". Al hacerlo, aumento su desacuerdo con las autoridades oficiales y otros dirigentes conservadores de la Gran Bretaña. Cuando la Revolución Francesa pasó de los elevados ideales a los excesos de la guillotina, aumentó el número de ingleses que le retiraron su apoyo. El 14 de julio de 1791, aniversario de la toma de la Bastilla, se incitó a una chusma contra los disidentes, a los que se acusaba de maquinar el derrocamiento de la Iglesia de Inglaterra, al estilo de la Revolución Francesa. La capilla y el hogar de Priestley fueron pasto de las llamas, y sus posesiones, comprendiendo valiosas descripciones de sus experimentos, quedaron destruidas.

Las condiciones eran tales que tuvo que salir de Birmingham y residir en Londres. Allí fue tratado con desprecio por los miembros de la Sociedad Real, porque no estaban de acuerdo con sus opiniones políticas. Sintiéndose desdichado en esta situación, decidió por último emigrar a los Estados Unidos en 1794.

Fue recibido cordialmente en Filadelfia por su viejo amigo Benjamín Franklin, quien le ofreció el puesto de profesor en la Universidad de Pensilvania, la dirección de una Iglesia Unitaria y otros cargos distinguidos. Sin embargo, Priestley, que ya pasaba de los 80 años, prefirió establecer su hogar con sus tres hijos en Northumberland, Pensilvania, donde logró dedicarse de lleno a sus investigaciones y a escribir. Visitaba a

Tomás Jefferson, Jorge Washington y otros distinguidos norte-americanos. Su patria adoptiva se convirtió en el escenario de algunos nuevos descubrimientos químicos. En 1797 descubrió el monóxido de carbono al hacer pasar vapor de agua a través de carbón al rojo blanco, y posteriormente descubrió el óxido nitroso, conocido más tarde con el nombre de "gas hilarante".

Después de la muerte de Priestley, ocurrida en 1803, su casa y su laboratorio se convirtieron en un museo nacional, en que los visitantes observaban los frascos, cubetas neumáticas, probetas, corchos y otros aparatos que usó en sus experimentos. José Priestley, sacerdote, que fue un químico autodidacta, ocupa un lugar permanente en la lista de los grandes científicos. Sus descubrimientos de los gases abrieron el camino para entender la atmósfera en que vivimos y el aire mismo que respiramos.

BIBLIOGRAFÍA

Crane, William D. *Discoverer of Oxygen.*
Irwin, K. *The Romance of Chemistry.*
Jafre, B. *Crucibles.*
Marcus, Rebecca B. *Joseph Priestley: Pioneer Chemist.*
Taylor, B. *Joseph Priestley: The Man of Sciencie.*

JACOBO WATT

(1736-1819)

"NUNCA HE VISTO un muchacho más raro que tú. ¿No te da vergüenza pasar el tiempo con esas tonterías? ¿Por qué no corres y juegas como los demás niños?" Ésta fue la exhortación que se hizo a Jacobo Watt un día, cuando tomaba el té en la casa de su tía. El joven Watt era un soñador consumado que, en esta ocasión, parecía estar completamente "fuera del mundo", pues pasó una hora quitando y poniendo la tapa de la tetera. Luego sostuvo una cuchara sobre el vapor que se condensaba, vio que éste se levantaba por el pico, y lo recogió en pequeñas gotas de agua. Para el observador ignorante, jugaba ociosamente con el vapor de la tetera.

Jacobo Watt nació el 19 de enero de 1736, en una familia pobre, pero respetable, de la pequeña aldea escocesa de Gree-

nock, cerca de Glasgow. Al joven Jacobo le enseñó a leer y
a escribir su madre, pues era demasiado enfermizo para asistir a la escuela. Siendo ya un adolescente, por fin se le permitió acudir a las aulas, donde no tardó en ponerse de manifiesto su profundo interés y aptitud para la química, la física
y la geometría, a pesar de sus frecuentes y prolongadas au-
sencias. Sin embargo, su educación formal fue demasiado breve,
pues tuvo la necesidad de trabajar después de la muerte de
su madre.

Los "hábiles dedos" del joven Watt le sirvieron de mucho
cuando entró al servicio de un óptico en Glasgow. Este óptico
era un verdadero aprendiz de todo y oficial de nada, que no
sólo pulía lentes para las gafas, sino que era también capaz
de tapizar muebles, hacer cañas de pescar, afinar espinetas y
reparar violines. A pesar de todo, el primer patrono de Watt
quedó asombrado por la versatilidad y habilidad de su joven
aprendiz, quien rápidamente dominó una gran variedad de
oficios.

No obstante, Watt deseaba hacer un trabajo mecánico aún
más especializado, como la construcción de instrumentos científicos y matemáticos. Por lo tanto, se fue a Londres, donde
trabajó de aprendiz con un fabricante de instrumentos. En
esos días se requería que los fabricantes de instrumentos fueran miembros de un gremio vigoroso, el cual insistía en establecer un aprendizaje de siete años para todos sus posibles
miembros. A pesar de esta regla, Jacobo Watt salió de Londres
después de terminar un solo año de servicio agotador, durante
el cual la mala salud continuó incomodándolo.

Cuando solicitó ser miembro del gremio de Glasgow, fue
rechazado sumariamente, pues resultaba inconcebible que un
joven hubiese aprendido el oficio en sólo un año. También
se le negó el permiso para alquilar un taller donde hacer
experimentos científicos en lugar de dedicarse a su oficio. En
este punto de su carrera intervinieron algunos amigos de la
familia, los cuales consiguieron que la Universidad de Glasgow
ofreciera a Watt un cuarto de trabajo en uno de sus edificios.
Allí estaría libre de las restricciones del gremio, debido a una
disposición especial de los estatutos universitarios.

Watt no tardó en hacer un éxito de su negocio mediante
la diversificación de su trabajo. Podía reparar casi cualquier
clase de aparato mecánico, comprendiendo una gran variedad
de instrumentos musicales. Sin embargo, antes de intentar construir o reparar un nuevo instrumento, hacía una investigación
concienzuda tanto de su teoría como de su funcionamiento.
Esta educación informal lo llevó a dominar una variedad de
lenguas extranjeras, de manera que podía leer sobre los temas
de interés en el idioma original. Para la época en que terminó
la construcción de su primer órgano, poseía un conocimiento

y una comprensión más completa de las leyes de los tonos y la armonía musical que el de los profesores de ciencias y de música. Por esta razón, no fue accidental que el taller de este artesano autodidacta fuera visitado muy pronto por los principales profesores de la universidad. Dos de estos distinguidos visitantes fueron Juan Robinson y su maestro José Black, que se convirtieron en los más íntimos amigos de Watt.

El profesor Black era ya el filósofo y científico más distinguido de la Universidad de Glasgow. Quedó tan impresionado por Watt que poco después le pidió que lo ayudara a preparar aparatos científicos para sus experimentos y conferencias. Sin embargo, esta relación íntima resultaría más benéfica para Jacobo Watt, pues las investigaciones de Black en la esfera de la física térmica allanaban el camino para los grandes descubrimientos de Watt en la esfera de la fuerza del vapor, haciendo del calor una ciencia matemática.

La vida futura de Watt cambió completamente cuando, en 1764, llevaron a su taller una máquina Newcomen para reparación. En esos días, este aparato se usaba casi exclusivamente para sacar agua de las minas de carbón de la Gran Bretaña. A Watt le sorprendió su tremendo consumo de vapor y su desperdicio de combustible. Observó que la máquina usaba la presión atmosférica en vez de la fuerza del vapor para hacerla funcionar. Así, pues, la única función del vapor consistía en producir un vacío en el cilindro de la máquina a fin de que la presión atmosférica que obraba sobre el exterior de su pistón móvil lo introdujera en el cilindro vacío. El vapor producía este vacío sacando todo el aire del cilindro; luego, se enfriaba y condensaba en diminutas gotas de agua, que ocupaban, aproximadamente, un milésimo del volumen original del vapor.

Watt observó que, por cada movimiento de la máquina, ésta consumía suficiente vapor para llenar ocho cilindros. La mayor parte del calor se usaba para recalentar las paredes del cilindro, que eran enfriadas previamente mediante chorros de agua fría a fin de condensar el vapor usado durante el último movimiento. Además, esta máquina trabajaba con mucha lentitud, pues se movía menos de quince veces por minuto. Era muy grande, molesta y ruidosa, y arrojaba vapor en el aire. Antes de que Watt diera fin a la reparación, realizó una serie de experimentos científicos, durante los cuales observó la extraordinaria capacidad de calentamiento del vapor, descubierta ya por su amigo, José Black. Watt observó que un kilo de vapor seco a 100 grados C. podía elevar la temperatura, no de uno, sino de cinco kilos de agua, de 0 a 100 grados C. antes de que se condensara completamente. Sin embargo, tuvo la previsión y la habilidad de aplicar este importante principio científico (el "calor latente del vapor") a la creación de una verdadera "máquina de vapor".

En 1765, Watt pensaba en conservar el calor en el cilindro de una máquina de vapor entre uno y otro golpe cuando, por inspiración, hizo un descubrimiento: la cámara separada de condensación y una bomba de aire para sacar el vapor condensado después de que cumplía su misión. Diseñó entonces una cubierta hermética, con orificios para el émbolo del pistón y el vapor que entraba en él, y la colocó sobre el extremo del cilindro. Así, la fuerza del vapor, en lugar de la presión atmosférica que obraba contra un vacío, suministraría el impulso que haría funcionar a la máquina. Después de meses de trabajo y gastos considerables, quedó lista la primera máquina de Watt para ser puesta a prueba. Aunque funcionó, dejaba escapar vapor por muchas juntas, y su pistón no era hermético. Ya para entonces tenía muchas deudas, y le esperaban nuevos y costosos experimentos. Gracias a los buenos oficios de José Black, Watt recibió el apoyo del doctor Juan Roebuck, de la famosa Fundición Carron. Roebuck aceptó sufragar todos los gastos a cambio de los dos tercios de las ganancias.

En 1769, Watt solicitó y obtuvo por fin su primera patente de la máquina de vapor, por los descubrimientos que habrían de revolucionar la industria inglesa y del mundo entero. Sin embargo, todas las máquinas, que construía de acuerdo con el plan y que teóricamente eran perfectas, no daban los resultados esperados cuando se ponían en uso. Se hizo evidente que las brillantes ideas de Watt sólo podrían realizarse, si acaso, por medio de cilindros, pistones y partes metálicas construidas de una manera mucho más precisa. Como en toda Escocia no existían las herramientas de precisión, ni los mecánicos necesarios, fue un golpe afortunado de la suerte el que Mateo Boulton, dueño de la fábrica de ferretería más grande del mundo, en Soho, cerca de Birmingham, Inglaterra, comprara el negocio de Juan Roebuck en 1774.

Como Boulton tenía en Soho a los mejores mecánicos de Europa, no debe sorprendernos el saber que, antes de que pasaran muchos meses, la máquina original de Watt se convirtió en un éxito. Se obtuvieron nuevas patentes para las mejoras, comprendiendo el regulador centrífugo que limita automáticamente la velocidad de la máquina cuando se produce demasiado vapor. Ya para 1783, todas las máquinas Newcomen, menos una, estaban remplazadas con las de Watt.

De esta próspera sociedad comercial, nació también una amistad íntima. Boulton era un sagaz hombre de negocios y un filántropo. Sólo empleaba huérfanos y pupilos de las escuelas parroquiales como aprendices; los alimentaba debidamente, los alojaba y educaba. Watt, que no tenía aptitudes para los negocios, era un amante de la perfección: preparaba e instalaba personalmente cada una de las máquinas de sus clientes. El costo de las máquinas lo pagaban los inmensos ahorros de combustible que obtenían los dueños de las minas. En 1782 estaban fabricando máquinas de vapor para talleres y fábricas. Antes de que expiraran las patentes en 1800, tanto Boulton como Watt trasfirieron a sus hijos los intereses que tenían en el próspero negocio.

A pesar del incesante trabajo que se requería para perfeccionar su máquina de vapor, Jacobo Watt hizo muchos otros inventos en sus horas de ocio como, por ejemplo, una copiadora de manuscritos, un cuadrante topográfico, una máquina de dibujar y un instrumento para medir las distancias entre los planetas y las estrellas. También, independientemente, descubrió que el agua está compuesta de dos gases: oxígeno e hidrógeno. Después de retirarse de los negocios en 1800, pudo dedicar el resto de su vida a sus empresas mecánicas y sociales. Desaparecieron sus persistentes dolores de cabeza, y pudo disfrutar de sus contactos estimulantes con la famosa Sociedad Lunar de Birmingham, en la que permanecían luminarias científicas e intelectuales. La amistad de este grupo íntimo sólo se alteró con la muerte, y Jacobo Watt, el último de los sobrevivientes, murió, a la edad de ochenta y cuatro años. en 1819.

BIBLIOGRAFÍA

Bachman, F. *Great Inventors and Their Inventions.*
Hart, Ivor B. *James Watt and the History of Steam Power.*
Taylor, B. *James Watt.*

CARLOS GUILLERMO SCHEELE

(1742-1786)

EL CIENTÍFICO QUE se hizo famoso por haber descubierto el oxígeno en 1774 es José Priestley, el clérigo inglés aficionado a la química. Pero, en realidad, Carlos Scheele, químico sueco, hizo el descubrimiento del oxígeno uno o dos años antes, mas no lo publicó sino hasta 1777, en cuyo tiempo ya se aceptaba lo hecho por Priestley. Tal es, en ocasiones, la ironía de las circunstancias.

Aunque no se le reconoció como descubridor del oxígeno, la obra de Carlos Scheele hizo que se le llamara el primer químico experimental del siglo XVIII.

Nació el 9 de diciembre de 1742, de padres humildes, en Stralsund, Pomerania, que es una parte de Suecia. Recibió escasa educación formal antes de que trabajara como aprendiz de un boticario a la edad de catorce años. Su vida de aprendiz fue difícil. Vivía en la casa de su amo, se levantaba al amanecer y trabajaba arduamente todo el día, haciendo toda clase de faenas, desde barrer los pisos y preparar el fuego hasta lavar las hediondas botellas y retortas.

Carlos era un agudo observador y un estudiante incansable. Aprendió los nombres y propiedades de todas las sustancias y compuestos químicos que poseía su amo. Después de ocho años de aprendiz, trabajó como ayudante de boticario, primero en Malmo, luego en Estocolmo y, en 1770, en Upsala.

Aunque su equipo de laboratorio era muy reducido, aumentó la habilidad de Scheele y se propaló su reputación. En 1770 aisló el ácido tartárico de la crema de tártaro y escribió un artículo en el que describía sus experimentos y las propiedades del ácido tartárico, sobre todo, su uso para teñir la lana. Dicho ácido llegó a ser muy útil en la levadura en polvo, para crear productos efervescentes, como los polvos de Sedlitz y, más recientemente, para hacer soluciones fotográficas. En 1774 Scheele descubrió el cloro. Poco después, al analizar el dióxido de manganeso, reconoció que el manganeso era un metal y descubrió los manganatos y sus efectos en el colorido del cristal. Estudió también y escribió artículos sobre la oxidación del mercurio, el hierro y el cobre. Al año siguiente descubrió el arsenito de cobre cuando analizaba el ácido arsenioso.

En 1775 se reconoció el mérito de Scheele eligiéndolo miembro de la Academia de Ciencias de Estocolmo, y Federico el Grande lo invitó a Berlín como químico de la corte. Sin embargo, el modo de vivir y la lealtad de Scheele a su patria eran tales, que resolvió quedarse en Suecia. Muy pronto adquirió una pequeña botica en Koping. En ella, pasaba los días surtiendo recetas a fin de costear los gastos, y por las noches hacía las investigaciones químicas que tanto amaba.

En 1777 publicó un libro, *Tratado químico sobre el aire y el fuego,* en el que describía los experimentos hechos durante los años anteriores. En dicha obra figuraba la descripción de su descubrimiento del oxígeno, gas producido de diferentes maneras, es decir, calentando salitre, óxido de mercurio y otras sustancias. Lo llamaba "aire-fuego". (Priestley produjo independientemente el oxígeno un año después, calentando el óxido rojo de mercurio; le dio el nombre de aire "desflogisticado".)

Aunque Scheele y Priestley descubrieron el oxígeno, no reconocieron el verdadero papel que representaba en la combustión. Ambos sostenían la teoría del flogisto de la combustión, que prevalecía en la época, la cual afirmaba que las sustancias ardían debido a que contenían *flogisto,* que se desprendía de ellas durante la combustión. Scheele llamó "aire-fuego" al oxígeno porque pensó que estimulaba la combustión debido a que absorbía fácilmente el flogisto. Pero fue más correcto al describir la importancia que tiene el oxígeno en los procesos vitales de los seres vivos. Descubrió también que la atmósfera se componía de nitrógeno, al cual llamó "aire hediondo", y de oxígeno, en la relación de tres partes a uno, aunque se ha reconocido el mérito de analizar la atmósfera al científico inglés Cavendish, quien hizo un análisis más exacto tres años después.

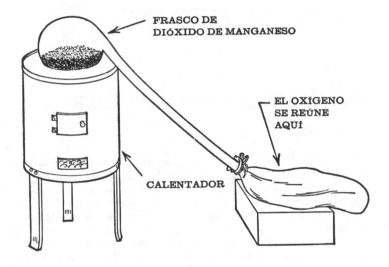

Aparato usado por Scheele para recoger oxígeno

Otro de los descubrimientos notables de Scheele fue el efecto de la luz sobre los compuestos de plata, lo cual llevó con el tiempo a formar la base de la fotografía. Scheele analizó el proceso por el que se agria la leche y lo atribuyó a la formación del ácido láctico. Aumentó nuestros conocimientos sobre las propiedades de otros ácidos orgánicos, como el ácido cítrico, el ácido oxálico y el ácido benzoico. Otras importantes aportaciones de Scheele fueron el descubrimiento de la glicerina, el ácido prúsico y el ácido túngstico.

La consagración de Carlos Scheele a la ciencia acabó por costarle la vida. El haber estado constantemente expuesto en el insalubre ambiente de su laboratorio mal ventilado, a las emanaciones y al gusto de las peligrosas sustancias químicas con que experimentaba (como el cloro, los arsenatos y el ácido prúsico), provocó su muerte el 21 de mayo de 1786 a la edad de cuarenta y cinco años. Scheele no buscaba ninguna recompensa por su obra, fuera del júbilo del descubrimiento; como decía él mismo: "...observar nuevos fenómenos, es mi deseo".

En Suecia, el siglo XVIII produjo al gran biólogo Linneo, al gran químico Berzelius y a Carlos Scheele. Aunque a Scheele no se le reconoció todo el mérito que debió reconocérsele, fue una estrella tan brillante como sus dos famosos compatriotas.

BIBLIOGRAFÍA

Thorpe, E. *Essays in Historical Chemistry.*
Tilden, W. *Famous Chemists.*

ANTONIO LORENZO LAVOISIER

(1743-1794)

EN 1780, ANTONIO Lorenzo Lavoisier era uno de los primeros científicos franceses, y miembro influyente de la Academia de Ciencias, cuando Juan Pablo Marat presentó su solicitud para que se le aceptara en la misma. Antonio informó desfavorablemente acerca de las aptitudes del señor Marat, y no se le aceptó. Fue éste un acto de consecuencias funestas, pues Marat, ofendido, juró vengarse de Lavoisier. Unos doce años más tarde, Marat, que era entonces uno de los caudillos de la Revolución Francesa y director de un periódico, acusó a Lavoisier de ser enemigo de la Revolución, de ser un charlatán, un "compañero de los tiranos y discípulo de los pillos", que debería ser colgado del "farol más próximo". Estas acusaciones, que parecían absurdas, arraigaron en la histeria de la Revolución. Lavoisier fue detenido, se urdieron acusaciones contra él y se le condenó a ser ejecutado en la guillotina. Cuando sus amigos apelaron alegando sus aportaciones científicas, se dice que el presidente del tribunal respondió: "La República no necesita científicos". Tal era la falta de razón durante esos terribles días. Sin embargo, un hombre de mayor comprensión, Lagrange, el gran matemático francés, dijo refiriéndose a la ejecución de Lavoisier: "No se necesitó más que un momento para cortarle la cabeza, pero se necesitará un siglo para producir otra igual".

Antonio Lavoisier, nacido en un elegante barrio parisino, fue hijo de un rico mercader y terrateniente. Cuando tenía siete años, murió su madre, y se fue a vivir a la mansión de su abuela, donde su tía y su padre se consagraron a su educación. Asistió al Colegio de Mazarino, en París y, a instancias de su padre, se preparó para hacer carrera en la Escuela de Leyes. Resultó un estudiante distinguido que sobresalió en la retórica, los clásicos y la composición. Durante su preparación para las leyes, fueron las ciencias, y la química en particular, las que cautivaron su imaginación.

Los dos hombres que ejercieron una profunda fuerza moral en la carrera de Lavoisier fueron los científicos Rouelle y Guettard. Rouelle era "demostrador" de química, es decir, un maestro que hacía los experimentos para ejemplificar las exposiciones teóricas de los profesores. Lavoisier aceptó con entusiasmo la enseñanza de Rouelle en el sentido de que el progreso de la química provendría de la experimentación en los laboratorios y no de la especulación y el aprendizaje de las teorías antiguas. Así, pues, fueron la habilidad y la celosa exactitud de Lavoisier en el trabajo de laboratorio lo que le permitió hacer revelaciones que revolucionaron la química.

De Guettard, su maestro de mineralogía y teología, aprendió el valor que tienen las observaciones cuidadosamente preparadas y persistentes, así como los análisis metódicos de los datos científicos. Durante sus días de estudiante, Antonio hizo varias excursiones geológicas con Guettard. Este último era un maestro severo, pero Lavoisier era un alumno capacitado, y las lecciones que aprendió le ayudaron a seguir el camino a la grandeza.

Cuando tenía veinticinco años de edad, Antonio poseía un premio por un plan para mejorar la iluminación de las calles de París y se le aceptó como miembro de la Academia de Ciencias, en reconocimiento a su estudio geológico de los Vosgos y sus investigaciones químicas sobre la composición del yeso.

Los miembros de la Academia de Ciencias tenían responsabilidades cívicas que correspondían a sus puestos honorarios. La corte los convocaba para resolver problemas científicos, como, por ejemplo, mejorar el abastecimiento de agua de París, eliminar los olores hediondos de las cloacas parisienses, proporcionar calor en los edificios públicos, mejorar los métodos para luchar contra los incendios (Lavoisier aconsejó que se pusieran bocas de agua en las calles). Se les pedía que investigaran a los curanderos (como, por ejemplo, el doctor Mesmer, quien afirmaba hacer curas mediante la hipnosis o el mesmerismo), e inclusive que mejoraran el carmín usado por las mujeres de la corte. Antonio intervino en muchos de estos estudios prácticos.

Más o menos en esta época, tomó dos decisiones que fueron de trascendental importancia en su vida. Conoció a un aristócrata llamado Jacobo Paulze, quien lo invitó a comprar un

puesto en la hacienda tributaria, organización de hombres que
pagaban una suma fija al rey por el privilegio de cobrar los
impuestos. A muchos de estos hombres los odiaban debido a
que sus agentes eran implacables y codiciosos en el cobro de
los impuestos a los campesinos y agricultores. Lavoisier adquirió el puesto, no por codicia, sino porque estaba convencido de que era una buena inversión que podría darle la
libertad económica para sus empresas científicas. Pero años más
tarde, el tribunal de la Revolución Francesa haría un uso
espantoso de su inversión.

La segunda decisión importante de Antonio en esta época
fue la de casarse con María Ana, la hermosa y vivaz hija (tenía
unos catorce años de edad y Antonio veintiocho) del señor
Paulze. Antonio era delgado, alto, apuesto, y un soltero muy
codiciado. María era tan inteligente y capaz como encantadora.
En su espacioso hogar, sirvió de anfitriona a algunos de los
hombres más grandes de esa Edad de la Razón: el químico
inglés José Priestley, el científico norteamericano Benjamín
Franklin, el estadista Turgot, el astrónomo francés Laplace, el
matemático Condorcet y el industrial Pierre du Pont. María
ayudaba a su marido traduciendo tratados científicos del inglés y el latín al francés y auxiliándolo para escribir e ilustrar
sus obras.

Poco después de su matrimonio, nombraron a Lavoisier
director del arsenal. Estableció un magnífico laboratorio dotado
de excelente equipo, comprendiendo las balanzas más sensibles de su época. Dichas balanzas resultarían valiosísimas en
los muchos experimentos de Antonio. Es interesante advertir
que cuando Lavoisier establecía este costoso laboratorio, José
Priestley, el químico inglés cuyo descubrimiento del oxígeno
abrió el camino para el experimento más famoso de Lavoisier,
trabajaba con aparatos improvisados que compraba con sus
escasos fondos.

Con su nuevo laboratorio, Lavoisier se dispuso a luchar contra las supersticiones que velaban la ciencia química de su
tiempo. Así, por ejemplo, los alquimistas creían que el agua
era un elemento primordial que podía trasmutarse en tierra
y, por lo tanto, en oro. Como prueba de ello, señalaban la capa
o película que parecía estar formada por partículas de tierra y
que siempre quedaba en el recipiente cuando se evaporaba el
agua por ebullición. Lavoisier hizo un experimento para poner
a prueba la verdad de esta creencia. Durante cien días hirvió
agua en un frasco, haciendo que el vapor volviera continuamente al mismo frasco a fin de permitir que el agua hirviente
creara la cantidad máxima de tierra si eran ciertas las pretensiones de los alquimistas. Al final de ese periodo, usó la sensible balanza para pesar el agua, que contenía algunas partículas
pardas, y el frasco. Descubrió que el ligero aumento de peso

del agua, debido a las partículas pardas, era igual a la pérdida de peso del frasco: esto comprobaba que las partículas pardas provenían de las impurezas que quedaban en la superficie del frasco de cristal y no del agua misma. Por lo tanto, no podía decirse que el agua se hubiera trasmutado en tierra.

El siguiente experimento de Lavoisier fue con los diamantes. Los químicos de su época, comprendiendo a uno tan capaz como Roberto Boyle, enseñaban que los diamantes poseían una cualidad misteriosa que los hacía desaparecer cuando se les sometía a elevadas temperaturas, pero Lavoisier tenía la opinión de que las sustancias no pueden desaparecer sin razón. Consiguió unos pequeños diamantes y los calentó en un frasco hasta que desaparecieron, pero recogió el gas desprendido durante el proceso. Descubrió que el gas recogido era "aire fijo" (bióxido de carbono) y su peso mayor que el de los diamantes desvanecidos. Así, Lavoisier demostró que los diamantes no tenían la cualidad mágica de desvanecerse, sino que eran, más bien, una forma de carbón, y ardían con el mismo resultado. En la segunda parte de este experimento, consiguió tres diamantes y los puso en arcilla, de manera que no pudiera darles el aire. Luego, aplicó calor durante varias horas. El joyero que le proporcionó los dimantes, tenía el alma en un hilo cuando rompieron la arcilla para ver si los diamantes desaparecían, pero he aquí que estaban intactos y con el mismo peso. Lavoisier comprobaba que se requería el aire para la combustión de los diamantes.

Los experimentos más famosos de Lavoisier fueron en la esfera de la combustión. En sus tiempos se explicaba la combustión como la teoría del flogisto, según la cual todas las sustancias inflamables contenían flogisto, el cual se desprendía durante el proceso de la combustión. Sin embargo, cuando Lavoisier usó sus delicadas balanzas encontró que la sustancia pesaba en realidad más después de la combustión, lo cual refutaba la teoría del flogisto de que una sustancia, al arder, perdía algo. En 1774, Lavoisier calentó mercurio en una retorta cerrada de vidrio hasta que se formó un polvo rojizo: óxido de mercurio. Después de doce días interrumpió el proceso, y encontró que todavía quedaban en la retorta, aproximadamente, cinco sextos del aire. Además, observó que los animales pequeños, como los ratones, no podían vivir en este aire restante (nitrógeno). Cuando calentó el óxido de mercurio en la retorta, perdió su color rojo y dejó escapar un gas, que recogió y pesó. Este gas resultó ser la sexta parte del aire que faltaba, y era aún lo bastante puro para respirarlo. Lo identificó como el mismo aire "puro" que le describió José Priestley y que obtuvo en un experimento semejante. Lavoisier llamó oxígeno a este aire "puro", de la palabra griega *oxys* (ácido), porque creía que el oxígeno formaba parte de todos los ácidos.

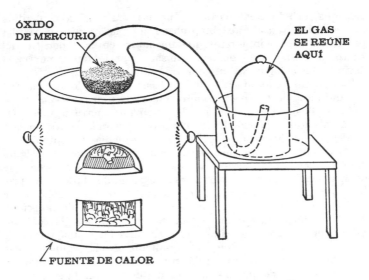

ÓXIDO
DE MERCURIO

EL GAS
SE REÚNE
AQUÍ

FUENTE DE CALOR

*Aparato usado por Lavoisier para estudiar
la composición del aire*

Priestley no comprendió la importancia que tenía su experimento, pero Lavoisier logró varias conclusiones. En primer lugar, reconoció claramente la falsedad de la teoría del flogisto sobre la combustión y declaró que ésta es la unión del oxígeno con la sustancia que arde. En segundo lugar, demostró claramente su teoría de la indestructibilidad o *conservación de la materia*, la cual expresa que la sustancia puede combinarse o alterarse en las reacciones, pero no pueden desvanecerse en la nada ni crearse de la nada. Esta teoría se convirtió en la base de las ecuaciones y fórmulas de la química moderna.

Lavoisier hizo también experimentos sobre el metabolismo del cuerpo, midiendo tanto la ingestión de alimentos y oxígeno como la excreción de sólidos, líquidos y dióxido de carbono. En estos experimentos aprendió mucha cosas acerca de los cambios químicos que ocurren en el cuerpo, y demostró también su teoría sobre la indestructibilidad de la materia.

En 1774, a solicitud del gobierno francés, Lavoisier y algunos de sus colegas, mejoraron la calidad y aumentaron la producción de la pólvora. En realidad, fueron sus trabajos los que hicieron posible que Francia vendiera pólvora a las colonias norteamericanas en las cantidades que necesitaban para su guerra de independencia. En 1782, Lavoisier, trabajando de acuerdo con ciertos indicios dados por Cavendish, reveló su descubrimiento de que el agua está compuesta de hidrógeno y oxígeno. A sus contemporáneos les parecía difícil creer que a un gas inflamable, como el hidrógeno, y un gas que fomentaba la combustión, como el exígeno, pudieran combinarse para formar un líquido que extinguía el fuego.

En 1787 y 1789, Lavoisier produjo dos obras importantes: *La nomenclatura* y los *Tratados elementales de química,* que simplificaron la química y le dieron su forma moderna. En estas obras, él y un grupo de sus contemporáneos cambiaron los nombres tradicionales de las sustancias, que se habían fundado en la superstición y el mito, por términos que tenían una significación más exacta. Así, por ejemplo, la expresión "fluido elástico" fue cambiada por "gas"; la mística *terra foliata tartari* fue cambiada por "potasa"; la "ceniza de un metal" por el nombre más funcional de "óxido", y las expresiones supersticiosas "manteca de arsénico", "agua fagadérica" y "flores de cinc" fueron eliminadas o simplificadas. Definió y enumeró cincuenta y cinco elementos modernos, contando el oxígeno y el hidrógeno, que son elementos sencillos capaces de unirse químicamente para formar compuestos. Definió y enumeró muchos metales, compuestos y sales. Describió el equipo y los métodos modernos de laboratorio. La química moderna se funda directamente en estas obras.

Durante los últimos cuatro años de su vida, Lavoisier trabajó con un grupo de científicos para establecer un sistema uniforme de pesas y medidas en Francia, basado en los gramos y los metros.

Se ha dicho algunas veces que Lavoisie no descubrió ninguna sustancia nueva, sino que tan sólo interpretó los descubrimientos de otros. Aunque esto es cierto en determinados respectos, no disminuye la importancia de sus aportaciones al progreso de la química como ciencia, pues los conceptos que ofreció nacieron, en su mayoría, de su gran capacidad para interpretar y organizar los datos, y fueron comprobados por sus propios experimentos. En otras esferas que no fueran las ciencias, resultó un benefactor de su patria y un innovador. Propuso reformas muy adelantadas para su época, como, por ejemplo, la reducción del trabajo forzado de los campesinos en los caminos, talleres públicos para los desocupados, seguros de vejez, bancos de ahorro, higiene industrial, mejores condiciones para los mineros, medidas contra la adulteración de los alimentos, y la educación obligatoria y gratuita para la juventud. Aconsejó métodos mejorados para la agricultura, comprendiendo la rotación de las cosechas.

Resulta triste e irónico que a un hombre que contribuyó tanto a la mejoría de su patria y del mundo se le acusara de tiranía y traición por sus compatriotas y ejecutado por esas falsas acusaciones. Sólo tenía 51 años de edad cuando se puso fin a su vida. Únicamente podemos imaginar qué otras proezas habría realizado si hubiera seguido viviendo.

BIBLIOGRAFÍA

Feuchtwanger, L. *Proud Destiny.*
French, S. J. *Torch and Crucible: The Life and Death of Antoine Lavoisier.*
McKie, Douglas. *Antoine Lavoisier: Scientist, Economist, Social Reformer.*

JUAN BAUTISTA LAMARCK

(1744-1829)

EL JOVEN SOLDADO francés yacía en el suelo respirando con dificultad. Un violento ataque alemán, durante la Guerra de Siete Años (1766-1773), diezmó su compañía de infantería, y Juan Bautista Lamarck tenía la fortuna de encontrarse entre el puñado de sobrevivientes. En medio de los lastimeros gritos de los heridos y los moribundos, oyó vagamente una voz que decía: "Ahora sois vos el que manda, Lamarck". La orden aturdió al joven. Siendo todavía un mozo imberbe, tenía que asumir la enorme responsabilidad de tomar sobre sí el mundo de una unidad derrotada y rehacerla antes del siguiente avance alemán. Pocas semanas antes, Juan abandonó sus estudios teológicos para colaborar en el esfuerzo bélico de su patria, y ahora, con la muerte de todos los oficiales de su compañía, se le designaba nuevo comandante. Pero los deshechos veteranos aprendieron a respetar el valor de este joven soldado que los ayudó a resistir el ataque del día siguiente y a rechazar a los alemanes en las semanas subsiguientes.

El valor de Lamarck le valió el ascenso a oficial; y era evidente que, si sobrevivía, le esperaba una brillante carrera en el ejército francés. Sobrevivió, pero una de las gloriosas ironías de la vida, puso fin a sus esperanzas militares y lo llevó a la relativa inmortalidad del científico. En una travesura de cuartel, otro oficial, juguetonamente, levantó a Lamarck por la cabeza, lesionando gravemente las glándulas linfáticas de éste, que tuvo que ser dado de baja en el ejército. No pensaba en volver a su hogar. Su casa estaba en la pequeña población francesa de Bazantin, donde vio la primera luz como undécimo hijo de un noble empobrecido. La escuela jesuita de Amiens fue una escapatoria de Bazantin, pero no sentía deseos de continuar sus estudios allí. Cuando estaba por terminarse el dinero que le pagaron al darse de baja, decidió quedarse en París como empleado de un banco y se estableció en la tradicional buardilla del Barrio Latino.

La vida de empleado resultó aburrida, y Lamarck trabajó primero de periodista, escribiendo artículos para un periódico sensacionalista, luego de músico, y por último estudió medicina. En París tuvo la buena fortuna de conocer al famoso Juan Jacobo Rousseau, y lo acompañó en varias excursiones a pie por el campo francés. Rousseau contagió a Lamarck el amor a la naturaleza y el interés especial en la botánica. Le fascinaba todo lo que crecía, y se consagró al estudio entusiasta de la vida vegetal. Terminaban los días de andar sin rumbo: Lamarck encontró su destino.

Linneo estableció cierta medida de orden en la esfera de la botánica con su sistema científico de clasificación. Ahora, llegaba el momento de mejorar lo que hizo Linneo dividiendo las especies conocidas en subespecies, de manera que el estudiante pudiera identificar una planta con rapidez y mayor exactitud. Lamarck leyó todos los libros a su alcance sobre el tema de las flores y las plantas, interrogaba a los viajeros para pedirles informes sobre los vegetales desconocidos observados en otras partes de Francia, y buscaba incansablemente nuevos ejemplares. En un periodo de diez años reunió suficientes datos para publicar *La flora francesa,* obra concienzuda que trajo el inmediato reconocimiento de los méritos de Lamarck, que estaba en la miseria.

El elegante naturalista francés, conde Buffon, le pidió que acompañara a su hijo en un viaje de estudios por los museos y jardines europeos. Lamarck aceptó con agradecimiento la oferta de Buffon; al terminar el viaje, éste lo recompensó generosamente y, cosa más importante aún, le ayudó a obtener su admisión en la augusta Academia de Ciencias. Cuando Luis XVI se enteró de la presencia de Lamarck como botánico, ordenó que se le nombrara custodio del herbario en el hermoso Jardin du Roi. Bajo la vigilancia de Lamarck, el jardín de Luis se convirtió en un lugar de exhibición internacional. Sus colores, sus fragancias, sus variedades eran la delicia de los miembros de la corte y los visitantes reales. Pero, por fortuna, Lamarck no se identificó estrechamente con el gobierno, o quizá hubiera perdido la cabeza (como la perdió Luis) en el baño de sangre que siguió después de la toma de la Bastilla.

El gobierno revolucionario cambió el nombre del Jardin du Roi por el de Jardin des Plantes, y Lamarck consiguió que lo nombraran profesor de zoología en el Museo de Historia Natural de dicho jardín. La facultad de zoología estaba compuesta por él y otro científico, Geoffroy Saint-Hilaire, y ambos se dividieron el estudio de todos los seres vivos. Saint-Hilaire trabajaría con las aves y los mamíferos, en tanto que Lamarck se dedicaría a impartir enseñanza sobre los insectos, los gusanos y los animales microscópicos. Para describir el trabajo emprendido, Lamarck inventó la palabra "biología".

Estaban por comenzar los grandes años para el científico Lamarck. Se hallaba a punto de ser formulada su enorme aportación, la cual esbozaba una teoría de la evolución que se adelantó a Darwin en más de cincuenta años. Pero la tragedia acechaba, implacable, su vida. Se casó cuatro veces, y cuatro veces tuvo que seguir al ataúd de su esposa al cementerio. Lo esperaban en su casa los hijos que se morían de hambre, mas rara vez pudo sostenerlos satisfactoriamente. En sus últimos años, se volvió ciego y tuvo que atenerse a los tiernos cuidados de una hija maravillosa, Cornelia.

Pero, a pesar de sus penalidades, siguió consagrándose al descubrimiento de la verdad sobre el origen del hombre y la relación que existía entre todos los seres vivos. Procedió a clasificar a todos los animales, orientándose con las técnicas que dominaba en la botánica.

Al hacer sus clasificaciones, las diferencias entre los grupos lo hicieron sacar una importante deducción: "¿Cómo podría evitar la conclusión de que la Naturaleza ha producido *sucesivamente* los diferentes cuerpos dotados de vida, desde el gusano más sencillo?" Lamarck argüía que, mediante la evolución, cada animal cambiaba con el trascurso del tiempo a fin de adaptarse a su ambiente. El uso más frecuente de un órgano llevaba a la vigorización y el crecimiento de ese órgano; de manera semejante, el desuso de un órgano se traducía en su debilitamiento y su desaparición. ¿Por qué ocurren estos cambios? Lamarck creía conocer la respuesta. "No son los órganos (es decir, la índole y forma de las partes del cuerpo de un animal) los que dan origen a sus hábitos y estructuras particulares. Son los hábitos y el modo de vivir, y las condiciones en que vivieron sus antepasados, los que, con el trascurso del tiempo, han dado forma a su cuerpo, sus órganos y sus cualidades".

Ésta era, en resumen, la teoría de Lamarck sobre las características adquiridas, como expuso en su *Filosofía zoológica*, publicada en 1809. Pueden resumirse de la manera siguiente sus tres premisas principales: *1)* El ambiente modifica la estructura de las plantas y de los animales: un árbol sobre el que sopla un viento persistente en una sola dirección, se inclina en esa dirección, y un animal que vive en el helado Ártico, adquirirá una piel caliente; *2)* los cambios se producen por el uso y el desuso: el herrero tiene brazos fuertes, la bailarina tiene músculos vigorosos en las piernas, etc., y *3)* las características adquiridas se trasmiten a los descendientes: a la jirafa le tuvo que crecer el cuello a fin de alcanzar el follaje que crecía en la parte alta de los árboles; por lo tanto, también sus descendientes tienen largo el cuello.

La hipótesis de Lamarck fue refutada por muchos de sus contemporáneos. Los científicos estaban dispuestos a creer que los organismos se adaptan a su ambiente durante su vida, pero se negaban a aceptar la teoría de que los organismos pueden trasmitir dichas adaptaciones a sus descendientes. Se hizo un experimento para demostrar el error fundamental de Lamarck. Se le amputó la cola a algunas ratas que se cruzaron entre sí durante varias generaciones, pero su progenie continuó teniendo larga la cola. Empero, los defensores de Lamarck hicieron notar que su teoría se refiere al *uso*, no a la mutilación accidental o de laboratorio.

Lamarck murió siendo un hombre desdichado; durante su vida conoció la pobreza, la enfermedad y la pérdida de los seres queridos. Sus ideas fueron ridiculizadas por los que tenían poder y posición social, y sufrió toda clase de injurias. Pero así como perseveró el joven soldado Lamarck, así también perseveró el viejo científico Lamarck. Aunque totalmente ciego, consiguió terminar su sexto libro de zoología antes de su muerte en 1829.

Los biólogos modernos conocen las limitaciones de Lamarck, de las cuales la más notable es el hecho de que no haya tomado en cuenta la selección natural (el principio de Darwin). A pesar de todo, fue el precursor de la teoría darwiniana sobre la evolución; fundó la paleontología de los invertebrados e hizo progresar el estudio de la biología como consecuencia de sus clasificaciones. Los científicos no aceptan su hipótesis de las características adquiridas (el influyente agrónomo ruso, Lysenko, es una excepción), pero consideran que merece ocupar un lugar distinguido en la historia de la biología.

BIBLIOGRAFÍA

Cannon, M. G. *Lamarck and Modern Genetics.*
Shippen, K. *Men, Microscopes and Living Things.*

ALEJANDRO VOLTA

(1745-1827)

EN MUCHOS PAÍSES de la Europa occidental se considera que las patas de la rana son un manjar delicioso. Pero a fines del siglo XVIII se produjo una escasez artificial de este platillo cuando las patas de rana se convirtieron en equipo común de muchos laboratorios científicos. En toda Europa, los más destacados científicos se afanaban por hacer que las patas se contrajeran aguijoneándolas con diversas sondas metálicas o conectándolas a pilas de Leyden cargadas. Los hombres cultos pasaban muchas horas explorando tanto los nervios como los músculos de las patas de estos animales recién muertos, en el intento de descubrir por qué aparecía milagrosamente la vida para volver un momento a estas extremidades cortadas.

En 1780, Luis Galvani, profesor de anatomía de la Universidad de Bolonia, Italia, daba una lección sobre los nervios y músculos que corrían por las patas de una rana. Cuando acercó accidentalmente la punta de su bisturí a un músculo de una rana muerta, para asombro de todos se contrajeron las patas sin vida. Una y otra vez tocó con el bisturí varias partes de las patas de la rana muerta y obtuvo el mismo resultado. Después de once años de experimentos, Galvani publicó una sorprendente serie de artículos en la cual atribuía la contracción a la "electricidad animal": el mismo tipo de electricidad que permite que la anguila eléctrica paralice a sus enemigos.

Entre los que se dedicaban a aguijonear las patas de las ranas se encontraba un compatriota, Alejandro Volta, profesor de física de la Universidad de Pavía, a quien se le conocía como autoridad en la electricidad. Sin embargo, Volta no aceptaba la teoría de la electricidad animal. Le interesaba descubrir de dónde venía *realmente* la electricidad. Volta descubrió que las patas no se contraían si sólo tocaba a la rana un pedazo de metal, o si no la tocaba ningún metal. Con este indicio, hizo experimentos en los que puso una moneda de plata y una moneda de oro en diferentes porciones de su propia lengua. En cuanto Volta conectaba las dos monedas a un alambre, se producía un sabor amargo en lugar de una contracción de la lengua. Hizo entonces otro experimento histórico: conectó dos barras diferentes de metal, y se puso una en la boca y la otra en un ojo. Para su asombro, sintió una aguda sensación luminosa en el momento del contacto. Así, pues, Volta pudo *ver* y *saborear* la electricidad, además de inducir contracciones musculares.

Alejandro Volta nació en el seno de una familia muy respetada, pero pobre, en la población de Como, Italia septentrional, el 18 de febrero de 1745. De pequeño, apenas hablaba, y se creyó que era un niño retrasado. Sin embargo pronto se disiparon estos temores, pues en cuanto entró en la escuela pública de Como, obtuvo altas calificaciones en todas las asignaturas.

En 1774, Volta fue nombrado maestro de física de la escuela superior de su ciudad natal. En 1779 se le ofreció la cátedra de física en la Universidad de Pavía. La ocupó durante casi cuarenta años, pues le gustaba la enseñanza y la oportunidad de hacer investigaciones. En 1777 visitó a Suiza, donde tuvo la buena fortuna de conocer a muchos hombres cultos y distinguidos, entre los cuales se contaba Voltaire. Tan satisfactorio fue su primer viaje, que visitó a Bolonia y Florencia en 1780, y recorrió Alemania, Francia, Holanda e Inglaterra en 1782. Durante este último viaje, conoció a científicos tan brillantes como Lavoisier, Priestley y Laplace.

Cuando todavía era maestro en Como, Volta inventó y perfeccionó un electróforo, aparato que se usa en las clases de física para producir pequeñas cargas electroestáticas mediante la inducción y para explicar la carga de los objetos con electricidad estática. Este instrumento fue el precursor de las enormes máquinas de inducción estática que pueden producir relámpagos artificiales. El electróforo de Volta era un valioso instrumento de investigación, pues ampliaba el efecto de las cargas estáticas normalmente débiles en una época en que eran muy poco sensibles los eletrómetros y electroscopios usados para observar la electricidad. La habilidad y los conocimientos del joven Volta fueron tan completos que no se ha hecho mejora a su electróforo en casi dos siglos.

No obstante, la aportación a la ciencia eléctrica que le ganó su elección como miembro extranjero de la Sociedad Real de Londres, en 1751, fue su ingenioso electroscopio de condensación. Los instrumentos usados entonces para descubrir las cargas eléctricas eran muy burdos, pues consistían en esferas huecas que colgaban de hilos de lino. Agregando dos placas metálicas separadas por una delgada capa aisladora de laca, Volta aumentó más de cien veces la sensibilidad de este aparato. Con la ayuda de este instrumento, demostró la existencia de electricidad tanto en el vapor de agua como en el humo que se produce al quemar carbón.

Sólo después de que ideó una prueba convincente de su "teoría del contacto de la electricidad", los científicos se convencieron de que no eran esenciales las patas de las ranas para producir la electricidad. En este experimento, Volta puso momentáneamente en contacto una placa de cobre sin cargar con una placa de cinc descargada, cada una de las cuales estaba montada en un mango aislado. Luego, acercó separadamente cada placa a su electroscopio y descubrió la presencia de una carga eléctrica en ambas placas. En el extranjero se reconoció su mérito cuando recibió la estimada medalla Copley de la Sociedad Real, después de que publicó sus artículos sobre la electricidad metálica en 1794.

Volta redobló entonces sus esfuerzos experimentales investigando diferentes combinaciones de metales para determinar qué pares producían las mayores fuerzas electromotrices, o voltajes. También estudió el papel que representan los conductores líquidos para producir la electricidad. De aquí, sólo faltaba un breve paso para la invención de la *pila voltaica,* en 1800, la cual aumentó grandemente los efectos eléctricos que producía antes. Por primera vez en la historia se lograba que una carga eléctrica se deslizara por un alambre. Por fin, aquí estaba la corriente de electricidad que fluiría continua y regularmente. Para producir este flujo continuo de electricidad, Volta ideó una sola pila de discos de cobre y cinc separados por pedazos de papel secante empapados en agua con sal. Su distribución era la siguiente: cobre, papel mojado, cinc; cobre, papel mojado, cinc, etc. En cuanto Volta dio a conocer al mundo científico el descubrimiento de la pila voltaica o batería, desaparecieron de los laboratorios las patas de las ranas y volvieron a la mesa del comedor. Podía aumentarse casi indefinidamente la fuerza de su batería o pila agregando nuevos pares de discos de cobre y cinc separados por pedazos de papel secante mojado en agua con sal.

En 1800, Volta escribió una famosa carta a la Sociedad Real de Londres, en la que anunciaba su maravilloso descubrimiento de la pila química y de otra batería a la que llamó "corona de copas". Esta última consistía en un par de electrodos de cobre y de cinc sumergidos en copas llenas a medias de agua salada. Es una demostración de la generosidad y modestia de Volta el hecho a que se refiriera a estos efectos eléctricos llamándolos fenómenos galvánicos.

Volta se vio colmado de honores y premios como resultado de sus grandes descubrimientos. Sin embargo, a Napoleón Bonaparte le incomodaba que los ingleses estuvieran progresando tanto en las ciencias físicas; por lo tanto, Volta fue invitado

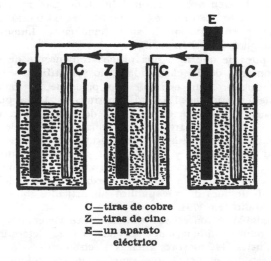

C=tiras de cobre
Z=tiras de cinc
E=un aparato
    eléctrico

Cuando se pone un aparato eléctrico entre las dos terminales, fluye una corriente en la dirección indicada.

a dar conferencias y demostraciones ante el Instituto Nacional Francés en 1801. Acudieron algunos de los científicos más famosos de la época, comprendiendo a Coulomb, Biot y Laplace. El público se entusiasmó tanto, que Volta no pudo proseguir con el resto de la conferencia hasta que todos ellos, contando a Napoleón, tuvieron la oportunidad de recibir un ligero choque eléctrico de su batería. Para demostrar su agradecimiento, Francia fundió una medalla de oro en su honor y lo eligió miembro del Instituto Nacional Francés. También se le hizo un donativo de seis mil francos y Napoleón lo nombró conde y senador del reino de Lombardía.

En 1804, cuando se acercaba a los sesenta años de edad, quiso renunciar a su puesto de profesor en la Universidad de Padua, pero su sincero admirador, Napoleón, se negó a permitir que lo hiciera el más famoso de los científicos italianos. El emperador francés insistió en que Volta estuviera relacionado con la universidad, recibiendo su sueldo completo, aun cuando sólo diera una clase al año. En 1819, por fin pudo retirarse a su pueblo natal de Como, donde terminó su vida feliz y productiva después de algunos años de paz y satisfacción.

Los grandes descubrimientos de Volta llevaron directamente a abrir nuevas esferas de investigación. La descomposición del agua en hidrógeno y oxígeno pocos meses después del invento de su batería inició la gran ciencia de la electroquímica. Los efectos térmicos y luminosos de la electricidad de la batería llevaron a la ignición eléctrica de la pólvora y a la creación de la lámpara de arco de carbón. Usando la batería de Volta como fuente de energía, sir Humprey Davy descubrió el sodio y el potasio. Fue un honor adecuado el hecho de que el Congreso Internacional de Electricidad designara a la unidad de la fuerza electromotríz con el nombre de "voltio", en 1881, en honor del científico cuyo sencillo generador químico de electricidad llevó a la creación de la gran industria eléctrica de nuestros tiempos.

BIBLIOGRAFÍA

Appleyard, R. *Pioneers of Electrical Communication.*
Mandelbaum, A. *Electricity. The Story of Power.*
Sootin, H. *Pioneers of Science.*

EDUARDO JENNER

(1749-1823)

UNO DE LOS relatos más aterradores de la literatura es el *Diario del año de la peste*, de Daniel Defoe, que fue publicado en 1722. Aunque un tanto novelizada, es una relación documentada y una imagen que se apega a la realidad del terror que puede apoderarse de una ciudad atacada por la peste. Algunas de las frases de Defoe son notables: "...en las calles se oía en verdad la voz del luto. Los gritos de las mujeres y los niños asomados a las ventanas y puertas de sus casas, donde sus parientes más queridos se estaban quizá muriendo o acababan de morir, se escuchaban con tanta frecuencia que bastaban para traspasar los corazones más duros del mundo... y, lo que era aún peor, los que huían (de la cuarentena obligatoria) propalaban la infección al escapar con el padecimiento... y perecían de hambre en las calles o los campos, o se desplomaban por la violencia de la fiebre que los consumía... Perecían al lado de los caminos y ninguno se atrevía a acercarse para ayudarlos..."

Todo el mundo conoció la furia de las plagas de viruela. Un médico persa distinguió la viruela del sarampión en el año 900, y se escribió sobre sus estragos muchos siglos antes. Asia y África tuvieron repetidos brotes de viruela; la población europea fue arrasada en 1614, y la gran epidemia inglesa de 1666 a 1675 dejó una triste huella a su paso. No escapó el Nuevo Mundo: en realidad, algunos historiadores creen que las epidemias de viruela diezmaron a los indios y los hicieron vulnerables a la conquista del hombre blanco.

Ya en 1717 se practicaba en Inglaterra la técnica china de inoculación contra la viruela. Lady Montagu se enteró de la práctica oriental de rasguñar el brazo de un paciente y hacer pasar por él un hilo mojado en el líquido de una pústula de viruela. Aunque el principio era lógico, el procedimiento resultaba tan peligroso debido a la posibilidad de la infección, que casi nadie se sometía a él.

El hombre que conquistaría la viruela tan eficazmente que sólo contados médicos de nuestra época ven en su vida un caso de viruela, fue Eduardo Jenner. Nació en Berkeley, Inglaterra, el 17 de mayo de 1749. Después de terminar la educación elemental, comenzó a estudiar la medicina como aprendiz de un cirujano del lugar. Lo hizo tan bien, que su mentor lo envió a Londres a trabajar bajo la dirección del famoso doctor Juan Hunter, fundador de la patología quirúrgica. Debido a que Hunter se interesaba en muchas cosas, Jenner estudió temas tan diversos como la geología, el plumaje de las aves, la historia natural de las anguilas y la temperatura de los erizos. Cuando trabajaba en Londres, dedicaba parte de su tiempo a preparar ejemplares zoológicos para sir Joseph Banks, que los reunió durante el primer viaje del capitán Cook, en 1771. Jenner pensó en acompañar a Cook en su segunda expedición, pero, por fortuna para nosotros, volvió a Berkeley a ejercer la medicina.

Una de las enfermedades leves que tenía que curar ocasionalmente el joven doctor, era la vacuna, infección que se trasmite de la ubre de la vaca a las manos del ordeñador. A muchas lecheras les salía una erupción pustular, pero sanaban rápidamente. Hay varias supersticiones sobre la enfermedad, y en algunas, por extraño que parezca, existe un método científico bajo los absurdos místicos. Jenner oyó decir a las lecheras, que no podían contraer la viruela debido a que padecieron la vacuna. Por alguna razón, no olvidó esta creencia popular y, a partir de 1775, investigó con creciente interés la relación que existía entre las dos enfermedades.

Al explorar el misterio de la viruela, aumentó su convicción de no burlarse de las lecheras. La vacuna parecía producir la inmunidad contra la peligrosa viruela: las lecheras de piel tersa contrastaban con sus compatriotas marcados por la viruela, que tuvieron la suerte de sobrevivir al ataque de esta enfermedad. Fue muy valiosa la preparación científica de Jenner, pues en lugar de anunciar sus observaciones, siguió investigando. Su suposición era dudosa, ya que sus investigaciones demostraron que algunas personas que se recobraban de la vacuna acababan por contraer la viruela. La perseverancia dio fruto cuando Jenner se enteró que existían dos tipos de vacuna, sólo uno de los cuales daba inmunidad contra la viruela, y solamente si se trasmitía en una etapa específica de la enfermedad.

En 1796 vacunó a un niño de ocho años con pus tomado de la pústula de una lechera que padecía la vacuna. Dos meses después, el niño fue inoculado con pus tomado de un caso virulento de viruela. Durante el periodo de incubación de dos semanas, Jenner (y la madre del niño) pasaron por los tormentos que habría de sufrir Pasteur mientras esperaba los resultados de su primera vacunación contra la rabia. El niño no enfermó, como tampoco enfermaron los veintitrés pacientes que inoculó más tarde.

Después de que Jenner dio a conocer su historia al mundo médico en un artículo titulado *Investigación acerca de las causas y efectos de la viruela de la vacuna,* que fue publicado en 1798, muchos pidieron que se les aplicara la vacuna. El correo diario traía una diversidad de reacciones a las pretensiones de Jenner: algunos pedían el suero, otros lo felicitaban por su descubrimiento y otros solicitaban mayor información. Jenner tuvo que contratar varios secretarios para que le ayudaran con la correspondencia, y se quejó con sus amigos de que se convertía en "un empleado del mundo". Pero también recibió otras cartas en las que lo atacaban llamándolo charlatán y amenaza para la humanidad. Aunque la mayoría de esas cartas provenían de hombres ignorantes, algunas estaban escritas por médicos que temían que la vacuna de Jenner pudiera propalar la viruela en lugar de evitar su contagio. Consideraban que la vacuna no era probada aún de un modo suficiente. Los excelentes resultados de la vacuna apaciguaron los temores de los médicos. Empero, cuando el público comenzaba a aceptar a Jenner como un héroe, la noticia de una epidemia de viruela acabó casi con la fe que tenían en él. Algunos centenares de personas contrajeron la viruela después de vacunadas. Jenner se apresuró a demostrar que el suero estaba contaminado debido a su preparación defectuosa; probó que cuando se observaban los métodos prescritos para su preparación, la vacuna era eficaz e innocua.

Poco a poco fueron aceptados los principios y la práctica de la vacinación preventiva. Durante el periodo de dieciocho meses de prueba, en Inglaterra fueron vacunadas doce mil personas, y el índice anual de mortalidad se redujo de 2,018 a 622. Se envió la valiosa vacuna a otros países de Europa, el Cercano Oriente, China, India, América del Sur y las naciones del Caribe. La Habana, que registraba el mayor índice de mortalidad en el mundo a causa de la viruela, informó que no ocurrieron defunciones después de dos años de vacunación general. En 1803 se fundó en Londres la Sociedad Real de Jenner con la vacunación universal como ideal supremo. ¡Otra de las peores plagas de la humanidad sucumbía ante el genio y los esfuerzos de los científicos!

BIBLIOGRAFÍA

Dolan, Edward F. *Jenner and the Miracle of Vaccine.*
Levine, Israel E. *Conqueror of Smallpox: Dr. Edward Jenner.*

PEDRO SIMÓN DE LAPLACE

(1749-1827)

A LA EDAD de dieciocho años, Pedro Laplace se distinguía como maestro y matemático en la escuela militar de la pequeña población de Beaumont. Pero, para él, París era la única ciudad por la que entraría en el gran mundo de la ciencia. Consiguió cartas de recomendación y, en 1767, partió para París a solicitar la ayuda del distinguido matemático francés D'Alembert. Cuando se presentó en la casa de éste, fue recibido con corteses excusas, pero lo despidieron sin entrevistar al matemático. Pasaron las semanas y seguía sin obtener audiencia.

Persistente en su ambición, Pedro decidió usar un método distinto. Como no tuvieron éxito las cartas de recomendación trataría de comunicarse por medio del lenguaje de la ciencia. Escribió una disertación sobre los principios de la mecánica y se la envió a D'Alembert con la solicitud de que le concediera una audiencia. Era un lenguaje que podía entender y apreciar un matemático. D'Alembert quedó tan impresionado con el talento de Pedro, que lo mandó llamar en seguida y le dijo: "No necesitáis más presentación que la recomendación de vuestro trabajo". Con la ayuda de D'Alembert, obtuvo más tarde el nombramiento de profesor de matemáticas en la Escuela Militar de París, y quedó asegurado su ingreso en el mundo de la ciencia.

Pedro Laplace provenía de antepasados humildes. Nació el 28 de marzo de 1749 en la pequeña población de Beaumont-en-Auge, Normandía. Su padre tenía una pequeña granja y no pudo dar mucha educación a su hijo. Sin embargo, cuando Pedro reveló tener un talento extraordinario, sobre todo para las matemáticas, algunos de sus parientes y vecinos acomodados sostuvieron sus estudios en la Universidad de Caen. Así, apenas unos años después de su graduación en esta Universidad, obtuvo el puesto de profesor de la Escuela Militar con la ayuda de D'Alembert.

El primer trabajo científico de Pedro Laplace fue su aplicación de las matemáticas a la mecánica celeste. A sir Isaac Newton y otros astrónomos les fue imposible explicar las desviaciones de los planetas de sus órbitas, predichas matemáticamente. Así, por ejemplo, se determinó que Júpiter y Saturno se adelantaban a veces, y otras se retrasaban con respecto a las posiciones que deberían ocupar en sus órbitas. Existían otros indicios de variaciones e inclinaciones inexplicables. ¿Qué significaban esas aberraciones? Algunos científicos creían que era resultado de los efectos gravitacionales mutuos de los planetas, los cuales, si continuaban a través de los siglos, acabarían por causar un desequilibrio catastrófico en el universo. Laplace ideó una teoría, que confirmó con pruebas matemáticas, de que no amenazaba ninguna catástrofe, sino que las variaciones eran normales y se corregían solas en el trascurso de largas etapas de tiempo. Se consideró que esta teoría tenía gran importancia para entender las relaciones de los cuerpos celestes en el Universo, y ha soportado la prueba del tiempo sin sufrir más que correcciones relativamente secundarias.

Los siguientes años fueron de fructuosas investigaciones para Laplace, quien fue aclarando los conocimientos científicos sobre las fuerzas elementales de la Naturaleza y el Universo. Escribió artículos acerca de la fuerza de gravedad, el movimiento de los proyectiles y el flujo y reflujo de las mareas, la precesión de los equinoccios, la forma y rotación de los anillos de Saturno y otros fenómenos. Estudió el equilibrio de una masa líquida en rotación; también ideó una teoría de la tensión superficial que era semejante al moderno concepto de la atracción o cohesión molecular dentro del líquido. Trabajando con Lavoisier, estudió el calor específico y la combustión de diversas sustancias, y puso los cimientos para la moderna ciencia de la termodinámica. Inventó un instrumento, conocido con el nombre de calorímetro de hielo, para medir el calor específico de una sustancia. El calorímetro medía la cantidad de hielo fundido por el peso dado de una sustancia caliente cuya temperatura se conocía. Entonces, podía calcularse matemáticamente su calor específico.

Al estudiar la atracción gravitacional de un esferoide sobre un objeto externo, ideó lo que se conoce hoy como *ecuación de Laplace,* que se usa para calcular el potencial de una magnitud física en un momento dado mientras está en movimiento continuo. Esta ecuación no sólo tiene aplicación en la gravitación, sino también en la electricidad, la hidrodinámica y otros aspectos de la física.

Laplace defendió y perfeccionó la hipótesis nebular de Kant sobre la formación del Universo. Según esta hipótesis, el Universo tuvo su origen en una enorme masa giratoria de gases. Al enfriarse la masa, se desprendieron fragmentos giratorios. Después de millones de años, estos fragmentos se consolidaron o solidificaron para formar los planetas y el Sol. Aunque ya no se considera válida esta explicación de nuestro Universo, se acepta aún para explicar las lejanas nebulosas espirales que están fuera de nuestro sistema solar. Todos estos notables descubrimientos e hipótesis fueron presentados en disertaciones ante la Academia de Ciencias. Entre 1799 y 1825, Laplace reunió sus escritos en una obra de cinco volúmenes, titulada *Mecánica celeste,* en la que se proponía dar una historia de la astronomía, sistematizando la obra de generaciones de astrónomos y matemáticos, y ofreciendo una solución completa a los problemas mecánicos del sistema solar.

Debido a que deseaba popularizar su obra y a que escribía con facilidad, publicó más tarde una exposición menos detallada y más legible en un volumen titulado *El sistema del mundo.* En 1812 publicó su *Teoría analítica de las probabilidades,* que es un estudio sobre las leyes de la probabilidad.

En opinión de muchos, la vida personal de Laplace no fue tan distinguida como sus hazañas científicas. Existía cierto resentimiento porque no dio el debido crédito a las aportaciones de algunos de sus colaboradores y predecesores y porque no mencionó, como era propio, las fuentes de las que obtuvo sus conclusiones. Lavoisier pereció en la guillotina, pero Laplace se adaptó a los diferentes regímenes que llegaron al poder. Fue funcionario público durante la Revolución francesa, pero dedicó una edición posterior de sus obras a Napoleón. Cuando éste partió al destierro, Laplace recibió con beneplácito al rey borbón que volvía a ocupar el trono y que lo hizo marqués por su adulación.

Laplace vivió hasta la avanzada edad de setenta y ocho años; pasó sus últimos días en el semirretiro de Arcuel, donde fue vecino del químico conde de Berthollet; charlaba con visitantes distinguidos del mundo entero y daba alguna ayuda a los jóvenes científicos que lo visitaban. Aunque ponga uno en tela de juicio las virtudes personales de Laplace o la originalidad de su genio, el mundo de la ciencia se enriqueció grandemente con la brillantez de sus análisis, su aclaración y organización de los detalles en la esfera de la astronomía matemática. En vida aún, fue elegido para ser uno de los Cuarenta Inmortales de la Academia Francesa.

BIBLIOGRAFÍA

Arago, D. F. *Biographies of Distinguished Scientific Men*.
Bell, Eric T. *Men of Mathematics*.
Lodge, sir Oliver. *Pioners of Science*.

BENJAMÍN THOMPSON
(CONDE DE RUMFORD)

(1753-1814)

BENJAMÍN THOMPSON, NACIÓ en Woburn, Massachusetts (Estados Unidos). A los treinta y ocho años de edad fue titulado noble por el rey de Inglaterra y se llamaba Rumford, conde del Sacro Imperio Romano. Considerado como científico, estadista y filántropo, hizo sus aportaciones lejos del país donde nació, ya que tuvo que salir en circunstancias peculiares, acusado, aunque sin pruebas, de ser espía inglés.

Benjamín Thompson era hijo único de Benjamín y Ruth Thompson, agricultores cuyas familias se establecieron en Massachusetts muchos años antes. Su padre murió antes de que el niño cumpliera los dos años de edad, pero dejó lo suficiente para costear su educación. Antes de los catorce años, sirvió como aprendiz con el dueño de un almacén en Salem, donde permaneció tres años. Durante este tiempo siguió estudiando y demostró que tenía aptitudes para las matemáticas y el dibujo, así como una gran curiosidad por el progreso científico, que conservaría durante toda su vida. Escribe que, a la edad de catorce años, tuvo el gran placer de calcular un eclipse solar con cuatro segundos de exactitud.

En 1769, trabajando en Boston como dependiente de una tienda, comenzó a estudiar el francés y, para 1771, cursaba medicina con el doctor Juan Hay y asistía a las clases de filosofía natural en Harvard. Poco después se le nombraba maestro ambulante y, a los diecinueve años, fue llamado a Rumford, Massachusetts (hoy Concord, Nueva Hampshire), por el reverendo Timoteo Walker para servir de maestro de escuela. En esta época se le describe como extraordinariamente apuesto, casi de un metro y ochenta centímetros de estatura, con rasgos finos y pelo rojizo, por lo que seguramente ejercía gran atracción sobre los miembros del sexo opuesto. Antes de que terminara 1772, se casó con la hija del reverendo, una viuda rica que, por lo menos, era mayor que él once años.

Cuando estalló la guerra de independencia de los Estados Unidos, se le hicieron muchas críticas. Se sospechó que fuera enemigo de su patria y, en 1774, fue llamado ante el Comité del Pueblo de Concord. Aunque lo absolvieron, siguió desconfiándose de él y, para eludir la acción de la chusma, huyó a Woburn, abandonando a su esposa y a su hija recién nacida, a la que no volvería a ver hasta que tenía setenta y dos años. Lo siguió la persecución, obligándolo a buscar refugio entre los ingleses, con los cuales simpatizaba, indudablemente. En noviembre de 1775 subió a bordo de la fragata británica *Scarborough*, en Newport, y zarpó para Boston, dejando para siempre a sus "desagradecidos compatriotas". A los veintitrés años se dispuso a dedicar su vida y su fortuna al "servicio de su legítimo soberano, el rey Jorge III".

Con su acostumbrada facilidad, no tardó en conquistar el favor de lord Jorge Germain, secretario de Estado para las Colonias, quien lo designó secretario de la Provincia de Georgia, en agradecimiento por la información que le proporcionó sobre las condiciones que privaban en las colonias. Durante sus ratos de ocio, prosiguió sus estudios científicos sobre las municiones de guerra y escribió acerca de la fuerza explosiva de la pólvora, la velocidad de las balas, la construcción de las armas de fuego y nuevos sistemas de señales en el mar. A su regreso, comunicó sus resultados a sir José Banks, presidente de la Sociedad Real. Como consecuencia de estas investigaciones y la publicación de uno de sus ensayos en un texto sobre arquitectura naval, fue elegido miembro activo a la edad de veintiséis años.

A fines de 1781, salió de Inglaterra como teniente coronel de los dragones americanos del rey para servir en Long Island. A bordo del barco experimentó con la artillería ligera e hizo observaciones lunares que varios años después se incorporaron en uno de sus ensayos. Casi terminada la guerra, en 1783, volvió a Inglaterra, donde fue ascendido a coronel, con lo cual se le pagaría la mitad de los haberes durante el resto de su vida.

Cuando viajaba en el continente, en septiembre de 1783, fue presentado al elector de Baviera. Éste quedó impresionado en seguida y le ofreció un empleo. Para aceptar el servicio en un país extranjero, Thompson tuvo que volver a Inglaterra a fin de obtener el permiso del rey. No sólo se le concedió dicho permiso, sino que se le nombró sir Benjamín Thompson antes de su partida, en 1784, para ocupar su nuevo puesto. Ingresó en el servicio del elector como coronel y ayuda de campo general. Durante sus once años de servicios continuos, su trabajo cubrió una gran variedad de intereses, tocando desde las cuestiones para mejorar la vida y el trabajo de las clases más pobres hasta los experimentos en la ciencia práctica.

En 1788 fue empleado como consejero privado del Estado en Baviera, y en 1791, en reconocimiento de sus servicios, se le nombró conde del Sacro Imperio Romano. Antes de abandonar Baviera, sirvió como ministro de guerra, superintendente de policía y chambelán, y fue responsable de grandes reformas en ese país. Aunque se dedicó a hacer grandes reformas sociales en Baviera, continuó observando e investigando, comunicándose con sir José Banks, de la Sociedad Real, sobre una gran diversidad de temas científicos. Una de sus mayores proezas fue la fundación de una casa militar de trabajo para eliminar la situación de los pordioseros en Baviera. Al tratar de resolver el problema de la iluminación para los trabajadores, inventó un fotómetro para medir las cantidades relativas de luz emitidas por las lámparas de diferente construcción. El instrumento que inventó comparaba la intensidad de las fuentes de luz por medio de las sombras que arrojaba un objeto cilíndrico sobre una pantalla. Las luces se acercaban o se alejaban hasta que las sombras fueran iguales. Los cuadrados de las distancias que separaban a las luces al papel, tenían la misma relación entre sí que las intensidades de las luces en su fuente.

Quizá al conde Rumford se le conoce mejor por sus observaciones sobre la naturaleza del calor. Lavoisier empleaba la palabra "calórico" para referirse a la sustancia sin peso que es el calor, y la incluía entre los elementos químicos, con el carbono, el nitrógeno y el oxígeno. En la fábrica de municiones de Munich, Rumford advirtió que se producía una cantidad considerable de calor en un cañón de bronce cuando se le perforaba. Hizo varios experimentos para probar las teorías sobre el origen del calor por medio de la fricción. Según los caloristas, el calor lo producía el "calórico" que salía de las virutas durante el proceso de separarlas de las partes mayores de metal. Rumford no podía creer que el gran calor producido sería consecuencia de la pequeña cantidad de polvo creado. En unos de sus experimentos usó un taladro sin filo en un cañón sumergido en agua. Después de dos horas y media de perforación, el agua empezó a hervir y siguió hirviendo mientras se hacía la perforación. Dice: "Sería difícil describir la sorpresa y el asombro de los espectadores cuando vieron que se calentaba y acababa por hervir una cantidad tan grande de agua fría sin que hubiera ningún fuego". Llegó a la conclusión de que el calor no puede ser una sustancia material, ya que su reserva era inagotable y tenía que haberse producido como consecuencia del movimiento. Tan nueva era esta idea que, aunque fue publicada en 1798 en las *Memorias filosóficas* de la Sociedad Real, no se le usó durante más de cuarenta años, y continuó prevaleciendo la idea de una sustancia especial del calor.

Debido a su interés en la producción y preparación de alimentos nutritivos tan económicamente como fuera posible, se dedicó al estudio y al mejoramiento de las chimeneas y sus tiros. En lugar de patentar sus inventos, se propuso invitar al público a que los copiara y, por lo tanto, daba información fácil de entender sobre los principios de la combustión, la ventilación y las corrientes de aire, con diagramas para indicar la distribución apropiada de las partes. En 1792, Rumford recibió la medalla Copey de la Sociedad Real por "diversas disertaciones sobre las propiedades y la trasmisión del calor", treinta y nueve años después de concedido este premio a su compatriota, Benjamín Franklin, por su obra sobre la electricidad.

Salió de Baviera para Londres en 1795 a fin de arreglar la publicación de sus *Ensayos,* los cuales sumarían, andando el tiempo, el número de dieciocho. Invitó a su hija, que ya tenía veintidós años de edad, a unirse a él, y gracias a los diarios que llevó ésta podemos enterarnos de gran parte de sus actividades durante los tres años siguientes.

En 1796 donó fondos a la Sociedad Real y a la Academia Norteamericana de Artes y Ciencias para las medallas que se concederían al autor del descubrimiento más importante para mejorar el calor y la luz, dándose preferencia al tendente a fomentar el bien de la humanidad. Rumford habría de ser el primero en recibir la medalla de la Sociedad Real en 1802.

Su séptimo ensayo, *La propagación del calor en los fluidos,* fue escrito en 1797. Creyendo, como creían todos los demás, que "el calor pasaría libremente en todas direcciones, por toda clase de cuerpos", descubrió con sus experimentos que el aire no es conductor y que los líquidos no permiten el paso libre del calor en todas direcciones. Agregó el hecho de que la madera no trasmite el calor cuando observó que el fogonero de la fundición de Munich removía el metal fundido con un instrumento de madera que apenas sufrió daño con ello. Aprovechó el conocimiento de que el aire es un mal conductor para recomendar el uso de ventanas dobles en los inviernos crudos a fin de dificultar el paso del calor a través del aire encerrado entre ellas.

Cuando su hija Sara volvió a los Estados Unidos, Rumford se quedó para trabajar por la fundación del Instituto Real, cuyo propósito sería "la difusión rápida y general de los conocimientos sobre todas las mejoras nuevas y útiles". Se exhibirían modelos de artículos caseros, comprendiendo un modelo a escala de la máquina de vapor en movimiento. Además de las exhibiciones, se efectuarían conferencias e investigaciones. La idea recibió en seguida apoyo económico, y el Parlamento dio título de privilegio a la organización en enero de 1800. Hay algunos nombres, como los de Davy y Faraday, que están relacionados con los primeros años del Instituto. Las memorias de éste contienen los ensayos de Rumford "Sobre los medios de aumentar el calor obtenido en la combustión del petróleo" y "Sobre el uso del vapor como vehículo para trasmitir el calor".

El conde Rumford fue nombrado miembro honorario de la Sociedad Real de Edimburgo, y la universidad le dio el doctorado de leyes en 1800. En 1802 visitó Francia y conoció a la esposa de Lavoisier, de quien se enamoró; después de varios años de noviazgo, se casaron en 1805. Por desgracia, la unión fue desdichada, y se separaron en 1809. Durante este periodo, fue elegido socio extranjero del Instituto de Francia, e hizo varias disertaciones. Su último ensayo se tituló "Las excelentes cualidades del café y el arte de hacerlo a la perfección". En 1811 exhibió catorce lámparas de su creación y en 1812 describió un calorímetro que se usaría para medir la producción de calor, en el cual trabajaba desde hacía veinte años. También describió un termoscopio para medir las pequeñas diferencias de temperatura entre dos cuerpos. Siguió dedicado a las empresas científicas y literarias, y estaba describiendo *La naturaleza y los efectos del orden* cuando murió, después de una breve enfermedad el 21 de agosto de 1814.

Rumford resultó un matemático capaz, un investigador concienzudo, precursor en la esfera de la luz y el calor, y un científico que decía: "Los rayos vivificadores de la ciencia, cuando se dirigen apropiadamente, propenden a excitar la actividad y aumentar la energía de una nación ilustrada". En 1816 se fundó el profesorado de Rumford en Harvard, con fondos que donó el conde a la escuela. Se le atribuye el "haber hecho mayores aportaciones a la química y al servicio del hombre de lo que se cree generalmente".

BIBLIOGRAFÍA

Brown, Sanborn, C. *Count Rumford: Physicist Extraordinay.*
Ellis. G. E. *Life of Rumford.*
Lenard, Philipp. *Great Men of Science.*

JUAN DALTON

(1766-1844)

SACARON DEL GUARDARROPA los hermosos pantalones de terciopelo, los zapatos de brillantes hebillas y la refulgente espada para que se los pusiera Juan Dalton. Lo presentarían al rey Jorge IV en una ceremonia tradicional, con la que el monarca honraba a sus súbditos distinguidos. Pero los cortesanos no incluían a Dalton; era cuáquero, y sus creencias le prohibían usar tales prendas o llevar espada. ¿Qué hacer? En la sala del trono, Jorge se impacientaba. El chambelán estaba casi loco de furia por la obstinación de Dalton, pero en vano. Éste no quería permitir que el protocolo se entrometiera en los dogmas de su religión.

Un joven inteligente solucionó el problema. Le dijeron a Dalton que podía cubrirse con la negra toga usada recientemente, cuando la Universidad de Oxford le concedió un grado honorario. Pero en lugar de la toga, le pusieron la roja prenda sobre sus débiles hombros, y por fin fue llevado a la presencia del impaciente rey. Varios cuáqueros que se encontraban entre los asistentes dejaron escapar una exclamación ahogada cuando lo vieron cubierto de escarlata, color que no se permitía usar a ningún verdadero cuáquero. Pero Dalton padecía acromalopsia, es decir, no podía percibir los colores, y no se dio cuenta del error que estaba cometiendo. (Posteriormente, Dalton fue uno de los primeros hombres en hacer intensos estudios sobre la ceguera del color, y actualmente se da con frecuencia el nombre de *daltonismo* a este fenómeno.)

Para Juan Dalton, hijo de un tejedor inglés empobrecido, la presentación en la corte fue una ocasión memorable. La mayoría de los niños con quienes creció en la pequeña aldea de Eaglesfield no salieron nunca de ella, y seguían arrancando al suelo lo suficiente para sobrevivir. Pero Juan Dalton, nacido en 1766, logró distinguirse gracias a su perseverancia e inteligencia, cosas éstas que poseía de sobra.

El joven Juan fue un muchacho culto en la época en que era elegante serlo. En varios kilómetros a la redonda se tenía al niño por un genio, y cuando abrió su escuela en un granero vacío a la edad de doce años, la gente acudió a ella. Albergaban muchas esperanzas del mozo que estudiaba latín y griego durante las noches, después de ayudar en el campo todo el día. Conocían la fascinación que ejercían los números sobre Juan, su habilidad para resolver los problemas matemáticos más difíciles con la velocidad del rayo, sus instrumentos, fabricados por él mismo, para hacer experimentos, y la pila de cuadernos en que registraba sus diarias observaciones sobre el tiempo. Estaban seguros de que el porvenir reservaba grandes cosas a Juan Dalton.

Sin embargo, poco a poco empezó a hundirse en el marasmo de Eaglesfield. La luz del prodigio estaba en peligro de extinguirse a causa de la mediocridad provinciana de su ambiente. Por fortuna, escapó a tiempo. Cuando tenía unos veinticinco años, ocupó el puesto de profesor universitario de ciencias y matemáticas en el Manchester industrial, ciudad agitada que podía enorgullecerse de sus grupos de discusión científica y de su Sociedad Literaria y Filosófica. Al hacer su primera visita al distinguido club, quedó pasmado al ver el número de sus miembros y la calidad de las disertaciones que leían los experimentadores ante la Sociedad. En años sucesivos, Dalton se convertiría en su miembro más distinguido y leería docenas de sus disertaciones en las juntas.

Uno de los primeros problemas sobre los que escribió, en 1800, se refería a la expansión de los gases. Reunió varios litros de nitrógeno sacando el oxígeno del aire y embotellando el residuo. Luego hizo pasar por agua el nitrógeno, que es casi completamente insoluble en este líquido, del que desplazó su propio volumen. Dalton midió el volumen desplazado y repitió el experimento, pero usando oxígeno. Luego reunió tanto el oxígeno como el nitrógeno, y advirtió que la cantidad de agua que desplazaba en conjunto era igual a las cantidades desplazadas por cada uno de los gases. Esto demostraba que cada gas obraba independientemente, sin interacción recíproca. El resultado del sencillo experimento fue resumido en la ley de Dalton sobre las presiones parciales, la cual afirmaba que la presión total ejercida por una mezcla de gases es igual a la suma de las presiones individuales de los diferentes gases. La obra de Dalton formó la base para entender el comportamiento físico de los gases en condiciones cambiantes de temperatura y presión.

Este primer interés en el aire y la presión atmosférica lo llevó a hacer nuevos descubrimientos. Le parecía evidente que el aire debería ser poroso, pues de otra manera no podían mezclarse fácilmente los gases conocidos, el nitrógeno y el oxígeno. La explicación consistía en que cada gas estaba formado de partículas separadas por distancias relativamente grandes. Así, cuando se libera un gas en un espacio ocupado por otro, ambos se mezclan fácilmente; por ejemplo, el perfume de un frasco abierto en un extremo de la habitación, se difunde en seguida, de manera que puede percibirse su olor en todo el aposento.

Dalton pasó los siguientes meses reuniendo muestras de aire de todas las partes de Inglaterra; sus viajes a las regiones rurales, las montañas, las calles de Manchester, llenas de hollín,

le dieron centenares de tubos de ensayo llenos de aire. El análisis reveló que las muestras tenían, aproximadamente, la misma
composición, lo cual resulta sorprendente, pues podía uno haber
esperado que el pesado dióxido de carbono se asentara en el
fondo. Los nuevos experimentos sobre las mezclas de gases le
permitieron deducir que todo gas estaba compuesto de partículas diminutas, separadas por considerables distancias. Sin embargo, la palabra "partícula" no satisfizo a Dalton. Newton
escribió acerca de las partículas primitivas de Dios, que no
podían gastarse, pero Dalton prefirió la expresión de "átomos",
tomada de una palabra griega. Al leer el griego, descubrió que
el antiguo matemático Demócrito, dio a la partícula más pequeña posible, el nombre de átomo, palabra derivada del griego
atomos, que significa, sin cortar o indivisible.

Sus continuados estudios culminaron en la mayor hazaña
de Dalton: la formulación de una teoría atómica. Algunos de
sus puntos principales son los siguientes: *1)* Todas las sustancias están compuestas de partículas infinitesimales, indivisibles,
llamadas átomos, y hay tantas clases de átomos como clases de
elementos; *2)* los átomos de los diferentes elementos difieren,
sobre todo en peso, pero todos los átomos del mismo elemento
son exactamente iguales; *3)* los átomos se reagrupan, pero sin
cambiar, cuando entran en los compuestos químicos; el átomo
entero participa en los cambios químicos, y *4)* los átomos no
pueden crearse ni destruirse.

A fin de aclarar su teoría, ideó pequeños símbolos para los
átomos de cada elemento. Usaba círculos negros para representar
el átomo del carbono; los círculos blancos indicaban el átomo
del oxígeno; un círculo negro y otro blanco simbolizaban una
molécula de monóxido de carbono, etc. Al mismo tiempo que
formulaba su teoría, publicó una tabla bastante exacta de pesos
atómicos, que determinó laboriosamente. Asignó el peso "1" a
la partícula del hidrógeno, que es el átomo más ligero de todos.
El valor práctico de su teoría ha sido enorme. Dalton se dio
cuenta de que se haría realidad una información inteligente para
los químicos y las compañías farmacéuticas si los científicos
contaban con un sistema exacto para pesar los componentes de
los compuestos. Los medicamentos no variaban ya de potencia; los
químicos no necesitaban hacer ya aproximaciones poco científicas en su preparación.

La obra de Dalton sobre los pesos atómicos resultó importante en hombres tales como Berzelius, que perfeccionó los
cálculos de Dalton; Mendeleiev, que creó la tabla periódica de
los elementos según sus pesos atómicos, y Moseley que preparó
la tabla periódica de los elementos según su número atómico.
Por otra parte, la obra de Dalton fue fundamental para los
descubrimientos de científicos tales como Einstein, Fermi y Meitner. Los descubrimientos de Dalton contenían varios errores,

aunque fueron notablemente exactos si tomamos en consideración el deficiente equipo de su laboratorio. Por una parte, no sabía que se necesitaban *dos* átomos de hidrógeno combinados con el oxígeno para forma una molécula de agua; por lo tanto, se equivocó en el cálculo de sus pesos. Hoy asignamos el peso atómico de "16" al oxígeno, porque sabemos que el átomo del oxígeno pesa dieciséis veces más que el átomo del hidrógeno, no ocho veces más.

Además de la teoría atómica, Dalton ganó la fama por otras proezas científicas. Fue el primero en medir el aumento de temperatura del aire debido a su compresión, en 1811 sugirió que todos los gases podían licuarse con alta presión y baja temperatura y descubrió la naturaleza eléctrica de la aurora boreal.

A diferencia de otros grandes científicos, vivió para gozar del aplauso de sus compatriotas. Lo recibía en audiencia el rey, y se le concedió la medalla de la Sociedad Real de Inglaterra en 1826. Sus colegas de Francia lo eligieron miembro de la Academia de Ciencias y le ofrecieron las llaves de la ciudad de París cuando la visitó. Al morir en 1844, más de cuarenta mil personas desfilaron ante su ataúd. Fue un hermoso homenaje a uno de los hijos más distinguidos de Inglaterra.

Cosa interesante: los cuadernos de Dalton sobre sus observaciones del tiempo, estaban al día cuando murió, lo cual reflejaba su "asiduidad universal", frase que usó él mismo. Más todavía, el día de su muerte, no descuidó hacer la anotación final, que fue una de las doscientas mil que hizo en su vida.

BIBLIOGRAFÍA

Jaffe, B. *Crucibles.*
Knedler, J. *Masterworks of Science.*

JORGE CUVIER

(1769-1832)

LOS DOS TRABAJADORES franceses que cavaban en las minas de yeso de Montmartre se miraron con temor y asombro. Sus palas descubrieron grandes huesos que no parecían humanos ni de animales conocidos. Cada vez que hundían las palas en la tierra, sacaban nuevos huesos y dientes que pertenecían a "monstruos" desconocidos. Ya para entonces, una multitud de trabajadores gesticulaba agitadamente, y hacía conjeturas, con palabras elevadas, sobre el origen de los huesos. ¿Eran animales primitivos u hombres de las cavernas de hacía mucho tiempo? Uno de los espectadores sugirió que se llevaran los huesos fósiles a Jorge Cuvier, el joven profesor de zoología del Museo de Historia Natural, y así lo hicieron.

Jorge Leopoldo Cuvier era el hombre ideal para examinar los huesos; en Europa, nadie sabía más que él acerca de la paleontología o la anatomía comparada de los vertebrados. En realidad, el apuesto Cuvier parecía saber más acerca de casi todas las cosas que ninguno de los hombres que vivían a fines del siglo XVIII. Los libros eran su fuente secreta de conocimientos. Su madre le enseñó a ser un lector rápido y voraz, y la naturaleza le dio el inapreciable don de la buena memoria. Todo lo que leía quedaba archivado ordenadamente en el cerebro hasta que lo necesitaba, y entonces lo extraía con prístina corrección, como la de una calculadora automática.

El padre de Cuvier, ex oficial del ejército suizo, no dedicó mucho tiempo a Jorge, pero la madre del niño se consagró a la tarea de educarlo. Para ello, se familiarizó con los clásicos, la música, la historia antigua y la ciencia; le enseñó a dibujar y le proporcionó libros sobre historia natural, los cuales tenían láminas de colores que podía copiar el niño y pintarlos después con acuarelas. Siempre tenía libros para leer, pero sus favoritos eran los treinta y seis volúmenas de Buffon sobre el reino animal. El joven adquirió el hábito de llevar uno de los volúmenes de Buffon en sus manos y leía mientras caminaba, comía, andaba en carruaje o se apoyaba en un árbol.

Se consiguió una beca del gobierno para el inteligente joven, que se fue a pasar cuatro años en la Universidad de Stuttgart, donde asombró a la facultad con sus conocimientos enciclopédicos. Luego aceptó el puesto de preceptor de una familia noble de Normandía. Fue una fortuna para Jorge, pues en las playas de esta provincia abundaban los animales y fósiles marinos; su patrono tenía una buena biblioteca que contaba con el *Systema de la naturaleza,* de Linneo, y vivía cerca del abate Tesier, distinguido agricultor y enciclopedista. Tesier, venido a Normandía para huir de las persecuciones del Reinado del Terror, se encariñó mucho con Cuvier. Quiso ayudar a la carrera del joven y así, en 1795, empleó la autoridad que le quedaba para que lo nombraran ayudante del profesor de anatomía del Museo de Historia Natural de París. En ese puesto, Cuvier tuvo éxito al instante. Sus conferencias estimulantes fueron tan populares que a nadie sorprendió que se le entregaran personalmente los huesos de Montmartre para su identificación.

En 1796 presentó su primera disertación importante a la Academia de Ciencias. Su tesis principal consistía en que los animales de las épocas pasadas diferían mucho de los que vivían en la actualidad. Quizá esto no parezca hoy muy revolucionario, pero, en la época de Cuvier, se creía que el hombre y los animales de la antigüedad, destruidos por sucesivos cataclismos, eran semejantes en todas sus características y modo de vivir a las especies existentes. Cuvier negaba todo eso. "Nos resultaría difícil reconocer a los antiguos habitantes de la Tierra", decía, y se propuso demostrar su afirmación.

A fin de reproducir el aspecto de algunas especies extintas de animales, comenzó a reconstruir dos de los esqueletos encontrados en la mina de yeso. Era el rompecabezas de todos los tiempos. Centenares de huesos y dientes esparcidos en el suelo del cuarto de trabajo de Cuvier, que se preparaba a unir con alambre, y sus grandes conocimientos de anatomía y zoología le permitieron completar la reconstrucción. Al terminar, quedaron armados dos magníficos ejemplares de herbívoros, que desaparecieron de la tierra por lo menos cincuenta millones de años antes. A uno de los animales le dio el nombre de *anaplotherium* ("bestia sin armas") y al otro, *palaeotherium* ("bestia antigua").

Se extendió rápidamente la reputación de Cuvier como el hombre de los "huesos fósiles". De toda Francia, la gente traía huesos de tortuga, de ballena, de elefante y de seres humanos para que los viera. Cada vez que se detenía una carreta frente al museo, los porteros sabían que llegaba otra carga de huesos para que los estudiara su profesor. Cuvier fue el primero en identificar al extinto reptil parecido a un ave que ha recibido el nombre de pterodáctilo. Gracias a sus esfuerzos se fundó la paleontología como ciencia separada.

Con sus grandes conocimientos intentó hacer una nueva clasificación del reino animal. Linneo usó el aspecto y las características exteriores de los animales en su clasificación, pero, en el *Cuadro elemental de la historia natural de los animales* (1798), Cuvier se basó más bien en los parecidos estructurales de los tipos. Su insistencia en la fisiología y la anatomía para caracterizar a los animales, fue un progreso notable. Según su sistema, todos los animales podían clasificarse en cuatro grupos: animales vertebrados; moluscos (como, babosas, ostras); animales articulados (como insectos, cangrejos) y animales radiados (como corales, anémonas de mar). Cada especie, según sostenía, fue creada para un propósito diferente, y cada órgano estaba destinado a cumplir una función específica. Creía que las distintas especies fueron creadas independientemente y que no existía relación evolutiva entre ellas. Aconsejaba a los paleontólogos que estudiaran la flora y la fauna de cada época de la tierra como si fueran creaciones aisladas e independientes.

La publicación de esas ideas llevó al rompimiento entre Cuvier y su viejo amigo Etienne Saint-Hilaire, profesor del Museo de Historia Natural. Saint-Hilaire se apegaba a la tesis trasformista de que todos los animales estaban constituidos según lineamientos semejantes y que existía un claro vínculo entre una especie y las siguientes. Lamarck popularizó dichos conceptos (naturalmente, Darwin formularía cincuenta años después una teoría amplia y detallada de la evolución), pero Cuvier no los aceptaba. Se resistía a la idea de que existía una relación entre el pulpo y el caballo, por ejemplo, y no estaba dispuesto a creer que el hombre hubiera evolucionado a partir de cualquiera de las otras formas del reino animal. "¡No existe el hombre fósil!" afirmaba.

Colmaron de honor tras honor a Cuvier, a quien ya se reconocía como uno de los más grandes científicos del mundo. Lo nombraron profesor del famoso Jardin des Plantes; después, secretario perpetuo del Instituto de Francia. En 1808, Napoleón lo nombró miembro del consejo de la Universidad Imperial, encargándolo de examinar las perspectivas de la educación superior en los distritos que acababa de adquirir Francia al otro lado de los Alpes y el Rin. En 1818 fue elegido miembro de la Academia Francesa, y al año siguiente, el gobierno lo escogió para dirigir su Comité Interior, puesto que ocupó hasta que, en 1832 murió del cólera. Luis Felipe lo hizo par en 1831 y lo designó presidente del Consejo de Estado.

Aunque prestaba sus servicios en la administración civil, Cuvier siguió estudiando y escribiendo. En 1828 culminó veinticinco años de trabajo publicando la *Historia natural del pez,* que contenía descripciones de más de cinco mil diferentes especies. Escribió también libros sobre paleontología, huesos fósiles y anatomía comparada.

La ironía de la vida de Cuvier estriba en que, aunque se opuso a la teoría evolucionista, fue su gran habilidad en la anatomía comparada la que ayudó a que esta tesis ganara partidarios. La obra de Cuvier indicaba las condiciones de transición de los peces a los anfibios y de los anfibios a los reptiles, pero sus convicciones le impidieron sacar las conclusiones que sacaron Lamarck, Wallace y Darwin.

Cada vez que las pruebas demostraban su equivocación, fue lo suficientemente liberal para confesar sus errores. En cierta ocasión interrumpió con la siguiente afirmación a un colaborador que protestaba: "Querido amigo, estamos equivocados". Si hubiera vivido lo bastante para evaluar la obra de Darwin, quizá habría repetido esta franca observación.

BIBLIOGRAFÍA

Darrow, Floyd, *Masters of Science and Invention.*
Peatrie, D. C. *Green Laurels.*
Senet, André, *Man in Search of his Ancestors.*

ALEJANDRO DE HUMBOLDT

(1769-1859)

¿QUIÉN PUEDE SEÑALAR con exactitud el momento preciso, el acontecimiento o la persona a los que se debe el interés que dará forma a todo su porvenir? Para Federico Alejandro de Humboldt, tal vez las narraciones de tierras lejanas que le contó su primer preceptor, Joaquín Campe, quien había traducido el *Robinsón Crusoe*.

Alejandro de Humboldt nació en Berlín el 14 de septiembre de 1769 y fue hijo segundo del comandante Alejandro Jorge de Humboldt. En la época en que nació Alejandro, su padre acababa de renunciar al puesto de chambelán del rey y pensaba dedicarse a mejorar su residencia campestre de Tegel, situada a unos doce kilómetros de Berlín, en un hermoso marco natural, a orillas del Havel. El año 1769 no sólo vio el nacimiento de Alejandro de Humboldt, sino también el de Napoleón y Wellington.

Cristián Kunth entró al servicio del comandante de Humboldt en calidad de preceptor en 1777. Kunth creía que era necesario equilibrar el desarrollo de la mente con el del cuerpo. Animó a Alejandro y su hermano a observar, examinar y poner en duda, no sólo a aprender de memoria.

El primer interés de Alejandro en la historia natural se manifestó en su celo por coleccionar flores, plantas, mariposas y piedras. Se le llamaba "el pequeño boticario". ¿Podía alguien haber predicho en esa época que su primer interés en las colecciones continuaría y se ampliaría hasta el grado de que, después de su regreso de América del Sur, clasificaría aproximadamente sesenta mil ejemplares de plantas?

En 1783, unos cuatro años después de la muerte de su padre, los hermanos fueron enviados a Berlín con su preceptor a fin de ponerlos en contacto con algunos de los pensadores más distinguidos del día. En ese tiempo, Alejandro adquirió su habilidad para bosquejar y dibujar, capacidad que le permitió ilustrar sus estudios de botánica, zoología y anatomía, y dibujar mapas del país en sus exploraciones y expediciones posteriores.

En 1789, Humboldt se reunió con su hermano en la Universidad de Gotinga. Ésta estaba en el apogeo de su gloria como escuela de ciencias. Allí escuchó las lecciones de los miembros de la facultad sobre arqueología, anatomía, fisiología, historia natural y ciencias físicas, filosofía e idiomas. En ese plantel conoció a Jorge Forster, quien acompañó al capitán Cook como naturalista en el segundo viaje de ese gran navegante alrededor del mundo. Forster, con los relatos de sus aventuras, de tierras extrañas y espectáculos más extraños aún, y su amor a la verdad y al conocimiento, fue otro eslabón en la cadena de quienes inspiraron a Alejandro y vigorizaron su deseo de viajar y explorar. Alejandro escribía: "...el estudio de los mapas y la lectura de los libros de viaje ejercían una secreta fascinación en mí que a veces resultaba casi irresistible".

Un viaje de dos meses, con un condiscípulo, se tradujo en la publicación, cuando tenía veintiún años de edad, del primero de sus muchos estudios; éste se tituló *Observaciones mineralógicas sobre algunos basaltos del Rin*. En esa disertación, puso de manifiesto la rara facultad de observación y el conocimento de las relaciones recíprocas en la naturaleza que se hace tan evidente en sus obras posteriores.

Para proseguir su educación según los lineamientos deseados por su familia, ingresó en la Escuela de Comercio de Hamburgo, donde continuó obedientemente sus estudios de teneduría de libros y economía, al mismo tiempo que seguía entregándose a su pasión por la botánica y la mineralogía. A fin de ampliar sus conocimientos en esta última esfera, solicitó y obtuvo el ingreso en la Escuela de Minería de Friburgo, donde investigó temas tan diversos como las leyes que rigen el crecimiento de las plantas, la germinación de las semillas en ácido clorhídrico diluido y la causa del color verde de las plantas que crecen en la intensa oscuridad de las minas. Más tarde escribiría un tratado sobre la flora subterránea.

De Friburgo, cuando sólo tenía veintidós años de edad, se fue a Bayreuth, en Baviera, para trabajar como superintendente de minas, con instrucciones de mejorar la explotación minera de ese lugar. Pasó muchos días visitándolas y dirigiendo los trabajos de los mineros. Ni allí perdió de vista su interés en la naturaleza; empleó parte de su tiempo en observar los tipos de plantas que crecían en los tiros de las minas. En medio de su trabajo de minería práctica, se esforzó por mejorar la vida del minero y su familia, instituyendo clases para los jóvenes y los viejos, según sus necesidades, y trabajando por la concesión de pensiones. También perfeccionó un respirador que permitía al minero respirar aire puro, y una lámpara que reducía la amenaza de las explosiones subterráneas.

A la muerte de su madre, en 1796, Humboldt recibió una cuantiosa herencia. Se haría realidad su deseo de largos viajes y exploraciones. En 1799, acompañado por un joven naturalista que se llamaba A. J. A. Bonpland, viajó a Madrid, donde se le concedió permiso para explorar a su costa las posesiones españolas en América. Salieron de España ese mes de junio en la fragata *Pizarro*, que zarpó para Cuba, pero llegaron a lo que hoy es Venezuela debido a un brote de fiebre a bordo del barco. Su propósito principal, según las palabras de Humboldt, era el de "averiguar cómo obran unas sobre otras las fuerzas de la naturaleza y de qué manera influye el ambiente geográfico en los animales y las plantas; en otras palabras, observar la armonía entre las fuerzas de la naturaleza".

En América del Sur se asombraron con las nuevas formas de vegetación, el esplendor de los cielos, los pueblos que vivían de una manera extraña para ellos, y lenguajes de origen desconocido, ricos en su expresión. Aunque no los primeros en visitar esas regiones, fueron los primeros en estudiar la naturaleza como unidad: las formaciones de rocas con las plantas y el suelo en que crecían, el clima con el comportamiento humano, y los terremotos con la formación de tierra y los depósitos minerales. Antes de que pasaran tres meses, reunieron más de 1,600 plantas y encontraron 600 nuevas especies. No es posible imaginar las incomodidades y los peligros que tuvieron que arrostrar. Estuvieron expuestos a los elementos, picados por los insectos y atemorizados por los animales hambrientos, pero siguieron reuniendo y desecando ejemplares de plantas y observando y describiendo los hábitos de los pueblos, los animales y las plantas que los rodeaban.

Humboldt visitó el Perú en 1801. El viaje le dio oportunidad de contemplar los Andes y examinar una vez más el efecto del clima sobre la vegetación. Dedujo que "la clasificación e identificación sólo tenían importancia si se podía integrar esa información con toda la naturaleza". Pero al resultar el primero en escalar las grandes alturas del Chimborazo, la cima más alta de los Andes, fue muy satisfactorio, porque, inclusive, para Humboldt, "lo inaccesible ejerce siempre una secreta fascinación".

El viaje al Pacífico y después a México se distinguió por los nuevos estudios. En un punto, los viajeros estuvieron un mes para examinar el árbol de la quina, que ya entonces se conocía por su valor medicinal. Más tarde se usaría la quinina de su corteza en el tratamiento de la malaria. También en la costa oyó hablar del guano, que desde hacía mucho tiempo lo empleaban los peruanos por sus propiedades fertilizantes. Aunque no la descubrió, Humboldt hizo cuidadosas mediciones y observaciones de la fría corriente peruana, que más tarde recibiría el nombre de "corriente de Humboldt".

Después de salir de México, viajó a Fliadelfia y Washington, donde conoció al presidente Jefferson y otros distinguidos hombres de ciencia, a quienes comunicó algunas de sus observaciones y quienes le hablaron de la forma democrática de gobierno.

Después de una ausencia de cinco años y de viajes que abarcaron sesenta y cinco mil kilómetros, Humboldt volvió a Europa con colecciones de notas que llenaban treinta y cinco cajas. Durante los siguientes treinta años reunió en treinta volúmenes sus observaciones, descripciones, mapas, gráficas, estadísticas, bocetos y conclusiones, divididos en seis categorías: Narraciones de viajes; descripción de animales; geografía y economía política de México, comprendiendo el sudoeste norteamericano y California; astronomía; geografía vegetal, y estudios botánicos.

Mientras atendía la publicación de sus escritos, pasaba el tiempo con José Gay-Lussac investigando la constitución química de la atmósfera y los métodos de probar su pureza. Está bien documentada su influencia y su ayuda a otros jóvenes científicos. Entre ellos puede mencionarse a Darwin, quien atribuyó a su lectura de la *Narración de los viajes* de Humboldt la dirección que siguió su propia carrera; Agassiz, el cual, gracias a la generosidad de Humboldt, inició en París, en 1833, la publicación de sus *Investigaciones sobre los peces fósiles;* Gauss, el matemático, quien recibió ayuda en su carrera profesional cuando Humboldt gozaba del favor del rey. Durante ese periodo, Humboldt aceptó la invitación del emperador ruso Nicolás para visitar los Urales y sus minas, a fin de hacer un estudio científico, a pesar de que cumpliría los sesenta años de edad antes de que terminara la misión.

La obra maestra de Humboldt fue su monumental *Cosmos,* una amplia descripción del Universo, la cual encarnaba su filosofía de las relaciones mutuas de toda su naturaleza. Consideraba que, así como el Universo era un ejemplo de integración, así también el género humano cumpliría sus más grandes hazañas cuando trabajara unido. Escribió: "...no hay razas inferiores. Todas están destinadas igualmente a alcanzar la libertad..." en una época en que aún florecía la compra y venta de los esclavos. Los dos primeros volúmenes del *Cosmos* fueron publicados en 1845 y 1847, escritos por él tanto en alemán como en francés, pero muy pronto se tradujeron a otros diversos idiomás. El quinto volumen quedó terminado cuando tenía ochenta y nueve años de edad. La muerte llegó antes de que trascurriera un año, como si su vida se hubiera prolongado para hacer posible la terminación de su gran obra, en la cual combinó los pensamientos y observaciones de un hombre que, en su vida, hizo aportaciones a las esferas de la antropología, la astronomía, la botánica, la geografía, la geología, el magnetismo, la meteorología, la fisiología y la zoología. Cuando murió el 6 de mayo de 1859, cumplió su instancia de que "El hombre debe aspirar siempre a lo bueno y a lo grande".

BIBLIOGRAFÍA

Lassel, J., y Lassel, C. (recopiladores). *Life of Alexander von Humboldt.*
Thomas, H., y Thomas, D. L. *Living Adventures in Science.*
Thomas, M. Z. *Alexander von Humboldt: Scientist, Explorer, Adventurer.*

ANDRÉS MARÍA AMPERE

(1775-1836)

EN 1820, JUAN Cristián Oersted dio la señal para que se iniciara una de las más importantes emulaciones científicas cuando descubrió experimentalmente la tan buscada relación entre la electricidad y el magnetismo. Exceptuando los descubrimientos de Roentgen, Becquerel y los Curie, que fueron el umbral de nuestra era atómica a fines del siglo XIX, ningún descubrimiento en la larga historia de la ciencia ha despertado jamás tan febril interés ni tantas observaciones experimentales.

El 11 de septiembre de 1820 fue leída la disertación científica de Oersted, contenida en cuatro páginas, en la Academia de Ciencias de París, y durante los siguientes cuatro meses, casi todas las reuniones semanarias de la Academia se dedicaron a examinar su descubrimiento. El más asiduo colaborador de estas sesiones fue un triste y solitario científico, un matemático llamado Andrés Ampère, quien se encontraba entre los cuarenta y los cincuenta años de edad. Durante los siete días que siguieron a la lectura de la disertación de Oersted, Ampère no sólo repitió la demostración de aquél, sino que también concibió y ejecutó una serie de experimentos originales que sirvieron para vincular aún más las esferas de la electricidad y el magnetismo. El estallido de capacidad creadora de Ampère culminó con una disertación que fue leída en la Sociedad el 18 de septiembre de 1820. Años más tarde, Arago, otro científico francés, aludió a esta obra diciendo que probablemente era el único ejemplo de un descubrimiento importante concebido y consumado con tanta rapidez.

Andrés María Ampère nació durante el periodo de inquietud económica y política anterior a la Revolución francesa, el 20 de enero de 1775, en un suburbio de Lyons, Francia. Lyons era el principal centro comercial francés de la época, y el padre de Andrés era un mercader de cáñamo bastante próspero. Andres fue un joven sensible, al que le gustaba la estrecha camaradería con su padre. Éste lo inició a temprana edad en el estudio de los clásicos latinos y griegos; sin embargo, la aptitud del joven Andrés para las matemáticas se hizo evidente para todos, inclusive antes de que aprendiera a leer o escribir. Con frecuencia se le encontraba resolviendo problemas matemáticos con el uso de guijarros y piedras, y ya reunía suficiente destreza para aplicar el álgebra y la geometría a esos problemas.

No tardó en decidirse a proseguir más de cerca sus estudios de latín a fin de poder leer sobre el cálculo. Su memoria era tan buena, y su percepción tan aguda, que este joven genio dominó el cálculo a los doce años de edad. Cuando sólo tenía dieciocho años, presenció una tragedia que no habría de borrarse de su memoria durante el resto de su vida. Su padre, de quien sólo se sospechaba que era simpatizador de los realistas, fue arrancado del hogar y guillotinado durante el Reinado del Terror que acompañó a la Revolución francesa. El monstruoso acontecimiento rompió los delgados hilos que sostenían el equilibrio de Andrés, y se hundió en un periodo de la más negra desesperación.

Pasó un año antes de que comenzaran a desaparecer las sombras de esta tragedia. Volvió a despertarse su interés con la lectura de un libro sobre botánica escrito por Rousseau. De la botánica pasó a la prosa y luego al verso. Muy pronto, comenzaron a aparecer equis e íes griegas entre sus ensayos poéticos. Una vez más empezaba a funcionar su cerebro apropiadamente y sólo necesitaba orientación. Debido a que sus recursos económicos desaparecieron con la Revolución, Ampère se vio obligado a ganarse la vida; así, pues, combinó sus estudios con las clases que daba a discípulos particulares.

Su vida personal comenzó a tomar una significación verdadera cuando conoció a Julia Carron y se casó con ella en 1799. Un año más tarde tuvieron un hijo, Juan Jacobo. Cuando creció este hijo del famoso científico, fue honrado con la elección como miembro de la Academia Francesa por su obra de literato e historiador. A fin de hacer frente a sus nuevas responsabilidades, Ampère aceptó su primer trabajo de maestro como profesor de ciencias en la escuela jesuita de Bourg, que se encuentra al norte de Lyons. Sin embargo, ya realizaba sus investigaciones en un gran número de esferas científicas y se publicó su primera memoria en 1802. Esta disertación, que seguía los pasos de la obra de Pascal y Fermat, se ocupaba de la teoría matemática del juego y de las leyes de la probabilidad. Dos conocidos matemáticos, Delambre y Lalande, quedaron tan impresionados con este trabajo original, que ayudaron a Ampère a obtener el puesto de profesor en una escuela secundaria de Lyons.

Pero una vez más la tragedia hirió a este gran científico, pues su amada esposa murió en 1803. De nuevo se entristeció su mundo e intentó retirarse de la escena académica que lo mantenía fascinado. Sin embargo, Napoleón Bonaparte, que admiraba mucho a los hombres estudiosos, insistió en que Ampère aceptara un nombramiento en la Escuela Politécnica de París, en 1804. En 1809 fue nombrado profesor de matemática analítica y de mecánica en dicha escuela, donde permaneció durante el resto de su carrera científica. En ese periodo de su vida, sus actividades de investigación fueron tan intensas, concienzudas y reveladoras como variadas. Constantemente buscaba verdades científicas mediante la experimentación, pues no se conformaba con la mera erudición. Prefería estudiar y descubrir principios generales que tuvieran aplicación directa a los problemas reales. El examen de sus publicaciones indica que realizó investigaciones en esferas tan diversas de estudio como las matemáticas trascendentales, el cálculo de variaciones, las aplicaciones a la mecánica, la electricidad y el magnetismo, la óptica, la teoría de los gases, la física molecular, la fisiología animal, la teoría de la tierra, la metafísica y la sicología. Esos estudios dieron por resultado que fuera elegido para la Academia Francesa de Artes y Ciencias en el departamento de geometría.

Los estudios previos de Ampère fueron la mejor preparación posible para su brillante serie de memorias sobre la electrodinámica, a las que siguió casi inmediatamente el anuncio del histórico descubrimiento de Oersted, el 11 de septiembre de 1820. Así, en rápida sucesión, Ampère presentó primero una exposición más completa del descubrimiento de Oersted de que una corriente eléctrica que pase por un conductor hace que se desvíe la aguja de una brújula magnética. Formuló la Regla de Ampere para un conductor de electricidad de alambre recto, que describe la dirección y forma circular del campo magnético que se produce cuando se hace pasar la corriente eléctrica, y predice con exactitud la manera en que se desviará siempre la aguja de la brújula en ángulo recto con el alambre. Luego demostró experimentalmente tanto la existencia como la naturaleza de las fuerzas magnéticas producidas por el flujo de la electricidad en dos alambre paralelos. A diferencia de los resultados obtenidos con las cargas magnéticas y electrostáticas (en que los opuestos se atraen y los semejantes se repelen), Ampère observó

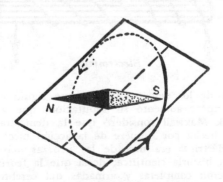

Galvanómetro

que existía una fuerza de atracción cuando la corriente fluía en la misma dirección, y una fuerza de repulsión cuando la corriente fluía en direcciones opuestas en cada uno de los alambres. Entonces ideó una fórmula magnética para determinar la relación que existe entre la magnitud de cada corriente eléctrica, la distancia entre los dos alambres y las fuerzas resultantes de atracción o de repulsión. Esta fórmula fue usada inmediatamente por otros científicos, y hoy es tan exacta y verdadera como lo fue en 1820.

Ampère dedicó entonces su atención a los conductores circulares, llamados "selenoides". Demostró que la fuerza de los efectos magnéticos aumentaba grandemente en proporción directa con el número de vueltas del alambre usado, y que en cada uno de los extremos abiertos de estas bobinas se formaban polos magnéticos opuestos. Arago y Ampère usaron el selenoide de este último para magnetizar agujas de acero con tal intensidad que hicieron de ellas poderosos imanes permanentes. Sin embargo, Ampère no inventó el electroimán debido a que no usó núcleos de hierro dulce con los selenoides. Tampoco reconoció el fenómeno de la inducción electromagnética, en que se usa el magnetismo, y no sustancias químicas, para producir energía eléctrica.

Después de su serie de importantes descubrimientos relacionados con los efectos del flujo de la corriente eléctrica, Ampère publicó su famosa teoría sobre la electricidad y el magnetismo en 1823. En vista de que esta obra teórica fue presentada más de setenta años de que se descubriera la naturaleza eléctrica del átomo, fue una proeza realmente asombrosa. En esta obra, Ampère explicaba que la presencia del magnetismo en un imán permanente es consecuencia de la electricidad molecular.

Electroimán

Cada uno de los descubrimientos que siguió a la obra original de Ampère aumentó su reputación, que ya era grande. Jacobo Clerk Maxwell consideró que la demostración matemática y física hecha por Ampère de la acción mecánica entre dos corrientes eléctricas era una de las proezas más brillantes de toda nuestra historia científica; decía que la teoría y el experimento "salieron completas y armadas del cerebro del Newton de la electricidad... perfectos en su forma, inexpugnables en su exactitud y resumidos en la fórmula cardinal de la electrodinámica, de la que podían deducirse todos los fenómenos'. Este gran pensador intuitivo y científico experimental fue honrado para la posteridad cuando a la unidad práctica de corriente eléctrica se le dio el nombre de "amperio". El instrumento eléctrico que se usa para medir la corriente eléctrica se llama hoy "amperímetro". La mayoría de los aparatos que emplean la fuerza electromagnética, como el timbre eléctrico, todos los motores y generadores eléctricos, la radio y la televisión, fueron creados como consecuencia de los descubrimientos de Ampère.

BIBLIOGRAFÍA

Appleyard, R. *Pioneers of Electrical Communication.*
Mandelbaum, A. *Electricity, The Story of Power.*
Taylor, L. *Physics, The Pioneer Science.*

AMADEO AVOGADRO

(1776-1856)

EL GRUPO DE eruditos y científicos que estaban abonados al *Anuario de Física* francés, hojearon la edición de 1811 con diversos grados de interés. Dos de los artículos disputaban la paternidad de un descubrimiento secundario; otros estaban firmados por colaboradores que, según parecía, pasaban más tiempo escribiendo sobre sus experimentos que realizándolos. Cerca del final del anuario se encontraba un disquisición de un profesor italiano sobre la distinción entre los átomos y las moléculas. Seguían algunos anuncios de los fabricantes de "equipos científicos", y eso era todo. Un número que, en general, no se distinguía de los demás, destinado normalmente a llenarse de polvo y a volverse amarillento en la oscuridad.

Pero no sería ése el destino de la publicación de 1811. Se hizo tan famosa que, un siglo después de su aparición, muchas delegaciones de científicos que representaban a casi todas las naciones civilizadas, acudieron a Italia para conmemorar el centésimo aniversario de ese número. Fueron a rendir homenaje al profesor italiano Amadeo Avogadro, cuyo artículo sobre los átomos y las moléculas se convertía en uno de los documentos más famosos de la física.

La historia de Avogadro nos parece conocida. Su padre, abogado de Turín, instigó al niño a seguir su respetable profesión. Amadeo recibió el título de bachiller a la edad de dieciséis años y, a los veinte, poseía ya el doctorado en derecho canónico. Era una vida que lo pondría en contacto con los altos funcionarios del gobierno, los aristócratas y los representantes papales. Era una vida que le daría comodidades, compensaciones económicas y satisfacción personal. Pero, para Amadeo Avogadro, resultaba embrutecedora. Aunque lo aburrían las leyes, lo fascinaban sus lecturas de química, física y matemáticas. Su decisión de convertirse en científico fue afortunada, pues en seguida demostró tener una comprensión intuitiva de los principios científicos más difíciles. Antes de que pasara mucho tiempo, estaba realizando experimentos independientes, que hicieron que el personal de la universidad fijara su atención en las proezas de este brillante convertido a la ciencia. Se le nombró profesor de física de un pequeño colegio de Italia septentrional, y allí realizó la obra que condujo al descubrimiento de la famosa ley de Avogadro, la cual fue expuesta en el artículo publicado en 1811.

La ley de Avogadro puede enunciarse de una manera sencilla: en condiciones idénticas de temperatura y presión, los volúmenes iguales de todos los gases contienen el mismo número de moléculas, ya consistan esas moléculas en átomos sencillos o estén compuestas por dos o más átomos de la misma especie o de diferente clase.

La hipótesis de que una molécula estaría formada por dos átomos era audaz. Juan Dalton, que fundó la teoría atómica, explicó la composición del agua como una combinación de un "simple" de oxígeno con un "simple" de hidrógeno. Por lo tanto, representaba al agua con la fórmula HO. Las investigaciones de Avogadro, según se describían en el artículo mencionado, demostraban que una molécula no tenía que estar compuesta forzosamente de especies separadas de átomos, sino que podía muy bien estar formada por dos átomos del mismo elemento; es decir, una molécula de oxígeno se identificaría como O_2. Resultaba concebible que la composición del agua consistiera en *dos* átomos de hidrógeno combinados con *un* átomo de oxígeno, lo cual se traducía en una molécula de agua; por lo tanto, la fórmula no era HO, sino H_2O. Para Avogadro resultaba imposible contar las moléculas y, en consecuencia, no pudo representar prueba irrefutable de su teoría. Pero los científicos modernos, usando cargas eléctricas y la difracción de rayos X de los cristales, han comprobado la exactitud de su hipótesis. Se ha demostrado, por ejemplo, que una botella de leche llena de cualquier gas, contiene, aproximadamente, 2.5×10^{22} moléculas. Además, se sabe que 1 cc. de cualquier gas, a la temperatura y presión normales, consiste en unas 2.687×10^{19} moléculas, y que el número de moléculas de un gramo de gas es casi de 6.023×10^{23}. A este último se le ha dado el nombre de número de Avogadro.

Cincuenta años después de la publicación del artículo de

Avogadro se reunió una convención científica en Karlsruhe, Alemania, para disipar la confusión que existía entre las diferentes escuelas de pensamiento sobre la cuestión de las moléculas y los átomos. Un químico italiano, Estanislao Cannizzaro, descubrió el tratado de Avogadro y abogó por él ante la asamblea. Aunque Cannizzaro nada más provocó el interés de algunos científicos en esta convención, se dedicó a dar publicidad a los descubrimientos de Avogadro. Publicó artículo tras artículo, importunó a todo maestro importante que pudo encontrar, habló en docenas de convenciones eruditas y, por fin, convenció a la comunidad científica de que su compatriota tuvo la razón. Por sus esfuerzos, a Cannizzaro se le concedió la medalla Copley de la Sociedad Real.

Hay algunos ejemplares de la valiosísima edición de 1811 del *Anuario de Física* en poder de los museos y los coleccionistas. Dichos ejemplares son encomios a Amadeo Avogadro, quien puso la piedra fundamental de la moderna teoría química de los átomos.

BIBLIOGRAFÍA

Irwin, K. *The Romance of Chemistry*.
Partington, J. R. *Short History of Chemistry*.

CARLOS FEDERICO GAUSS

(1777-1855)

CUANDO CARLOS GAUSS tenía diez años de edad, su maestro solicitó a la clase que encontrara la suma de todos los números comprendidos entre uno y cien. El maestro, pensando que con ello la clase estaría ocupada algún tiempo, quedó asombrado cuando Carlos levantó en seguida la mano y dio la respuesta correcta. Al principio, el maestro pensó que al niño le proporcionó la solución alguno de sus antiguos discípulos que la sabía de memoria. Cuando Carlos reveló que encontró la solución usando el álgebra, el maestro se dio cuenta de que el niño era una promesa en las matemáticas. Carlos había cambiado el problema para plantearlo así: $S = \dfrac{n}{2}(n+1)$, en que "n" es cualquier número entero; luego, puso 100 en lugar de "n" y encontró la solución, 5.050, en menos de un minuto.

Nacido el 30 de abril de 1777, hijo de un humilde albañil de Brunswick, Alemania, Carlos Gauss dio señales de ser un genio antes de que cumpliera los tres años. A esa edad aprendió a leer y hacer cálculos aritméticos mentales con tanta habilidad que descubrió un error en los cálculos que hizo su padre para pagar unos sueldos. Ingresó a la escuela primaria antes de que cumpliera los siete años.

Cuando tenía doce años, criticó los fundamentos de la geometría euclidiana; a los trece le interesaba las posibilidades de la geometría no euclidiana. A los quince, entendía la convergencia y probó el binomio de Newton. El genio y la precocidad de Gauss llamaron la atención del duque de Brunswick, quien dispuso, cuando el muchacho tenía catorce años, costear tanto su educación secundaria como universitaria. Este ofrecimiento provocó vigorosas protestas del padre de Carlos, que no quería que su hijo perdiera el tiempo en el colegio cuando podía trabajar, ganando dinero para ayudar a su familia. Pero, por fortuna, su padre cedió. Carlos, a quien también le interesaban los clásicos y los idiomas, pensaba que haría de la filología la obra de su vida, pero las matemáticas resultaron ser una atracción irresistible.

Cuando estudiaba en Gotinga, descubrió que podría construirse un polígono regular de diecisiete lados usando sólo la regla y el compás. Enseñó la prueba a su profesor, quien se mostró un tanto escéptico y le dijo que lo que sugería era imposible; pero Gauss demostró que tenía la razón. El profesor, no pudiendo negar lo evidente, afirmó que también él procedió de la misma manera. Sin embargo, se reconoció el mérito de Carlos, y la fecha de su descubrimiento, 30 de marzo de 1796, fue importante en la historia de las matemáticas porque su proeza representó el primer progreso importante de las matemáticas euclidianas en dos mil doscientos veinte años. Posteriormente, Carlos encontró la fórmula para construir los demás polígonos regulares con la regla y el compás.

Carlos Gauss se graduó en Gotinga en 1798, y al año siguiente recibió su doctorado en la Universidad de Helmstedt. Las matemáticas no fueron el único tema que interesó a este hombre; fue también astrónomo, físico, geodesta e inventor. Hablaba con facilidad varios idiomas, e inclusive dominó el ruso a la edad de sesenta años. En 1807 fue nombrado director del observatorio y profesor de astronomía en la Universidad de Gotinga.

A principios del siglo XIX, Gauss publicó sus *Disquisiciones aritméticas*, que ofrecían un análisis lúcido de su teoría de números, comprendiendo las complicadas ecuaciones que confirmaban su teoría y una exposición de la convergencia de una serie infinita. También en esta época representó con exactitud las órbitas de dos planetoides, Ceres y Palas, recientemente observados, prediciendo su retorno a la visibilidad desde la Tierra. Estudió la teoría de los errores y dedujo la curva normal de la probabilidad, llamada también curva de Gauss, que todavía se usa en los cálculos estadísticos.

En la década que comienza con 1830, la mecánica celeste del siglo XVIII estaba siendo remplazada por la nueva teoría electromagnética; Gauss fue uno de los primeros científicos que trabajaron sobre esta nueva idea. En 1833 inventó un telégrafo eléctrico que usó entre su casa y el observatorio, a una distancia de unos dos kilómetros. Inventó también un magnetómetro bifilar para medir el magnetismo y, con Guillermo Weber, proyectó y construyó un observatorio no magnético. Además, fue organizador de una unión magnética alemana que se propaló por todo el continente europeo. El propósito de esta unión era el de hacer observaciones más exactas de los fenómenos magnéticos. Tanto Gauss como Reimann, que fue discípulo suyo, pensaban en una teoría electromagnética que sería muy semejante a la ley universal de la gravitación, de Newton. Empero, la teoría del electromagnetismo fue ideada más tarde, en 1873, por Jacobo Clerk Maxwell, de Cambridge, aunque Gauss ya poseía los cimientos matemáticos para la teoría. En 1840, las investigaciones de Carlos sobre la óptica tuvieron especial importancia debido a sus deducciones por lo que toca a los sistemas de lentes. Inventó también un instrumento agrimensor que usó en la geodesia, rama de las matemáticas que determina la posición exacta de los puntos y figuras y de las áreas de grandes porciones de la superficie terrestre, así como las variaciones de la gravedad de nuestro planeta. El origen de la geodesia moderna se atribuye a Gauss.

Se ha dicho que Arquímedes, Newton y Gauss fueron los tres matemáticos más grandes de todos los tiempos; sin embargo, sus personalidades fueron muy diferentes. Arquímedes, que vivió en el siglo III a. de J.C., fue filósofo a más de matemático. Newton tenía un temperamento muy distinto del de Gauss. Newton exigía que se le reconociera el mérito de sus proezas; Gauss, en cambio, era tan modesto, que una parte de su obra no fue conocida sino hasta después de su muerte. Su obra sobre las funciones elípticas y sus ideas sobre la geometría no euclidiana, por ejemplo, fueron publicadas póstumamente. Debido a que se conformaba con haber alcanzado cosas asombrosas, dejaba a menudo que otros afirmaran tener la precedencia en algunos de sus más grandes descubrimientos.

Se enfrascaba tanto en sus nuevas ideas que las anotaba en hojas sueltas de su diario. Estaba explorando siempre nuevos conceptos y no quería dedicar tiempo a prepararlos para su publicación: consideraba que perdería demasiado tiempo y trabajo dando a esas ideas la forma debida para su inserción en las revistas científicas. Lo que publicó, lo corrigió muchas veces, pues quería que sus trabajos resultaran perfectos y, en verdad, fueron obras maestras de claridad. Carlos no divulgó muchas de sus brillantes ideas, y otros matemáticos se afanaron y obtuvieron los mismos resultados por sí mismos. Este estado de cosas fue causa de considerable consternación para quienes, después de laborar muchos años a fin de llegar a ciertas conclusiones, se enteraban de que Gauss comprobaba antes los mismos teoremas. Uno de esas matemáticos frustrados fue Carlos Jacobi, que entrevistó más de una vez a Gauss para explicarle algunos de sus nuevos descubrimientos. Cada vez que Jacobi relataba sus hallazgos a Gauss, éste abría el cajón de su escritorio para enseñar a su amigo algunos papeles que contenían los mismos descubrimientos.

Por lo que toca a la geometría no euclidiana, Carlos tuvo otra razón para no publicar su obra. A principios del siglo XIX, la geometría significaba geometría del espacio, y se aceptaba sin disputa la geometría euclidiana. Por lo tanto, los conocedores de la época consideraban que estaba loco todo aquel que se atrevía a refutar a Euclides y a ofrecer sus propias ideas. Debido a que este prejuicio prevalecía en toda Europa, Gauss escribió a Federico Bessel para explicarle por qué no daba a conocer sus descubrimientos. Le dijo que "temía el clamor de los beocios", con lo que quería decir que tenía miedo a la mofa del público, al que comparaba con los miembros de una tribu griega ignorante. Después de que murió, localizaron entre sus papeles la obra de Carlos sobre esta nueva geometría. Existían diferentes versiones de la geometría no euclidiana. La de Reimann decía que la suma de los ángulos de un triángulo *es mayor* de 180 grados; Gauss afirmaba que *es menor* de 180 grados. Gauss quiso probar esta teoría poniendo a tres hombres en tres cimas montañosas y diciendo a cada uno de ellos que midiera el ángulo que se formaba entre él y los otros dos. La suma de estos ángulos midió dos minutos menos de 180 grados. Sin embargo, este experimento no probó cuál teoría era correcta, debido a la posibilidad de error en la medición. Las teorías de Gauss y de Reimann convenían en que, cuanto mayor fuera la superficie de un triángulo, mas se acercaba la suma de los ángulos a 180 grados. El triángulo formado por el Sol, la Luna y la Tierra es inmenso si se le compara con el formado por tres cimas montañosas. Esto llevó a Gauss a la teoría de que, en las vastas regiones del espacio, la geometría no euclidiana (que llamó también geometría astral) es más exacta que la geometría euclidianna.

A la edad de setenta y siete años, Carlos Federico Gauss falleció en Gotinga, Alemania, el 23 de febrero de 1855. Se ha dicho que la lápida que señala su tumba fue escrita con un diagrama, que construyó el mismo Gauss, de un polígono de diecisiete lados. Durante su vida, se reconoció que era el matemático más grande de los siglos XVIII y XÏX. Su obra en las matemáticas contribuyó a formar una base para encontrar la solución de problemas complicadísimos de las ciencias físicas y naturales.

BIBLIOGRAFÍA

Bell, E. T. *Mathematics, Queen and Servant of Science.*
Dunnington, G. W. *Carl Friedrich Gauss, Titan of Science.*
Kline, M. *Mathematics and the Physical World.*
Polya, G. *Mathematical Discovery.*

HUMPRY DAVY

(1778-1829)

INGLATERRA SE ESTREMECIÓ con el horrible desastre minero de 1812. Noventa y dos hombres y niños perdieron la vida en una explosión que desgajó los tiros en que cavaban, a unos ciento ochenta metros bajo el suelo. Los intentos de rescate resultaron inútiles y, a fin de apagar el voraz incendio, acabaron por cerrar los tiros; los mineros, que se suponían muertos, quedaron sepultados en una tumba de carbón. Los dueños de la mina, previendo la airada indignación del público, pidieron ayuda al científico más distinguido de Inglaterra: Humphry Davy.

Davy pertenecía a una nueva generación de científicos del siglo XIX; creía que deberían usarse los métodos científicos para que adelantara la civilización, y consagró su vida a aplicar sus progresos de laboratorio al mejoramiento de la agricultura, la industria y la medicina. El problema que le plantearon los dueños de las minas interesó a Davy; lo entusiasmaban los nuevos proyectos. Después de varias semanas de investigaciones mineras y experimentación, pudo solucionarlo. Todos sabían que las velas y lámparas de los mineros hacían que estallara el gas subterráneo (llamado "metano"). Pero Davy descubrió que este peligroso gas no estallaba con violencia en un tubo pequeño. Después de diseñar una serie de lámparas en que el metano entraba y salía por tubos muy pequeños, descubrió por fin la lámpara de Davy. Este instrumento, que salvó la vida de centenares de mineros, revolucionó la industria de las minas de carbón y le permitió crecer y satisfacer las necesidades industriales de este combustible.

La lámpara empleaba malla de alambre para rodear la llama. (Véase la figura.) La malla, que tenía 127 orificios por centímetro cuadrado, absorbía el calor del combustible que la hacía arder y lo conducía tan eficazmente que el gas metano que se hallaba afuera de la lámpara no alcanzaba su temperatura de inflamación ni estallaba. La malla protectora estaba montada en un bastidor de alambres verticales y atornillada en anillos de bronce. El anillo superior tenía agregada un asa; el inferior estaba atornillado al cuello del recipiente de petróleo, en el fondo del aparato.

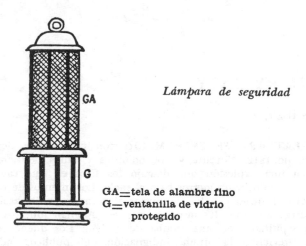

Lámpara de seguridad

GA=tela de alambre fino
G=ventanilla de vidrio
    protegido

Dicha lámpara fue adoptada por todas las minas europeas. Davy recibió un torrente de cartas de los agradecidos mineros y sus esposas, de los industriales y los funcionarios del gobierno. En una cena que se dio en su honor, se le dijo: "Si vuestra fama necesitara algo para hacerla inmortal, este solo descubrimiento la habría trasmitido a los siglos futuros".

Pero, por qué acudieron a Humphry Davy los gobernantes y los grandes industriales al buscar la solución de su problema? ¿Qué méritos poseía que justificaran su confianza? ¿Cómo llegó a tanta distinción? Examinemos brevemente su carrera.

Nació el 17 de diciembre de 1778 en Penzance, Inglaterra. Su padre era un pobre tallador de madera que murió dejando una viuda y cinco hijos. Como aprendiz de un cirujano-boticario, su principal tarea consistía en "lavar" mantequilla. Pero le interesó la ciencia y comenzó a hacer experimentos con los materiales que lograba encontrar.

Se le presentó una maravillosa oportunidad en 1798, cuando fue contratado por el doctor Tomás Beddoes, quien acababa de fundar la Institución Médica Neumática de Bristol, para investigar las propiedades medicinales de diversos gases. Se usó a sí mismo como conejillo de Indias, inhalando toda clase de gases. Cuando aspiró el óxido nitroso (tenía dos litros en una bolsa de seda), sintió una emoción intensa que lo hizo delirar de felicidad. Probó el experimento con algunos amigos y obtuvo resultados semejantes: bailaron alrededor del laboratorio, gritando y riendo con animación.* Pero el interés de Davy en el óxido nitroso fue más allá de su uso para la diversión de sus amigos. También aconsejó su empleo como anestésico durante las intervenciones quirúrgicas, pero habrían de pasar otros cuarenta años antes de que un dentista norteamericano, el doctor Horacio Wells, descubriera el valor práctico de los efectos anestésicos del gas.

Y ahora entran en la vida de Davy los nombres de los científicos italianos Galvani y Volta. A Davy lo fascinaba el nuevo "fluido eléctrico" creado por las pilas voltaicas, y en 1806 envió a la Sociedad Real un informe sobre sus propias investigaciones. Llegó el gran momento de su joven carrera cuando los distinguidos miembros de la sociedad lo invitaron a dar la conferencia anual de Baker, que era la ocasión científica más importante de Inglaterra.

Se dio gran publicidad a la conferencia de Davy. Sorprendentemente, Francia (que estaba entonces en guerra con Inglaterra) consideró conveniente otorgar al joven científico un premio de tres mil francos. Animado por su éxito, Davy procedió a usar la electrólisis para distinguir los verdaderos elementos de los compuestos. En 1807 descubrió dos nuevos metales, a los que dio los nombres de potasio y sodio. Antes de que pasaran muchos meses, reveló la existencia de otros cinco metales: calcio, magnesio, boro, bario y estroncio. (Los dos últimos fueron aislados casi al mismo tiempo por Berzelius, químico sueco.) En el mismo año, apareció otra de las intuiciones modernas de Davy en su libro titulado *Sobre algunas acciones químicas de la electricidad,* en que postuló la naturaleza eléctrica de la afinidad química.

Centenares de profesionales y profanos llenaban las salas donde Davy daba sus conferencias, y la sociedad de Londres recibió con los brazos abiertos al hijo del tallador de madera. Se hablaba

* El gran poeta inglés Samuel Coleridge fue amigo de Davy. Es interesante advertir que su poema *Kublai Kan* fue escrito después de que Coleridge tomó láudano. Podemos suponer que la obra de Davy con las reacciones físicas a las sustancias químicas influyó quizá en el experimento de Coleridge. También es interesante observar que Davy escribió poesía y que fue Coleridge quien dijo: :"Si Davy no hubiera sido el primer químico, habría sido el primer poeta de su tiempo". ¡Elogio generoso, sin duda!

de su identificación del flúor como elemento, y de sus experimentos en la fotografía, en que se obtenían imágenes con la

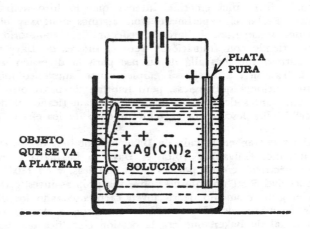

Celda de electroplastia de Davy

ayuda de compuestos de plata. La fama era melosa, pero trajo también sus problemas. La obra de Davy con el potasio y el sodio destruyó la teoría del notable científico francés Lavoisier, y a los colegas de éste les incomodó la gloria de Davy, por lo que procuraron desacreditar sus descubrimientos. A otros químicos ingleses no les deleitaban precisamente las bombas que arrojaba Davy sin cesar, pues ello significaba que tenían que readaptar su interpretación de los principios y prácticas comunes de la química.

Un ejemplo perfecto de esta "batalla" se tradujo en el descubrimiento del cloro, hecho por Davy. A nuestro actual ácido clorhídrico se le llamaba entonces ácido muriático, y Lavoisier y otros pensaban que el cloro que se extraía de él era una combinación de ácido clorhídrico y oxígeno (según Lavoisier, todos los ácidos contenían oxígeno). Pero Davy comprobó que el cloro era un elemento y que no contenía oxígeno. Calentó un pedazo de carbón en un recipiente cerrado y lleno de oxígeno. Si la teoría de Lavoisier era correcta, se esperaba que el carbón separaría al oxígeno, pero no resultó así. A fin de cerciorarse, Davy realizó nuevas pruebas, todas las cuales dieron por resultado las mismas conclusiones. De mala gana, los demás químicos tuvieron que reconocer que Davy estaba en lo cierto. Se eliminó el "ácido oximuriático" del vocabulario de los científicos y lo sustituyó el "cloro" de Davy.

Después de concedérsele la nobleza en 1812, Davy se casó y se llevó a su esposa en una gira triunfal por los laboratorios de Europa. Los acompañó en el viaje su ayudante, Miguel Faraday. (En otra parte de este libro se narra la historia de este último.) Cuando estuvo en Francia, experimentó que el yodo, recientemente descubierto por Gay-Lussac, era un elemento semejante al cloro. En Génova investigó la electricidad del pez torpedo, y en Florencia provocó la combustión de un diamante en el oxígeno. A todo lugar que iba, ponía de manifiesto el ingenio y el talento que le dieron la reputación de ser el primer químico de Inglaterra.

La historia de Davy ha recorrido el ciclo completo. Ahora sabemos por qué los dueños de las minas y los funcionarios del gobieno recurrieon a sir Humphry Davy cuando la industria del carbón se encontró ante su más grave crisis, y sabemos por qué Davy estaba preparado para resolver el problema que le plantearon. Fue una proeza que coronó una vida de servicio a la humanidad. En su tumba está grabado: *Summus arcanorum naturae indagator* (sumo investigador de los arcanos de la naturaleza).

BIBLIOGRAFÍA

Ellis, A., y Ellis, E. *Laughing Gas and the Safety Lamp*.
Paris, J. A. *The Life of Sir Humphry Davy*.
Prandtl, W. *Davy and Berzelius*.

JOSÉ LUIS GAY-LUSSAC

(1778-1850)

UNA GUARDIA DE gendarmes contenía a la multitud vestida pintorescamente, que se encontraba en un estado de ánimo festivo. Venían a ver la ascensión de un globo. Dos jóvenes franceses arriesgarían la vida subiendo en una canastilla de madera que colgaba inciertamente de una enorme bolsa de tela llena del nuevo gas más ligero que el aire, el hidrógeno. Sin embargo, para los dos jóvenes, José Luis Gay-Lussac y Juan Biot, no se trataba de un número de circo. Los dos subirían a las alturas en aras de la ciencia, para estudiar la atmósfera a muchos kilómetros por encima de la Tierra. Gay-Lussac llevó sus instrumentos y recipientes a la canastilla de madera, mien-

tras el flotante globo tiraba de las amarras. No tardaron en estar
en el aire, subiendo rápidamente, y José tuvo una súbita sensación de miedo: el endeble globo podría estallar fácilmente en
llamas o ser arrastrado por el viento hasta el mar. Sin embargo,
el vuelo tuvo éxito y José Luis Gay-Lussac inició así su carrera
científica. Ese día del año 1804, emuló a los astronautas de
nuestro tiempo que han dado la vuelta al mundo en satélites
artificiales en aras de la exploración científica.

José Luis Gay-Lussac nació el 6 de diciembre de 1778 en
San Leonardo, Francia. Tenía una aguda mente analítica que
se perfeccionó progresivamente durante la niñez y la juventud.
Interesado en la ciencia, ingresó en la Escuela Politécnica en
1797, y luego en la Escuela de Puentes y Caminos. Debido a que
demostró una insólita aptitud para la ciencia, se le eligió para
servir de ayudante al famoso químico francés Berthollet, quien
trabajó con Lavoisier. En 1802 fue nombrado demostrador de
experimentos en la Escuela Politécnica. Las demostraciones
de José Luis no tenían paralelo en la institución; se le designó
profesor de química.

Los gases parecían fascinar a este joven científico francés y,
aunque fundamentalmente fue un químico, tendió más a la
física que a la química. En 1804, la Academia Francesa comisionó a Gay-Lussac para que explorara la atmósfera a una gran
altura sobre la superficie de la Tierra, y le proporcionó un globo.
El 24 de agosto de 1804, con Juan Biot, hizo la peligrosa ascensión a una altura de cuatro mil metros, pero no encontró diferencia apreciable en la atmósfera. No satisfecho con el resultado de su vuelo, hizo una segunda ascensión, solo, el 16 de
septiembre del mismo año. Esta vez alcanzó la altura de 7,016
metros. Recogió varias muestras de aire y estudió la temperatura
y la humedad de la atmósfera. También observó el efecto del
magnetismo terrestre a esa altura y advirtió que la fuerza
del magnetismo era constante a pesar de la distancia de la
superficie terrestre. Su análisis de las muestras recogidas a la
altura de 7,016 metros no reveló mucha diferencia en la composición del aire a esa altura, pues lo recogió dentro de la tro-
posfera uniforme que se extiende, aproximadamente, a 18 kilómetros sobre la superficie terrestre.

En 1804 trabajó con el famoso químico alemán Alejandro
de Humboldt. Dieron a conocer sus observaciones conjuntas sobre el análisis audiométrico del agua, el cual demostraba que
ésta consistía en dos volúmenes de hidrógeno por uno de oxígeno. Este análisis fue el fundamento de la ley de Gay-Lussac de
los volúmenes combinados de gas, formulada en 1808, la cual
dice que los volúmenes de los gases que actúan recíprocamente
para dar un producto gaseoso están en la relación de pequeños
números enteros unos con los otros, a condición de que los
volúmenes se midan en condiciones idénticas. Así, por ejemplo,

un litro de hidrógeno se combinará con un litro de cloro para producir dos litros de gas de cloruro de hidrógeno. Esta ley sólo se aplica a los gases: no a los líquidos ni a los sólidos. Juan Dalton, quien fue el responsable de la teoría atómica, y otros científicos de la época no comprendían cómo era posible que un volumen de un gas como el hidrógeno pudiera combinarse con un volumen de un gas como el cloro para dar dos volúmenes de cloruro de hidrógeno. ¿Por qué no producían los dos gases un volumen de otro gas? Avogadro, famoso científico italiano, explicó más tarde que los gases activos como el hidrógeno, el oxígeno, el nitrógeno y el cloro existen en estado molecular, no atómico. Esto explica la reacción entre el hidrógeno y el cloro que aparece en el siguiente diagrama:

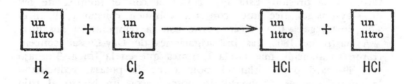

El número de átomos de hidrógeno y cloro es el mismo en ambos lados de la flecha. Esto es lo que quiere decir la ley de Avogadro, la cual afirma que los volúmenes iguales de gases, en las mismas condiciones de temperatura y presión, contienen el mismo número de moléculas. En el diagrama se ve que un litro contiene el mismo número de moléculas de hidrógeno que de moléculas de cloro. Asimismo, dos veces más moléculas de hidrógeno o cloro en los dos litros de gas de cloruro de hidrógeno producido por la reacción.

Una de las mayores aportaciones que hizo Gay-Lussac fue el descubrimiento de que, si se enfría un volumen definido de gas bajo presión constante a una temperatura de 0 grados C., el gas se contrae 1/273 de su volumen por cada grado centígrado que baje la temperatura. Teóricamente, eso significaría que el gas dejaría de existir a 273 grados bajo 0 grados C. Pero, en realidad, antes de que un gas se enfríe tanto, se licúa y después se solidifica. Al mismo tiempo que Gay-Lussac hacía este importante descubrimiento, otro científico francés, Charles, descubría el mismo fenómeno, que se conoce comúnmente con el nombre de ley de Charles o de Gay-Lussac, la cual dice que si la presión de un gas es constante, su volumen será directamente proporcional a su temperatura absoluta.

Este concepto hizo que apareciera una nueva escala de temperaturas, ideada por lord Kelvin. En dicha escala, que se usa mucho en los laboratorios químicos, la temperatura de 273 grados C. bajo 0 recibe el nombre de cero absoluto, es decir, el punto en que cesa todo movimiento molecular. En la escala de Kelvin centígrada o absoluta, 273 grados es igual a 0 grados C.

Otra de las aportaciones de Gay-Lussac al estudio de las propiedades físicas de los gases se refiere a la relación que existe entre la temperatura y la presión. Propuso la teoría de que, cuando se calienta un gas, sus moléculas reciben más energía, lo cual les permite alejarse más unas de otras. Si el gas se encuentra encerrado en un recipiente, la energía adicional hará que las moléculas del gas choquen con más fuerza contra las paredes del recipiente. Esta mayor fuerza significa que habrá mayor presión contra las paredes del recipiente; en consecuencia, cuanto más calor se aplique a un gas encerrado, mayor será la presión que ejerce el gas contra las paredes del recipiente. Así, pues, Gay-Lussac dedujo una ley sobre la temperatura y la presión. Esta ley, conocida con el nombre de ley de Gay-Lussac, dice que, con un volumen constante, la presión de un gas varía directamente con la temperatura absoluta.

A partir de 1808, las investigaciones de Gay-Lussac concentraron su atención más en la química que en la física. Trabajó con Thénard para aislar el potasio de la potasa, reduciendo la potasa, que es carbonato de potasio, con un hierro al rojo blanco. El calor del hierro eliminaba el dióxido de carbono del carbonato, y luego el hierro se combinaba con el oxígeno que quedaba todavía agregado al potasio. Gay-Lussac hizo entonces un estudio intensivo de las propiedades químicas del potasio y lo usó para aislar el boro del ácido bórico. En 1809 realizó ciertos trabajos con el cloro y, en 1814, estudió las propiedades del yodo. Sin embargo, su trabajo con el cloro provocó algunas críticas de sir Humphry Davy. Gay-Lussac consideraba que el cloro, llamado entonces ácido oximuriático, cuando se disolvía en el agua, era un compuesto; en tanto que Davy afirmaba que, en realidad, era un elemento que no contenía oxígeno. En este caso, la teoría de Davy resultó ser correcta.

Cuando trabajaba con Thénard, Gay-Lussac mejoró los métodos del análisis orgánico usando el clorato de potasio y el óxido de cobre como agentes de oxidación; con este método, determinó la composición de muchísimos elementos orgánicos.

Su última investigación química se ocupó del ácido prúsico, conocido químicamente con el nombre de ácido cianhídrico, uno de los venenos más mortales que se conocen. Este compuesto, como gas, cianuro de hidrógeno, fue usado hace algún tiempo en la cámara de gases de la prisión de San Quintín, en California. Una sal de este ácido es el cianuro de potasio, el cual, probablemente, es el veneno más rápido que conozca la humanidad. Gay-Lussac describió en 1811 las propiedades físicas del ácido cianhídrico, pero no explicó su composición química sino hasta 1815. En ese tiempo, relató que el cianógeno era un compuesto que consistía en una doble radical de cianuro. La radical de cianuro, CN, consiste en un átomo de carbono y un átomo de nitrógeno. La fórmula del ácido prúsico es HCN. La determinación de esta fórmula demostró que el ácido contenía hidrógeno, pero no oxígeno. La revelación de Gay-Lussac confirmó la teoría de que todos los ácidos contienen hidrógeno. Este descubrimiento acabó completamente con la teoría de Lavoisier, quien afirmaba que el oxígeno era un "formador de ácido", como indica su nombre. Hay ácidos que contienen oxígeno, pero el hidrógeno es el factor que determina la acidez.

En 1818, Gay-Lussac fue nombrado miembro de la oficina del gobierno para el estudio y regulación de la pólvora hecha con nitro (nitrato de potasio). En el mismo año mejoró el método para fabricar el ácido sulfúrico. En 1829 ideó métodos para mejorar la fabricación del ácido oxálico, y superó la calidad del cloruro de cal, ejerciendo mejor control en la cantidad de cloro usado en él. En 1830 enseñó una nueva manera de ensayar la plata, usando una solución normal de cloruro de sodio. En esta época, mejoró los métodos del análisis orgánico y determinó las propiedades químicas del ácido fulmínico con la ayuda de Justo de Lievig. El ácido fulmínico, expresado con la fórmula HONC, es una sustancia muy venenosa. Su sal de mercurio, el fulminato de mercurio, que es muy explosivo, se usa como detonador en los cañones y cartuchos de gran tamaño Puede hacerse estallar mediante la percusión o el calor.

Durante su larga carrera de científico, José Luis Gay-Lussac ocupó varios puestos importantes en la esfera académica y en el gobierno francés. Profesor de física de la Sorbona y profesor de química del Jardin des Plantes. Fue miembro del comité consultivo francés sobre arte y fabricación, y ensayador de la casa de moneda de Francia. En 1831 se le eligió para representar a la Haute Vienne en la Cámara Francesa de Diputados. Cuando murió en París el 9 de mayo de 1850, a la edad de setenta y dos años, se le lloró por toda Francia y por los científicos del mundo entero.

BIBLIOGRAFÍA

Partington, J. R. *Short History of Chemistry*.
Tilden, W. *Famous Chemists*.

JUAN JACOBO BERZELIUS
(1779-1848)

EL NOVIO SUECO estaba nervioso. Tenía húmedas las palmas de las manos, enrojecido el rostro y reseca la garganta.

Si un hombre se casa por primera vez a la edad de cincuenta
y seis años, según razonaba Juan Jacobo Berzelius, tiene el derecho de estar nervioso. Cuando los invitados a la boda ocuparon
sus asientos en la iglesia, se compadecieron de la turbación de
Berzelius. Bajo de estatura, fornido y con anteojos, estaba muy
lejos de ser el ideal romántico. El hecho de que se casara con
una hermosa muchacha de veinticuatro años hacía mayor la
incongruencia de la ocasión. Berzelius deseaba estar en otra parte.
Añoraba la serenidad de su laboratorio, esa preciosa tierra sin
mujeres en que la belleza se expresaba exclusivamente en la
búsqueda de la verdad.

En la época de su matrimonio, era uno de los científicos más
distinguidos de Suecia, y probablemente el primer químico del
mundo. El rey de Suecia y el príncipe de la corona estudiaron
con él; el zar ruso vino a rendirle homenaje; los premios por
sus hazañas llenaban su modesta casa; y Carlos XIV, su rey, le
concedió el título de barón. ¿Qué hizo Berzelius para merecer
la adulación de sus compatriotas y de la comunidad científica
del mundo? Para comprender su obra, hay que darse cuenta del
estado confuso en que se encontraba la química a fines del siglo XVIII. Debido a que no eran uniformes los símbolos de los
diversos elementos, resultaba casi imposible que los científicos
se comunicaran de una manera inteligente. Era confusa la identificación fundamental de los elementos a causa de la absurda
herencia de los siglos pasados. Algunos símbolos fueron usados
por los griegos; otros, agregados por los egipcios, y los antiguos
alquimistas idearon otras señales misteriosas. En un libro se
usaban treinta y cinco nombres diferentes y veinte símbolos
distintos para designar al mercurio. Lo que faltaba por hacer
resultaba dolorosamente evidente: era necesario crear un lenguaje
científico nuevo y autorizado para remplazar la caótica nomenclatura que impedía el progreso de la química.

La clave de Berzelius era muy sencilla. A cada elemento se
le daría como símbolo su inicial mayúscula; así, por ejemplo,
el carbono sería C. Cuando otro elemento comenzara con una
letra semejante, Berzelius proponía que se usara una segunda letra
de la palabra junto a la inicial; por eso, el cobalto se representaría con CO, el calcio con CA y el cadmio como CD. Deberían usarse los nombres latinos, lo cual explica los siguientes
símbolos: plata: AG (argentum), plomo: PB (plumbium), hierro:
FE (ferrum). En las partículas compuestas, sugirió que se usaran
los símbolos atómicos escribiéndolos uno junto al otro, como en las
fórmulas. Así, por ejemplo, los átomos del agua se representarían
con HOH (H_2O), en tanto que OCO (hoy CO_2) representaría
a los átomos del dióxido de carbono.

Estas innovaciones de Berzelius eliminaban la acumulación de
extraños diagramas, imágenes y símbolos con que se conocían
los elementos. El hierro, por ejemplo, que se representaba en

diversas épocas con la lanza y el escudo de Marte, se conocería ahora universalmente como *FE*.

Sin embargo, sucede que el público no acepta los cambios más que lentamente, y los científicos que aprendieron las antiguas designaciones no estaban muy deseosos de volver a comenzar. Un hombre tan capaz como Juan Dalton calificó de "horrorosas" las proposiciones de Berzelius, y otros químicos se mostraron abiertamente hostiles. A pesar de estas reacciones, lo práctico de la obra de Berzeliuz comenzó a causar impresión. Muy pronto, los científicos influyentes estaban usando las letras latinas, y Berzelius indicó con orgullo la significación más profunda que tenían sus símbolos uniformes: la comunicación internacional.

Sin embargo, Berzelius fue algo más que un codificador. Por su interés en el mundo natural consiguió distinguirse en varias ramas de la ciencia. Como estudiante de la Universidad de Upsala, decidió concentrar su atención en la química analítica. Importunó a un profesor hasta obtener permiso para pasar más tiempo en el laboratorio, y llegó al extremo de dejar de asistir a otras clases a fin de volver a sus experimentos clandestinos.

Debido a la necesidad de ganarse la vida después de graduarse, se hizo médico. Sus pacientes eran muy pobres, por desgracia, y Berzelius tuvo que bregar durante los siguientes veinte años hasta ahorrar el suficiente dinero que le diera libertad para dedicar todo su tiempo a la experimentación y las investigaciones. Varias empresas temerarias, que le ofrecían enriquecerse pronto, sedujeron a Berzelius, pero era más hombre de ciencia que de negocios. Perdió sus ahorros, ganados con tanto esfuerzo, en un plan para embotellar el agua mineral de los manantiales; luego hizo inversiones en otra empresa que fracasó, una fábrica de vinagre, la cual lo dejó con una deuda que tardó diez penosos años en pagar. Con la esperanza de recuperar sus pérdidas, organizó una serie de conferencias públicas sobre el nuevo y emocionante mundo de la ciencia, pero el público no acudió en grandes números, dejando a Berzelius con salas vacías, acreedores agresivos y sueños destrozados. Durante todo este tiempo, continuó sus experimentos. Habiendo leído acerca de la corriente eléctrica de Volta, realizó estudios independientes sobre la acción de la electricidad en los cuerpos orgánicos. El joven Humphry Davy, en Inglaterra, recibió la inspiración del informe de Berzelius que señalaba la posibilidad de aislar nuevos elementos por medio de la energía eléctrica.

Se presentó la oportunidad de proseguir su carrera con su nombramiento como profesor de química en la Universidad de Estocolmo. Esto le daba espacio de laboratorio, fondos para adquirir nuevo equipo e invitaciones para viajar en el extranjero a fin de celebrar conferencias con los colegas de esos países. El nombre de Berzelius comenzó a aparecer en cualquier lugar que se reunieran los hombres de ciencia. Obtuvo fama por su descubrimiento de varios elementos: el torio, el cerio y el selenio. Fue el primero que preparó el silicio en su forma amorfa y el primero en aislar el circonio. Empero, la desgracia y la enfermedad seguían sus pasos. Una tremenda explosión del laboratorio lo hospitalizó durante varios meses y casi lo dejó ciego. Los brutales dolores de cabeza lo atormentaban tan a menudo que llegó a creer que estaban relacionados con las fases de la luna. Tal vez fueran sicosomáticos, pero entre las ocho de la mañana y las ocho de la noche de los días de luna llena o de luna nueva, Berzelius sufría intensos dolores de cabeza.

La última empresa importante de Berzelius reveló su brillantez como precursor en el campo de la química. Dalton publicó en 1808 una tabla de los pesos atómicos de los elementos. Berzelius quedó impresionado por la amplitud de la obra, pero comprendió que contenía graves inexactitudes. Tomó la ambiciosa decisión de fijar pesos más exactos y, diligente, analizó más de dos mil sustancias químicas en el proceso. Lo asombroso de sus descubrimientos (el año era el de 1826) es la exactitud que alcanzó trabajando en un laboratorio primitivo, con sustancias químicas imperfectas, improvisando casi cada paso del camino.

He aquí algunos ejemplos de las correcciones que hizo Berzelius a los pesos de Dalton:

Elemento	Peso Dalton-1808	Peso Berzelius-1826	Peso actual
Cobre	56	63.00	63.54
Plomo	95	207.12	207.210
Nitrógeno	5	14.05	14.008
Azufre	13	32.18	32.066

Por primera vez en su vida, Berzelius logró olvidarse de sus preocupaciones económicas. Le ayudó el nombramiento de secretario de la Academia Sueca de Ciencias; sus honorarios de maestro y las regalías de sus obras le dieron nuevas comodidades. La mala salud y la soledad hicieron que pensara seriamente en casarse, y así fue, que, al principio de esta biografía, lo encontramos, tembloroso, ante el altar.

Los doce años restantes de su vida fueron dichosos y activos. Ocupó numerosos cargos oficiales, sirviendo con honor dondequiera que lo llamaba su patria. Sin embargo, el mayor placer de Berzelius sobrevino cuando convirtió su nueva casa en un laboratorio abierto a los inexpertos. Por lo tanto, algunos notables científicos suecos del siglo XIX debieron mucho a la generosidad de Juan Jacobo Berzelius, de la misma manera que

nosotros, los que vivimos en el siglo XX, estamos en deuda
con él por su visión y sus proezas.

BIBLIOGRAFÍA

Jaffe, Bernard. *Crucibles.*
Prandtl, W. *Davy and Berzelius.*

JORGE SIMÓN OHM

(1787-1854)

LLEGABA EL GRAN día en la vida de un maestro de matemáticas y de ciencias, desconocido, mal pagado, de treinta y
ocho años de edad, que enseñaba en el colegio jesuita de Colonia. Después de servir diez años en su empleo, la ambición
de Jorge Ohm era la de obtener un nombramiento en la universidad. Para llenar los requisitos de dicho empleo se necesitaba
producir una especie de obra maestra científica, pues el reconocimiento general de su valor suscitaba, por lo general, ese
ofrecimiento. Así, después de muchos años de hacer experimentos
en la electricidad, con frecuentes publicaciones de sus resultados en forma de breves memorias, Jorge Ohm terminaba por
fin un tratado de doscientas cincuenta páginas titulado *Mediciones matemáticas de las corrientes eléctricas.*

En lugar de recibir el aplauso por lo que hoy se considera,
por lo común, que es una de las grandes obras maestras de la
investigación científica, la mayoría de sus colegas alemanes no
prestaron atención al artículo de Ohm. Sin embargo, el peor
golpe lo recibió de un crítico influyente que pertenecía a la
entonces popular escuela hegeliana de filosofía, la cual se mofaba
del experimento como medio de adquirir conocimientos. Este
crítico reconoció la base experimental de Ohm para su tratado
y convenció al ministro alemán de Educación de que acusara a
Ohm, diciendo que "un físico que profesa tamañas herejías no
merece enseñar la ciencia". Así, pues, a Ohm no le quedó más
remedio que renunciar a su puesto en el colegio jesuita.

Jorge Ohm nació el 16 de marzo de 1787 en la pequeña
población bávara de Erlangen. Su padre, Juan Wolfgang Ohm,
era herrero de oficio, profesión que se heredaba de generación
en generación. Sin embargo, Juan era un hombre verdaderamente excepcional que encontró tiempo para estudiar filosofía

y matemáticas durante sus vagabundeos por Alemania y Francia como herrero. Cuando murió prematuramente su esposa en 1799, Juan se encargó de la educación de Jorge y su hermano menor, Martín. Fomentó el amor al estudio en sus hijos, quienes llegaron a ser maestros en matemáticas después de asistir a la universidad de Erlangen.

Por desgracia, la educación formal de Jorge tuvo que interrumpirse después de tres semestres en la universidad. Se dedicó entonces a la enseñanza en la pequeña población de Gottstadt, Suiza, donde pronto reconocieron sus aptitudes. Ohm continuó su enseñanza y sus estudios de ciencias y matemáticas hasta que pudo volver a la universidad de Erlangen, la cual le concedió el doctorado de filosofía en 1811. Nunca llegaron los esperados puestos docentes en Baviera. Sin embargo, la publicación de su primer libro, en 1817, fue recibido con beneplácito por el rey Federico de Prusia, quien le ayudó a obtener empleo como maestro en Colonia. Pero su principal interés se concentraba en sus investigaciones eléctricas. Ohm fue un maestro de matemáticas, afable y concienzudo, muy respetado tanto por su celo como por su erudición.

Sus investigaciones experimentales sobre el flujo de la electricidad en los conductores eléctricos recibieron un gran estímulo cuando se publicó la *Teoría analítica del calor* de José Fourier, en 1822. Fourier poseía una teoría de la conductividad del calor en los metales para explicar la relativa facilidad con que diferentes metales trasmitían la energía del calor de una molécula a la siguiente. Observó que la rapidez del flujo del calor crecía con el aumento de la superficie del conductor, así como el aumento de la diferencia de temperatura entre sus dos extremos.

Ohm era un hombre peculiarmente apropiado para sus investigaciones experimentales debido a que su preparación de herrero le permitía construir los alambres y aparatos que, de otra manera, le resultarían difíciles de adquirir. Con laborioso cuidado, demostró que el flujo de la electricidad por los alambres del mismo material variaba con sus dimensiones físicas. Así, señaló tres hechos relativos al flujo de la electricidad en los conductores: *1)* Depende del material de que esté hecho el alambre; *2)* es inversamente proporcional a su longitud, y *3)* es directamente proporcional a la superficie de la sección trasversal del alambre.

Las nuevas investigaciones demostraron que el aumento de la temperatura de la mayoría de los conductores metálicos se traducía en una disminución del flujo de la corriente. No obstante, era factible hacer que la corriente aumentara si se aumentaba el voltaje o la diferencia de potencial que se aplicaba al circuito eléctrico cerrado. Esta obra fue tan exacta y universal

que en la actualidad se enseña a todos los estudiantes de física
la ley de Ohm ($I = \dfrac{E}{R}$; I es igual a la corriente eléctrica, E es
igual al voltaje aplicado, R es igual a la resistencia) y se aplica
sin distinción a todos los tipos de circuitos eléctricos de corriente directa. Una forma parecida de la ley de Ohm se aplica
a todas las formas de circuitos de corriente alterna, en que
$I = \dfrac{Z}{E}$ (Z es la impedancia eléctrica y comprende todos los factores eléctricos que limitan el flujo de la corriente eléctrica).

A la renuncia obligada de Ohm en Colonia, siguieron seis
años sombríos. Por último, en 1833, el rey Luis I de Baviera
le ayudó a obtener el puesto de profesor en la Escuela Politécnica de Nuremberg. Esta relación con Nuremberg continuó
hasta 1849, a pesar del hecho de que también fue nombrado
en 1835 para ocupar la cátedra de matemáticas superiores en
la universidad de Erlangen. Obtuvo su último puesto docente
en 1849, cuando fue nombrado profesor de física en la universidad de Munich. Siguió enseñando allí hasta su muerte,
ocurrida el 7 de julio de 1854.

A pesar de sus graves obligaciones docentes tanto en Nuremberg como en Munich, siguió dedicando algún tiempo a
sus investigaciones y publicaciones. Sus investigaciones en la
esfera de la acústica y los tonos musicales fueron las precur-
soras de gran parte de la obra posterior de Helmholtz sobre
la teoría y la aplicación de las ondas sonoras. Aunque sus múltiples obligaciones le impidieron continuar sus nuevos estudios
en la física molecular, las últimas publicaciones de Ohm, en
Munich, en 1852 y 1853, se ocupaban de sus investigaciones
sobre los fenómenos de interferencia de la luz y sobre la luz
polarizada. Por desgracia, nunca se le reconoció mucho mérito
por esta obra debido a que, sin que lo supiera Ohm, Langberg,
de Noruega, realizó con anterioridad otros estudios semejantes
sobre la polarización.

El tardío reconocimiento que recibió por sus descubrimientos
eléctricos en países tales como Francia e Inglaterra contrastó
notablemente con el trato que se le dio en su patria. Después
de que Pouillet, en Francia, demostró la verdad de la ley de
Ohm mediante experimentos directos entre los años 1831 y
1837, el Consejo de la Sociedad Real de Londres concedió a
Ohm la medalla de Copley en 1841 por sus investigaciones originales sobre las leyes de las corrientes eléctricas. El Consejo
declaró que empleaba las leyes del circuito eléctrico por primera
vez en estos trabajos. Era una esfera de la ciencia que adquiría
recientemente gran importancia, aunque, apenas unos años antes,
esta fase de la electricidad estaba cubierta por un velo de gran
incertidumbre. En 1842 se honró de nuevo a Ohm cuando se le
eligió como el miembro extranjero más distinguido de la Sociedad Real de Londres.

Más de un cuarto de siglo después de su muerte, el Congreso Internacional de Ingenieros Eléctricos, que se reunió en París en 1881, le dio la inmortalidad científica. Cambiaron la inicial mayúscula de su nombre, "O", por la "o", y dieron el nombre "ohmio" a la unidad de la resistencia eléctrica. Es de interés hacer notar que el Congreso de 1881 honró también a un francés, Ampère, un italiano, Volta, así como a Ohm, que era alemán, al presentar un sistema de unidades relacionadas recíprocamente para las características usadas en la ley de Ohm $(I = \dfrac{E}{R}$ o amperios $= \dfrac{voltios}{ohmios})$.

BIBLIOGRAFÍA

Appleyard, R. *Pioneers of Electrical Communication.*
Deuerlein, E. G. *Georg Simon Ohm.*
Lummel, E. *Scientific Work of Georg Ohm.*

MIGUEL FARADAY

(1791-1867)

LA HISTORIA DE la ciencia está llena de sorpresas imprevistas. Nadie esperaría seriamente que el joven Miguel Faraday fuera otra cosa que un recadero o encuadernador de libros, aun cuando no muriera de hambre o de enfermedad. La idea de que podría ser un científico o un educador parecía absurda, y predecir que produciría los cambios más fundamentales en las teorías básicas de la física después de los que introdujo sir Isaac Newton resultaría una verdadera locura. Miguel Faraday no recibió preparación formal en la ciencia ni en las matemáticas y no dio señales de genialidad o de aptitudes especiales durante su limitadísima educación formal.

Hijo de un pobre herrero, nació cerca de Londres el 22 de septiembre de 1791. Su familia vivía miserablemente, de una forma de asistencia pública que limitaba la alimentación del joven Miguel a una ración semanaria de una hogaza de pan. Esta desesperada lucha por la supervivencia física y un cruel maestro que odiaba a los niños contribuyeron a poner un fin brusco a los estudios formales de Faraday. Cuando tenía trece años de edad, se convirtió en recadero del señor Jorge Riebau, que vendía libros y efectos de escritorio en el lugar. A este último le complació tanto el joven Miguel, que lo ascendió a aprendiz de encuadernación. El nuevo empleo fue un don precioso para Miguel, pues el señor Riebau estimuló a su joven aprendiz para que se familiarizara no sólo con el exterior de los libros, sino también con su interior.

En sus momentos desocupados, Miguel Faraday leyó una gran diversidad de volúmenes que llevaban a encuadernar al taller. Le encantaba leer dos libros en particular sobre química y electricidad: *Las conversaciones de química*, de Marcet, y los tratados eléctricos que aparecían en la *Enciclopedia Británica*. Cuando un cliente del taller de su amo le obsequió una serie de billetes para asistir a las conferencias que daría sir Humphry Davy en la Sociedad Real, el joven Faraday se sintió alborozado, pues lo dominaba el deseo de convertirse en experimentador científico. Pero, ¿cómo era posible que un joven sin preparación científica y sin educación tuviera la oportunidad de colaborar en los trabajos científicos, aunque fuera en un empleo servil?

Faraday resolvió seguir uno de sus lemas de su vida: "Haz todo lo posible por triunfar sin esperar el triunfo". Atrevidamente, envió a Davy una copia de las notas recopiladas de las conferencias de este famoso científico y solicitó *cualquier* clase de empleo en su laboratorio. Para su gran sorpresa, Davy se sintió adulado por las notas exactas del joven Miguel y lo contrató, al principio, como una combinación de lavador de botellas y portero. Años más tarde, sir Humphry diría que Faraday fue el más grande de sus descubrimientos.

Poco tiempo después, Davy, el maestro, y Faraday, el discípulo, trabajaban juntos en el laboratorio del primero explorando los misterios de la naturaleza. En 1813, Faraday tuvo la buena fortuna de que lo invitaran a acompañar a sir Humphry en una serie de conferencias que daría en las principales ciudades europeas. Fue una maravillosa experiencia para el joven, que nunca viajó más allá de las afueras de Londres. Durante su gira por las ciudades septentrionales de Italia, conocieron al venerable Alejandro Volta, inventor de la pila voltaica. Este encuentro accidental fue, probablemente, la inspiración para que Faraday hiciera sus primeras investigaciones en la esfera de la electrólisis y la electroquímica.

Al volver a Inglaterra, siguió ayudando a Davy en su trabajo y dedicándose a sus propias investigaciones. Hizo experimentos en química, electroquímica y metalurgia, que por sí solos le habrían dado la reputación de ser un científico de primera clase. Produjo el primer "acero inoxidable", descubrió la bencina, fue el primero en licuar muchos gases y formuló las leyes de la electrólisis. Sus servicios como experto científico en los tribunales tenían gran demanda, y un año recibió cinco mil dólares por este concepto, cuando la Sociedad Real sólo podía pagarle quinientos. Sin embargo, como hombre consagrado a la ciencia, prefirió renunciar a esta forma lucrativa de ingresos a fin de tener libertad para proseguir sus amadas investigaciones científicas.

La honradez y la falta de dolo de Faraday fueron a la vez su mayor gloria y su más grande defecto. Su franqueza le ganó enemigos, comprendiendo a su preceptor, sir Humphry Davy. Cuando un comité gubernamental investigó los riesgos de las minas de carbón, Faraday declaró que la "lámpara de seguridad" de Davy no era siempre segura. Por esta causa, Davy le guardó un resentimiento que lo llevó, años más tarde, a oponerse a la elección de Faraday como miembro de la Sociedad Real. A pesar de esta inmerecida oposición de sir Humphry, que era entonces presidente de la Sociedad, Faraday fue elegido en 1824. Sin embargo, nunca le guardó resentimiento a su antiguo maestro. Años después, ya muerto sir Humphry, lo defendió públicamente como su gran amigo y benefactor.

Poco después de que Oersted y Ampère descubrieron que la electricidad producía efectos magnéticos, Faraday comenzó a especular acerca del fenómeno inverso, la posibilidad de producir electricidad a partir del magnetismo. Aunque no se encontró la solución de este problema sino hasta más de diez años después, Faraday hizo importantes investigaciones tanto sobre el magnetismo como sobre la electricidad; por fortuna, conservó cuidadosas notas de sus estudios científicos. Poco después de que inició sus famosos experimentos eléctricos, obtuvo el movimiento mecánico con la ayuda de una corriente eléctrica. En el primero de estos experimentos hizo que un alambre girara en torno a un imán cuando pasaba por él una corriente eléctrica. En el segundo experimento logró que un imán montado en un pivote girara en torno de un alambre rígido que llevaba siempre corriente eléctrica. Así, pues, descubrió el principio fundamental del motor.

Sin embargo, no habrían de crearse los motores eléctricos prácticos inmediatamente después de los descubrimientos originales de Faraday por varias e importantes razones. Faraday, como el norteamericano José Henry, no deseaba obtener lucro de ninguno de sus descubrimientos. Así, en cuanto un descubrimiento parecía estarse convirtiendo en una posibilidad comercial, Faraday se dedicaba, invariablemente, a otra cosa. Pero, en este caso, Guillermo Wollaston y Davy lo acusaron de robarse sus ideas. Aunque Faraday pudo convencer a otros científicos y andando el tiempo al mismo Wollaston, de que su obra era original, se negó a volver a sus investigaciones científicas hasta 1831, después de trascurridos más de siete años.

Cuando Faraday terminó bruscamente sus investigaciones químicas, para volver al problema no resuelto de producir electricidad con el magnetismo, sólo consiguió una momentánea pulsación eléctrica con un equipo asombrosamente burdo. Este aparato, parecido a un trasformador, consistía en un anillo de hierro dulce con un diámetro de quince centímetros, alrededor del cual estaban devanadas dos bobinas de alambre grandes, pero separadas. Los extremos de una de las bobinas conectados a un largo alambre de cobre, colocado por encima de una aguja magnética. Faraday observó que la aguja de la brújula oscilaba y regresaba a su posición original, pero únicamente cuando los extremos de la otra bobina estaban en el proceso de ser conectados o desconectados de una batería cargada.

Faraday estaba muy lejos de sentirse satisfecho, pues no lograba producir un flujo continuo de electricidad. Menos de dos meses después realizó el más sencillo y famoso de sus experimentos con un imán de barra y una bobina de alambre de muchas vueltas, devanada en torno a un cilindro hueco de papel. Los extremos de esta bobina estaban conectados a un galvanómetro sencillo. Observó que la aguja del galvanómetro se desviaba en una dirección cuando se metía rápidamente el imán en el cilindro, y en la dirección opuesta cuando se sacaba. Daba lo mismo que moviera el imán o la bobina, pero tenía que existir un movimiento relativo y continuo entre los dos. Once días más tarde construyó la primera dínamo, que produjo un flujo continuo de electricidad. Consistía en un disco de cobre de treinta centímetros (la bobina o armadura) montado en un eje que giraba entre los polos de un imán poderoso. La corriente se medía con un galvanómetro, cuyos alambres estaban conectados a los que hacían contacto continuo con el borde del disco y el eje.

En lugar de perfeccionar su dínamo o generador eléctrico para obtener ganancias, Faraday dedicó sus esfuerzos a descubrir por qué ocurría la inducción electromagnética. Este estudio lo llevó a lo que muchos científicos consideran que fue su aportación más importante: la teoría del campo electromagnético. Debido a que no podía examinar el tema matemáticamente, usó modelos y explicaciones físicas. Propuso la teoría de que todo el espacio estaba lleno de varias clases de líneas de fuerza: magnéticas, eléctricas, térmicas, gravitacionales y radiantes. Estas líneas indican tanto la dirección como la intensidad de la fuerza particular que se estudia. Así, por ejemplo, la disposición de las limaduras de hierro en un pedazo de cartón colocado sobre un imán nos da una imagen de sus líneas magnéticas de fuerza.

La obra teórica de Faraday fue tan cabal que el brillante Jacobo Clerk Maxwell pudo incorporarla en sus famosas ecuaciones electromagnéticas. A Faraday, que se acercaba al ocaso de su carrera, le encantó que sus teorías soportaron la prueba de las matemáticas. Aunque, en su modestia, no consideraba que sus conceptos fueran otra cosa que un complemento de las leyes

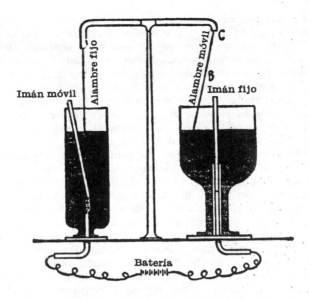

Imán móvil — Alambre fijo — Alambre móvil — C — B — Imán fijo

Batería

Motor primitivo de Faraday

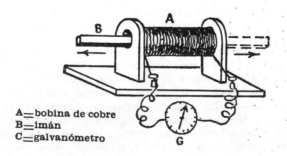

A=bobina de cobre
B=imán
C=galvanómetro

G

Corriente eléctrica inducida por un imán

de sir Isaac Newton, relacionadas con las "partículas", el suyo fue, sin duda, un gigantesco paso hacia adelante. Resultó un precursor directo de la revolución relativista en la física, que está tan estrechamente relacionada con la obra de Alberto Einstein y la física teórica del siglo XX.

El último periodo del genio creador de Faraday está comprendido entre los años 1844 a 1860, durante cuyo tiempo usó un tipo especial de vidrio óptico para hacer girar el plano de polarización de la luz que pasaba por un intenso campo magnético. Fue ésta una prueba excelente de la relación mutua que existe entre dos formas diferentes de energía. Sin embargo, sus sucesores científicos, Alberto Einstein y Jacobo Maxwell, ampliarían los experimentos y las teorías de Faraday. Este último periodo creador en las investigaciones científicas de Faraday siguió a una laguna de cuatro años producida por la mala salud y el agotamiento, parecidos a la postración nerviosa de sir Isaac Newton. El mundo pudo haberse perdido de gran parte de sus maravillosas teorías científicas si no hubiera sido por la abnegación y los cuidados de su amada esposa.

Nuestra historia no estaría completa sin mencionar el papel que representó Faraday como educador de las masas, a pesar de su falta de educación formal. En 1826 inició sus famosas conferencias los viernes por la noche en el Instituto Real. Pronto le siguieron las conferencias de Navidad para los jóvenes. Era un inspirado conferenciante, demostrador y sucesor de sir Humphry Davy, que despertaba gran interés y entusiasmo entre el público. A pesar de que lo incomodaba todo aquello que lo apartara de sus investigaciones científicas, no escatimó el empleo de su tiempo para este fin particular.

Aunque su extrema modestia le impidió aceptar la presidencia de la Sociedad Real y el título de caballero, este tímido genio fue inmortalizado cuando se dio el nombre de "faradio" a la unidad práctica de capacidad eléctrica. Podemos decir, en verdad, que toda la industria eléctrica de nuestros tiempos debe la mayor parte de su existencia a sus descubrimientos.

BIBLIOGRAFÍA

Appleyard, R. *A Tribute to Michael Faraday.*
Sootin, Harry. *Michael Faraday: From Errand Boy to Master Physicist.*
Tyndall, John. *Faraday as a Discoverer.*

CARLOS LYELL

(1797-1875)

SEIS EMOCIONADOS JÓVENES, en torno a la mesa de una cantina londinense, gritaban de alegría y cantaban hasta enronquecer. Tenían motivo para estar contentos, pues ese día se les informó de sus solicitudes aprobadas para concederles el derecho de ejercer la abogacía. Varios de ellos cursaron hasta seis años de estudios postgraduados antes de que se les considerara aptos para trabajar como abogados. Pero, en un rincón, mirando silenciosamente su vaso de cerveza, tomaba asiento Carlos Lyell. Su estado de ánimo contrastaba con el de sus compañeros. En lugar de complacerle lo que consiguió, estaba apesadumbrado. Permitió que sus padres lo obligaran a estudiar leyes, a encadenarse a los voluminosos libros de consulta cuya pequeña letra agravaba su vista, ya débil, y a apartarse del mundo de la naturaleza, al que, por instinto, pertenecía.

Desde joven, al ir de una a otra de las fincas a que se cambiaba su familia, Carlos mostraba interés en los insectos, las aves, los árboles y las flores. Varios años después del nacimiento de Carlos, ocurrido en 1797, sus padres se establecieron en Southampton, Inglaterra, y allí el niño tuvo la oportunidad de cultivar su amor por el mundo natural que le rodeaba. Su padre era un aristócrata escocés cuyas rentas le permitían vivir con holgura. Los terrenos que rodeaban su amplia casa de Southampton dieron a su hijo muchas oportunidades para estudiar la flora y la fauna del lugar. Como el señor Lyell era aficionado a la botánica, Carlos tuvo contacto con la ciencia desde edad temprana y demostró un interés singular en la numerosa colección de su padre. Debido a su mala salud, no fue al colegio más que de un modo intermitente. Cuando estaba lo bastante bien para asistir a la escuela particular, lo deprimían las travesuras de los otros estudiantes. Tenía sentido del humor, pero no le parecía gracioso clavar los zapatos de un muchacho en el suelo, poner ratones en sus mantas o arrojar huevos podridos a las desafortunadas víctimas. En consecuencia, casi esperaba con gusto las enfermedades debido a que le hacían volver a la tranquilidad de Southampton, a los bosques, a los ríos, a las mariposas y la paz.

En 1816, a los diecinueve años de edad, Carlos Lyell se fue a Oxford a estudiar matemáticas y los clásicos. Un compañero hablaba con frecuencia, en términos elogiosos, de su profesor de geología, Guillermo Buckland, y llevó a Carlos a una de sus clases. El fascinador maestro, una de las grandes atracciones de Oxford, tuvo una gran autoridad en la vida de Lyell. Buckland investigó centenares de cavernas británicas, muchas ruinas antiguas y las montañas y los valles de Europa, y estudió los huesos de las creaturas prehistóricas. Podía imbuir en otros, el dramatismo de la geología, y Carlos sucumbió en seguida bajo su hechizo.

Se afanó con el plan de estudios tradicional de Oxford, pero su verdadero interés era Buckland, cuya obra detectivesca con las rocas y las reliquias hacía que los libros de leyes parecieran en verdad aburridos. Cuando llegaron las vacaciones, Buckland animó a Carlos a ir a Escocia a examinar las formaciones de rocas volcánicas. Resultó ser el mes más emocionante que hubiera vivido Carlos. Recorrió los riscos de lava de Edimburgo, vio las asombrosas columnas de la gruta de Fingal. Este viaje fijó la pauta de las futuras vacaciones de Lyell. El mundo entero se convirtió en su laboratorio cuando exploró varios continentes en su búsqueda del conocimiento sobre la historia de la tierra. El padre de Carlos convino en que la geología era una ciencia prometedora, pero seguía prefiriendo para su hijo las leyes. A fin de persuadir a sus padres, el joven les pidió, en 1818, que lo acompañaran a Europa a pasar tres meses escalando montañas, mientras él buscaba el origen de las inundaciones alpinas. Fueron tres meses estupendos para Lyell, pero no pudo convencer a sus padres, agotados, de que la geología era un sustitutivo adecuado de la carrera de leyes.

Obedientemente, Carlos volvió a sus libros, pero nunca olvidaba las rocas y los fósiles. Cuando se entregaba a los simulacros de proceso judicial con otros aspirantes a abogado, sus pensamientos no se apartaban de los verdes campos de la geología. Ingresó en la Sociedad Geológica de Londres y asistió a sus reuniones con regularidad a fin de mantenerse al día con los últimos descubrimientos de esta ciencia.

Por fin, entre la vista defectuosa de Carlos y de su capacidad de persuasión, convencieron a sus padres. Renunció a las leyes en 1817 y dedicó todo su tiempo a la geología. El siguiente verano se encontraba en Francia, explorando volcanes inactivos, cavando para buscar fósiles y examinando antiguos sedimentos lacustres. La salud de Lyell mejoró rápidamente con su vida al aire libre. Se levantaba antes del amanecer y recorría el campo hasta que la oscuridad ponía fin a su trabajo.

Las notas con que Lyell llenó varios baúles se resumieron en una obra maestra, *Principios de geología*, cuyo primer volumen apareció en 1830. El subtítulo del libro es muy significativo: "Intento de explicar los antiguos cambios de la superficie terrestre con referencia a causas que todavía están activas". Antes de la obra de Lyell, los principales científicos creían que los cambios geológicos podían atribuirse a catástrofes ocasionales sufridas por nuestro planeta. Argüían que el diluvio de Noé y otros cataclismos universales lograron desaparecer civilizaciones enteras y daban nueva forma a la tierra. Entre uno y otro de esos cataclismos periódicos aparecían las plantas y los animales distintivos, que luego desaparecían para ser remplazados por nuevas especies que caracterizaban a la nueva edad. Pero, Lyell afirmaba que la erosión, las tormentas de arena, los glaciares y otras fuerzas naturales que todavía están activas fueron la causa de que cambiara la faz de la tierra. Razonaba que, para indagar lo ocurrido en el pasado, deberíamos estudiar el presente, en el cual podemos ver el proceso de cambio que se

ha producido en la tierra. La historia del pretérito se puede
leer en los fósiles que encuentra uno comúnmente.

La obra *Principios de geología* describe la relativa rapidez
con que puede producirse la erosión. Lyell reunió estadísticas
acerca de la costa de Yorkshire, que perdía de dos a cuatro
metros y medio cada año; y aludió a los bancos de ostras, de
Chile, que se elevaban diariamente un metro hasta llegar al
nivel de la tierra.

El libro habla de la estratificación de las rocas y de los yacimientos en que las conchas de los moluscos extintos y vivientes
revelan la historia del pasado. Analizado todo el proceso, Lyell
señalaba la ininterrumpida actividad y el cambio que ha per-
sistido desde los tiempos antiguos hasta los modernos. Estaba
poniendo los cimientos de la geología moderna. Otra significativa
aportación que hizo en sus *Principios* fue la división del periodo
geológico terciario (moderno) en épocas llamadas *eoceno* (aurora
reciente), *mioceno* (menos reciente) y *plioceno* (más reciente).
Bosquejó las características geológicas de esos periodos y las
pruebas de sus conclusiones.

El libro de Lyell resultó de gran importancia para los científicos contemporáneos, comprendiendo a Carlos Darwin, y fue
un éxito editorial. Sus editores lo importunaban con demandas
de nuevas ediciones. Para 1833 se publicaron dos nuevos volúmenes, pues el libro, de ser un ensayo sobre los cambios de la
tierra, se convertía en una enciclopedia que abarcaba todos los
conocimientos humanos sobre los tiempos prehistóricos. Fun-
dándose en la recepción del libro, Lyell fue designado profesor
de geología en el Colegio del Rey, de Londres, y al poco tiempo se casó con María Horner, hija de un colega. María, que
viajaría mucho con su esposo durante los siguientes cuarenta
años, encantó a su marido sugiriendo una gira geológica como
parte de su luna de miel. Al joven profesor de geología lo
pusieron por las nubes cuando regresó a Inglaterra. Sus conferencias en el Colegio del Rey hacían que se llenara la sala
con profanos cuyo interés cautivaba la nueva ciencia. Como las
galerías se llenaban una y otra vez con muchachas de la sociedad, los directores del colegio tomaron medidas para restringir
su asistencia. Disgustado, Lyell renunció a su puesto y se fue a
los Estados Unidos en una gira de conferencias. Encontró nuevos tesoros en el delta del Misisipí, en los pantanos de Virginia
y en las cataratas del Niágara.

Con su obra *Viajes en la América del Norte* (1845), Lyell hizo
crecer su fama relatando detalladamente las maravillas geológicas de los Estados Unidos y el Canadá. Describió otras exploraciones en *Una segunda visita a los Estados Unidos* (1849).
Aunque le interesaron siempre las conchas, los fósiles y las
huellas de los dinosaurios, fue también un cuidadoso observador

de las condiciones sociales. Sus libros hablan de los niños que se morían de hambre en Europa, de la suciedad y enfermedades que encontraba en todas partes, de la opresión política y la tiranía. Sin embargo, el progreso norteamericano le produjo una profunda impresión. Escribió con encomio de las reformas sociales, las condiciones satisfactorias de trabajo, la educación liberalizada, las viviendas decentes y los excelentes salarios que se pagaban en los Estados Unidos.

Una de las razones de que los libros de Lyell fueran recibidos calurosamente por conocedores y aficionados por igual, fue su estilo literario. Estas líneas de sus *Principios* caracterizan el amor de Lyell por su tema: "Así, pues, aunque no somos más que viajeros en la superficie del planeta, encadenados a un mero punto en el espacio, y sólo duramos un instante, la mente humana no sólo es capaz de contar los mundos que están más allá de la simple vista mortal, sino de reconstruir los acontecimientos de épocas indefinidas antes de la creación de nuestra especie, y ni tan siquiera se detiene ante los tenebrosos secretos del océano o del interior del globo sólido".

Cuando apareció el *Origen de las especies* de Darwin (1859), Lyell fue uno de los primeros en reconocer la grandeza del libro; defendió la nueva teoría y dedicó a ella quince capítulos de la nueva edición de los *Principios*. En 1863 publicó *Pruebas geológicas de la antigüedad del hombre,* la cual era un análisis de los argumentos sobre la aparición del hombre en la tierra, en la que hizo una nueva defensa de la teoría evolucionista de Darwin. Lyell coleccionó tantos ejemplares en la preparación de esta nueva obra que él y su esposa se vieron obligados a mudarse a una casa más grande a fin de almacenar los utensilios, fósiles y rocas que reunían durante sus viajes por Europa.

El príncipe Alberto, que advirtió el interés de Lyell en las reformas sociales, lo designó para que formara parte de varias comisiones. Lyell fue miembro de diversos grupos de asistencia social que se ocupaban de los problemas de los ancianos y los pobres de Londres, y trabajó con gran diligencia para introducir técnicas progresistas en las fanáticas universidades inglesas. Por sus aportaciones como científico y por su humanitarismo, le fue concedida la nobleza en 1848 y se le hizo baronet en 1864. A su muerte, su patria lo honró sepultándolo en la Abadía de Westminster, donde fue elogiado como "el geólogo más filosófico e importante que haya vivido, y uno de los mejores hombres".

BIBLIOGRAFÍA

Lyell, C. *Principios de Geología.*
Schneer, C. J. *The Search for Order.*

JOSÉ HENRY

(1797-1878)

EL CIENTÍFICO INGLÉS Miguel Faraday, universalmente famoso, palmoteó de júbilo y exclamó: "¡Arriba el experimento yanqui! ¿Qué diablos es lo que hizo usted?" Si José Henry no hubiera sido un modesto investigador científico, quizá habría prorrumpido: "¡Si leyera lo que publico y entendiera lo que lee, sabría qué es lo que acaba de ver!" Pero, en lugar de ello, el profesor de ciencias de Princeton explicó el fenómeno de la autoinducción al hombre a quien el mundo atribuía el descubrimiento de la inducción.

Este pequeño incidente que tanto nos dice acerca de José Henry, el más famoso de los investigadores experimentales norteamericanos del siglo XIX, ocurrió en la primavera de 1837, en un laboratorio inglés, donde Carlos Wheatstone y Miguel Faraday trataban en vano de arrancar chispas cerrando y abriendo un circuito eléctrico que sólo podía llevar una corriente muy débil. Mientras Faraday y Wheatstone discutían sobre la probable causa de que no se producía la chispa, José Henry enrolló distraídamente un pequeño pedazo de alambre alrededor de sus dedos, en forma de una bobina parecida a un tirabuzón. Antes de que los famosos científicos pudieran impedírselo, Henry abrió el circuito, conectó la diminuta bobina a uno de los cables, cerró el circuito y arrancó unas chispas claramente visibles al volverlo a abrir.

En la vida anterior de José Henry no encontramos nada que pudiera prever la dirección de su interés en la ciencia o el grado de su capacidad e intuición científica. Su vida fue, en verdad, una incesante lucha contra la pobreza y la relativa ignorancia hasta alcanzar la fama (y la riqueza, si hubiera deseado patentar cualquiera de sus descubrimientos). No se reconoció el mérito de Henry por sus hechos de ciencia más significativos hasta después de su muerte, cuando los científicos del mundo entero reconocieron que fue un gigante intelectual y le dieron la inmortalidad científica al designar a la unidad de inductancia eléctrica con el nombre de "henrio". El "henrio" se ha unido al "voltio", el "amperio", el "ohmio" y el "faradio", que son los nombres de nuestras unidades eléctricas fundamentales.

Henry nació en 1797, en una pequeña población agrícola cercana a Albany, Nueva York, donde pasó la niñez en la po-

breza. Apenas sabía leer cuando cumplió los trece años de edad.
Trabajó de peón y aprendiz de relojero durante sus primeros
años. Dos sucesos accidentales y sin relación mutua fueron, sin
duda, la causa de que siguiera más tarde la carrera científica.
Un día, cuando jugaba con un conejo, lo siguió a la biblioteca
de una iglesia, la cual contenía varias novelas románticas. El
soñador mozo se olvidó del conejo y empezó a leer los libros.
Lo emocionaron tanto que resolvió ser actor. Los dos años que
pasó este empeñoso aprendiz de actor estudiando su oficio le
sirvieron de mucho en los años subsiguientes, pues su preparación le enseñó que toda buena demostración científica tiene
que ser convincente, dramática y segura.

El segundo descubrimiento accidental de Henry le ocurrió a
los dieciséis años de edad, cuando casualmente tomó un libro
dejado en el cuarto de un compañero de la casa de huéspedes
en que vivía. Era un libro de ciencia que hacía preguntas, como
esta: "¿Por qué vuelven a la tierra una piedra o una flecha
después de ser arrojadas al cielo, en tanto que el humo del
fuego parece subir siempre sin que se vea ninguna fuerza que
lo empuje?" Así terminó bruscamente su carrera teatral, y al
momento decidió consagrarse a la filosofía natural. El hecho de
que los demás jóvenes fueran varios años menores que él y
provenían de familias ricas no impidió que José Henry ingresara
como estudiante en la Academia de Albany.

Después de sólo siete meses intensivos de clases nocturnas y
preparación especial, aprendió lo suficiente para ser nombrado
maestro rural. Ahora podría continuar sus estudios y perseguir
su nuevo sueño, aun cuando la enseñanza y el aprendizaje re-
quirieran más de dieciséis horas diarias. Más tarde se le nombró
ayudante de su profesor de química, y ayudó a preparar los
experimentos para las conferencias públicas del maestro.

Después de terminar sus estudios en la Academia de Albany,
aceptó el puesto de ingeniero y topógrafo del canal de Erie.
Parecía que llegaban a su fin los días de necesidad, pues una
persona de su preparación ganaría entonces un buen salario
donde quisiera trabajar. Sin embargo, apenas unos meses después resolvió volver a la Academia de Albany como profesor
de matemáticas y filosofía natural, pues creía que el país nece-
citaba más maestros superiores que ingenieros.

No obstante las pesadas labores docentes que limitaban sus
trabajos de investigación a las vacaciones del verano, realizó
algunos de sus más importantes experimentos en los veranos
consecutivos de 1827 a 1831. Debido a su modestia innata y su
minuciosidad, Henry no deseaba publicar nada hasta que tuviera
una cantidad abrumadora de datos experimentales. Por eso, las
primeras memorias que escribió sobre sus investigaciones no
aparecieron sino hasta 1832.

El primer gran descubrimiento de Henry fue diferente de la

mayor parte de su obra posterior en cuanto a que, en este caso, no descubrió en realidad algo que fuera nuevo, sino, más bien, mejoró la invención de otro. En 1823, Guillermo Sturgeon inventó un electroimán que era poco más que una curiosidad de laboratorio, pues sólo levantaba unos cuantos gramos de material magnético. El aparato de Sturgeon consistía en un alambre de cobre desnudo, devanado flojamente en torno a un núcleo de hierro aislado con una capa de barniz. En 1825, este aparato no podía aún levantar más de veinte veces su propio peso. La mejora que hizo Henry en 1827 parece sencilla en la actualidad, pues no hizo más que aislar los alambres en lugar del núcleo de hierro. Para 1831, podía sostener una carga de 340 kilos. No sólo tuvo Henry que devanar apretadamente sus muchos kilómetros de alambre en bobinas de varias capas colocadas una sobre la otra, sino que también tuvo que pasar interminables horas enrollando a mano el aislamiento en el alambre con tiras de tela de seda, que, según se dice, obtuvo de las faldas viejas de su esposa. El alambre aislado que se usa hoy no se conocía en 1837. El descubrimiento de Henry es tan fundamental que los electroimanes de la actualidad son, virtualmente, iguales a los suyos.

Henry experimentó también con sus electroimanes variando el voltaje de su batería y cambiando la resistencia eléctrica de sus devanados para obtener los máximos efectos magnéticos. Determinó la relación propia entre el voltaje y la resistencia y descubrió de nuevo la ley de Ohm antes de que Henry o los Estados Unidos escucharan hablar del físico alemán. (Este último no recibió el reconocimiento del mundo científico hasta 1837.) Dicha investigación fundamental indujo a José Henry a idear dos tipos de electroimanes: uno para producir una gran corriente eléctrica a fin de obtener el máximo efecto de levantamiento, en tanto que el otro producía una corriente débil que, por medio de una larga bobina continua, podía ser enviada a grandes distancias.

Así, en 1831 inventó y demostró el primer telégrafo electromagnético práctico, el cual haría funcionar un timbre a kilómetro y medio de distancia. Henry no quiso nunca patentar este descubrimiento, pues consideraba que sus conocimientos deberían ser compartidos y usados para beneficio de la humanidad entera. Habló sin reticencias de sus invenciones con Wheatstone, el "inventor inglés" del telégrafo, quien recibió su patente en 1837, y con Morse, el "inventor norteamericano" del telégrafo, quien recibió su patente en 1840, antes de que ninguno de los dos perfeccionara su aparato. Aunque ambos ganaron riqueza y fama con sus aparatos, no se molestaron jamás en reconocer el mérito que correspondía a Henry por resolver los problemas de la trasmisión a larga distancia; sin embargo, José Henry no era hombre que guardara resentimiento,

Como parte de su primer telégrafo, Henry inventó el relé o revelador eléctrico. Este dispositivo permite el funcionamiento de muchos aparatos eléctricos a gran distancia. Las radios y los telégrafos trascontinentales usan este principio de amplificación de las corrientes débiles, el cual, en realidad, controla el circuito eléctrico local de un imán más poderoso.

El descubrimiento más discutido de Henry se parecía mucho a la obra independiente de Miguel Faraday. Mediante un proceso que hoy se conoce con el nombre de inducción eletromagnética, Henry pudo producir electricidad con el magnetismo. La mayor parte de los investigadores anteriores trataron de imitar el procedimiento que usó Oersted para producir efectos magnéticos continuos con un flujo continuo de electricidad a través de un alambre inverso, usando un campo magnético uniforme para producir un flujo continuo de electricidad. Sin embargo, Henry descubrió que sólo se producían los efectos eléctricos cuando se hacía variar el campo magnético o cuando se movía el alambre que llevaba esta corriente creada o inducida a través del campo magnético (espacio entre los polos de un imán en que son perceptibles los efectos magnéticos).

El retraso fatal de José Henry para publicar la descripción de ese descubrimiento tal vez fue por su creencia de que llevaba varios años de ventaja en sus investigaciones, así como a su escrupulosidad y modestia. Después de que Faraday publicó su descubrimiento de la inducción electromagnética en 1832, el cual se basaba en las investigaciones realizadas durante el otoño de 1831, convencieron a Henry de que también publicara los resultados de sus investigaciones, las cuales comprendían el material sobre la autoinducción que aún desconocía Faraday en 1837, año en que se conocieron estos dos grandes magos de la electricidad.

En 1832, Henry fue nombrado miembro de la facultad de la Universidad de Princeton, donde disponía del tiempo y los materiales necesarios para sus investigaciones. Los siguientes catorce años fueron los más felices de su vida. Dilucidó la leyes que rigen el funcionamiento del trasformador eléctrico. Demostró que un bajo voltaje induce un alto voltaje mediante la disposición adecuada de las bobinas de alambre (principio de elevación) y que también aumentaría la corriente eléctrica inducida cuando ha disminuido el voltaje inducido mediante una diferente disposición de las bobinas (principio de la reducción). Lo notable es que Henry no contaba con aparatos (voltímetros y amperímetros) para medir sus voltajes y corrientes, sino que confiaba en los choques eléctricos y los efectos químicos. Ni tan siquiera usó la corriente alterna, pues aún no se descubría. Por lo tanto, su corriente alterna consistía en el efecto de abrir y cerrar un circuito de corriente directa. Por eso, son verdaderamente notables su teoría, que es correcta, y sus conclusiones.

En 1842 produjo también radiaciones inalámbricas u "ondas hertzianas", que recorrieron veinte metros de aire y unos setenta centímetros de piso de madera. Esto sucedió más de cuarenta años antes de que Hertz produjera los mismos fenómenos, y muchos años antes de que Jacobo Clerk Maxwell predijera matemáticamente su existencia. Sin embargo, Henry se adelantó tanto a su época que ninguno de sus contemporáneos comprendió lo que lograba. Se necesitó que trascurriera casi medio siglo antes de que los científicos aprendieran lo suficiente para apreciar su obra.

En 1846, José Henry obedeció otra vez a la voz de su deber cuando puso fin a su brillante carrera como el físico investigador más distinguido de los Estados Unidos. Fue elegido primer secretario de la recientemente formada Institución Smithsoniana, donde se convirtió en el primer administrador nacional de la ciencia norteamericana. Fue un gran administrador, cuyos contemporáneos sabían que era una persona que alentaba a los jóvenes inventores y científicos, como Bell y Morse. José Henry dio a la ciencia norteamericana su primer gran órgano de publicidad gratuita para las investigaciones científicas, e inició la distribución de estas publicaciones en las biliotecas y organizaciones científicas del mundo entero.

A él se debe también la creación de la Oficina Meteorológica de los Estados Unidos mediante los esfuerzos de la Institución Smithsoniana, cuyo cuerpo de observadores voluntarios al oriente del río Misisipí telegrafiaba sus informes sobre el tiempo a Washington, en cuya capital se reunía y publicaba la información. El éxito de esta empresa llevó directamente a la creación de dicha oficina del gobierno. En 1848, fue el primer hombre que proyectó una imagen del sol en una pantalla blanca, en la que, por medio de una pila termoeléctrica sensible, demostró que la temperatura de las manchas del sol era menor que la de otras partes de la superficie solar.

Henry fue uno de los organizadores de la Academia Nacional de Ciencias y de la Asociación Norteamericana para el Progreso de la Ciencia, así como director de los esfuerzos científicos de los Estados Unidos durante la Guerra Civil. En realidad, ésta pudo haber terminado mucho antes si la armada de los Estados Unidos hubiera seguido sus recomendaciones para la construcción de un buque acorazado. El sur adoptó más tarde su proyecto y construyó el *Merrimac*.

José Henry, el hombre cuya vida comenzó con tan limitadas promesas, murió en 1878, después de tener no una, sino dos carreras. Sin embargo, este hombre modesto veía con indiferencia la riqueza. Se conformaba con un salario anual de tres mil dólares que le pagaba la Institución Smithsoniana, y repetidamente rechazó el aumento de su salario o los ofrecimientos de otros empleos mejor pagados. Su vida se consagró a la ciencia, donde su única satisfacción fue la ampliación de los conocimientos humanos.

BIBLIOGRAFÍA

Coulson, T. *Joseph Henry, His Life and Work*.
Jaffe, B. *Men of Science in America*.
Riedman, Sarah. *Trailblazer of American Science: The Life of Joseph Henry*.

FEDERICO WOHLER

(1800-1828)

A PRINCIPIOS DEL siglo XIX ya se clasificaban los componentes químicos en orgánicos e inorgánicos. Los compuestos inorgánicos, como, por ejemplo, el cloruro de sodio, el carbonato de sodio y el yoduro de potasio, eran de origen mineral y consecuencia de los cambios químicos que se producían entre las sustancias inanimadas. Los científicos creían que los compuestos orgánicos, como, por ejemplo, los aminoácidos, las enzimas, la glucosa y la grasa eran producto de los cambios protoplásmicos que producía en la materia viva la "fuerza vital" de la vida. Hasta 1824 ningún químico abrigaba la esperanza de entender cómo se formaban esas sustancias orgánicas, como tampoco esperaba conocer el secreto de la vida. Nadie creía que fuera posible descubrir o reproducir la "fuerza vital", causa de las reacciones de los seres vivos. Federico Wohler, brillante y joven químico alemán, aceptaba la teoría histórica de la "fuerza vital", pero no sin reservas.

Un día, en el año 1824, trabajando en su laboratorio con compuestos inorgánicos, accidentalmente formó Federico una sustancia inesperada que consistía en cristales blancos, parecidos a agujas, recordando que antes le fueron mostrados esos cristales, su aguda mente trató de recordar dónde. Sí, varios años atrás, siendo estudiante, analizó la orina en sus partes componentes. Una de las partes componentes era la urea, que consistía en los mismos cristales blancos. Pero la urea era un compuesto orgánico, un producto de la oxidación de las proteínas en el hígado, y nunca se formó una sustancia orgánica en el laboratorio usando reacciones químicas.

Casi perdió el aliento de emoción. ¿Era posible que hubiera logrado algo que se creía imposible? Repitió el experimento muchas veces para convencerse de que no estaba equivocado en sus observaciones. La reacción producida entre cianógeno y agua amoniacal, dio ácido oxálico y urea. Como en ese tiempo se pensaba que el ácido oxálico era una sustancia inorgánica, Federico no consideró que su formación fuera importante; pero la verdad es que en la misma reacción obtuvo dos compuestos orgánicos: uno de origen vegetal y otro de origen animal.

Wohler se mostró tan escéptico con respecto al resultado de este experimento que aplazó cuatro años la publicación de sus observaciones. No se dio cuenta en ese momento de que su descubrimiento accidental, aunque muy importante, revolucionaría las ideas químicas y sería causa de que desechara el concepto de la "fuerza vital" que privaba en la mente de todos los químicos a principios del siglo XIX.

Federico Wohler nació el 31 de julio de 1800 en Escherscheim, cerca de Frankfurt-am-Main, en Alemania. Durante su niñez, su padre estimuló su interés en la ciencia. La química y la colección de minerales fueron algunas de las aficiones de Federico en su juventud. En 1820 ingresó en la Universidad de Marburgo, donde comenzó a estudiar medicina. En 1821 se fue a Heidelberg y empezó a trabajar en el laboratorio de Lepoldo Gmelin. Recibió en Heidelberg, en 1823, el grado en medicina y cirugía; pero Gmelin, reconociendo sus aptitudes para la química, lo persuadió de que debería dedicarse a la ciencia y olvidarse de la medicina y la cirugía. También estudió en Estocolmo, en el laboratorio del gran químico sueco Berzelius, que ideó nuestros actuales símbolos químicos. Wohler y Berzelius se hicieron amigos y hubo entre ellos un gran intercambio de conocimientos.

A más de dedicar su tiempo a las investigaciones, Wohler ayudó a muchos estudiantes jóvenes desde el año 1825 hasta 1831 en las escuelas técnicas de Berlín. También en las escuelas técnicas de Cassel de 1831 a 1836. Cuando enseñaba allí, hizo acopio de valor para publicar los resultados de su notable descubrimiento de que podría producirse sintéticamente en el laboratorio un compuesto orgánico, pero le resultó muy difícil convencer a sus colegas de que producía una sustancia orgánica con materia inorgánica. Inclusive a su compañero y amigo, Justo de Liebig (al que se considera fundador de la química agrícola para el abono de los suelos con fertilizantes químicos sintéticos y precursor en la educación química) le resultó difícil creerlo entonces, aunque él y Wohler trabajaron juntos varios años. En cuanto Wohler demostró a los químicos la posibilidad de sintetizar los compuestos orgánicos en el laboratorio, se abrió la puerta a un nuevo mundo de la química en que se producirían millares de nuevos compuestos. Hoy, muchas sustancias que existen en la naturaleza son sintetizadas en el laboratorio. El añil sintético, que se usa en las tinturas, ha remplazado al que se obtenía anteriormente de la planta del añil, y ha evolucionado la industria de la tintorería. En la actualidad se da insulina sintética a los pacientes diabéticos; es un excelente sucedáneo del producto natural, que anteriormente se extraía del páncreas de los animales en el matadero. Se han aislado otras hormonas, vitaminas y antibióticos, y cuando se determina su estructura, el químico puede producirlas artificialmente. Cien años después de que Wohler publicó los resultados de su famoso experimento, dos químicos de la Universidad de Ginebra sintetizaron en el laboratorio el azúcar de caña. El número de compuestos orgánicos sintéticos ha alcanzado muchos centenares de miles. Aún continúa la investigación en los laboratorios de empresas industriales como Du Pont, Squibb y Union Carbide, donde trabajan millares de químicos en la investigación de la química orgánica.

Wohler continuó sus investigaciones en otras esferas, a más de la química orgánica. En 1827, un año antes de que se convenciera por fin que demostraba la falsedad de la teoría de la "fuerza vital", juntó el potasio, un metal violentamente activo, y el cloruro de aluminio en un tubo de ensayo. La reacción produjo una sustancia muy ligera, plateada, de propiedades muy interesantes; tenía todas las propiedades químicas de un metal y, sin embargo, era tan ligero en comparación con los otros metales que parecía no serlo. En realidad, lo que miraba Wohler era el aluminio puro, tan químicamente activo que nunca se encuentra libre en la naturaleza, sino siempre en combinación con otras sustancias. Wohler fue el primero en aislar este maravilloso metal que, debido a su ligereza y durabilidad, tiene tantos usos prácticos. Se usa en la fabricación de aviones, coches de ferrocarril, utensilios caseros, viviendas, grandes edificios y aleaciones ligeras con magnesio. Sin embargo, correspondería a Carlos Martin Hall, años más tarde, descubrir un método con el que se pudiera aislar el aluminio a bajo costo mediante su extracción de la bauxita.

Con el mismo método usado para aislar el aluminio, Wohler preparó el berilio, elemento metálico raro, que se usa en los tubos de luz fluorescente para las casas, oficinas y salas de clase. Aunque el berilio es más ligero que el aluminio, no tiene la dureza y rigidez que hace más adaptable a éste para los usos prácticos; además, muchos de sus compuestos son venenosos y de manejo peligroso.

En 1832, Wohler y su amigo Liebig estudiaron las propiedades químicas del radical benzol, del que se deriva el ácido benzoico. Con el ácido benzoico, que se usa para conservar los alimentos, se forma el benzoato de soda. También descubrió la quinina, compuesto amarillo, cristalino, acre, que se usa para curtir el cuero. Otro de sus descubrimientos en la esfera de la

química orgánica fue la hidróquinina que se usa como revelador
fotográfico y como antiséptico, y que tiene valor medicinal
para combatir la fiebre.

Una de las más grandes hazañas de Wohler fue el descubrimiento del carburo de calcio, con el que se preparó el gas
acetileno en 1862 haciendo reaccionar el compuesto con agua.
El acetileno es el primero de una serie de compuestos orgánicos
de los que se derivan muchos polímeros. Se usa en el soplete de
acetileno para soldar y cortar metales y como compuesto inicial
para la formación del neopreno, caucho sintético que se usa
mucho en la actualidad, el cual fue preparado por primera vez
por el padre J. A. Nieuwland, profesor de química de la
Universidad de Notre Dame. Wohler demostró la relación química que existe entre el carbono y el silicio, e ideó un método
para obtener el elemento titanio, del que demostró que era,
químicamente, parecido al carbono y el silicio. Sin embargo, el
titanio difiere de estos dos últimos elementos en que es metálico, y otros no. Cuando el cloruro de titanio reacciona
con el hidróxido de amoniaco, se produce una nube espesa y
blanca de partículas diminutas, que parece humo. Se usa esta
reacción para formar las pantallas de humo y para que los avia-
dores escriban en el cielo. También los joyeros usan el titanio
en la fabricación de diamantes artificiales que parecen piedras
auténticas por su aspecto y su brillo.

Wohler consiguió sus notables proezas químicas gracias a su
perseverancia y su mente analítica. Triunfó donde otros fraca-
saron, porque poseía imaginación, curiosidad y la obstinada resolución de descubrir la verdad. Además, tenía muchas cualidades
personales. Fue desinteresado y leal. En reconocimiento a su
distinguida obra en la esfera de la química, se le nombró presidente de química en la facultad de medicina de Gotinga. Sirvió
con distinción en ese plantel durante muchos años. Murió el
23 de septiembre de 1882. Poco después de su muerte, se le erigió
una estatua en la Universidad de Gotinga. Aunque dedicó su
vida a la esfera de la química y las investigaciones químicas, en la
que hizo muchos descubrimientos, se le recordará siempre como
el hombre que abrió la enorme esfera de la química orgánica.
Hoy, esa esfera abarca la creación sintética de muchos medicamentos, como la niacina, la tiamina, la sulfanilamida, el sulfa-
tiazol y la cortisona; plásticos tales como la baquelita y las
resinas de polistireno, y telas como el nailon y el orlón.

BIBLIOGRAFÍA

Jaffe, B. Crucibles.
Thorpe, E. Essay on Historical Chemistry.

LUIS AGASSIZ

(1807-1873)

ENVUELTO EN ROPAS de piel y lana, y sentado en una tabla que colgaba de una cuerda, Luis hizo una señal para indicar que estaba listo. Poco a poco la cuerda lo hizo descender a las sombras de la hendedura del glaciar, diez, veinte, treinta metros. Observó que las fajas de hielo que parecían de color verde esmeralda a la luz del día se volvían azules y después negras al descender en el abismo. A una profundidad de treinta y seis metros, tocó de pronto agua y tiró de la cuerda para ordenar que lo detuvieran. En lugar de ello, lo dejaron caer de pronto en el agua helada. Se le entrecortó la respiración. ¿Se reventó la cuerda? Entonces, estaba condenado a morir. Hizo de nuevo frenéticas señales y, para su gran alivio, la cuerda comenzó a tirar de él hacia arriba; poco después, Luis se encontraba en la parte alta, con sus compañeros. Hubo un momentáneo error en la interpretación de su señal.

Sus amigos le expresaban que era un temerario por arriesgarse a descender en la desconocida sima del glaciar alpino. Sin embargo, Luis siempre procedía así. Tenía que ver las cosas por sí mismo. Vigoroso y resistente, despreciaba las incomodidades y peligros que desanimaban a otros.

Así, durante ocho veranos, Luis Agassiz estudió los glaciares y los enormes peñascos de la Europa continental, hasta que llegó a la conclusión de que, en otro tiempo, se extendió un enorme glaciar desde el Polo Norte hasta la Europa central. Agassiz, que tenía treinta y cinco años de edad, era ya un distinguido naturalista y un conocedor de los peces fósiles cuando anunció sus descubrimientos geológicos sobre la naturaleza de los glaciares en un libro titulado *Estudios sobre los glaciares*.

Nacido en una pequeña población de Suiza, se resolvió desde la niñez a consagrarse a la ciencia. De joven, él y su hermano reunieron toda clase de animales vivos y plantas y aprendieron sus nombres en latín. Asistió a la Universidad de Lausana, la Escuela de Medicina de Zurich y las universidades de Heidelberg y Munich. Su padre, que era clérigo, no veía con buenos ojos su ambición de ser naturalista, y lo instó a estudiar medicina a fin de que pudiera ganarse la vida cómodamente. Luis, obediente, ingresó en la escuela de medicina, pero por las noches siguió estudiando los seres vivos y los peces fósiles.

La fortuna ayudó a Agassiz a ingresar en su esfera preferida. Por recomendación de uno de sus preceptores, C. P. Martius, que acababa de volver del Brasil con un cargamento de peces del Amazonas, le pidió que colaborara con él en el estudio y clasificación de los ejemplares, para su publicación. El libro, que apareció cuando Luis tenía veintiún años de edad, fue recibido con encomio. Se reconoció que Agassiz era un joven prodigio.

El éxito de esta obra tuvo varias consecuencias importantes. Persuadió a su padre de que aceptara su determinación de ser naturalista. También hizo que se fijara en Luis la atención del gran naturalista francés Cuvier, que ya era anciano y achacoso. Cuvier invitó a su casa a Luis, en París, y generosamente entregó al joven naturalista todos sus peces, fósiles y notas reunidas durante más de medio siglo. El anciano instó a Luis a usar estos materiales para escribir un libro sobre la historia de los peces. Agassiz se entregó a esta empresa con su acostumbrado vigor. Trabajó quince horas diarias hasta que Cuvier le advirtió que podía poner en peligro su salud. Luis respondió que gustosamente sacrificaría su vida si con ello hacía que progresara la ciencia.

Lamentablemente, Cuvier murió antes de que terminara la obra, y pareció que sería necesario abandonar la empresa, pues Luis no tenía recursos económicos para continuarla. Estaba a punto de darse por vencido en su desesperación, cuando recibió un cheque por la suma de mil francos de Alejandro de Humboldt, otro famoso naturalista que se interesaba en su obra. Humboldt le consiguió también un empleo de maestro en la Universidad Suiza de Neuchatel.·

Con la publicación, entre 1833 y 1844, de sus *Investigaciones sobre los peces fósiles,* obra de cinco volúmenes con un atlas, en que dio a conocer más de mil peces fósiles, quedó firmemente establecida la reputación de Agassiz como naturalista. También se dio a conocer como buen maestro y conferenciante, que contagiaba de ilimitado entusiasmo e interés a sus discípulos. Dibujaba bosquejos ilustrativos en el encerado mientras ofrecía su fascinadora información. Su método de enseñanza consistía en usar la naturaleza como libro de texto y el aire libre como sala de clases. Instaba a sus discípulos a usar sus facultades de observación, a ver por sí mismos y a no conformarse con estudiar la naturaleza en los libros.

Una vez, un grupo de jóvenes científicos decidió poner a prueba sus conocimientos. Cuando daba una conferencia, le pidieron que describiera un pez que pudiera haber vivido durante un determinado periodo prehistórico. Agassiz no sabía que encontraron los restos fósiles de dicho pez y que se escondieron detrás de una cortina. Describió las características del pez e hizo un dibujo de su probable aspecto. Entonces desco-

rrieron la cortina y el público aplaudió, admirado por la semejanza entre el dibujo y el fósil.

Agassiz necesitaba equipo y fondos para sus investigaciones,
pero no conseguía ninguna de las dos cosas en Europa. Cuando
el Instituto Lowell de Boston, Estados Unidos, le hizo una oferta
lucrativa para dar una serie de conferencias, el inquieto espíritu de Luis, que anhelaba ver el Nuevo Mundo, lo indujo a
aceptarla. Agassiz, el extravertido que amaba la compañía de
sus semejantes, se enamoró de los Estados Unidos, y los norteamericanos correspondieron a su afecto. Lo impresionaron las
oportunidades democráticas y el interés por la cultura que observó en los Estados Unidos. Escribió a un amigo de Europa:
"Estuve presente en una reunión de unos tres mil trabajadores,
empleados, etc. Ninguna reunión resultaría más respetable y
mejor dirigida. Todos estaban vestidos pulcramente; inclusive
el obrero más sencillo tenía limpia la camisa. Era un extraño
espectáculo ver semejante reunión, convocada con el propósito
de formar una biblioteca y escuchar... una alocución sobre las
ventajas de la educación..."

Agassiz fue miembro de la facultad de la Universidad de
Harvard. En esa época, Boston era el centro del despertar cultural y científico de los Estados Unidos. Se invitó a Luis a
ingresar en el Club Sabatino, asociación de dirigentes intelectuales de la Nueva Inglaterra que se reunía los sábados por la
noche para discutir tópicos que iban desde la literatura hasta
las teorías científicas. En seguida se hizo amigo de miembros
tales como Longfellow, Emerson, Oliver Wendell Holmes y otros
distinguidos norteamericanos de la época.

Los directores de la Universidad de Zurich intentaron hacer
que Agassiz volviera a su patria ofreciéndole un atractivo empleo de profesor, pero rechazó el ofrecimiento. Su creciente equipo de investigación, sus muchos amigos nuevos, su admiración
por la vida norteamericana eran los imanes que lo ataban a su
patria adoptiva. Comparó su nueva patria con la antigua diciendo: "La instrucción no da al hombre, como en algunas
partes de Alemania, por ejemplo, un instrumento intelectual
para negarle luego la libertad de usarlo. En los Estados Unidos
se permite que todos los hombres empleen su talento para el
bien común..."

Después del fracaso de los movimientos liberales de Europa
en 1848, Agassiz ayudó a muchos de sus amigos científicos, como
el geólogo Guyot, el naturalista Lesquereux, a ir a los Estados
Unidos.

Una de las aportaciones permanentes de Agassiz a los Estados
Unidos fue la fundación del Museo de Zoología Comparada
de Harvard en que formó una de las más grandes colecciones
del mundo de fósiles y ejemplares zoológicos. Antes de que
cumpliera los cincuenta años, terminaba la mitad de su obra

monumental, *Aportaciones a la historia natural de los Estados Unidos*, y consiguió que el mundo reconociera que su patria adoptiva era un centro de investigaciones biológicas. En su honor, Longfellow escribió un poema: *El quincuagésimo cumpleaños de Agassiz*.

Cuando murió la esposa de Agassiz, éste se llevó a sus hijos a los Estados Unidos y, en 1861, para demostrar sus convicciones antiesclavistas, se naturalizó ciudadano de dicho país.

En 1860 se publicó en los Estados Unidos el *Origen de las especies*, de Darwin, que presentaba la teoría de la evolución. En seguida surgió una enconada controversia entre los partidarios de Darwin y quienes se oponían a su teoría. Asa Gray, un gran naturalista norteamericano, defendía a Darwin, y el mundo científico esperaba ver qué actitud tomaría Agassiz, quien pasaba su vida entera estudiando las variaciones entre las especies a través de los siglos. Por fin habló contra la teoría de la evolución. Declaró que las diferentes especies que existieron en las distintas edades de la tierra se crearon especialmente con un propósito divino; que no evolucionaron a partir de formas más antiguas, como sostenía la teoría de Darwin. Muchos se sorprendieron al ver la oposición de Agassiz a Darwin. Algunos atribuyeron tal actitud a sus profundas convicciones religiosas, nutridas por seis generaciones de antepasados que fueron clérigos.

La energía de Agassiz parecía ilimitada. Recorrió los países sudamericanos coleccionando nuevos ejemplares de peces para su amado museo y dando conferencias inclusive a bordo de los barcos en que viajó. Hizo luego una travesía científica al Pacífico, trabajando quince horas diarias para conseguir nuevos ejemplares. Su último proyecto fue el de fundar el primer laboratorio biológico marino del mundo en la Escuela Anderson de Historia Natural, en una isla de la bahía Buzzard, cerca de Nueva Bedford, Massachusetts, donde podían ir los estudiantes a estudiar directamente la vida marina.

En 1873, después de que se abrió su escuela de verano, se agotaron las energías de Luis Agassiz. Sobre su tumba se colocó un enorme peñasco tomado del glaciar suizo donde, unos años antes, hizo sus estudios de los glaciares. El mundo aprendió mucho de él, no sólo acerca de los fósiles, animales y glaciares, sino también sobre los métodos de estudio y las investigaciones biológicas. Sacó el estudio de la biología de los polvorientos libros de textos y lo llevó a los campos, los ríos y las montañas.

BIBLIOGRAFÍA

Agassiz, Louis. *The Growth of Continents*.
———. *Researches on Fossil Fishes*.
Lurie, Edward. *Luis Agassiz: A Life in Science*.
Robinson, M. L. *Runner of the Mountain Tops: Agassiz*.

CARLOS DARWIN

(1809-1882)

EL VIENTO SILBABA en las jarcias de la pequeña embarcación y azotaba con húmedos dedos las velas recogidas. Cada sacudida, cada vaivén y viraje de la nave aumentaban su sufrimiento, y gemía, mareado. ¿No acabaría nunca la tormenta? Quizá haría mejor en renunciar al incómodo viaje ahora, antes de que hubiera comenzado realmente. Le fue imposible llenar los requisitos para la profesión médica, a diferencia de su padre y de su abuelo, ni terminó su preparación para la carrera teológica. ¿Qué pensaría de él su padre, hombre próspero, respetado y vigoroso, si abandonaba ahora la carrera científica escogida? De veintidós años de edad se alistó como naturalista del *Beagle*, el cual, al mando del joven capitán Fitzroy, haría un viaje de exploración alrededor del mundo. Cuando se levantó tambaleándose y volvió a la pequeña mesa donde escribía las notas de su diario, Carlos Darwin desechó toda idea de abandonar el viaje. No sabía entonces que éste duraría cinco años y que en él se harían descubrimientos que conmoverían al mundo, pero tomaba la importante decisión. No se daría por vencido.

Carlos Darwin provenía de una familia distinguida. Su abuelo, Erasmo Darwin, fue un médico famoso, inventor y autor competente de opiniones liberales. En una de sus obras insinuaba la idea de la evolución, pero equivocadamente supuso que se producía por la trasmutación de las formas vivas. El abuelo materno de Carlos fue Josiah Wedgwood, industrial que fundó la famosa fábrica de loza. Debido a que su padre deseaba que siguiera la profesión médica de la familia, envió a Carlos a una escuela secundaria clásica y luego a la escuela de medicina de la Universidad de Edimburgo. Carlos no fue un buen estudiante en ninguno de los dos lugares, pues le interesaban menos estos estudios que las diversas aficiones que había cultivado. Ingresó en un club de jóvenes zoólogos e hizo varias expediciones a lo largo de las costas inglesas para estudiar la vida marina. Leyó libros de viajes, de filosofía natural y de geología. Quizá pueda atribuirse el principio de su teoría evolucionista a su lectura de Lamarck y al diario de su abuelo, en el que insinuaba esta idea.

Como última esperanza de que siguiera una carrera seria y respetable, la familia de Carlos pensó que podría ser clérigo y lo envió al Colegio de Cristo. Allí formó parte de un grupo de deportistas y prestó más atención a las carreras de caballos, el tiro al blanco y otras actividades no académicas que a la seriedad de su carrera. En este punto, aceptó el puesto de naturalista a bordo del *Beagle*. Su tarea consistiría en reunir ejemplares de animales y plantas y en clasificar la flora y la fauna que viera. El capitán Fitzroy, que era cuatro años mayor que Darwin, pertenecía al partido conservador y era un hombre muy religioso, que no podía ver en la idea de la evolución más que una blasfemia. Darwin pertenecía al partido liberal, que se oponía a la esclavitud y abogaba por las reformas sociales y la ampliación del sufragio. En estas condiciones, hay que rendir homenaje al tacto personal y la paciencia de Darwin por llevarse satisfactoriamente con el capitán Fitzroy.

El temperamento político y social de la vida inglesa de esa época era conservador, en reacción a los excesos de la Revolución francesa. Los biólogos de la época de Darwin, comprendiendo a Luis Agassiz y Ricardo Owen, creían que las diferentes formas de vida fueron creadas separadamente. Sólo un siglo antes, los geólogos sostenían que la tierra tenía cuatro mil años de edad y, aunque algunos geólogos de los tiempos de Darwin, como Carlos Lyell, probaron mediante el estudio de la formación de las rocas que la tierra era más antigua, no existía una verdadera idea de la vejez de nuestro planeta.

El primer puerto que tocó el *Beagle* se encontraba en la costa oriental de la América del Sur, en el Brasil. El espectáculo de las selvas brasileñas excitó la imaginación poética de Carlos, y escribió en su diario: "El país es un invernadero enorme, salvaje, exuberante, hecho por la naturaleza misma..." y "La forma del naranjo, el coco, la palmera, el mango, el helecho arborescente, el plátano, estará siempre clara y separada..."

Del Brasil, el *Beagle* pasó por el estrecho de Magallanes para subir por la costa occidental de la América del Sur, donde Darwin exploró las laderas de los Andes. Allí encontró antiquísimas conchas y reliquias fósiles, y contempló extraños insectos, peces, crustáceos, aves y flores. En todas partes coleccionaba ejemplares y registraba por escrito sus observaciones.

A varios centenares de kilómetros al oeste de la América del Sur se hallaban las islas Galápagos, cada una de las cuales parecía un universo independiente. Algunas eran casi desoladas inmensidades, con plantas primitivas que crecieron sobre una delgada y negra costra de lava. Otras eran vaporosas selvas con extraños animales y plantas. En una isla vio enormes iguanas, de un metro de largo, y tortugas gigantescas, cuyas conchas tenían varios metros de diámetro. Fue, probablemente, entre estas islas donde cristalizó por primera vez la idea evolucionista de Darwin. Vio pájaros de la misma especie que tenían diferentes características. ¿Por qué? ¿Por qué los pinzones de una isla tenían los picos encorvados y en la otra los tenían rectos?

¿Se debía a que eran diferentes los alimentos que requerían para sobrevivir? Las variaciones que se observaban entre los pueblos de las vecinas islas del Pacífico, ¿eran consecuencia de la adaptación a distintos medios ambientes?

Cuando volvió a Inglaterra en 1836 y publicó su diario del viaje, *Viaje de un naturalista alrededor del mundo,* fue recibida con aplauso su obra excelente, erudita. Sin embargo, en este libro no se mencionaba la evolución.

En 1838 fue elegido secretario de la Sociedad Geológica. En esa época, su hipótesis sobre la evolución se robusteció con la lectura del ensayo de Malthus sobre la población. Según Malthus, la población del mundo aumentará tan rápido que no se podrá sostener a no ser que las fuerzas naturales, como la enfermedad, reduzcan su crecimiento. Ésta fue una clave importante en las ideas de Darwin, pues señalaba la elección que hacía la naturaleza de los sobrevivientes que soportaran esa reducción.

En 1839 se casó con su prima Ema Wedgwood y, con los considerables ingresos que les daban sus familias, establecieron su hogar en Down House, en el pintoresco Kent. Allí tenía un invernadero y un jardín con muchas variedades de plantas y arbolillos. En Down House, Darwin comenzó a hacer los cuidadosos estudios y observaciones que veinte años más tarde se traducirían en su libro *Origen de las especies.* Darwin no era sólo preciso y metódico para organizar sus notas, sino que su vida diaria seguía también una pauta semejante en cuanto que dedicaba determinadas horas a escribir, pasear a pie, leer y descansar. Atribuía sus triunfos a "la ilimitada paciencia al reflexionar sobre cualquier tema, la industria en la observación y reunión de los hechos, y una buena parte de inventiva..." Trataba también de "mantener libre la mente a fin de rechazar cualquier hipótesis... en cuanto los hechos demostraran que se oponían a ella".

Pocos visitantes permanecían en Down House debido a la mala salud de Carlos. Estaba inquieto y dormía poco; el esfuerzo le provocaba accesos de escalofríos y náusea. Pero, a pesar de su retraimiento y enfermedad, nunca perdió su humanitarismo ni su afabilidad con las personas y principalmente con los niños. Su sincera modestia se reveló una vez en que, después de una visita del primer ministro Gladstone, Darwin dijo: "El señor Gladstone es un gran hombre y, sin embargo, me habló cual si fuera una persona común, como yo". Cuando contaron esto al señor Gladstone, contestó: "Lo que siento hacia el señor Darwin es exactamente lo que él siente hacia mí".

En 1859, cuando Darwin publicó el *Origen de las especies,* en que proponía la teoría de la evolución por medio de la selección natural, surgió una tempestad de discusiones. Aunque Carlos evitó mencionar al hombre en su obra, era clara la deducción. Su teoría evolucionista fue considerada por muchos

como una negación de la versión bíblica de la creación especial
del género humano. El debate adquirió proporciones furiosas,
pero Darwin no participó en él. En parte debido a su mala
salud, se conformó con presentar su teoría con pruebas importantes para confirmarla, sin luchar por su aceptación. Tomás H.
Huxley, científico contemporáneo y hábil escritor y polemista,
libró la batalla para que fuera aceptada la teoría.

Doce años más tarde, Darwin publicó *El origen del hombre*,
en el que aplicaba las mismas reglas de la selección natural
a la antropología; y en una obra posterior, *La expresión de las
emociones en el hombre y los animales*, aplicó la teoría de la
evolución a la sicología. Al escribir la *Variación de los animales
y las plantas domesticados*, fue un precursor de la genética porque quiso responder a esta pregunta: "¿Cómo se produce
la variación en las especies?" Es una pregunta que nunca
respondió completamente.

Darwin explicaba su teoría de la evolución o selección natural como la selección que hacía la naturaleza de aquellas
características de una especie que le permitían sobrevivir en un
cierto ambiente y la eliminación de aquellas que no eran necesarias. Un ejemplo muy común de semejante eliminación es
el apéndice del hombre, que en otro tiempo sirvió para una
función orgánica útil como parte del sistema digestivo. Las
modificaciones de las especies pueden tardar centenares o millares de años. La teoría de Darwin significó diferentes cosas
para distintos grupos. Muchos científicos consideraron que su
obra era comparable a la de Isaac Newton. Éste descubrió la
unidad y la coherencia en la estructura física del Universo.
De manera semejante, Darwin descubrió la unidad y la coherencia de los seres vivos que evolucionan, según leyes científicas
comprensibles, de lo sencillo a lo complicado.

Para los industriales poco escrupulosos de la época y para
los dictadores implacables (como Hitler en época más reciente),
la "supervivencia del mejor adaptado" justificaba la explotación e inclusive la eliminación de los débiles en bien de sus
intereses egoístas. Darwin nunca propuso semejante concepto.
Con la expresión "el mejor adaptado", no se refería al "más
fuerte", sino al más "adaptable". Veía el progreso de la humanidad, no en la lucha y la extinción del débil, sino en la
cooperación y progreso de la cultura total. Al señalar la unidad
y las relaciones recíprocas de todos los seres vivos, puso los
cimientos para la filosofía social y humanitaria que expusieron
muchos grandes autores del siglo XIX, como Dickens, Ruskin
y Tennyson. Darwin decía: "Las gentes egoístas y disputadoras
no se unen, y sin unidad no se puede hacer nada..." y "...ge-
neral y justamente se estima que las facultades morales tienen
mayor valor que las facultades intelectuales".

Parece irónico que un hombre como Carlos Darwin, que era

afable y filantrópico por naturaleza y detestaba la controversia, fuera el punto focal de la mayor de las controversias de este siglo y que lo acusaran, quienes no entendieron su obra, de querer rebajar a la humanidad.

BIBLIOGRAFÍA

Barzun, Jacques. *Darwin, Marx, Wagner.*
Darlington, Charles R. *Darwin's Place in History.*
Darwin, Charles. *El viaje del "Beagle".*
———. *El origen de las especies.*
———. *El origen del hombre.*
Kagan, Bernard R. *Darwin and His Critics.*

ROBERTO GUILLERMO BUNSEN

(1811-1899)

EN LA SEGUNDA mitad del siglo XVIII, Ricardo Frank fue el primero en decir: "La necesidad es la madre de la invención". Para apreciar mejor este antiguo adagio, podríamos examinar la vida de Roberto Guillermo Bunsen, brillante químico e inventor alemán.

Nació en Gotinga, Alemania, el 31 de marzo de 1811. Se inclinó a la mecánica y, de niño, hizo de la ciencia su pasatiempo favorito. Los fenómenos de la luz y del calor lo fascinaban a tal grado que pasó la mayor parte de su vida tratando de desentrañar los misterios de estos dos dominios de la ciencia.

De 1834 a 1837 trabajó en el laboratorio para probar que las propiedades de los compuestos químicos orgánicos dependían de los radicales orgánicos que formaban parte de su estructura molecular. Afirmaba que los compuestos que contienen el radical metilo (CH_2), que se deriva del más sencillo de los compuestos orgánicos, el gas metano (CH_4), tienen características químicas distintivas. En su esfuerzo por aislar el radical metilo, Roberto juntó el óxido arsenioso y el acetato de potasio en un tubo de ensaye a temperatura muy alta. El resultado de la reacción produjo el óxido de cacodilo, al que trató con ácido clorhídrico a fin de obtener cloruro de cacodilo. Entonces hizo reaccionar a éste con cinc; el producto formado por esta reacción fue una sustancia maloliente llamada cacodilo, que en griego significa "hediondo". En este punto de sus investigaciones, Bunsen pensó que aislaba el sencillo radical metilo combinado con arsénico; empero, el peso molecular del producto demostró que era dos veces mayor que el del radical sencillo que pensó haber conseguido. Además, durante sus investigaciones contrajo el envenenamiento de arsénico que casi lo mató.

En lugar de desalentarse por la mala fortuna, vio la necesidad de un antídoto para esta sustancia, muy venenosa. Entonces inició una serie de experimentos a fin de encontrar la que neutralizara los efectos mortales del arsénico. Después de muchas y pacientes investigaciones descubrió el óxido férrico hidratado (óxido de hierro), el cual daba notables resultados.

El éxito de Roberto quedó eclipsado por otro percance: estalló una de sus reacciones y, a consecuencia de ella, perdió la vista de un ojo y casi murió. Aunque nunca consiguió aislar el radical metilo y casi fue un mártir de la ciencia, predijo uno de los principios fundamentales de la moderna química orgánica: la naturaleza de los compuestos orgánicos depende de los radicales de que están compuestos. Sin embargo, la segunda ocasión en que escapó de la muerte lo indujo a abandonar el estudio de la química orgánica y a prohibir su estudio inclusive en los laboratorios de las universidades.

En 1841, cuando experimentaba con la luz, descubrió que era necesario un tipo más eficaz de pila eléctrica a fin de progresar en su trabajo. Entonces inventó una pila especial, que se conoce hoy con el nombre de pila de Bunsen; consiste en un recipiente de vidrio que contiene ácido sulfúrico diluido con un cilindro de cinc sumergido en el ácido. En el cilindro de cinc un recipiente poroso contenía ácido nítrico concentrado y una barra de carbón. Esta pila tenía vida más larga y producía mayor voltaje que la pila común de ese tiempo.

En el mismo año estudió los altos hornos de Alemania y encontró que se desperdiciaba el cincuenta por ciento del calor que generaban. Entonces cruzó el Canal de la Mancha para ir a Inglaterra, donde descubrió que los altos hornos sólo tenían una eficacia del veinte por ciento. Al volver a su laboratorio en Alemania, empezó a idear un método para corregir estas condiciones mejorando el tipo de aislamiento usado en los hornos a fin de impedir las pérdidas de calor.

El interés que sentía en la luz lo indujo a inventar el fotómetro en 1844. Usó este aparato para medir la intensidad de la iluminación de una lámpara de la que se ignoraba su potencia en bujías. Consistía en un pedazo de cartón con una mancha traslúcida de grasa en el centro. El cartón se movía a lo largo de un medidor, que se encontraba entre una lámpara normal y la lámpara desconocida, hasta que ambos lados de la mancha de grasa quedaban iluminados con la misma intensidad.

Dos años más tarde, el interés que sentía en el calor lo llevó a Islandia a investigar la naturaleza de los géysers, que son chorros de agua caliente que salen al aire por los orificios de la tierra. Encontró que, en el suelo, el agua corría por grietas de las rocas hasta llegar a lugares en que la temperatura era muy alta bajo la superficie de la tierra. Entonces, el agua se calentaba por encima del punto de ebullición, lo cual producía la tremenda presión que arrojaba violentamente al agua a la altura desde debajo del suelo. Hoy todos están de acuerdo en que el calor se produce por la descomposición radiactiva del uranio, el cual es un componente de la mayoría de las rocas subterráneas.

Aunque Arfveds descubrió el litio en compuestos en 1817, no fue aislado hasta 1855 por Bunsen y Mathiesen. El litio es el metal más ligero que se conoce, y no tiene muchos usos prácticos hasta que se combina con otros elementos. Las sales de litio dan a las llamas de gas un brillante color carmesí y, debido a esta propiedad, se usan en la fabricación de las luces de señales y los fuegos artificiales. En la actualidad, el bromuro de litio es un compuesto de los calmantes para los nervios, y el fluoruro se emplea en los aparatos ópticos. Cuando se usa menos del uno por ciento de este mágico metal en aleación con el aluminio, el producto tiene la resistencia de tensión y la elasticidad del acero, así como la ligereza del aluminio.

De todos los descubrimientos e inventos de Bunsen, quizá el más importante fue el del espectroscopio, que inventó en unión de Kirchhoff en 1859. El espectroscopio es un aparato que re-

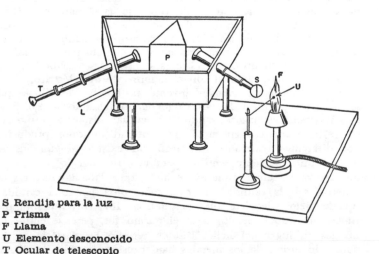

S Rendija para la luz
P Prisma
F Llama
U Elemento desconocido
T Ocular de telescopio
L Palanca para ajustar el prisma

El primer espectroscopio

fracta la luz en sus colores componentes. En realidad, Newton
fue el primero en demostrar que la luz blanca podía descomponerse en los colores que la componen por medio de un prisma
de cristal, a fin de formar un espectro o franja de luz en que
eran visibles los diferentes colores. Utilizando la idea de Newton,
Bunsen y Kirchhoff descubrieron que todos los elementos, cuando se calentaban hasta el punto en que se ponían incandescentes, dejaban escapar una serie de brillantes rayos que eran
característicos del elemento particular. Para facilitar su estudio
de los diferentes espectros, Bunsen y Kirchhoff idearon el espectroscopio, que consistía en un prisma de cristal para refractar
la luz y un aparato telescópico. La observación y determinación de los elementos por sus colores característicos cuando se
calientan hasta ponerse incandescentes se conoce hoy en día como
análisis espectral.

Poco después de la invención del espectroscopio, en 1860,
Bunsen, por medio del análisis del espectro, descubrió dos nuevos elementos: el cesio y el rubidio. Ninguno de estos elementos
tiene mucho valor químico por sí mismo, pero hoy se usa una
mezcla de los dos para eliminar los últimos rastros de oxígeno
de las válvulas electrónicas al vacío. Los átomos de cesio dejan
escapar electrones con tanta facilidad que la luz ordinaria tiene
suficiente energía para desprenderlos. Como consecuencia, se
usa el cesio en la celda fotoeléctrica de gran sensibilidad. Se
emplea esta celda en la construcción de puertas que se abren
automáticamente cuando se acerca uno a ellas. La luz ordinaria
da en una placa recubierta de cesio, lo cual hace que fluya
un haz de electrones de un lado a otro de la puerta, por el aire.
El haz de electrones completa un circuito y mantiene cerrada
la puerta. Cuando pasa una persona o un objeto por este haz, se
interrumpe el circuito y se abre la puerta. A la celda fotoeléctrica se le conoce también con el nombre de ojo eléctrico.

En 1868, Roberto Bunsen inventó la bomba de filtro, que
se usa para purificar las soluciones en el laboratorio. Sabiendo
que se desprende calor cuando se unen las sustancias químicas,
en 1870 se interesó en medir la cantidad de calor producida
por diferentes reacciones químicas. No existía ningún instrumento suficientemente sensible para medirlo, por lo que procedió a inventar el calorímetro de hielo, que daba las lecturas de
acuerdo con la cantidad de calor absorbida por una cantidad
fija de hielo. Diecisiete años después, en 1877, inventó un calorímetro de vapor. Se usó para el mismo fin, pero se empleaba
un gas en lugar del helio. Bunsen estudió las variaciones del
punto de fusión de los metales bajo presión y midió la dilatación del agua cuando se convierte en hielo.

Además de estos inventos, ideó un proceso para producir el
magnetismo en gran escala. También enseñó a obtener luz bri-

llante y blanca con la combustión del alambre de magnesio. Este mismo elemento se emplearía más tarde para las lámparas sordas, en las que se usa magnesio en polvo en lugar de alambre.

Por extraño que parezca, el mechero de Bunsen, que lleva su nombre y que conocen todos los estudiantes de secundaria, fue inventado por Miguel Faraday, no por Bunsen. Sin embargo, fue éste quien le dio popularidad gracias a su constante uso de este instrumento. El mechero emplea el principio del soplete, mediante el cual se hace que el aire se mezcle con el gas antes de la ignición. Cuando se enciende el mechero, se produce una llama sin humo, de calor muy intenso, pero que casi no tiene luminosidad. Usando el principio del mechero de Bunsen,

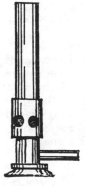

Mechero de Bunsen.

Carlos Auer de Welsbach, científico austriaco, inventó el mechero de Welsbach. Consistía en un manto de óxidos metálicos, parecido a una pantalla. Bunsen demostró que los óxidos de ciertos metales daban una luz muy brillante cuando se ponían en la parte más caliente de la llama de un mechero de Bunsen. Entonces, Welsbach, que deseaba crear una luz de gas para la iluminación, construyó su manto de manera que la pantalla, hecha de óxidos metálicos, quedara donde la llama era más caliente. El manto de Welsbach fue la forma más popular y práctica de iluminación casera hasta principios de la década de 1920, cuando fue sustituido por la bombilla eléctrica de Edison.

Durante su larga carrera, Roberto Guillermo Bunsen fue profesor de química en universidades tan famosas como la de Cassel, la de Marburgo y la de Breslau. En 1852 fue nombrado presidente de química en Heidelberg. Prestó sus serivicios con distinción en Heidelberg hasta su retiro, a la edad de setenta y ocho años, en 1889. En sus estudios de la luz y el calor hizo importantes descubrimientos e invenciones que facilitaron la obra de las futuras generaciones de científicos. El 16 de agosto de 1899, el mundo perdió a uno de sus más grandes hombres de ciencia cuando Roberto Bunsen fue sepultado en Heidelberg, Alemania.

BIBLIOGRAFÍA

Moore, F. *History of Chemistry.*
Taylor, F. Sherwood. *Science and Scientific Thought.*

CLAUDIO BERNARD

(1813-1878)

EN 1834, UN emocionado y joven campesino abandonó su pueblo, en la comarca del vino, en el centro de Francia, para ir a París. Sólo tenía veintiún años de edad. Eran pocas sus posesiones, pero bajo el brazo llevaba el precioso manuscrito de una obra de teatro con su nombre, Claudio Bernard, inscrito en la cubierta. Soñaba en el éxito y la fama que llegarían cuando algún gran actor pronunciara las palabras allí reunidas, y todo París aclamaría al talentoso dramaturgo francés. Soportó grandes sacrificios para el esperado momento de triunfo, pero a menudo esos sueños se deshacen.

El padre de Claudio era un viticultor frugal y laborioso de la sonriente comarca de Beaujolais, que todavía produce algunos de los mejores vinos franceses. La familia vivía en la pobreza. La educación de Claudio fue muy restringida y, a los dieciocho años de edad, trabajó como aprendiz de boticario en la ciudad de Lyons. Al joven le aburrían las serviles tareas que le encomendaban, pero el destino lo estaba preparando para una futura carrera científica.

Claudio tenía que llevar medicamentos para el tratamiento de animales enfermos a una escuela veterinaria de las cercanías. A menudo se quedaba fascinado mirando las disecciones y operaciones quirúrgicas, de que las que más tarde hablaba con su patrono. Aunque se despertó su curiosidad, lo que le interesaba entonces era el drama. Los francos que ganaba tan laboriosamente, los destinaba para ver todas las obras que se presentaban en los teatros del lugar. Dotado de fecunda imaginación, concibió la idea de escribir un drama. Trabajaba hasta muy avanzada la noche para producir una comedia corta, romántica, que vendió por cien francos, la cual fue presentada con cierto éxito en un teatro del lugar.

Con los aplausos del público todavía en los oídos, renunció a su trabajo en la farmacia para dedicar todo su tiempo a escribir obras de teatro. Sus sueños de futuro éxito le hicieron olvidar las frecuentes hambres durante el año en que terminó su drama histórico *Arturo de Bretaña*. Llevó esta obra a París y la presentó a un crítico dramático que enseñaba literatura en la Sorbona. El juicio del crítico fue de que la obra no tenía mérito literario, pero suavizó el golpe con un bondadoso consejo: "Has trabajado en una farmacia; estudia medicina y escribe en el tiempo que te sobre". Bernard, prudentemente, se resignó;

ingresó en la escuela de medicina, en París. Fue un estudiante indiferente, dado mucho a soñar. Por lo común, su nombre figuraba entre los últimos en las listas de los resultados de los exámenes. Casi estaba dispuesto a darse por vencido cuando fue asignado a las clases de Francisco Magendie. En cuanto conoció al gran profesor de patología, se produjo un milagroso cambio en su actitud. Magendie, por un don especial de intuición docente, reconoció las probabilidades de su discípulo. Exigía lo mejor y despertó en Bernard el interés por el estudio.

Magendie se rebeló contra el sistema tradicional que requería que los estudiantes de medicina aprendieran de memoria las notas de las clases sin conocimiento directo de las causas que provocaban los cambios estructurales y funcionales en los tejidos enfermos. Fundó el primer laboratorio médico, donde se exigía que sus discípulos observaran las reacciones de los animales experimentales. En el laboratorio, era un tirano. Se preparaba cuidadosamente el paso de cada experimento, y las conclusiones tenían que basarse en los resultados. No toleraba la negligencia ni los razonamientos descuidados. Aunque Bernard se exasperó al principio y se desalentó con las exorbitantes demandas de su maestro, pronto empezó a sentirse mejor en el nuevo ambiente. Afuera del laboratorio, Magendie era una persona diferente. De un modo paternal, encomiaba a Bernard por su destreza en la disección y lo invitó a ser su ayudante en el laboratorio. Bernard aceptó el puesto y en seguida comenzó a colmar las esperanzas de su maestro. En 1843 publicó su primera disertación científica, *Sobre las cuerdas del tímpano*. En una delicadísima disección, determinó por primera vez la distribución de esta pequeña rama del nervio facial y demostró su relación con el gusto y la secreción salival. Los antiguos condiscípulos y maestros quedaron asombrados por su aptitud experimental y la claridad de su presentación.

Cuando ese mismo año terminó su tesis profesional, *Sobre el jugo gástrico y sus funciones en la digestión,* establecía los principales lineamientos de su investigación futura más importante. Su plan general consistía en analizar los procesos que intervenían en la digestión de los diferentes tipos de alimentos: grasas, hidratos de carbono, proteínas. Las disecciones de los animales de laboratorio que acababan de comer alimentos grasosos demostraron que los vasos quilíferos que se encontraban inmediatamente abajo de la desembocadura del conducto pancreático en el doudeno contenían un quilo lechoso que estaba cargado de glóbulos de grasa. Bernard dedujo que tal vez el jugo pancreático contenía una sustancia que descompone las grasas y las hace absorbibles. Una investigación posterior demostró que los tejidos pancreáticos molidos, lo mismo que el jugo pancreático puro, cuando se mezclaban con alimentos grasos fuera del cuerpo, dividían la grasa en glicerol y ácidos grasos.

Bernard tenía motivos para esperar que su dilucidación de la función pancreática en el proceso digestivo le conquistaría el reconocimiento científico. Acababa de casarse y aspiraba a la seguridad que le daría el ascenso a ayudante de profesor. Sin embargo, cuando presentó su solicitud para que fuera aprobada, la rechazaron porque un miembro del comité de la facultad aseguró que sus experimentos demostraban que Bernard estaba en un error, pues la ligadura del conducto pancreático en el ganado no inhibía la digestión de las grasas. Bernard probó más tarde que el ganado tenía un conducto pancreático secundario, el cual desemboca independientemente en el intestino, y que, si no se ligaban ambos conductos, no se interrumpía la digestión de las grasas. Se impuso la validez de su afirmación, pero pasaron varios años antes de que recibiera un ascenso académico.

Al parecer, el desaliento no figuraba en el vocabulario de Bernard, pues inmediatamente inició nuevos experimentos que se tradujeron en su gran descubrimiento de la función glicógena del hígado. Se sabía que los hidratos de carbono complejos se descomponían en glucosa, la cual era absorbida entonces por el intestino delgado y pasaba a la sangre. Bernard se preguntó si sería posible seguir la trayectoria de la glucosa absorbida hasta los órganos en que se utilizaba a fin de dar energía para las funciones corporales. Observó primero que en la sangre de la vena porta, que pasa del intestino delgado al hígado, se reunían grandes cantidades de glucosa después del consumo de un alimento que contuviera hidratos de carbono. Por otra parte, la sangre que salía del hígado por la vena hepática para volver al corazón contenía una cantidad regulada de azúcar a pesar del consumo de alimento. Bernard hizo entonces esta pregunta: ¿La glucosa que salía del hígado era idéntica a la absorbida por el intestino delgado?

Eran éstos los días en que no existían aún los contadores Geiger ni los isótopos radiactivos, como el C_{14}, que se usan hoy rutinariamente en estos trabajos detectivescos de la fisiología. Pero Bernard, con una serie de experimentos sencillos e ingeniosos, demostró que el hígado de los animales que se alimentan con una dieta en la que se han suprimido hidratos de carbono sigue descargando glucosa en la sangre. Aún más notable era el hecho de que el hígado de los animales que no habían tomado alimento en varios días continuaba segregando glucosa. Bernard dedujo de éste y de otros experimentos parecidos, que la glucosa que entraba en el hígado se trasformaba en otra sustancia a la que acabó por identificar como glicógeno. Con un estímulo regulado, el glicógeno almacenado en el hígado podría convertirse en glucosa a fin de satisfacer la continua demanda de los tejidos orgánicos.

Bernard sospechaba que era posible controlar la producción de azúcar del hígado por medio del nervio vago, inervador de los órganos viscerales del abdomen. En sus investigaciones sobre los posibles mecanismos de control nervioso, accidentalmente lesionó la base del cerebelo de uno de sus animales de laboratorio. Para su gran sorpresa, aparecieron los síntomas típicos de la entonces mortal enfermedad llamada *diabetes mellitus;* contenía exceso de azúcar en la sangre, y azúcar en la orina. El estímulo accidental del sistema autónomo inducía la secreción de grandes cantidades de adrenalina en las glándulas suprarrenales. Se sabe hoy que esta secreción provoca la glicólisis o conversión del glicóceno en glucosa. Bernard abrió un sendero para estudiar el problema de la conversión del glicógeno, pero no descubrió el importante papel que representa el páncreas en el proceso. La extirpación y el estudio del páncreas llevaría al descubrimiento de la insulina, que obra como control de la secreción de azúcar en la sangre. Bernard intentó extirpar el páncreas de los animales, mas nunca consiguió eliminar todo el tejido pancreático. Sin embargo, sus investigaciones sirvieron de base para el posterior aislamiento de la insulina y la conquista final de la diabetes por Banting y Best en 1921.

Suele considerarse que el descubrimiento de la función glicógena del hígado es la mayor hazaña de Bernard; no obstante, fue el amplio concepto biológico fundamental que dedujo de sus experimentos lo que puso de manifiesto su verdadero genio y le mereció el título de "fundador de la fisiología experimental". En cada nuevo experimento quedaba impresionado por el equilibrio dinámico que existía en y entre todas las partes del cuerpo sano. "Todas las funciones vitales", escribió, "por diversas que sean, tienen un solo fin: mantener constantes las condiciones de vida en el *ambiente interno".*

A Bernard lo convencieron sus estudios del hígado, al que llamó "verdadero laboratorio químico", de que esta armonía o integración del organismo era consecuencia no sólo del control y la correlación del sistema nervioso, sino de las *secreciones internas* que se producían en diferentes partes del cuerpo y se vierten en el torrente sanguíneo. Las primeras hormonas no fueron aisladas sino hasta principios del siglo XX, pero Bernard, con rara intuición, vaticinaba la aparición de una nueva rama de la ciencia médica (llamada hoy endocrinología), cuyas ramificaciones se extienden a muchísimos problemas del crecimiento y la vejez, la salud y la enfermedad.

En 1855, después de la muerte de Magendie, a quien debía tanto, Bernard fue nombrado profesor de medicina experimental en el Colegio de Francia. En la primera frase de su primera lección, dijo a sus discípulos: "La medicina experimental, que se supone que les he de enseñar, no existe". Unos quince años más tarde, corrigió esta afirmación con el siguiente comentario: "Ahora es visible la aurora de la medicina experimental en el horizonte científico". Bernard se afanó más que ningún otro científico por traer el nuevo día cuando el estudio de la fisiología experimental se convirtió en procedimiento rutinario en la preparación de los estudiantes de medicina.

Con frecuencia expresaba que, a fin de ser fisiólogo, se debe vivir en el laboratorio. Pero en sus tiempos, los laboratorios estaban relegados a los fríos, oscuros y húmedos sótanos de las escuelas de medicina. El aire solía estar viciado y las condiciones generales eran tan insalubres que, inclusive, sucumbían con regularidad los animales experimentales. Los hombres de ciencia llamaban comúnmente "tumbas" a los laboratorios. La combinación del exceso de trabajo y el estar expuesto todos los días a un ambiente tan insalubre, dio por resultado el agotamiento físico de Bernard. Se vio obligado a suspender las clases y su médico le aconsejó que volviera a Beaujolais a pasar una temporada de descanso y tranquilidad.

Refugiado en su casita, que dominaba los campos bañados por el sol, encontró una paz propicia para las reflexiones. Allí escribió su *Introducción al estudio de la medicina experimental*, que es una exposición de su fe en la ciencia experimental y un análisis penetrante del nacimiento, crecimiento e importancia de las nuevas ideas científicas. Demostrando que los hechos comprobados por sus experimentos se traducían en la formulación de los principios generales que sirven de fundamento a la supervivencia de todos los organismos, terminaba afirmando: "Deben aceptarse los hechos y abandonar las teorías que no tienen el apoyo de la prueba experimental, aun cuando dichas teorías sean defendidas por grandes científicos".

La *Introducción* de Bernard, publicada en 1865, se convirtió al momento en un éxito editorial literario y científico. Cuando Pasteur reseñó el libro, dijo: "Nunca se ha escrito nada más claro, más completo o más profundo acerca de los verdaderos principios del arte científico de la experimentación". La aportación que hizo Bernard a la cultura científica fue reconocida con su elección, en 1868, a la Academia de Ciencias. El mismo emperador Luis Napoleón, demostró su simpatía nombrándolo senador y aprobando los fondos destinados a construir laboratorios bien equipados para los futuros experimentos.

Cuando murió Bernard en 1878, fue el primer hombre de ciencia francés al que se dio sepultura oficial. Todo el mundo científico rindió homenaje al antiguo dramaturgo francés que modernizó la ciencia médica.

BIBLIOGRAFÍA

Bernard, C. (traducción de H. C. Greene). *An Introduction to the Study of Experimental Medicine.*
Olmsted, J. M. D. *Claude Bernard, Physiologist.*
Virtanen, Reino. *Claude Bernard and His Place in the History of Ideas.*

IGNACIO FELIPE SEMMELWEIS

(1818-1865)

ERA EL AÑO 1845. Un policía vienés mantenía a la multiud de curiosos a distancia. En un callejón, a no más de tres calles del hospital de la Universidad de Viena, una mujer daba a luz ayudada por Felipe Semmelweis, joven médico a quien se localizó apresuradamente. Cuando éste le preguntó por qué esperó tanto tiempo para ir al hospital, la mujer contestó que se sentía más segura dando a luz en la calle que en el hospital de Viena. Y, por horrible que parezca, el doctor Semmelweis sabía que no estaba muy equivocada.

El índice de mortalidad del hospital en los casos de maternidad llegaba al 25 por ciento. Las mujeres que eran atendidas en sus casas por comadronas ignorantes, sobrevivían; aquellas cuyos maridos se veían obligados a ayudarles a dar a luz en casos urgentes, sobrevivían; las que tenían a sus hijos a muchos kilómetros de los servicios quirúrgicos del hospital, sobrevivían; pero, por irónico que parezca, las que se encontraban rodeadas por médicos capaces y el equipo más moderno de que podía enorgullecerse una clínica de obstetricia en el siglo XIX, morían a menudo unos días después del alumbramiento. El cuadro era muy conocido: a la paciente le daban calosfríos, le aumentaba rápidamente la temperatura, se le hinchaba el vientre. Era el principio del fin. Tal vez una mujer en cinco mil se recobraba de estos síntomas, conocidos en toda Europa como "sobreparto" o fiebre puerperal. Las autopsias revelaban siempre la misma historia: un cuerpo lleno de pus, y casi todas las *itis* que aparecían en los libros de texto: meningitis, flebitis, peritonitis y linfangitis.

Los colegas de Semmelweis en la clínica de obstetricia se sentían inquietos, sin duda, pero convenían en que poco se podía hacer para evitar la fiebre puerperal. Era una de las cruces que tenían que cargar las mujeres que daban a luz. ¿Su causa? Algunos la atribuían al miedo, o a la mala ventilación, o a los cambios del tiempo. Otros respetables médicos decían que la consecuencia directa de vapores venenosos ("miasmas") que infectaban el aire. Francamente, nadie podía decirlo con certeza. Lo único cierto, que en las clínicas de maternidad, las nuevas madres seguían muriendo en número alarmante.

Ignacio Felipe Semmelweis parecía casi destinado a representar el papel de san Jorge con el dragón de la fiebre puerperal. Era húngaro, nacido en 1818 en Buda y educado en las universidades de Pest y Viena. Como ha sucedido con muchos otros científicos, se preparó al principio para una carrera completamente distinta. Sin embargo, la visita accidental a una lección de anatomía fascinó a Semmelweis al grado de que abandonó sus libros de leyes y se consagró al estudio de la medicina. Escogió una rama poco llamativa: la obstetricia. Los estudiantes de medicina practicaban la obstetricia como cosa rutinaria; pocos hacían de ella su especialidad. La dejaban, en gran parte, en manos de las comadronas.

Después de recibir su título en la Universidad de Viena en 1844, Semmelweis fue enviado a la clínica de maternidad, cuyo personal lo constituía el departamento de obstetricia de la Universidad. Funcionaba otra clínica de maternidad en el hospital, pero se le consideraba inferior debido a que su personal estaba constituido por comadronas. A pesar de todo, cuando el curioso doctor Semmelweis examinó los índices relativos de mortalidad de ambas clínicas, quedó asombrado al descubrir que el porcentaje de fallecimientos de su clínica triplicaba con exceso al de la clínica de las comadronas.

Los desconcertantes índices de mortalidad se convirtieron en una obsesión para Semmelweis. A su superior, el doctor Juan Klein, le disgustó el hecho de que el joven rechazara las "causas" aceptadas de la fiebre puerperal, y lo despidió. Cuando se encontraba de vacaciones en Italia, Semmelweis se enteró de que algunos de sus amigos lograron que le devolvieran su empleo. Cuando regresó, trató de presentar sus respetos a uno de esos amigos, el doctor Felipe Kolletschka, fallecido inesperadamente. La decisión de asistir a la autopsia de Kolletschka fue el raro golpe de fortuna que con el tiempo llevó a Semmelweis a vencer la fiebre puerperal. Kollestchka se cortó un dedo al hacer una autopsia, y la infección produjo su deceso. No era un incidente insólito, y a ese tipo de muerte se le daba el nombre de "envenenamiento cadavérico". La autopsia reveló la gravedad del envenenamiento: bolsas de pus, meningitis, peritonitis, flebitis y linfangitis. Es extraño, pensó Semmelweis; casi podría decirse que Kolletschka sucumbió de fiebre puerperal. Y ahí estaba la sencilla solución que puso fin a la angustia de las parturientas del mundo entero.

Los médicos, dijo Semmelweis, eran los asesinos de sus pacientes. Después del trabajo rutinario en la sala de disecciones, hacían sus acostumbradas rondas en las salas de maternidad. Toda mujer que visitaban estaba en peligro de recibir los mortales gérmenes de sus manos, pues en esos días los médicos no se las lavaban después de hacer una autopsia, o tan sólo se las lavaban con agua y jabón y, por supuesto, no se las aseaban entre uno y otro reconocimiento. Lo único que se necesitaba era que los médicos que entraban en las salas de maternidad se lavaran las manos con un desinfectante apropiado. De consiguiente, Semmelweis puso la siguiente advertencia en la puerta de la clínica de maternidad del Hospital de Viena: "A partir de hoy, 15 de mayo de 1847, todos los médicos o estudiantes que vengan de la sala de disección a la clínica de maternidad, deben lavarse las manos en el recipiente de agua de cloro que se encuentra a la entrada. No habrá excepciones a esta regla". Las estadísticas revelaron en seguida el éxito de la orden dictada por Semmelweis. En 1846, el 11.4 por ciento de las pacientes de su clínica sucumbieron a la fiebre puerperal; en 1848, la mortalidad había descendido al 1.27 por ciento.

Semmelweis siguió observando los índices de mortalidad. Cada vez que notaba un aumento, investigaba las causas. Unas veces era un médico negligente que se olvidaba de lavarse las manos en el agua de cloro; otras, un director "económico" que permitía que se usaran las sábanas sucias de otras pacientes en las camas de las recién llegadas al hospital.

Sus esfuerzos tropezaron a veces con la misma mofa que conocieron Lister, Pasteur, Jenner y muchos otros. En verdad, la envidia y el resentimiento de su superior en el hospital de Viena consiguieron que lo despidieran de nuevo en 1849, pero tuvo la buena fortuna de conseguir un empleo en el hospital de maternidad de Pest. Allí encontró las mismas lamentables condiciones observadas en Viena. En los seis años que estuvo en este hospital, redujo el índice de mortalidad al 0.85 por ciento.

Semmelweis resolvió poner en claro las cosas escribiendo un libro definitivo sobre el tema. Su obra, *La causa, los conceptos y la profilaxis de la fiebre puerperal*, publicada en 1857, apenas fue leída en su época, pero hoy se considera que es uno de los auténticos hitos en la historia de la medicina.

Hay cierta ironía en la vida de Semmelweis. El 17 de agosto de 1865 murió a consecuencia de una herida en la mano derecha, víctima de la enfermedad misma contra la que libraba su lucha heroica.

BIBLIOGRAFÍA

Fox, R. *Great Men of Medicine.*
Slaughter, F. *Inmortal Magyar.*
Thompson, M *The Cry and the Covenant.*

JAIME PRESCOTT JOULE

(1818-1889)

UNO DE LOS principios fundamentales de la física es la de la conservación de la energía: ésta no puede crearse ni destruirse; sólo se puede convertir de una forma a otra; es un hecho curioso que Jaime Joule, uno de los primeros en comprender la verdadera importancia de este principio, estuviera profesionalmente fuera de la esfera de la física en la época en que hizo su aportación. En parte debido a ello, al principio no se le hizo caso o no se le dio importancia por considerar que era un investigador que "sólo tenía centésimos de grado de cambio de temperatura para probar su "afirmación".

Jaime Prescott Joule fue, por ocupación, un fabricante de cerveza acomodado que siguió los pasos de su padre y su abuelo en la empresa de la familia. A pesar de todo, prosiguió sus investigaciones científicas durante toda su vida como vocación y, en cierto sentido, podría considerarse que fue un "aficionado" de la ciencia. Durante los años de 1843 a 1846 presentó una serie de disertaciones científicas sobre sus determinaciones experimentales del equivalente mecánico del calor en varias reuniones de la Sociedad Real. Su novedosa idea, que la energía mecánica y el calor eran formas relacionadas de la energía, fue recibida en todas las ocasiones con fría indiferencia y silencio. En la reunión de Oxford, celebrada en 1847, cuando ofreció su acostumbrada disertación, el presidente sugirió que, como tenían muchas cosas importantes que discutir, diera una breve descripción verbal de sus experimentos en lugar de leer la disertación entera. Sin embargo, ese día, después de que Joule terminó su breve resumen verbal, el grupo no se ocupó de "cosas más importantes". Un joven graduado en Cambridge, que acababa de volver del laboratorio de Enrique Regnault, en París, se puso de pie e hizo algunas observaciones que confirmaban lo dicho por Joule. Estos comentarios crearon un vivo interés en las ideas de Joule y, por primera vez, consiguió que las oyeran. El joven era Guillermo Thomson, a quien en años posteriores se habría de conocer con el nombre de lord Kelvin, científico distinguido.

Jaime Prescott Joule nació en Salford, cerca de Manchester, el 24 de diciembre de 1818, y fue el segundo hijo de un rico fabricante de cerveza. Debido a que no era un niño robusto, se educó en su casa con varios preceptores. Es una rara fortuna para el mundo el hecho de que Joule, como Faraday, pudiera encontrar un maestro de matemáticas y ciencias digno de él; en el caso de Faraday, fue sir Humphry Davy; para Joule, fue Juan Dalton, el "padre de la teoría atómica de la materia". Aunque el joven Joule trabajaba ya en la fábrica de cerveza, pronto empezó a hacer experimentos originales en su hogar durante los momentos de ocio, con aparatos improvisados. Siendo todavía un adolescente, iniciaba algunas investigaciones electromagnéticas con la esperanza de mejorar el motor eléctrico, recientemente inventado, el cual se basaba en los descubrimientos fundamentales de Miguel Faraday. No tardó en darse cuenta de que era una nueva fuerza motriz que podría, andando el tiempo, remplazar a la máquina de vapor. Empero, cuando comparó el trabajo hecho por su motor con el peso del cinc consumido en las baterías, se decepcionó al descubrir que el costo del cinc, comparado con el del cárbón, resultaba más elevado.

En 1840 presentó a la Sociedad Real de Londres su primera disertación sobre la producción de calor por una corriente eléctrica. Después de una serie de investigaciones fundamentales con su motor eléctrico, llegó a comprender paulatinamente que existía una relación entre la energía química gastada por sus baterías, la corriente eléctrica que fluía por su motor y la energía térmica producida. Fue también el primer investigador que descubrió que la cantidad de calor generada era directamente proporcional a la resistencia del conductor eléctrico y al cuadrado del flujo de la corriente.

La relación entre el calor y el trabajo no excitó al principio la curiosidad de Joule, pues los fenómenos eléctricos eran su interés original y absorbente. Luego comparó el trabajo mecánico realizado para mover una dínamo con el calor producido por la corriente generada. También comparó el trabajo realizado

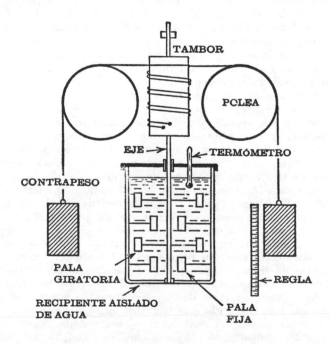

Aparato de Joule para encontrar el equivalente
mecánico del calor

y el calor producido con otras varias formas de trabajo no eléctrico, como la fricción del agua contra la rueda de paletas y la comprensión del aire con una bomba de mano. Los resultados semejantes que obtuvo con estos diversos métodos para el "equivalente mecánico del calor", eran un vigoroso indicio de que la energía mecánica y el calor están relacionados íntimamente y se pueden convertir de una forma a la otra. En otras palabras, cada vez que se gastaba energía en una máquina, aparece una cantidad exactamente igual de energía en forma de trabajo útil o de calor.

La preocupación de Joule por determinar el equivalente mecánico del calor para cada situación de trabajo que se prestaba al estudio experimental se tradujo en su creación de termómetros muy precisos y sensibles. Algunos de sus experimentos produjeron cambios de temperatura menores de un grado, y esos nuevos instrumentos acabaron por permitirle obtener lecturas de casi un milésimo de grado. Demostró considerable atrevimiento y gran confianza en sí mismo al sacar tan importantes conclusiones de tan pequeños efectos observados; sin embargo, no fue sino hasta 1847, en una conferencia popular que dio en la sala de lectura de la iglesia de santa Ana, en Manchester, cuando hizo su exposición histórica sobre la equivalencia de la energía mecánica, el calor, la energía química y la energía eléctrica. Pero la mayoría de los científicos no estaba preparada para aceptar este concepto revolucionario de la energía.

Si a Joule le fuese posible volver a convertir la energía del calor en energía mecánica, sin ninguna pérdida, poca duda cabe de que sus teorías habrían sido aceptadas mucho antes. Pero carecía de medios para hacerlo. En realidad, Thomson demostró más tarde que, aunque el 100 por ciento de la energía mecánica de un aparato móvil puede convertirse en calor, sólo se dispone de una pequeña porción de la energía térmica de una máquina de vapor para convertirla otra vez en movimiento. Esta llamada "carga" de la energía térmica se conoce hoy son el nombre de "entropia" (forma de energía no utilizada que se crea cuando la energía, como la luz, el sonido, la electricidad, el calor o la energía eléctrica. se trasforma de un tipo a otro).

Aun cuando los primeros experimentos de Joule acabaron por sera aceptados por sus compañeros, siguió mejorando sus propias determinaciones del equivalente mecánico del calor durante los siguientes treinta años. Su última determinación fue de que 772 pies-libras de trabajo producirían una unidad térmica británica de energía térmica. (Los científicos de la actualidad usan la cifra ligeramente superior de 778 pies-libras.) Así, adquirió una reputación muy merecida por sentar el ejemplo de aspirar a la mayor exactitud en las mediciones y buscar datos cuantitativos exactos. Sin embargo, las aportaciones de Joule a la ciencia estaban muy lejos de haber terminado; perfeccionó la teoría cinética molecular de los gases mucho más allá del punto alcanzado por Bernouilli casi un siglo antes. Joule calculó independientemente la velocidad media de las moléculas invisibles del gas hidrógeno en poco más de kilómetro y medio por segundo a la presión normal y a la temperatura de cero grados; para el oxígeno fue, aproximadamente, la cuarta parte de la cifra anterior. Esta obra resultó tan fundamental que fue incorporada en la obra posterior de Clausius sobre la teoría cinética.

Si la compresión del aire produce calor, Joule propuso la teoría de que el enfriamiento debería producir la dilatación de un gas. (El aire que sale del neumático de un automóvil o de un globo de goma se siente frío.) Colaboró con su amigo Thomson en la investigación del enfriamiento de los gases y descubrieron juntos el *efecto Joule-Thomson,* el cual señala el descenso de la temperatura cuando se dilata un gas sin hacer trabajo externo. Su descubrimiento llevó a la mejoría de la máquina de vapor y también abrió el camino para una moderna serie de investigaciones que permitió a los científicos licuar todos los gases conocidos, comprendiendo el helio.

Joule tuvo la buena fortuna de ser un científico y un caballero hasta que cayó sobre él el desastre económico al final de su vida. Sin embargo, la reina Victoria le concedió una pensión en 1878, la cual le ayudó a satisfacer sus necesidades físicas. Durante su vida recibió muchos honores, comprendiendo la Medalla de Oro en 1852 y la medalla Copley de la Sociedad Real en 1866. En 1872 y 1877 fue presidente de la Asociación Británica para el Progreso de la Ciencia. Pero su mayor gloria ocurrió cuando el Segundo Congreso Internacional escogió el "julio" como unidad práctica de la energía mecánica, que representa el trabajo hecho por una fuerza de un Newton que se mueve una distancia de un metro. (Es también la energía eléctrica consumida cuando se usa un vatio de energía eléctrica durante un segundo.) Joule murió pacíficamente el 11 de octubre de 1889, cerca del lugar donde nació, en Salford, después de una vida científica productiva y feliz. El principio de la conservación de la energía, por el que tropezó con dificultades para obtener su aceptación científica, se considera hoy como la piedra fundamental de la ciencia física. Einstein llevó este principio un paso más allá al declarar que toda la materia puede convertirse en energía y la energía en materia mediante su ecuación universal: $E = MC^2$.

BIBLIOGRAFÍA

Dampier, W. *A History of Science.*
Lenard, P. *Great Men of Science.*
McKenzie, A. E. E. *The Major Achievements of Science.*
Taylor, L. W. *Physics, the Pioneer Science.*

RODOLFO VIRCHOW

(1821-1902)

DURANTE LA SEGUNDA mitad del siglo XIX, Alemania se convirtió en una poderosa nación militar con el gobierno de Bismarck, su canciller. Un médico joven, pero vigoroso, Rodolfo Virchow, atacó abiertamente la ilegal política de "sangre y hierro" de Bismarck. Éste, irritado por el valor civil del belicoso doctor, pensó acallarlo de la mejor manera que conocía. Excelente espadachín, desafió a Virchow a un duelo. Las únicas armas del doctor eran su bisturí y su lengua mordaz e ingeniosa. Pero, debido a que deseaba continuar usando ambas cosas en beneficio de sus compatriotas, no aceptó el desafío del canciller.

Rodolfo Virchow nació en 1821, en la pequeña ciudad de Schivelbein, en Pomerania, provincia pobre de Alemania. Su padre se ganaba modestamente la vida combinando sus deberes de agricultor y tesorero de la ciudad. Rodolfo, su hijo único, era un niño inteligente al que le gustaba leer libros sobre historia natural, y demostró su aptitud para aprender nuevos idiomas. Aunque sus estudios de la escuela secundaria fueron excelentes, adquirió la reputación de rebelde entre sus condiscípulos, quienes lo llamaban "rey". Este apodo, que reflejaba su don de mando, no despertó en él ningunas ilusiones acerca de su porvenir. El niño quería ser médico, pero sabía que tendría que trabajar mucho para alcanzar su objetivo. Su ensayo para la graduación se tituló "Una vida llena de afanes no es una carga, sino una bendición".

Los limitados recursos económicos de su familia obligaron al nuevo graduado a solicitar una beca en el Instituto Federico Guillermo, en Berlín, el cual daba educación gratuita a los estudiantes competentes de medicina que aceptaran servir como médicos del ejército. Cuando Virchow comenzó sus estudios en medicina, estaba empezando una nueva era en la educación de Alemania, dirigida por Juan Mueller, uno de los maestros de Virchow en la escuela de medicina. Mueller, que rompió con el romanticismo del pasado, exigía que sus discípulos adquirieran una preparación de laboratorio precisa y concienzuda en las ciencias médicas fundamentales.

Más tarde, cuando era un joven médico del ejército, Virchow estuvo de interno en el hospital de la Caridad, en Berlín. Aunque sus obligaciones eran pesadas, le encantaba su trabajo entre los pobres inválidos, quienes lo llamaban afectuosamente el "doctorcito". Virchow encontró también tiempo para continuar sus experimentos e investigó la naturaleza de la flebitis, inflamación misteriosa de los vasos sanguíneos. En muchos casos de muerte súbita e inesperada, las autopsias revelaban un coágulo que tapaba un vaso sanguíneo pulmonar y obstruía fatalmente el paso de la sangre. Virchow demostró que estos coágulos no eran de origen local, sino que se formaban a menudo en las venas inflamadas de las extremidades inferiores. Comprobó que dichos coágulos o trombos pueden desprenderse y ser arrastrados por la corriente de la sangre hasta otros órganos del cuerpo, como, por ejemplo, los pulmones, el corazón o el cerebro, donde obstruyen el flujo de la sangre. Virchow fue el primer investigador que describió esta afección, a la que hoy se da el nombre de *embolia*.

Antes de Virchow, el conocimiento de las enfermedades se basaba principalmente en el examen a la simple vista de los tejidos u órganos anormales, extirpados mediante la cirugía u observados en las autopsias. El patólogo usaba muy rara vez el microscopio. A pesar de que Virchow era todavía un neófito en las investigaciones médicas, empezó a darse cuenta del importante papel que representaría el microscopio en el estudio de la enfermedad. Se despertó su atención cuando examinó la sangre de un paciente gravemente enfermo; la sangre parecía tener un matiz pálido, blanquecino. Cuando Virchow examinó una gota de esa sangre bajo el microscopio, encontró un gran exceso en el número de glóbulos blancos, y ese gran número de leucocitos persistió hasta que murió el paciente. Virchow descubrió una nueva enfermedad, a la que llamó *leucemia*, pero, cosa más importante aún, demostró que el examen microscópico de la sangre del enfermo debería ser un procedimiento rutinario en el diagnóstico médico.

Aunque Virchow no tenía más que veinticinco años de edad, fue nombrado profesor de anatomía patológica en el hospital de la Caridad. Reconoció que las revistas médicas tenían gran importancia no sólo para estimular las investigaciones, sino para la participación internacional en las ideas científicas, y fundó un periódico alemán de medicina que se conoció con el nombre de *Archiv für Pathologie*. Fue director de esta importante publicación durante más de medio siglo.

En 1847 se desató una grave epidemia en la provincia alemana de Silesia Superior, entre los habitantes de origen polaco. Al principio, el gobierno central se desentendió del destino de esta minoría nacional. Por último, se nombró una comisión, de la que fue miembro Virchow, para ir a la región asolada a fin de contener la epidemia. Virchow quedó aterrado. Los niños morían de falta de atención y de hambre. En su informe oficial, le echó la culpa directamente al gobierno. Insistió en la verdadera necesidad de las reformas sociales, de una economía más próspera y de una mejor educación. "Los seres humanos", escribió, "no son ya más que engranajes de la empresa mecanizada".

Virchow abandonó Berlín en 1849 para aceptar el puesto de profesor en la escuela de medicina de la Universidad de Wurzburgo. Resultó un fracaso su misión de reformar el anticuado sistema médico en Berlín, pero los siete años que pasó en Wurzburgo fueron los más fructuosos en su carrera científica. Como maestro de patología, insistía en que cada uno de sus discípulos "aprendiera a ver microscópicamente". Estaba poniendo los cimientos para la enunciación de su concepto revolucionario de la patología celular.

Virchow estudió con el microscopio centenares de tipos diferentes de células. ¿De dónde venían las células? ¿Podían nacer de los líquidos orgánicos o de los exudados no organizados, como se creía comúnmente? Cuanto más reflexionaba en estas cuestiones, más se convencía de que cada una de las células del cuerpo debería nacer de otra célula. Extendió este nuevo aspecto de la teoría celular a los problemas de la patología. Rompió completamente con la metodología de los anteriores patólogos, proponiendo el principio de que los síntomas observados en las enfermedades no son más que reflejos de los desórdenes estructurales y funcionales en el nivel celular. Se producen cambios celulares distintivos en diferentes enfermedades, y pueden observarse microscópicamente mediante el examen de una pequeña cantidad de tejido obtenido en una biopsia. Su gran tratado *La patología celular* explicaba su nuevo principio. Esta obra clásica de la literatura médica, publicada en 1858, estimuló en seguida la aparición de nuevos procedimientos para estudiar las células. Los métodos para descubrir oportunamente el cáncer, como el frotis de Papanicolaou, usados hoy en rutina en la práctica médica, han salvado millones de vidas. Estos beneficios se deben a la intuición de Virchow, que amplió el concepto celular al estudio de la enfermedad.

Se reconoció la preminencia de Virchow como investigador médico con la invitación que se le hizo en 1856 para que volviera a Berlín. Fue nombrado director del nuevo Instituto Patológico, asociación que tuvo cuarenta y seis años de existencia. Su autoridad en Berlín contribuyó a llevar a la medicina y la biología alemanas al lugar distinguido que ocupan en el mundo científico.

En la época de su regreso a Berlín, Virchow investigaba sobre varios animales parásitos del hombre. Se interesó en la pequeña triquina *(Trichinella spiralis)* que produce una enfermedad humana agotadora, llamada triquinosis. Virchow observaba frecuentemente con el microscopio, en las autopsias, las pequeñas larvas enquistadas, enrolladas como resortes de reloj en los músculos voluntarios de sus víctimas. Sus investigaciones demostraron que la triquina se desarrolla como parásito en los cerdos y se propaga como infestación tanto en los animales como en los seres humanos. Escribió una monografía sobre la triquinosis en 1863, en la cual propuso un riguroso programa de inspección de las carnes. Sus esfuerzos dieron por resultado la desaparición total de la triquinosis en Alemania.

Virchow puso en tela de juicio muchos de los descubrimientos que se hacían en la naciente ciencia de la bacteriología. Insistió en que las enfermedades, como la tuberculosis, no son identificables con las bacterias infecciosas, sino, fundamentalmente, son consecuencia de la respuesta de las células sensibles a las sustancias tóxicas producidas por los microorganismos. Rechazó vigorosamente la idea propuesta por muchos bacteriólogos de que el nacimiento de la nueva ciencia señalaba el fin de la patología celular.

A Virchow le preocupaba siempre la salud pública. En 1870, Berlín tuvo un índice de mortalidad infantil muy elevado, resultado en su mayor parte, de las desastrosas condiciones sanitarias. Las aguas negras corrían abiertamente en profundas zanjas de las calles y se vaciaban en canales estancados y en las lentas aguas del río Spree. Siempre era inminente el peligro de la tifoidea, el cólera y otras enfermedades epidémicas. Debido a que no existía un abastecimiento central de agua, las aguas negras que se desbordaban de las zanjas y los canales cuando llovía se infiltraban en los pozos, que era la única fuente de agua potable. El informe de Virchow sobre las condiciones sanitarias dio por resultado un eficaz sistema de alcantarillado y un abastecimiento central de agua que fueron modelo para las demás ciudades europeas. Para 1900, todos los ciudadanos alemanes se beneficiaron con los programas de medicina preventiva iniciados por Virchow.

El interés de Virchow en la antropología lo llevó a realizar una encuesta de casi siete millones de escolares para hacer un análisis estadístico de los rasgos físicos del pueblo alemán. La opinión común sostenía que los alemanes de origen teutónico eran, por lo común, altos, rubios, de ojos azules y tez clara. El estudio demostró que sólo el 32 por ciento de los niños alemanes eran "típicos". Para la consternación de muchos alemanes "puros", reveló también que más del 11 por ciento de los niños judíos eran rubios y de ojos azules. Demostró lo que deseaba demostrar: que no hay uniformidad racial o genética en el pueblo alemán. Como si previera la desastrosa política de la "raza superior" de Hitler, la cual se tradujo en las purgas que conmovieron al mundo. Virchow ridiculizó la idea de que una raza o nación fuera superior a otra. Hay individuos de todos los países que han hecho valiosas aportaciones a la ciencia. Escribió: "Si tan sólo la gente tuviera la humildad de ver los méritos de sus semejantes, desaparecería gran parte de las pugnas que perturban al mundo".

A Virchow le interesaban muchas cosas. Su curiosidad por la historia del pasado del hombre lo llevó a la esfera de la arqueología. Enrique Schliemann causó sensación en 1871 cuando anunció al mundo que sus excavaciones en el Cercano Oriente dieron por resultado el descubrimiento de la antigua ciudad griega de Troya, escenario de la gran épica homérica de *La Ilíada*. Virchow se unió a la expedición de Schliemann en 1879. Debido a su amistad, este último donó su colección de tesoros troyanos a un museo de Berlín, a solicitud de Virchow.

Éste conservó el vigor y la salud hasta el año de su muerte, 1902. Tenía ochenta y un años de edad cuando se fracturó una pierna al bajar de un tranvía en Berlín; la hospitalización obligada tuvo como consecuencia el empeoramiento de su salud y, por fin, la muerte a consecuencia de un ataque al corazón. Durante su vida, el pequeño doctor rechazó obstinadamente los títulos que le ofrecieron. En su opinión, ningún hombre tenía derecho a la fama sobre la sola base de las circunstancias de su nacimiento. Orgulloso siempre de su humilde origen, sostenía que la vida de un hombre se mide por las aportaciones hechas a la sociedad. Virchow no pudo hacer nada en su lucha con Bismarck, pero alcanzó la grandeza como científico, cuyo esclarecimiento de la índole biológica de la enfermedad benefició a todo el género humano.

BIBLIOGRAFÍA

Ackerknecht, E. H. *Rudolf Virchow: Doctor, Statesman, Anthropologist.*

JUAN GREGORIO MENDEL

(1822-1884)

ERA LA NOCHE del 8 de febrero de 1865. Juan Gregorio Mendel se cubrió la cabeza con el redondo sombrero negro, se puso la capa negra sobre los hombros y salió por la puerta del monasterio al frío aire del invierno. Al caminar por las calles cubiertas de hielo, apretaba una bolsa que contenía un puñado de papeles doblados. Esa noche leería su disertación acerca de sus ocho años de investigaciones sobre el crecimiento de las plantas. Se preguntó cuántos de los que formarían el público, compuesto de unos cuarenta miembros de la Sociedad de Brünn para el Estudio de las Ciencias Naturales, entenderían el·título de su memoria, *Hibridación de las plantas,* por no mencionar su complicado contenido. Al entrar en la sala de conferencias y tomar asiento, fue saludado con afabilidad por los asistentes. Al padre de Mendel se le apreciaba en la población de Brünn por ser un clérigo y maestro senciilo, bonachón, trabajador. Se llamó al orden a los asistentes y poco después fue invitado Mendel a pasar a la tribuna para leer su disertación. Ocultando su nerviosidad con voz tranquila y modales delibeberados, procedió a leerla. Algunas veces miraba en su derredor para certificar si el auditorio compartía la emoción interior que sentía por habei hecho aquellos descubrimientos sobre la herencia de los guisantes. No se sentía emoción. Sólo lo escuchaban con una cortesía en la que se notaba cierto matiz de inequívoco aburrimiento. Uno de sus oyentes se inclinó hacia su vecino y susurró: "Ocho años de mirar cómo crecen los guisantes comunes... ¡Qué pérdida de tiempo!" Mendel terminó de leer y tomó asiento. Apenas se escuchó un murmullo de aprobación, y el secretario pidió que se leyera el siguiente informe. Pero, aunque sus oyentes no se dieran cuenta entonces, los trabajos de Mendel y su poco interesante disertación representaban una maravillosa proeza científica: el descubrimiento de la nueva ciencia de la genética.

Juan Mendel nació en Heinzendorf, en la Silesia austriaca, el 22 de julio de 1822. Su padre, Antón, era un campesino pobre, pero con extraordinarios sacrificios la familia consiguió enviar a Juan a la escuela de Leipnik. Debido a que sus padres apenas pudieron pagar la cantidad mínima por el internado y la educación durante sus años de estudio en la escuela secundaria, Juan pasaba hambre frecuentemente y tenía que negarse la satisfacción de otras necesidades. Aunque el camino que debió seguir para educarse era difícil, no se desanimó. Tenía la persistencia campesina que no le permitiría darse por vencido antes de alcanzar su meta. A pesar de los obstáculos, recibió excelentes calificaciones en la escuela.

En el Instituto Olmütz, donde continuó su educación, se especializó en filosofía. Conociendo sus escasos recursos económicos y su deseo de una vida tranquila, dedicada al estudio, uno de sus preceptores le aconsejó que solicitara la admisión como novicio en el monasterio de los agustinos de Altbrünn, el cual era entonces un centro de cultura para los estudiantes de filosofía, matemáticas, música y ciencias. El 9 de octubre de 1843, ingresó en el monasterio y, según la costumbre, tomó otro nombre, Gregorio, con su nombre de pila, Juan.

En 1847 se ordenó de sacerdote y dejó el monasterio por breve tiempo para atender las necesidades de una parroquia. En esto, no tuvo éxito. Cuando visitaba a los feligreses que estaban enfermos o agonizantes, compartía su honda angustia y no podía dormir o descansar durante varios días. Gregorio comenzó a cavilar sobre su fracaso por no encontrar satisfacción en el trabajo de la parroquia. Al final del día, tenía la sensación de ser un inútil y no haber hecho algo. Añoraba su vida anterior de estudio y discusión académica con sus colegas del monasterio.

Un sacerdote, interesado en ayudar al joven Mendel, se dio cuenta de sus dificultades y sugirió a sus superiores que se le diera la oportunidad de enseñar. Por lo tanto, volvió al monasterio y empezó a servir de maestro de matemáticas y griego en el *gymnasiun* local de Brünn. En 1850, el director de la escuela lo invitó a presentar el examen para los maestros de secundaria y obtener un certificado regular.

El día señalado, Gregorio compareció ante los examinadores para solicitar un certificado de historia natural y física elemental. Los examinadores quedaron asombrados. Reconocieron su sinceridad y la profundidad de su comprensión, pero, evidentemente, le faltaba preparación científica formal y era débil en ciertos dominios. Dijeron de él que usaba sus propias ideas y palabras en lugar de la terminología tradicional, y fue reprobado en el examen. En 1851, ante la insistencia de un profesor que fue uno de sus examinadores, se le envió a la Universidad de Viena para estudiar durante dos años matemáticas, física y ciencias naturales. Cuando volvió a Brünn, hizo un segundo y vano intento de obtener el certificado regular de enseñanza. A pesar de todo, durante los siguientes catorce años siguió enseñando ciencias naturales en la escuela secundaria de Brünn como maestro remplazante, con la mitad del salario de un maestro regular. Tranquilo, animoso y paciente, conseguía mantener el interés de sus discípulos en su trabajo. A los estudiantes les encantaban las anécdotas que les contaba, su buen humor y la manera práctica en que enseñaba y demostraba la ciencia. El padre Mendel cedía generosamente su tiempo y sus energías con comprensiva simpatía, nacida de las dificultades que se le presentaron para educarse.

La enseñanza no fue más que una fase en la vida de Mendel. Para su mente curiosa, inquisitiva y persistente, los misterios ocultos de la vida representaban un desafío perpetuo. ¿Qué es lo que hacía que los seres vivos de la misma especie difirieran en color, tamaño y forma? Estudió las obras de Gartner y otros biólogos, pero no encontró ningún análisis estadístico satisfactorio sobre la herencia de los rasgos en las generaciones sucesivas. "¿Debemos levantar las manos al cielo y decir que la naturaleza, en este proceso vital de la existencia, es completamente irracional e incomprensible?" se preguntó. Su determinación de resolver el enigma fue inmutable: "Estoy convencido de que la herencia se hace de acuerdo con leyes o principios definidos".

En 1856, tres años antes de que Darwin publicara su primera obra sobre la evolución, inició sus ocho años históricos de laboriosa experimentación con los guisantes en un pequeño jardín del monasterio de Altbrünn. Su objetivo era el descubrir cómo pasaban los rasgos opuestos de los padres a sus descendientes.

El guisante, *Pisum sativum*, se poliniza a sí mismo, y es capaz de reproducirse mediante cada una de sus flores, las cuales están formadas de tal manera que los pétalos envuelven y protegen sus órganos reproductores contra el viento y los insectos. Esto impide que el polen de otras flores penetre y efectúe la fecundación. Cuando Mendel deseaba polinizar una planta experimental con el polen de otra planta, abría el capullo no maduro, eliminaba los estambres y depositaba el polen de la otra planta en sus pistilos intactos. Su tarea final consistía en poner una cubierta protectora sobre la flor polinizada artificialmente a fin de impedir la entrada del polen extraño que pudiera ser llevado por el viento o los insectos.

La mayoría de los guisantes tardaba diez semanas para crecer hasta alcanzar la madurez. Durante ese tiempo, Mendel estudiaba la trasmisión de cada uno de los siete diferentes pares visibles de rasgos o características, comprendiendo la altura del tallo, el color o la forma de las semillas, la forma o el color de las vainas, la posición de las flores y el color de los cotiledones. En una cruza de los padres, se fecundaban con otras plantas dos clases puras que tenían rasgos opuestos, como, por ejemplo, estambres *altos* o *enanos*. En la siguiente generación, se cruzaban los descendientes híbridos para producir una nueva generación. Mendel llevaba cuidadosas notas sobre sus cruzas, que comprendían datos cuantitativos sobre los números y clases de individuos de cada generación.

Por último, sus experimentos empezaron a adquirir significado, y Mendel pudo formular algunas conclusiones. Así, por ejemplo, cuando apareó dos guisantes enanos con otros altos, descubrió que todos los "hijos" híbridos eran altos. Por lo mismo, dedujo que ciertos factores específicos (conocidos hoy con el nombre de *genes*) contenidos en el polen de las plantas altas, dominaban su factor opuesto en las plantas enanas. A estos factores o genes de la altura los llamó *dominantes,* y a los del enanismo, *recesivos*, expresiones que todavía usamos actualmente. Mendel dio a esta conclusión el nombre de ley del carácter dominante: cuando se cruza una planta de raza pura que tiene un rasgo, como la altura, con una planta de raza pura que tiene un rasgo opuesto, como el enanismo, el rasgo (dominante) de uno de los padres sólo aparecerá en la primera generación de los hijos. El rasgo opuesto o recesivo del otro padre no aparecerá en la primera generación. Estrechamente relacionada con este descubrimiento estaba la formulación que hizo Mendel de la ley de caracteres unitarios: los rasgos o caracteres distintivos que aparecen en una planta se trasmiten a la descendencia como rasgos discernibles, individuales, sin modificarse en modo alguno. El siguiente descubrimiento de Mendel fue más complicado. Cuando cruzaba variedades puras, los resultados eran más fácilmente discernibles; sin embargo, cuando cruzaba la descendencia híbrida de pares opuestos, los resultados eran tan variados que parecían impredecibles. Llevó cuidadosos registros de los resul-

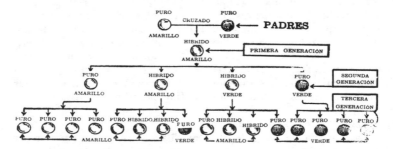

Experimentos de Mendel con los guisantes

tados de todas las combinaciones, pero por largo tiempo no logró conclusión de sus datos. Durante semanas enteras no pensaba en otra cosa que no fuera las desconcertantes combinaciones de caracteres híbridos. Por último, percibió una relación matemática que era aplicable a los tipos variados de "hijos" híbridos. La conclusión se conoce como la ley de Mendel de segregación: cada célula reproductora no recibe más que un par de factores alternativos (como la altura o el enanismo). Cuando se cruzan individuos puros en un respecto (altos puros) con individuos puros en otro respecto (enanos puros), *toda* la progenie híbrida presentará el carácter dominante (altura), pero sus células llevarán también el factor recesivo (enanismo). La cruza de estos híbridos da un promedio de uno en cada cuatro que lleva dos factores dominantes, uno que lleva dos factores recesivos y dos que llevan ambos factores; es decir, uno alto puro, uno enano puro y dos híbridos. Por lo tanto, los descendientes de los híbridos presentan el mismo carácter dominante en una relación de tres a uno. Las generaciones sucesivas producirán descendientes que seguirán de manera semejante las leyes de Mendel para los caracteres dominantes y la segregación.

Mendel experimentó luego con las cruzas que entrañaban el apareamiento de la descendencia híbrida que tenía *dos* pares de factores opuestos. Con esos experimentos, formuló el principio de la *distribución independiente,* el cual dice: Cuando los factores (genes) de dos pares de rasgos opuestos se unen en un híbrido, cada par de factores se distribuye independientemente del otro par. La relación típica para dicha cruza dihíbrida es de 9:3:3:1.

Éstos eran los principios de la herencia que Gregorio Mendel encontró en el jardín de su monasterio y dio a conocer a los miembros de la Sociedad de Brünn para el estudio de las ciencias naturales. No debe sorprendernos que no observaran nada de importancia en su presentación. Se carecía de algo particularmente emocionante en las interminables variaciones de los guisantes comunes. Cuando Mendel salió del salón de actos, se veía un tanto decepcionado. Esperaba una recepción mejor, pero era demasiado jovial y afable para sentir resentimiento. Quizá él mismo no advirtió la significación de su obra, las inferencias de sus principios de la herencia para todos los seres vivos, comprendiendo a los seres humanos. En su modestia, tal vez no podía creer que un experimentador humilde, desconocido, que aprendió por sí mismo en el jardín del monasterio, pudiera descubrir nada de gran importancia para el mundo. No se reconoció el valor que tenían sus investigaciones, mas sus virtudes personales hicieron que lo nombraran abad del monasterio. Pero, según parece, cambió su modo de ser cuando envejeció. En sus años posteriores tuvo la perturbación y la tristeza de las controversias con las autoridades de gobierno por los impuestos a las propiedades eclesiásticas y la incomprensión de varios de sus amigos.

Mendel publicó los resultados de sus experimentos en dos artículos que aparecieron en las *Actas de la Sociedad de Ciencias Naturales de Brünn,* en 1865 y 1869. Durante muchos años pasaron inadvertidos, hasta 1900, en que fueron descubiertos de nuevo por DeVries, Correns y Tschermak-Seysenegg quienes trabajaban independientemente sobre la herencia experimental. Por fin se comprobaba la validez y la importancia de la obra mendeliana.

Mendel murió en 1884, desconocido en el mundo de la ciencia e inclusive ridiculizado por algunos de sus contemporáneos. Se levantó un monumento en su honor en la ciudad de Brünn, en la moderna Checoslovaquia, en 1910. Se necesitaron más de treinta años para que el mundo científico otorgara el debido reconocimiento al humilde hombre de ciencia que, en ocho años de diligentes investigaciones, en el jardín de un pequeño monasterio, fundó una nueva rama de la biología: la ciencia de la genética.

BIBLIOGRAFÍA

Iltis, Hugo. *Life of Mendel.*
Jaffe, Bernard. *Crucibles.*
Sootin Harry. *Gregor Mendel: Father of the Science of Genetics.*

LUIS PASTEUR

(1822-1895)

EN 1888, CUANDO Luis Pasteur tenía sesenta y seis años de edad, habló en la inauguración de un instituto de investigaciones al que se otorgó su nombre: "Dos leyes opuestas parecen estar luchando hoy. La primera, una ley de sangre y muerte que está imaginando siempre nuevos medios de destrucción y obligando a las naciones a mantenerse constantemente preparadas para el campo de batalla; la otra, una ley de paz, de trabajo y de salud, que está ideando siempre nuevos medios para librar al hombre de los azotes que lo acosan". En la historia del mundo, pocos hombres se han consagrado a esta última ley con tanto éxito como Luis Pasteur. En su siglo, la habilidad de muchos científicos se dedicaba a perfeccionar los instrumentos de guerra, pero las aportaciones de Pasteur fueron completamente constructoras y benéficas.

Cuando, en septiembre de 1895, Pasteur yacía paralizado por la enfermedad, se le ofreció un vaso de leche. Las últimas palabras del débil anciano fueron estas: "No puedo". Tal vez era la primera vez en la vida que se veía obligado a rendirse, pues toda su historia reflejaba fuerza de voluntad y determinación ante obstáculos al parecer insuperables.

Nació el 27 de diciembre de 1822 en la población francesa de Dole, pero creció en Arbois, a donde se fue a vivir su familia cuando era niño aún. Aunque le interesaron más las artes que la ciencia, cambió de parecer cuando quedó bajo la influencia de varios excelentes profesores de química en la Escuela Normal Superior de París.

Sus primeros años de joven científico los pasó estudiando la formación cristalina. Llamó la atención resolviendo un problema (llamado *acertijo de Mistscherlich*, por el químico alemán que lo planteó), el cual había desconcertado a los expertos durante varios años. Cuando se ponen los cristales en luz polarizada, la modifican de diferentes maneras. (Los rayos de luz suelen viajar en todas direcciones desde la fuente luminosa; pero, cuando se envía a través de un polarímetro, sólo pueden pasar ciertos rayos: éstos son paralelos, siempre viajan en la misma dirección y se llaman luz polarizada.) Sin embargo, siempre se advirtió que los cristales de la misma forma, constitución y número de átomos alteran a la luz *siempre* en la misma *dirección*. El acertijo se refería a cristales semejantes, de ácido tartárico y ácido racémico. Cuando pasaba un haz luminoso por los cristales de ácido tartárico, invariablemente se inclinaban a la derecha; pero cuando el haz pasaba por el ácido racémico, la luz no se inclinaba a la derecha ni a la izquierda; en realidad, ¡no había luz! Con la intuición y el talento que lo distinguió en su carrera, Pasteur atacó el problema. Descubrió que, aunque los ácidos tartárico y racémico son, en realidad, la misma cosa, son imágenes de espejo. Los exámenes revelaron que los cristales de ácido racémico tenían facetas "diestras" y "siniestras". Cuando Pasteur puso dos pilas de estos cristales frente a su polarímetro, demostró que su luz se inclinaba siempre a la derecha y a la izquierda. Sin embargo, cuando se mezclaban, cada grupo neutralizaba al otro; por eso, no se veía la luz. El estudio de Pasteur sobre la luz polarizada le ganó el listón de la legión de honor. Con esta obra, los científicos pudieron también entender las sustancias químicas que forman los tejidos vivos.

Mientras hacía este trabajo de laboratorio, Pasteur se dedicaba también a la enseñanza. La noticia de lo que descubrió se tradujo en ofertas en universidades más importantes, y se fue a vivir a Lille. Allí comenzó a investigar los microbios, interés que predominaría el resto de sus días. Lille era una población próspera debido a su principal industria: la destilación de alcohol del azúcar de remolacha. Sin embargo, la economía estaba amenazada debido a la incertidumbre del proceso de fermentación. Las levaduras que se agregaban a la mezcla en las enormes tinas de madera cambiaban el azúcar de remolacha en alcohol, pero frecuentemente se echaba a perder el líquido. Los destiladores acudieron al nuevo profesor de química de Lille, como harían tantos otros durante su vida, para que les ayudara a salvar su agonizante industria.

Aunque la fermentación era un proceso conocido, nadie descifraba con certeza qué es lo que intervenía en ello. El barón alemán Liebig creía que era un cambio químico que no requería organismos vivos. Pasteur no estaba de acuerdo. Cuando puso muestras de las tinas echadas a perder bajo el microscopio, vio diminutas creaturas, parecidas a barras, que se retorcían en racimos y cadenas. Eran los organismos vivos, los microbios que convertían el alcohol en el ácido acético que se encuentra en el vinagre.

A fin de verificar su teoría, Pasteur se convirtió en cocinero. Preparó un caldo de levadura en el que pudo cultivar millones de microbios. El secreto de la fermentación consistía en que la causaban los organismos vivos: por ejemplo, las levaduras y las bacterias. En cierto sentido, Pasteur sólo pudo dar a los angustiados destiladores una especie de primer pago para la solución de su problema. Les demostró por qué se echaba a perder el alcohol, pero sólo pudo encogerse de hombros cuando le preguntaron cómo podían eliminar de las tinas a los devastadores microbios. Mas no tardó en llegar la respuesta que salvaría a los destiladores (productores de vinagre, fabricantes de vino y dueños de ganado lechero). Pasteur encontró microbios en la espuma que flotaba sobre las tinas de vinagre, y también los encontró nadando en los barriles y botellas de vino. Bastaba un ligero calentamiento de los líquidos después de la fermentación (a 49 grados para el vino) para matar a los perjudiciales microbios sin afectar el gusto. El proceso, que se llamó *pasterización* en su honor, es hoy un procedimiento común en el manejo de la leche y otros alimentos que se fermentan.

La importancia económica fue muy grande para Francia. Cuando ésta tuvo que pagar una exorbitante indemnización a los prusianos en 1870, pudo usar las ganancias de los vinos para liquidar la deuda en un año. El emperador Napoleón III y la emperatriz Eugenia invitaron a Pasteur al Palacio de Compiègne, y Napoleón llegó al extremo de gastar treinta mil francos de su dinero a fin de construir un nuevo laboratorio para el héroe francés de la ciencia.

También le debió mucho la industria francesa del gusano de seda. Los gusanos padecían unas manchas negras parecidas a la pimienta. La enfermedad se llamaba pebrina, que en francés significa pimienta. Al parecer, la pebrina era contagiosa, y llevaba a la ruina a los cultivadores del gusano al propagarse la enfermedad. Se necesitaron cinco años de trabajo intermitente para que Pasteur resolviera ese misterio. Descubrió, después de hacer la disección de millares de mariposas de la seda, que la pebrina no era más que la mitad de la explicación; la causa del problema estribaba en una segunda enfermedad, la *flacherie*. Una vez que Pasteur enseñó a los cultivadores a abrir las mariposas, a buscar las enfermedades reveladoras y a quemar todos los animales infectados, pudo florecer otra vez la industria.

A pesar de sus éxitos, fueron años terribles para Pasteur. Murieron su padre y dos de sus hijos; él mismo sufrió un ataque de parálisis que lo dejó con un brazo casi inútil y cojera permanente. María, su admirable esposa, le ayudó a sortear estas dificultades, y fue una compañera amorosa toda la vida. Era la suya una relación ideal; a ella le interesaba la obra de Luis, y compartía con él la fe religiosa que los consoló de sus pérdidas terrenales. En otra parte de este libro veremos que al doctor José Lister lo inspiró la teoría de Pasteur sobre el origen microbiano de la enfermedad; no obstante, algunos científicos se aferraban todavía a la creencia en la generación espontánea de los microbios. Pero Pasteur, que recorrió muchos hospitales predicando la importancia de la limpieza para eliminar la enfermedad, se empeñó en demostrar que *sólo un microbio puede producir otro microbio*. La mejor manera de convencer a los escépticos consistió en llenar un frasco de aire sin calentar y evitar que entraran microbios en él. Pasteur hizo esto recogiendo el polvo cargado de gérmenes en el fondo de un frasco de cuello de cisne. Mas no paró aquí. Llevó varios frascos a gran altura de

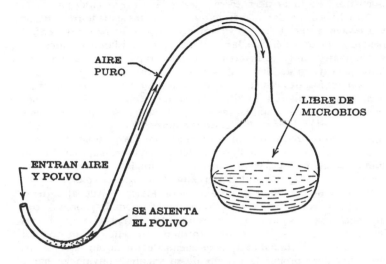

AIRE
PURO

LIBRE DE
MICROBIOS

ENTRAN AIRE
Y POLVO

SE ASIENTA
EL POLVO

Frasco de cuello de cisne

los Alpes suizos, donde el aire era relativamente puro. Cuando un científico rival, llamado Pouchet, le enseñó algunos frascos cargados de gérmenes recogidos en montañas aún más altas, Pasteur demostró que el descuido de Pouchet permitió que crecieran los microbios. Se aceptó la prueba de que los microbios son conducidos por el polvo y producen otros microbios, y se abandonó la fábula de la generación espontánea. (En un tiempo se afirmó que si se colocaba un pedazo de queso en un armario, crecía un ratón.)

Las otras dos proezas de Pasteur fueron monumentales. En 1877 observó con su microscopio el ántrax, la cruel enfermedad que de la noche a la mañana convierte a las ovejas y las reses sanas en cadáveres hinchados. El ministro de agricutura pidió a Pasteur que ayudara a los ganaderos, cuyos rebaños eran diezmados por la enfermedad y cuyos campos estaban "malditos". Roberto Koch demostró que los microbios del ántrax se reproducían formando esporas ovaladas que sobrevivirían muchos años. En cuanto invadían el cuerpo de un animal, se multiplicaban y lo mataban. A Pasteur lo guió en sus investigaciones la observación accidental de las lombrices en los campos. (A ese respecto, son apropiadas las palabras mismas de Pasteur: "En la esfera de la experimentación, el azar sólo favorece a la mente preparada".) Cuando las lombrices salían del suelo, trasportaban a la superficie las esporas de los animales enterrados. Pasteur inyectó dicha tierra en conejillos de las Indias, y los animales contrajeron el ántrax. Entonces les pidió a los ganaderos que quemaran, en lugar de enterrar, todas las cabezas enfermas.

Pero habría de dar mayor ayuda aún a los ganaderos. Pasteur y sus ayudantes, Roux y Chamberland, estudiaban una enfermedad llamada cólera de las aves de corral. Aislaron el microbio y observaron que su inyección mataba rápidamente a una gallina sana. Otro accidente afortunado condujo a uno de los mayores triunfos de Pasteur. Se dejaron algunos cultivos de gérmenes en el laboratorio durante varias semanas mientras Pasteur y los demás estaban ausentes. Cuando se aplicaron esos cultivos, no indujeron la temida enfermedad, y las dosis subsiguientes no produjeron ningún efecto en las gallinas que recibieron el cultivo inicial. Pasteur dedujo que las gallinas fueron inmunizadas por el viejo cultivo "atenuado" y preparó una vacuna que daba inmunidad permanente contra el cólera.

Después de este descubrimiento, era lógico volver al ántrax. Ahora que conocía la posibilidad de la vacuna, procedió con diligencia. Se atenuaron los microbios del ántrax a temperaturas de 42 a 43 grados, y Pasteur suprimió, con ello, el ántrax. La escena fue más dramática que el sueño de un novelista. Pasteur, desafiado para probar la validez de su vacuna, convino en hacer una demostración pública en Pouilly-le-Fort, cerca de París. Se reunieron cincuenta ovejas ante centenares de espectadores. Veinticinco fueron vacunadas en dos dosis, con diez días de diferencia. Las otras veinticinco no recibieron ningún tratamiento. Dos semanas más tarde, a las cincuenta se les dieron dosis de ántrax. El espectáculo era interesante y la incertidumbre brutal; ¡pero Pasteur quedó vindicado! Cuando llegó a la mañana siguiente el grupo de inspección, se vio que todas las ovejas vacunadas estaban bien, dieciocho de las otras, muertas, y las otras siete agonizaban por la enfermedad. Pasteur conquistaba otra batalla en su guerra contra los microbios.

La historia del último acto de su vida es la que más se recuerda: la lucha contra la hidrofobia. Se cuenta que a Pasteur lo afectó profundamente el recuerdo de ocho habitantes de Arbois que perecieron de hidrofobia cuando él era niño. Pero no tenía que recordar a Arbois para sentirse emocionado, pues siendo adulto conoció muchas víctimas de la rabia. Hizo su primer intento de conseguir el germen colocando un tubo entre las mandíbulas de un animal rabioso y extrayendo un poco de saliva para depositarla en el tubo. Luego descubrió que podría extraer mayores cantidades de la médula espinal de un animal enfermo. Cuando la virulencia de la médula atenuó exponiéndola al aire, Pasteur hizo un suero con ella. Si a un animal del laboratorio lo mordía otro que estuviera rabioso, no moriría si se le daban dosis sucesivamente más fuertes de la vacuna durante un periodo de dos semanas.

Como con muchos otros experimentos de este tipo, una crisis precipitó el uso de la vacuna. Un niño alsaciano de nueve años de edad resultó mordido horriblemente por un perro rabioso. El dilema fue angustioso para Pasteur. ¿Debería arriesgarse a poner una inyección de un suero nunca aplicado a los seres humanos, y al hacerlo quizá mataría al niño, o no debía oir las súplicas de la desconsolada madre? Decidió correr el terrible riesgo. Esa noche, el nombre del pequeño José Meister entró en la historia de la medicina como el de la primera persona que recibiera la vacuna contra la hidrofobia. Los largos días que siguieron, resultarían insoportables para todos, pero terminaron con la victoria sobre la rabia. Fue la culminación de una vida bien vivida, de energía bien empleada y de genio bien dirigido.

El tema que sirvió de fundamento a los esfuerzos de Pasteur durante toda su vida se pone de manifiesto en las palabras que dirigió a la juventud de Francia en 1895: "Primero, pregúntate: ¿Qué he hecho para mi educación? y, al adelantar gradualmente, ¿Qué he hecho por mi patria? hasta que llegue el momento en que puedas tener la inmensa dicha de pensar que has contribuido de alguna manera al progreso y el bien de la humanidad".

BIBLIOGRAFÍA

Dolan, Edward F. *Pasteur and the Invisible Giants.*
Grant, M. *Louis Pasteur: Fighting Hero of Science.*
Nicolle, Jacques. *Louis Pasteur.*

LORD KELVIN (GUILLERMO THOMSON)

(1824-1907)

¿QUÉ PENSARÍA EL lector si alguien le aconsejara que usara su ropa más ligera un día en que la temperatura fuera de 35 grados? Si el lector viviera en cualquiera otro país que no fueran los Estados Unidos o Inglaterra, no se sorprendería. En casi todos los países del mundo, la temperatura suele medirse en grados centígrados en lugar de Fahrenheit: el agua se congela a 0º C. y hierve a 100º C. en este termómetro decimal. Si se leyera una temperatura de 308°, quizá el lector pensaría que el termómetro estaba loco. Sin embargo, 308 grados centígrados absolutos (Kelvin) son la misma temperatura que 35° C. o 95° F.

Durante la segunda mitad del siglo XIX, Guillermo Thomson, que más tarde fue lord Kelvin, ideó una nueva escala de temperaturas que sirve de mucho para explicar la teoría cinético-molecular de la materia, y que es independiente de los materiales termométricos, como el mercurio, que se usen. Hoy, es un instrumento esencial en la termodinámica y la física del calor. La temperatura más baja de esta escala centígrada absoluta es de 0°, a la cual se cree que cesa el movimiento molecular. El punto de ebullición para el agua es de 373° K. y su punto de congelación es de 273° K. Así, el científico no hace más que sumar 273° a la lectura centígrada para convertir sus temperaturas a la escala centígrada absoluta.

Guillermo Thomson fue al segundo hijo del profesor Jacobo Thomson, jefe del departamento de matemáticas del Instituto Real Académico de Belfast, y nació el 26 de junio de 1824. Muchos años antes, la familia de Thomson emigró de Escocia para huir de la persecución religiosa. Después de fallecida la madre de Guillermo, el profesor Thomson decidió volver a Escocia para ocupar el puesto de profesor de matemáticas en la Universidad de Glasgow, cuando Guillermo apenas tenía ocho años de edad. El padre de Guillermo educó a sus cinco hijos y tres hijas con notable éxito. Tanto Guillermo como el hermano mayor, Jacobo, demostraron notables aptitudes mentales a temprana edad. Fueron tan brillantes que no sólo pudieron pasar los exámenes de admisión de la Universidad de Glasgow a la edad de diez y doce años, respectivamente, sino que también se hicieron respetar entre los estudiantes de más edad, en cursos tales como el latín, el griego, la filosofía natural, la química y las matemáticas avanzadas. Cuando Guillermo tenía dieciséis años, su padre llevó a sus hijos a hacer un breve recorrido por Alemania a fin de que tuvieran la oportunidad directa de aprender el idioma alemán. Guillermo no aprendió el nuevo idioma, pero, en su lugar, descubrió la gran obra de Fourier en la física matemática sobre la conducción de la energía térmica. Ésta es la famosa obra que indujo a hacer investigaciones experimentales a muchos estudiantes, como Jorge Ohm, cuya obra maestra sobre los factores que afectan la conductividad eléctrica de las sustancias ha sido descrita en otra parte de este libro.

En 1841, Guillermo ingresó en la Universidad de Cambridge para estudiar matemáticas superiores. Muy pronto ganó reputación de inteligente como colaborador de artículos originales en la *Revista de matemáticas, de Cambridge*. Siguió alcanzando los más altos honores académicos. A pesar de todo, estaba muy lejos de ser un individuo unilateral, pues demostró una gran variedad de intereses y aptitudes en esferas tan diversas como el remo, la natación y la música. Durante algún tiempo, inclusive fue presidente de la sociedad musical de la universidad.

La siguiente escala de Thomson fue París, donde trabajó y estudió durante un año en los laboratorios físicos de Enrique Regnault, quien se dedicaba entonces a investigaciones clásicas sobre las propiedades térmicas del vapor. Poco después de su regreso de París, conoció y defendió a Jaime Joule, quien hasta entonces no obtenía la aceptación de sus experimentos sobre la conversión recíproca de la energía eléctrica, térmica y mecánica. En 1846, Guillermo Thomson volvió a la Universidad de Glasgow, donde, a la edad de veintidós años, fue designado para ocupar la cátedra de filosofía natural, que acababa de quedar vacante. Estuvo en Glasgow los siguientes cincuenta y tres años para beneficio de sí mismo y de la universidad. Este puesto de profesor dio a Thomson un cargo docente muy agradable y estimulante, al mismo tiempo que suficientes horas libres para sus investigaciones científicas.

El vigor y el entusiasmo de Guillermo Thomson no conocían límites, y casi resultaban insoportables para muchos de los apacibles escoceces que eran ahora sus colegas. Poco después de ser nombrado, solicitó audazmente un aposento separado para sus experimentos científicos. Era una solicitud insólita, y tal vez se le concedió debido a su misma audacia. Así pues, el primer laboratorio moderno de investigaciones de las Islas Británicas nació en una vieja bodega, único espacio de que se disponía.

La enseñanza de Thomson no era aburrida, sus clases no eran en el sentido acostumbrado, pues se les ha descrito como proezas de gimnástica mental y física. A todos les resultaba difícil seguir dichas clases, exceptuando a los estudiantes de mucho talento. Cuando se le ocurría un nuevo punto a Thomson, a menudo hacía una digresión y se olvidaba completamente del tópico tratado. Quizá haya sido el único hombre en la historia de la ciencia que hizo descubrimientos mientras impartía sus clases.

La combinación de una mente perspicaz y un vigor físico casi ilimitado, le permitió hacer multitud de investigaciones originales y de gran importancia tanto en las ciencias aplicadas como en las abstractas. Aunque alcanzó la mayor parte de su fama universal por sus descubrimientos prácticos, se le deben algunas aportaciones de primera clase a la teoría de la termodinámica, las oscilaciones electromagnéticas y las radiciones (radio). Se basó en las investigaciones de Carnot y Joule para crear su escala centígrada absoluta o de Kelvin, para medir la temperatura. También ayudó a crear las leyes fundamentales de la termodinámica. Su teoría de la energía térmica no disponible, en forma de entropia y, como consecuencia, el agotamiento de la tierra, fue una importante contribución a la ciencia teórica. Propuso la teoría de que, en un porvenir muy distante, toda la energía disponible del mundo se reduciría a cero, y todos los cuerpos estarían a la misma temperatura: cero absoluto. Su colaboración con Joule, al demostrar que se producía un ligero enfriamiento cuando se dilataba un gas sin hacer trabajo, fue precursora de las teorías cinético-moleculares más adelantadas de los gases. Este *efecto Joule-Thomson* abrió también una nueva esfera de la física de las bajas temperaturas (criogenia).

Thomson fue un inventor científico que, gracias a sus muchos derechos de patente, compensó los limitados recursos económicos de que disponía para sus investigaciones. Fue su reputación de brillante científico que se interesaba en todos los problemas de ciencia de su época lo que hizo que Ciro Field lo nombrara consejero técnico de su compañía cablegráfica. Después de muchos fracasos descorazonadores, se tendió el primer cable de tres mil kilómetros entre Irlanda y Terranova. Aquí, Thomson aplicó sus teorías eléctricas a la telegrafía submarina, tratando el cable como si fuera un frasco de Leyden o un condensador alargado y aconsejando el uso del cable trenzado, hecho de alambre de cobre de gran conductividad. A fin de percibir los débiles puntos y rayas, inventó primero un galvanómetro de espejo; más tarde lo sustituyó con su registradora de sifón, que fue el primer galvanómetro de bobina móvil en el mundo. La pluma del sifón se movía con la corriente de la señal cablegráfica que fluía en la pequeña bobina suspendida entre los polos de un electroimán. El magnífico éxito del cable hizo que la reina le concediera la nobleza.

Su fama de ser un científico que consideraba todos sus conocimientos desde el punto de vista de su "utilidad" para el género humano, le ganó el supremo cumplido: "Todo marinero debe rezar por Thomson". Se salvaron incontables millares de vidas, gracias al uso de sus inventos de equipo náutico de seguridad. Mejoró en mucho el funcionamiento de la brújula magnética compensando los efectos magnéticos de los aparatos de hierro y acero que son parte común de todos los barcos con quilla de acero. Sus brújulas se siguieron usando hasta que apareció la brújula giroscópica. Sus estudios sobre las mareas, combinados con sus ingeniosos aparatos para medirlas, analizarlas y predecirlas, y con las tablas simplificadas para determinar la posición de un buque en el mar, eliminaron muchas de las incertidumbres de la navegación. Su sonda, que era en realidad un aparato de sondeo químico que consistía en un resistente alambre de piano del que estaba suspendido un tubo de cristal de fondo abierto, se usa todavía hoy con ligeras mejoras. Su sondeador dependía de la presión del agua que entraba en el fondo de este tubo de cristal. Debido a que la presión del agua varía directamente con la profundidad, resultaba sencillo medir la longitud de la sustancia química que se hubiera mojado en el tubo y convertirla en cifras que representaban la profundidad del agua en que estaba sumergido.

Este "gran hombre de la ciencia victoriana" recibió multitud de merecidos honores durante su larga y productiva carrera científica. En 1890 fue elegido presidente de la Sociedad Real; fue hecho par con el título de lord Kelvin de Largs en 1892. Cuando se retiró de la enseñanza a la edad de setenta y cinco años, el asombroso Guillermo Thomson resolvió dedicarse a escribir y revisar sus lecciones de 1884 sobre la teoría ondulatoria de la luz. Fueron publicadas en 1904, tres años antes de su muerte, ocurrida en 1907. Lord Kelvin descansa hoy con sir Isaac Newton y muchos de los grandes científicos ingleses en la abadía de Westminster.

A pesar de la vigorosa y clara inteligencia de Kelvin, sus notables técnicas matemáticas, su poderosa personalidad y su ilimitado vigor físico, no llegó a la cima reservada para hombres inmortales como Einstein, Maxwell, Bohr y Newton. Como dice A. E. E. Mackenzie: "La debilidad de lord Kelvin fue su incapacidad para leer la obra de otros". Tendió a rechazar las ideas teóricas de sus contemporáneos y le faltó el don intuitivo para ver más allá de los hechos inmediatos. En cierta ocasión dijo que sólo podía comprender aquello de lo que podía hacer un modelo. A pesar de todo, sus proezas prácticas y versátiles tuvieron enorme importancia en la humanidad.

BIBLIOGRAFÍA

Gray, A. *Lord Kelvin.*
Mackenzie, A. E. E. *The Major Achievements of Science.*
Thomas, H., y Thomas, D. L. *Living Biographies of Great Scientists.*
Thompson, S. P. *The Life of Lord Kelvin.*

JOSÉ LISTER

(1827-1912)

ÉPOCA: LA DÉCADA de 1840; lugar: la sala de operaciones de un hospital londinense. Uno de los cirujanos más hábiles de Inglaterra se disponía a extirpar un tumor de la pierna de un paciente. Desde una hora antes de la operación, al paciente se le proporcionaron abundantes dosis de ron. Ahora yacía en un semiestupor, y sólo el dolor constante y el terror al bisturí le impedían hundirse en la inconsciencia. Los tres ayudantes, que acababan de hacer el aseo después de la anterior operación, ocuparon sus puestos a la cabeza y a los pies del enfermo. Su misión consistiría en sujetarlo firmemente durante el minuto o dos que duraría la operación. Entró el cirujano. Su levita, tiesa y manchada de sangre, demostraba su popularidad como cirujano, y la llevaba con orgullo. En torno a uno de sus botones tenía enredada una aguja con hilo que se usaría para coser la incisión. El cirujano sudaba copiosamente con el calor. De la húmeda mano se le cayó el bisturí al suelo. Después de limpiar la hoja de acero en la levita, procedió a hacer la incisión. Tal vez tuviera éxito en la operación. Sin embargo, con frecuencia el paciente necesitaba una amputación de urgencia, a la que probablemente seguiría la muerte antes de que trascurrieran diez días.

Tal era el estado de la cirugía en un pasado no muy lejano, en los días anteriores al padre de la moderna cirugía antiséptica, José Lister.

El padre de José, rico mercader londinense, era un aficionado a la ciencia que conquistó cierta fama por mejorar la lente y el mecanismo del microscopio. Cuando nació su hijo José, el 5 de abril de 1827, resolvió orientar al niño para que consagrara su vida a la ciencia. Después de todo, eran pocas las ocupaciones a las que podría dedicarse un cuáquero. Su pacifismo le impediría ingresar en el ejército, y su negativa a firmar un juramento le impediría ser abogado. El contacto de José con la ciencia se produjo desde edad temprana y, por extraño que parezca, lo que más le fascinó fue la rama de la cirugía médica. No fue una elección muy prudente la de este joven cuáquero, pues a los cirujanos, llamados entonces "carniceros", se les consideraba como la profesión más baja. Pero eso no desanimó a Lister.

Se presentó la oportunidad de estudiar con distinguidos cirujanos en el University College de Londres. Allí, José observó médicos que hacían amputaciones de la cadera en un minuto y otros que podían extraer los cálculos de la vejiga en menos de cuarenta y cinco segundos. El intenso dolor que soportaban los pacientes hacía imprescindible la rapidez para operar. Por otra parte, los médicos sabían que la herida abierta no debería estar mucho tiempo expuesta al aire, o se produciría seguramente la infección.

Lister se maravilló de la inventiva de los cirujanos. Vio que un médico cortaba astillas de la sucia mesa de operaciones y las usaba para taponar los vasos sanguíneos cortados; otros doctores diseñaban y construían su equipo de operaciones. Eran hombres que tenían gran habilidad y destreza, que poseían profundos estudios de la anatomía y la estructura del cuerpo humano. Sabían mucho y, oh, ironía, sabían muy poco según las normas modernas.

La muerte estaba en todas partes. Cuando Lister recorría con sus profesores las salas de los hospitales, salía a su encuentro el olor de la muerte. El olor que llenaba las salas de cirugía provenía de las heridas infectadas y era el heraldo de la muerte. Al cuarto día de la operación, en casi todas las heridas aparecía materia putrefacta. El material infeccioso pasaba entonces a las venas o los pulmones, donde producía un absceso. Las membranas se enfermaban y los tejidos se destruían con los venenos. En pocas horas, se apoderaba del paciente un escalosfrío incontenible y una fiebre muy alta; el fin llegaba rápidamente.

Los médicos tenían nombres para cada uno de estos asesinos infecciosos: gangrena, erisipela, piemia, septicemia; pero no tenían curaciones. ¿Qué es lo que causaba las infecciones? Las suposiciones supersticiosas de la época hablaban de vapores nocivos del aire o de la generación espontánea de los microbios. Lister no aceptaba ninguna de las dos teorías, pero tampoco proporcionaba la solución... Todavía no.

En 1853, José Lister, que ya era doctor en cirugía, fue a estudiar y trabajar con el famoso cirujano escocés Jacobo Syme. Resultó un punto decisivo en su vida, pues en Edimburgo se enamoró de la hija de Syme, Inés, y ésta correspondió al amor del apuesto cuáquero. Por fortuna, a Inés le interesó también su trabajo y resultó muy valiosa para él durante sus posteriores investigaciones y experimentos. Inés sabía leer el francés. Gracias a sus traducciones, Lister conoció la obra de Pasteur antes de que se publicara en las revistas inglesas. Pasteur comprobó que la putrefacción era causada por organismos vivos. Si estos organismos vivían en el aire, podían ser destruidos, según razonó Lister. Buscando un agente químico que fuera adecuado para matar los microbios, escogió el ácido carbólico. En 1875 lo usó en una fractura abierta. El ácido formó una gruesa costra con la sangre y, aunque sus propiedades cáusticas produjeron irritación, la herida cerró sin ningún indicio de la gangrena de los hospitales. El siguiente paso consistía en mejorar el procedimiento. Para ello, preparó una mezcla de goma laca y ácido carbólico cristalizado, *emplasto de laca,* que extendió sobre calicó. De esta manera, permitía que corriera la sangre, y también cubría la herida. Más tarde usó un vendaje de gasa absorbente en lugar del emplasto de laca.

Lister encontró otros usos para el ácido carbólico. Trató de exterminar los microbios de la atmósfera con un pulverizador. Mientras los estudiantes rociaban el ácido sobre el paciente, Lister y sus ayudantes jadeaban haciendo las operaciones. Su bisturí y otros instrumentos, casi todos ellos de su invención, estaban sumergidos en un baño de ácido carbólico, al lado de la mesa de operaciones. Tal vez este ácido de Lister era poco popular entre los enfermeros y los estudiantes, pues les despellejaba las manos, pero redujo el aterrador índice de mortalidad que asolaba los hospitales. Si antes la mortalidad de sus pacientes señalaba un 45 por ciento, ahora disminuyó al 15 por ciento.

Cualquiera creería que los cirujanos de todo el mundo aceptaron en seguida los principios antisépticos de Lister, pero éste se encontró ante el mismo coro de oposición y la misma reacción con que tropezaron otros precursores. Los conservadores se resistían al cambio y miraban con desdén a quienes se aventuraban a seguir un nuevo camino; tales personas propenden a poner obstáculos en el camino de sus audaces semejantes, mas el auténtico explorador los salva sin vacilar. Lister defendió valerosamente sus técnicas, a pesar del escepticismo de algunos de sus colegas. Cada vez que tenía oportunidad, hablaba del valor quirúrgico del ácido carbólico y le hacía propaganda en todo lugar al que asistía. Por extraño que parezca, la reina Victoria vino indirectamente en su ayuda. El médico de la reina pidió a Lister que tratara un absceso que padecía la soberana. No sólo se usó con éxito el ácido carbólico, sino que Lister cortó, inclusive, un pedazo de tubo de goma del rociador para introducirlo en la herida a fin de proporcionar drenaje: fue una innovación en esos tiempos. La reina no se olvidó de él, y unos años más tarde, lo hizo baronet y después par con asiento en la Cámara de los Lores.

Si la noticia de que Lister sanó a la reina le sirvió para que fueran aceptadas sus teorías, la guerra franco-prusiana de 1871 le ayudó aún más. Sus discípulos operaban a los soldados en el campo y trabajaban en los hospitales de Inglaterra y el continente. La cirugía antiséptica se puso en práctica y los grandes cirujanos de Europa le escribieron a Lister para contarle sus éxitos. Una tras otras, las revistas médicas publicaron artículos que daban a conocer la desaparición de la piemia, la erisipela y la gangrena de los hospitales. Estaba ganada la enconada batalla para convencer a la profesión médica y al público.

Aunque Lister se retiró del ejercicio de su profesión en 1896, siguió trabajando activamente hasta su muerte, ocurrida en 1912, a la edad de ochenta y cinco años. Entre las muchas y notables aportaciones que hizo para el progreso de la cirugía general, se cuentan las operaciones para la escisión de la articulación de la muñeca, contra el cáncer del seno, y la cirugía de la vejiga y la uretra. Introdujo el torniquete aórtico, la aguja de alambre, las ligaduras de catgut que se absorbían en la herida al sanar, el fórceps y otros importantes instrumentos quirúrgicos. Ayudó a fundar en Londres el Instituto Lister para la Medicina Preventiva, el cual se ha convertido en un monumento a sus proezas y sus ideales.

Hoy consideramos natural el sistema de asepsia de nuestros hospitales. Los médicos se lavan las manos perfectamente y usan guantes y mascarillas. Los corredores relucen; las salas están, por lo común, inmaculadas, y en la sala de operaciones, que se guardan celosamente contra el polvo y la suciedad, hay un leve olor germicida. Hemos dado grandes pasos en la historia reciente de la medicina, pero el de Lister fue gigantesco.

BIBLIOGRAFÍA

Guthrie, Douglas. *Lord Lister*.
Noble, Iris. *The Courage of Dr. Lister*.

JACOBO CLERK MAXWELL

(1831-1879)

EL 6 DE ABRIL de 1846, un importante grupo de científicos empezaba su acostumbrada reunión. En ella se presentaría la lectura de una disertación científica sobre la producción de óvalos y la refracción de la luz. El orador era el profesor Jacobo Forbes, brillante matemático de la Universidad de Edimburgo; el grupo era la Sociedad Real de Edimburgo, y la característica singular de dicha reunión consistía en que al autor original de esta valiosa disertación no se le permitía leer e informar públicamente sobre su obra, pues "no se consideró apropiado que a un niño se le permitiera subir a la tribuna". El joven genio, que tenía catorce años de edad en esa época, era Jacobo Clerk Maxwell, quien habría de lograr tanto en su breve y brillante vida de cuarenta y ocho años, que en la actualidad se le reconoce como uno de los dos físicos teóricos más grandes del mundo en el siglo XIX. Maxwell tuvo la capacidad singular de combinar su notable genio y su paciencia con la aptitud para reconocer y perfeccionar los grandes descubrimientos de otros científicos inmortales, como Rodolfo Clausius, Daniel Bernouilli, Jaime Joule, Enrique Cavendish y Miguel Faraday. El modesto gigante intelectual, cuyo objetivo era el de comprender y hacer comprensible el mundo de la ciencia, nació en Edimburgo, Escocia, el 13 de noviembre de 1831. A su padre, Juan Clerk Maxwell, le interesaba poco su trabajo de abogado; se dedicaba a administrar su finca rural de Glenlair y consagraba su tiempo y su atención a la educación de su único hijo. A la temprana edad de tres años, Jacobo demostró por primera vez su presistente curiosidad científica mediante constantes preguntas sobre lo que hacía que funcionaran las cosas. A esa edad le interesaba todo, desde las cerraduras hasta las máquinas y los brillantes moldes de estaño para hacer pasteles. Al igual que muchos otros científicos famosos, desde pequeño le gustó coleccionar toda especie de seres vegetales y animales. Sin embargo, no le gustaba hacer daño a los seres vivos y dejaba libres a los insectos que capturaba en cuanto daban señales de debilitarse.

Cuando tenía diez años, su padre lo matriculó en la Academia de Edimburgo. Al principio no se distinguió, y su trabajo en la clase indicaba que era un soñador. Su maestro, un señor Carmichael, no supo estimular a Jacobo y empezó a dudar de que fuera posible educar al mozo, sobre todo porque éste faltaba con frecuencia a la escuela debido a sus enfermedades. Empero, el niño se educaba sólo mediante la lectura de todos los libros que poseía su tía Isabel, donde vivía entonces. Siempre esperaba con ansia las visitas de su padre los fines de semana, pues entonces ambos recorrían la comarca de Edimburgo en largos paseos a pie dedicados a estudiar la naturaleza. En uno de esos fines de semana fueron a ver la demostración de algunas "máquinas electromagnéticas".

Unos once años antes, Miguel Faraday, en Inglaterra, y José Henry en los Estados Unidos, descubrieron independientemente la manera de producir una corriente eléctrica con un campo magnético. La primera dínamo o máquina electromagnética de Faraday impresionó tanto a Jacobo, que al momento quiso saber todo lo concerniente a ella y a la electricidad. De manera significativa, estaba destinado a traducir a las matemáticas, andando el tiempo, la mayor parte de la obra de Faraday. Esta visita fue, sin duda, el móvil que habría de culminar en la mayor aportación que hizo Maxwell, *Un tratado sobre la electricidad y el magnetismo*, publicado en 1873.

Cuando se fue adaptando a la vida de la Academia, mejoraron tanto su salud como sus calificaciones. Pero, por extraño que parezca, lo mismo que Alberto Einstein, no fue un alumno aprovechado en la aritmética. Quizá faltó el estímulo adecuado en esta época de su vida. Sin embargo, cuando tenía apenas doce años de edad, su padre decidió llevarlo a la reunión de un famoso grupo científico y cultural, la Sociedad Real de Arte y Ciencias de Edimburgo. Allí se discutían los nuevos progresos de la ciencia y las matemáticas. Jacobo se entusiasmó tanto que comenzó a construir toda especie de formas geométricas con cartón, a pesar de que aún no estudiaba la geometría. Progresó de un cubo a un tetraedro (pirámide con cuatro caras triangulares) y a un dodecaedro regular (doce caras iguales con cinco lados de igual longitud). Insatisfecho, construyó figuras todavía más complicadas, cuyos nombres ni tan siquiera conocía. Estas asombrosas cajas fueron el primer indicio real de que el joven Maxwell podría tener algo que aportar a las matemáticas.

El padre de Jacobo empezó a llevarlo con regularidad a las reuniones de la Sociedad cuando sus subsecuentes conversaciones lo convencieron de que el niño entendía la mayor parte de las conferencias a las que asistía. Y también empezó a llevarlo en este tiempo a las confei·ncias de la Sociedad de las Artes de Edimburgo; allí, un artista, D. R. Hay, intentaba demostrar que se podían producir formas bellas y hermosas combinaciones de color mediante el uso de las matemáticas. Hay nunca llegó a ser un artista notable debido a que sus obras eran demasiado mecánicas; sin embargo, fue él quien inició a Jacobo Clerk Maxwell en su carrera científica. El señor Hay dibujaba figuras curvas de una manera artificial por medio de lazos de hilo, alfileres y lápices. No tardó el niño en hacer experimentos con el hilo y los alfileres. Con los círculos y las elipses descubrió la manera de dibujar óvalos (elipses que son más anchas en un extremo que en el otro, como, por ejemplo, un huevo) y otras figuras geométricas con exactitud matemática. Uno de sus descubrimientos fue la clara relación que existe entre el número de espacios de hilo que iban a cada alfiler y las distancias de los alfileres al lápiz. Después logró establecer una fórmula matemática que identificaba los tipos de óvalos que podía dibujar.

En este punto, intervinieron su aguda memoria y su imaginación cuando usó pedazos curvos de cristal para las curvas, una fuente de luz para uno de los alfileres y un haz de luz para el hilo que unía ese alfiler con la curva. Razonó, pues no disponía de equipo para probar la analogía luminosa, que el haz de luz se refractaría, o se encorvaría, cuando llegara al cristal. Así, con ciertos tipos de óvalos, la luz del primer alfiler que estaba fuera de la curva se refractaría el grado necesario para llegar hasta la posición en que se encontraba el segundo alfiler (usado en la construcción del óvalo original). Al comparar sus fórmulas sobre la construcción de los óvalos con otras fórmulas sobre la refracción de la luz, descubrió que algunas de ellas eran idénticas. El descubrimiento de esta relación entre los óvalos y la refracción de la luz mediante la investigación puramente matemática resultaría asombroso para cualquiera, menos para un niño de catorce años.

El profesor Forbes de la Universidad de Edimburgo y sus colegas quedaron muy impresionados, aunque buscaron primero en toda la literatura matemática de que disponían para cerciorarse de que no eran copias sus figuras y sus fórmulas. Descubrieron que el famoso matemático francés, Descartes, trabajó mucho, dos siglos antes, en la clasificación y el dibujo de las curvas, y que algunas de las fórmulas de Maxwell eran las mismas ecuaciones descubiertas por Descartes con diferentes métodos. En realidad, la identidad de algunas de estas fórmulas ayudó a comprobar la brillantez de la obra de Maxwell, pues su método de dibujar curvas era mucho más sencillo que el de su predecesor.

En 1847, Maxwell fue admitido en la Universidad de Edimburgo para continuar su educación formal. Sus profesores reconocieron en seguida su extraordinario talento y le permitieron usar libremente sus laboratorios; ésta fue una gran fortuna, pues resultaba imposible que Maxwell construyera o comprara todos los materiales y el equipo necesario para sus experimentos. Por eso, a pesar de que estaba muy atareado con sus clases, estudió y experimentó simultáneamente con la refracción de la luz y las curvas geométricas, así como con las corrientes eléctricas producidas por medios químicos. Quizá su investigación más significativa de esa época fue sobre la propiedad de la luz llamada polarización, expresión usada para describir el comportamiento de la luz después de que pasa a través de sustancias ópticas especiales, como la calcita o los anteojos polarizados .

A los dieciocho años, Maxwell ingresó en Cambridge, donde trabajó intensamente en sus estudios y sus contemporáneos lo consideraron un compañero afable y divertido y un defensor de extrañas teorías, como la que se relacionaba con la economía del sueño. Dormía de las cinco de la tarde a las nueve y media de la noche, estudiaba de las diez de la noche a las dos de la mañana, hacía ejercicio corriendo por los corredores y subiendo y bajando las escaleras de las dos a las dos y media de la mañana, y volvía a dormir hasta las diez de la mañana. Los demás residentes se sorprendieron tanto que no supieron qué estaba sucediendo o qué podían hacer para remediarlo, pero cuando Maxwell persistió en esta absurda rutina, fue recibido con una lluvia de zapatos y otros objetos voladores que pusieron fin en seguida al experimento.

Maxwell se doctoró en matemáticas con grandes honores en 1854, y su padre y sus profesores lo persuadieron de que estudiara como graduado en el Colegio de la Trinidad de Cambridge. Una de sus notables hazañas aquí, fue en la esfera de la sensación del color y la óptica. Maxwell inventó un trompo para mezclar el color y un oftalmoscopio (aparato para ver el interior del ojo de una persona viva o de un animal). Además, hizo concienzudas pruebas e interrogó a una gran variedad de personas que tenían ceguera del color, y demostró que la luz azul y amarilla, cuando se mezclan, producen un matiz sonrosado en lugar de verde. Así, probó que la mezcla de dos determinados pigmentos de pintura era un proceso diferente a la mezcla de los mismos colores de luz. En 1860 se le concedió la medalla de Rumford por sus trabajos en la esfera de la percepción del color y la ceguera de colores. Tan concienzuda fue la obra de Maxwell que sus principios fundamentales sobre la mezcla de colores se usan hoy en la fotografía, la televisión y la cinematografía. Antes de terminar sus dos años de postgraduado en el Colegio de la Trinidad, leyó y estudió detenidamente las *Investigaciones experimentales* de Faraday. Esto lo indujo a escribir su disertación *Sobre las líneas de fuerza de Faraday,* que leyó en la Sociedad Filosófica de Cambridge en 1855. Cuando Faraday vio la precisión con que Maxwell traducía sus teorías a términos matemáticos, le envió una carta de calurosa felicitación.

Los estudios eléctricos de Maxwell se interrumpieron debido a que concursaba en una competencia sobre la naturaleza de los anillos de Saturno. Culminaron dos años de intenso trabajo y estudio con un brillante ensayo de sesenta y ocho páginas y más de doscientas ecuaciones, que no sólo le hicieron ganar el premio, sino que demostraron que era uno de los primeros físicos matemáticos de esa época. Sus investigaciones sobre Saturno despertaron un nuevo interés en la teoría cinética de los gases. Sus predecesores en esta esfera, como, por ejemplo, Joule, Bernouilli y Clausius, explicaron algunas propiedades de los gases, como la presión, la densidad y la temperatura, con la teoría de que un gas está compuesto de partículas de movimiento rápido y velocidad semejante. Maxwell demostró que este supuesto de la velocidad constante estaba equivocado: razonó que tenía que variar de acuerdo con la famosa curva de frecuencia en forma de campana, a la que todavía se le da el nombre de ley de Maxwell. Sus descubrimientos sirven de base a las modernas teorías de la física del plasma, las cuales se ocupan del comportamiento de los gases que pasan por las temperaturas y presiones extremas de una reacción termonuclear de hidrógeno. Así, fue necesario que Maxwell inventara la ciencia de la mecánica estadística, a fin de analizar las velocidades moleculares de los gases.

En 1858, cuando enseñaba en el Marischal College de Aberdeen, se casó con Catalina María Dewar, hija del director del colegio. El matrimonio no tuvo hijos, pero este hecho los unió más. Aunque María no sabía matemáticas, fue una admirable compañera de Maxwell y lo ayudó a hacer numerosos experimentos. Su mayor aportación científica fue la de salvarle la vida atendiéndolo hasta que recuperó la salud cuando lo atacó la viruela. En 1860, los Maxwell se fueron a vivir a Londres, donde se le nombró profesor de filosofía natural en el Colegio del Rey. A pesar de sus pesadas obligaciones docentes y sociales, esos cinco años que pasó en Londres fueron los más fructuosos. Él y Catalina siguieron experimentando con los gases en el desván de su casa de Kensington. Maxwell obtuvo una confirmación práctica de su obra teórica sobre la viscosidad de los gases, que culminó con la publicación, en 1876, de *Materia y Movimiento.*

Como sucede casi siempre con los descubrimientos científicos, la obra de otros hombres abrió el camino para los trabajos de

Maxwell en la esfera de la electricidad y el magnetismo. Enrique
Cavendish logró algunos importantes descubrimientos en el dominio de la electrostática (que se ocupa de los cuerpos cargados
de electricidad); Juan Oersted demostraba experimentalmente
que el flujo de la corriente eléctrica por un alambre afecta a
la aguja de una brújula porque produce magnetismo; tanto José
Henry como Miguel Faraday construyeron aparatos electromag-
néticos y más tarde producían corrientes eléctricas haciendo
pasar bobinas de alambre entre los polos de un imán. Maxwell
también aprovechó el concepto de lord Kelvin (Guillermo Thomson) de que existe una semejanza entre la fuerza eléctrica y el
flujo de un calor radiante, así como sus investigaciones, que llevaron a la teoría cinético-molecular de los gases. Por eso, ofreció
una teoría del magnetismo más adelantada que la de Faraday.

Sin embargo, resultaba muy difícil idear una teoría firme para
explicar el electromagnetismo, debido a la complejidad de la
corriente eléctrica. Hasta entonces no se conocían el electrón
ni otras partículas subatómicas, por lo que puede decirse que
Maxwell tuvo que inventar partículas subatómicas móviles para
formular una teoría firme. Después de veinte años de reflexiones, investigaciones y experimentos, ideó su teoría electromagnética hasta el punto en que creó las famosas ecuaciones de
Maxwell del campo electromagnético, que actualmente son tan
válidas como lo eran en 1873, cuando publicó su gran tratado
sobre la electricidad y el magnetismo. Así, enseñó al mundo a
reducir todos los fenómenos eléctricos y magnéticos a tensiones
y movimientos de un medio material, como su imaginario "éter"

Como parte integrante de su teoría, identificó la luz como
otra radiación electromagnética. Esta conclusión se basaba en
las propiedades ya conocidas de refracción, polarización e interferencia de las ondas luminosas y en el hecho de que la velocidad de la luz, de trescientos mil kilómetros por segundo (según
la determinó Fizeau por medición directa), se acercaba mucho
a la velocidad con que se propagaba una perturbación eléctrica
por un alambre perfectamente conductor, según la determinaron
Weber y Kohlrausch, y según la volvió a determinar Maxwell.

Además, amplió su razonamiento sugiriendo y prediciendo la
existencia de otras radiaciones electromagnéticas que no son sensibles a nuestros ojos y a nuestro cuerpo (como lo son la luz
y el calor), pero que viajan por el espacio. No le fue posible
probar esta predicción durante su vida relativamente breve, y
hasta diez años después de su muerte prematura, Enrique Hertz
produjo una gran variedad de estas ondas de radio, las cuales
tenían todas las propiedades de los demás miembros de nuestro
espectro electromagnético. Sabemos hoy que la luz ocupa una
banda relativamente angosta de dicho espectro, el cual comprende también los rayos X y las radiaciones cósmicas. Así, pues,
Maxwell puso los cimientos para el descubrimiento de la radio,

la televisión, el radar y otros auxiliares de la navegación. Esta singular predicción teórica de las ondas de radio tiene una importancia parecida a la que hizo Alberto Einstein de que se liberaría una enorme cantidad de energía almacenada cuando se produjera un cambio en la materia del núcleo atómico. Pero, a diferencia de Maxwell, Einstein vivió para ver el día en que otros científicos hicieron los experimentos que confirmaron su teoría y sus predicciones sobre la conversión de la materia en energía.

Aunque a Maxwell le gustaba mucho enseñar y tener contacto con los estudiantes, decidió retirarse a Glenlair a la edad de treinta y tres años. Empero, el mundo científico está en deuda por esta decisión, pues Maxwell hizo de este llamado retiro un periodo casi ininterrumpido en que se consagró a las investigaciones y a escribir sus obras. Dio forma definitiva a muchos de sus tratados y textos, inéditos hasta entonces, sobre la física molecular, el calor, la materia y el movimiento, la luz, la electricidad y el magnetismo. Sin embargo, Maxwell demostró su desprendimiento al volver al mundo académico seis años después y aceptar el puesto de profesor de física experimental, recientemente creado en la Universidad de Cambridge. También prefirió retardar su propia obra cuando decidió editar y publicar las copiosas notas originales de Enrique Cavendish sobre la electricidad estática, pues consideraba que era una injusticia la escasa profusión de las aportaciones eléctricas más importantes de este hombre de ciencia. Maxwell pasó cinco años en esta tarea y vivió lo bastante para ver la publicación, en 1879, de *Las investigaciones eléctricas del honorable Enrique Cavendish.*

Maxwell fue experimentador cuidadoso y concienzudo. A casi todos sus brillantes descubrimientos, menos uno, los precedieron y siguieron muchos experimentos sencillos y complicados. Sin embargo, su gran teoría del electromagnetismo, que clasificaba a la luz como un fenómeno ondulatorio electromagnético y que predecía el descubrimiento de las ondas de radio, no tuvo el apoyo de su obra experimental. Por eso, el considerarlo como el físico teórico (matemático) más distinguido de la Europa del siglo XIX no reconoce plenamente sus méritos como uno de los primeros científicos experimentales. Sólo podemos imaginar cuáles habrían sido los grandes descubrimientos de Maxwell si no hubierta muerto prematuramente.

BIBLIOGRAFIA

Campbell, L. C., y Garnett, W. *Life of James Clerk Maxwell.*
Glazebrook, R. T. *James Clerk Maxwell and Modern Physics.*
Maxwell, J. C. *Matter and Motion.*
May, Ch. P. *James Clerk Maxwell and Electromagnetism.*
Scientific American. *Lives in Science.*

GUILLERMO MAXIMILIANO WUNDT

(1832-1920)

"DIO A LA SICOLOGÍA una unidad que nadie más concibió en su tiempo..." "Wundt estimuló un gran número de investigaciones que llevaron mucho más allá de lo que él mismo era capaz de imaginar". Así se expresaron sicólogos tan distinguidos como Titchener, Murphy y Boring al hablar de Guillermo Wundt, el hombre que inventó la frase *sicología fisiológica* y que fue el fundador de la *sicología experimental*.

Guillermo Wundt nació el 16 de agosto de 1832 en Necharay, en Baden. Su padre fue un pastor luterano alemán de recursos moderados que confió la primera educación de su hijo al vicario Federico Müller: Guillermo quedó preparado para ingresar en el *gymnasium* de Heidelberg cuando tenía catorce años. Desde su niñez adquirió la capacidad de dedicarse al trabajo con profunda concentración, característica que no lo abandonaría durante toda su larga y productiva vida.

A los diecinueve años ingresó en Tubinga, pero, como decidió estudiar medicina, pasó a Heidelberg en 1852. Además de distinguirse en el primer año, publicó su primer artículo sobre el contenido de NaCl (sal) en la orina. En la primavera de 1856 fue a Berlín para estudiar con Juan Müller, notable fisiólogo. Encontró un nuevo mundo de experiencias estimulantes en las ciencias y los científicos. Volvió a Heidelberg, se doctoró en 1856 y fue nombrado maestro de fisiología. Para 1858 resultaba evidente su inclinación a la sicología. Concebía ya la noción de una sicología fisiológica en que pudieran aplicarse los métodos científicos a los problemas de la mente.

En el otoño de 1858, llegó Hermann Helmholtz a Heidelberg y Wundt pasó los siguientes trece años trabajando como su ayudante en el Instituto de Fisiología. Por algún tiempo ejercitó a los estudiantes en los experimentos comunes sobre las contracciones musculares y la trasmisión del impulso nervioso, pero, cuando ya no le parecieron interesantes, renunció y volvió a su puesto de maestro. Se quedó en Heidelberg hasta 1874, año en que fue nombrado para ocupar la cátedra de filosofía inductiva en Zurich. Su aceptación de este empleo indicaba claramente un cambio de interés porque, en Alemania, se designaba a un

274

sicólogo para la cátedra de filosofía, pues no existía de sicología. Antes de salir de Heidelberg escribió otros dos libros basados en sus conferencias sobre la fisiología humana y la física médica. Los *Fundamentos de la sicología fisiológica*, publicados en esta época, están considerados como la obra más importante en la historia entera de la sicología; se usó como texto durante dos generaciones. Toda su vida estuvo mejorando, modificando y revisando su contenido, pero desde el principio creyó "que la sicología es el estudio de los procesos mentales y que es una ciencia que estudia estos procesos principalmente con la introspección y la experimentación".

Wundt fue llamado a Leipzig en 1875 y permaneció en esa ciudad durante los cuarenta y cinco años que siguieron, pensando y escribiendo con una rapidez extraordinariamente productiva. Una bibliografía de su obra, reunida por su hija, llega casi a los quinientos títulos. El año 1879 es de gran importancia, tanto en la vida de Wundt como en la historia de la sicología, pues fue en él cuando fundó el primer laboratorio sicológico del mundo: es el laboratorio donde nació la sicología experimental. Venían estudiantes de todo el mundo a medir y experimentar; después de terminar sus estudios, volvían a sus respectivos países, fundaban laboratorios y continuaban la obra y la enseñanza de su preceptor.

A fin de contar con un medio para la publicación de los resultados que se obtenían en los experimentos del laboratorio de Leipzig, Wundt fundó la revista *Estudios filosóficos*, la primera del mundo dedicada a la sicología experimental. Estudiando su contenido y las obras de Wundt y sus discípulos, se pueden conocer las técnicas y los instrumentos usados en el laboratorio para explorar científicamente los procesos mentales. Fundamentalmente, el problema consistía, para Wundt, en analizar los procesos conscientes en elementos (sensación, imágenes y sentimiento) y determinar las leyes de su relación. El sonido de una melodía o el gusto de un refresco, tenían significación en su laboratorio porque se examinaban las sensaciones auditivas y gustativas para encontrar combinaciones y relaciones. A la sicología que creó se le dio el nombre de sicología estructural. La mayor aportación de Wundt fue su integración de las aportaciones individuales de otros en un cuerpo de conocimientos eficaz y relacionado.

De Leipzig llegaban con los años las pruebas de los laboriosos experimentos sobre muchos tópicos, los cuales se estudiaban y volvían a confrontar al llegar los resultados de otros centros. La obra realizada por Wundt y sus discípulos en el laboratorio se dividía en varias categorías: sensación y percepción, reacción al tiempo, atención y sentimiento. En la esfera de la sensación y la percepción, la mayor parte de los trabajos se ocupaba de la visión. Wundt logró reunir la riqueza de material de que se disponía y agregar nuevas dimensiones al tópico. De su laboratorio llegaban estudios sobre la luz y la excitación de la retina, la sicofísica del color, la visión periférica, el contraste visual y la ceguera de los colores, las imágenes persistentes negativas, la visión binocular y las ilusiones de óptica

Durante el siglo XIX, los sicólogos comenzaron a interesarse en las ilusiones geométricas. Fue Wundt quien, en 1858, llamó la atención sobre la tendencia a dar valor excesivo a la vertical en comparación con la horizontal. Probó esta teoría produciendo una figura en que las líneas paralelas daban la ilusión de abrirse en los extremos.

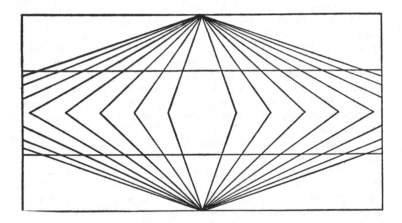

Ilusión óptica usada por Wundt

Wundt fue la primera persona que ideó un instrumento para medir la acomodación y la convergencia en la percepción de la distancia. Usó un tubo y un hilo negro contra un fondo blanco; moviendo el hilo hacia atrás o hacia adelante y pidiendo al observador que mirara por el tubo y juzgara si retrocedía o se acercaba, descubrió que las observaciones eran más exactas cuando se usaban los dos ojos que cuando se usaba uno solo. Llegó a la conclusión de que la convergencia era más importante que la acomodación en la percepción de la profundidad.

Los estudios sobre la reacción del tiempo ocuparon a Wundt y sus discípulos por algún tiempo. En una serie de experimentos, se pedía al sujeto: *1)* que reaccionara sencillamente a un solo estímulo, por ejemplo, la luz, y *2)* que distinguiera reaccionando a una luz roja, pero no a una verde. Se observó que el tiempo requerido era mayor para elegir y menor para la reacción sencilla. Esto originó que se hicieran intentos de medir los intervalos del tiempo requerido por la mente para percibir y distinguir. También observaron que la reacción muscular a un estímulo tardaba menos que la reacción sensorial, pues en esta última intervenía un proceso mental de comprensión, llamado *apercepción*.

En la década de 1890, Wundt propuso su nueva teoría tridimensional del sentimiento, clasificándolo de agradable y desagradable, tenso y sosegado, excitado y deprimido. Un sentimiento resultaría agradable, o agradable y excitado, pero no podía ser agradable y desagradable al mismo tiempo, pues cada término excluía al opuesto. Empero, sus trabajos en el laboratorio no encontraron relaciones precisas entre las reacciones fisiológicas (cambios del pulso, la respiración, la fuerza muscular) y el sentimiento.

Los estudios sobre la atención fueron objeto de gran hincapié en el laboratorio de Wundt durante los últimos años del siglo XIX. Con los experimentos logró deducir que la atención es unitaria: no se puede atender a más de una sola actividad en un cierto momento. Aunque es posible el cambio rápido, la respuesta se interrumpe cuando dos actividades exigen la atención simultánea. (Piense el lector en los efectos de estudiar para un examen y mirar la televisión al mismo tiempo.) Fue posible demostrar que la atención pasiva o involuntaria se afecta con estímulos tales como el cambio, la fuerza, el tamaño y la repetición, en tanto que la atención activa o voluntaria está determinada por la voluntad consciente, la presión social o el interés momentáneo. No pasó mucho tiempo sin que se usaran estos descubrimientos en la esfera de la educación y la publicidad.

Wundt se dio también tiempo para escribir sobre filosofía, ética y lógica. En los casos en que fallaba el método experimental, creía que podía aprenderse mucho acerca de los procesos mentales de un hombre con el lenguaje, el mito y las costumbres. Escribió diez volúmenes sobre la sicología de los pueblos para probar el valor que tenía ésta en el estudio del comportamiento.

Aunque el trabajo del laboratorio era emocionante, sin duda, y suscitaba polémicas. La vida de Wundt fue tranquila y sin peripecias. Su día estaba concienzudamente organizado, y su tiempo se distribuía en escribir, realizar experimentos de laboratorio, dar un paseo en el parque después del almuerzo y hacer ejercicios mentales para llenar el día.

Wundt combinó el valor y la originalidad con una inmensa capacidad para el trabajo. Vivió hasta dominar la sicología del siglo XIX y ver la aplicación de sus métodos mentales a problemas que se encontraban más allá del dominio de sus planes. Murió el 31 de agosto de 1920 y se ha dicho de él que "pocos hombres pueden lograr tanto y tan eficazmente en un periodo tan corto de tiempo".

BIBLIOGRAFÍA

Boring, Edwin G. *A History of Experimental Psychology*.
Mayer, Joseph. *Seven Seals of Science*.
Murphy, Gardner. *An Historical Introduction to Modern Psychology*.

DEMETRIO IVANOVITCH MENDELEIEV

(1834-1907)

EN LA DESOLADA región de Tobolsk, Siberia, nació el 7 de febrero de 1834 el último de los diecisiete hijos del director de la escuela secundaria. El niño se llamó Demetrio Ivanovicht Mendeleiev. Cuarenta y siete años antes de su nacimiento, su abuelo, que siguió la emigración al este cuando Pedro el Grande decidió occidentalizar a Rusia, inició la publicación del primer periódico de Siberia. El padre de Demetrio murió de tuberculosis poco después de que nació su último hijo, el cual quedó entonces al cuidado de su madre. La viuda resolvió que su hijo hiciera una carrera científica para la que mostraba tener grandes aptitudes.

Con este fin principal, María Mendeleiev llevó a su hijo a Moscú, pero no lo admitieron en la universidad debido a que no era aceptable su dialecto siberiano. Sin dejarse desanimar por este giro de los acontecimientos, la madre fue a San Petersburgo, donde Demetrio fue inscrito en el departamento de ciencias del Instituto Pedagógico. Se especializó en física, química y matemáticas, y logró graduarse a la cabeza de su clase. La muerte de su madre, ocurrida en esta época, lo afectó profundamente, pues su relación resultó estrecha. Su salud se quebrantó a tal grado que comenzó a padecer de los pulmones y, por consejo de su médico, buscó un clima más seco en la Crimea. Obtuvo un puesto de profesor en Simferopol, pero, cuando estalló la guerra de Crimea, volvió a San Petersburgo.

Dándose cuenta de que no existían oportunidades para hacer estudios científicos superiores en Rusia, Mendeleiev fue a Francia, donde estudió por algún tiempo bajo la dirección de Enrique Regnault. De Francia fue a Heidelberg, y aprendió a usar el espectroscopio, aparato empleado en el análisis espectral de los compuestos químicos. Cuando se calienta cada elemento hasta la incandescencia, emite luz de colores característicos; estos colores pueden analizarse por medio del espectroscopio, y se identifica el elemento con tanta certidumbre como si hubiera dejado huellas dactilares. Así, por ejemplo, el sodio da un color amarillo canario cuando se calienta, y el potasio lo da púrpura. Estos colores ocupan determinados lugares en el espectro y nunca aparecen en otro. En Heidelberg, Mendeleiev conoció a Bunsen y Kirchhoff, dos famosos químicos alemanes diseñadores recientes de ese aparato.

Cuando Mendeleiev volvió a Rusia, escribió un libro sobre los compuestos orgánicos, por el cual le otorgaron el premio Domidoff. Entonces se doctoró con una disertación titulada *La unión del alcohol con el agua*. Por su notable obra, fue nombrado profesor de la Universidad de San Petersburgo a la edad de treinta y un años.

Mucho tiempo antes de esto, y muchísimo antes de que se conociera la estructura del átomo, se intentó distribuir los elementos en un orden lógico. En 1815, Guillermo Prout, joven médico inglés, sugirió que todos los elementos eran, sencillamente, múltiplos del hidrógeno, por lo que toca a su peso; pero esa teoría se desacreditó debido a la creencia de que el peso del hidrógeno era exactamente uno, en tanto que los pesos atómicos de los demás elementos no eran múltiplos exactos de ese número entero. En 1866, Juan Newlands, inglés, leyó una disertación ante la Sociedad Química Inglesa, en la cual comparaba la distribución de los elementos al teclado de un piano. Decía que los elementos deberían dividirse en octavas. Esta afirmación fue ridiculizada y casi puso fin a su carrera de hombre de ciencia.

Mientras tanto, Mendeleiev se afanaba reuniendo todos los datos disponibles sobre los elementos cuya existencia se conocía en esa época. Se conocían sesenta y tres elementos, que representó con tarjetas. Puso esas tarjetas sobre la pared de su laboratorio y comenzó a estudiar los datos reunidos por él acerca de ellos. Al comparar las propiedades de los elementos, distribuyó sus tarjetas en grupos. Comenzó su distribución con la tarjeta que representaba el litio, con un peso atómico de 7; a éste le seguía el berilio, de peso atómico 9; luego venía el boro, 11; el carbono, 12; el nitrógeno, 14; el oxígeno, 16, y el flúor, 19. El siguiente elemento de este orden era el sodio, con un peso atómico de 23. Aquí descubrió Mendeleiev que el sodio tenía propiedades químicas y físicas notablemente parecidas a las del litio, por lo que colocó la tarjeta que representaba al sodio debajo de la tarjeta del litio. Después del sodio, puso el magnesio, el aluminio, el silicio, el fósforo, el azufre y el cloro. Cuando colocó la tarjeta del cloro en su lugar, se dio cuenta de que era un elemento con propiedades semejantes a la del flúor, es decir, el elemento que estaba encima de él en la distribución. Siguió colocando los restantes elementos en el orden de sus pesos atómicos crecientes. Cuando quedó completa la distribución, se maravilló de las relaciones que se revelaban. El admirable descubrimiento de Mendeleiev consistía en que, a intervalos repetidos de su distribución, ocurrían periódicamente propiedades semejantes después de cada siete elementos. Con esta asombrosa observación, Mendeleiev formuló su *ley periódica* que decía: "Las propiedades de los elementos son funciones periódicas de sus pesos atómicos".

Cuando dio a conocer sus sorprendentes resultados, hubo gran escepticismo debido a que existían muchos espacios en su tabla en los que, al parecer, no cabían ningunos elementos, pero no se amilanó por esta crítica. Afirmó que los espacios vacíos serían ocupados algún día por elementos que aún no eran descubiertos y predijo cuáles serían las propiedades y los pesos atómicos de esos elementos cuando fueran encontrados. Algunos se mofaron de su teoría, pero incitó a otros a buscar los elementos faltantes.

Entonces se inició la búsqueda en los laboratorios químicos del mundo entero. Pasaron seis años antes de que se descubriera el primero de los nuevos elementos. Ocurrió en 1875, en Los Pirineos, cuando Lecoq de Boisbaudran encontró un metal cuyas propiedades químicas se parecían a las del elemento conocido con el nombre de aluminio. El francés hizo todas las pruebas posibles para cerciorarse de que era en verdad un nuevo elemento cuya existencia fue prevista por el profeta ruso. Sometiendo el nuevo elemento al análisis del espectro, observó dos nuevas líneas en él, lo cual demostraba que era un elemento nuevo. Advirtió también que su cloruro era volátil y que formaba alumbres y reaccionaba de la misma manera que el aluminio. Todas sus propiedades se describieron por Mendeleiev cuando predijo su existencia. Jubiloso por su descubrimiento, Boisbaudran llamó al metal *galio* en honor de Galia, antiguo nombre de su patria. A pesar de todo, muchos estudiosos dudaban de las predicciones del ruso.

De Alemania llegó la noticia de que Winkler lograba descubrir otro nuevo elemento. Éste se hallaba relacionado con el silicio y encajaba en la tabla de Mendeleiev, en el lugar prescrito. Winkler experimentaba una sustancia gris con un peso atómico de 72.6. Seguramente era uno de los elementos faltantes, pues Mendeleiev relataba que tenía que existir un elemento semejante al silicio con un peso atómico de 72, aproximadamente. De nuevo el espectroscopio dio la prueba innegable de que se localizaba un nuevo elemento. Ya para entonces, los escépticos comenzaron a comprender que, después de todo, el barbado ruso no estaba tan loco. Winkler se entusiasmó tanto que proclamó su descubrimiento dando al elemento el nombre de *germanio* en honor de su patria.

Luego, de la península escandinava llegó la noticia de que Nilson descubrió un elemento que tenía propiedades parecidas a las del boro. Cuando se determinó el peso atómico del recién llegado, encajó en un lugar que estaba a la izquierda de la tabla, entre el calcio y el titanio. También bautizó a este elemento en honor de su patria llamándolo *escandio*. Por fin el mundo científico se convencía de las profecías de Mendeleiev. Sobre esta cuestión vale la pena hacer notar que un químico alemán, Julio Meyer, independientemente, pero al mismo tiempo, descubrió la ley periódica, aunque su formulación no fue tan completa.

Con el progreso de la química se han hecho varios cambios en la tabla original de Mendeleiev. En la segunda mitad del siglo XIX se descubrieron seis nuevos elementos para los que no existía lugar en su tabla. Eran desconocidos en la época de Mendeleiev, y ningún elemento de los sesenta y tres que aparecían en su tabla tenía relación alguna con ellos. Todos ellos eran gases y parecían químicamente satisfechos de mantenerse apartados de los demás, sin combinarse en el estado atómico. Debido a su inactividad química, se les califica de *gases inertes* (helio, neón, argón, criptón, xenón y radón), y se les ha asignado una columna especial en la tabla periódica. En 1912, un talentoso joven inglés (que más tarde murió en la Primera Guerra Mundial), Enrique Moseley, determinó las cargas eléctricas positivas de los núcleos de muchos elementos. Luego ordenó los elementos según sus *números atómicos*. Esos números no se basaban en los pesos atómicos, sino en el número de protones que reunía cada elemento, el cual determina el número de cargas positivas que hay en los núcleos de los elementos. Moseley anunció entonces una nueva ley periódica que dice: "Las propiedades de los elementos son funciones periódicas de sus *números atómicos*". Sin embargo, se atribuye el mérito del concepto original y de la tabla a Mendeleiev, quien indujo a los químicos de todo el mundo a buscar nuevos elementos.

Además de ser un genio científico, Mendeleiev era un amante de la música y del arte y un gran admirador del famoso autor ruso Tolstoi. Después de un primer matrimonio que fue desdichado, se casó con Ana Popova a los cuarenta y siete años de edad. Ana era una artista talentosa y una persona tierna y comprensiva. Dio dos hijos y dos hijas a Demetrio y su vida familiar fue feliz.

Mendeleiev era una figura notable: fornido y robusto, de ojos profundos, espesa barba y largo cabello. En la tiránica Rusia zarista tuvo el valor de ser un liberal y de criticar la opresión del gobierno. Apoyaba la emancipación de las mujeres, se opo-

	I	II	III	IV	V	VI	VII	VIII TRANSI-CIÓN
Serie 1	Hidrógeno 1							
Serie 2	Litio 7	Berilio 9.4	Boro 11	Carbono 12	Nitrógeno 14	Oxígeno 16	Flúor 19	
Serie 3	Sodio 23	Magnesio 24	Aluminio 27.3	Silicio 28	Fósforo 31	Azufre 32	Cloro 35.5	
Serie 4	Potasio 39	Calcio 40	? 44	Titanio 50	Vanadio 51	Cromo 52	Manganeso 55	Hierro 56 Cobalto 59 Níquel 59 Cobre 63
Serie 5	Cobre 63	Cinc 65	? 68	? 72	Astatina 75	Selenio 78	Bromo 80	

Parte de la tabla periódica de Mendeleiev, que fue publicada originalmente en 1871 nía a los abusos de los nobles y pedía el alivio de las penalidades y los pesados impuestos de los campesinos. Inclusive renunció en 1890 a su puesto en la facultad de la Universidad de San Petersburgo a causa de que rechazaron una petición para que se diera mayor libertad a los estudiantes. Mendeleiev no llegó a er molestado por el zar debido a su fama internacional (fue honrado por las sociedades científicas de muchos países) y su utilidad para el gobierno. Realizó una valiosa investigación sobre los recursos petroleros del Caúcaso e hizo proposiciones para mejorar la perforación de los pozos y la destilación comercial de la nafta. Recomendaba la industrialización de Rusia y ayudó a aumentar su producción de carbón.

Cuando estalló la guerra ruso japonesa en 1904, ofreció sus servicios a su gobierno, a pesar de que tenía setenta años. Inclusive a esta avanzada edad, pudo inventar una pólvora sin humo llamada *pirocolodión,* de la cual creyó que podría apresurar la victoria de Rusia sobre el Japón. La derrota rusa fue una amarga decepción para Mendeleiev. En febrero de 1907, a la edad de setenta y tres años, murió de pulmonía. Vivió una vida larga y útil desde la época de su juventud, cuando, afligido por una enfermedad de los pulmones, se le pronosticaron seis meses de vida. En su patria, la Unión Soviética, se le considera un gran héroe debido a sus proezas científicas y a su resistencia a la opresión zarista. En el mundo de la química será recordado siempre por el incentivo que ofreció a los químicos de todo el mundo para proseguir y encontrar los elementos desconocidos.

BIBLIOGRAFÍA

Harrow, Benjamín. *Eminent Chemists of Our Time.*
Jaffe, B. *Crucibles.*
Mendeleiev, Demetrio. *Principios de Química.*

AUGUSTO WEISMANN

(1834-1914)

EN LOS PRIMEROS tiempos de su carrera científica, Augusto Weismann padecía una grave afección de los ojos que resistía al tratamiento médico y lo amenazaba con la ceguera. La debilidad de la vista, en una época en que le interesaban particularmente los estudios celulares de varios invertebrados, le impedía usar el microscopio. ¿La pérdida de la vista lo alejaría para siempre de la biología? El atribulado y joven científico encontró la solución en un matrimonio feliz con una muchacha inteligente, cuyos ojos se convirtieron en los suyos y cuyo estímulo se tradujo en las significativas aportaciones de su marido al progreso de la ciencia de la embriología, la genética y la evolución.

El 17 de enero de 1834 nació Augusto Weismann, en Frankfurt-am-Main, ciudad universitaria que se encuentra al sudoeste de Alemania, apenas dos años después de que murió el ilustre poeta Goethe, quien nació también en la misma ciudad. Augusto se educó en una atmósfera de cultura, pues sus padres sentían un gran amor por la buena literatura, la música y el arte. Afable, estudioso, e inquisitivo por naturaleza, al joven le gustaba visitar el museo de historia natural; pero, como no se conformaba con mirar los ejemplares muertos en los frascos, estudió la vida del campo e hizo su propia colección de plantas y animales. Se sentía fascinado al mirar cómo se abrían las flores y cómo salían las bellas mariposas de los capullos que reunía.

A los dieciocho años de edad, Weismann pensó estudiar medicina en la Universidad de Gotinga, y se graduó como médico en 1852. Cuando Austria declaró la guerra a Italia, sirvió de cirujano en un hospital austriaco de sangre. Lo horrorizaron sus experiencias con los cuerpos desgarrados de los jóvenes soldados y comenzó a preguntarse si quería en realidad consagrar su vida a la medicina. Dudoso si empezaría a ejercer su profesión, visitó la Italia septentrional para buscar la paz de espíritu y contemplar las bellezas naturales y los tesoros artísticos del país. Cuando estaba en Génova, se hizo amigo de un matrimonio alemán y se sintió atraído por su hija, con la que se casó ocho años después.

Aproximadamente en esta época, apareció en el mundo científico el *Origen de las especies* de Darwin, y se inició una violenta controversia sobre la validez de la teoría de la selección natural. Weismann se convirtió al momento en firme defensor del darwinismo. La gran cuestión que faltaba resolver era la de determinar por qué aparecían de pronto nuevos rasgos en las especies y cómo se trasmitían las variaciones de generación en generación. ¿Podría Weismann encontrar las respuestas a estas preguntas? Cuanto más pensaba en ello, más tentación sentía de acometer la empresa.

Cuando volvió a Alemania, se resolvió a estudiar biología en la Universidad de Giessen. Allí tuvo la buena fortuna de estudiar con Carlos Leuckart, zoólogo que orientó sus primeras investigaciones sobre la embriología de los insectos.

Al terminar sus estudios en Giessen, recibió una invitación

para ocupar el puesto de médico personal del archiduque de
Sajonia. Aceptó inmediatamente, sabiendo que dispondría de
tiempo para leer y proseguir sus investigaciones. Durante ese
período, continuó buscando datos experimentales que le pro-
porcionaran indicio sobre la manera en que se heredaban los
rasgos variables en la evolución. En 1865 dio una conferencia
sobre "Las pruebas que confirman la teoría darwiniana". La
entusiasta recepción que acogió a esta conferencia y el reconocimiento de sus investigaciones, se tradujeron en una oferta para
enseñar en la Universidad de Friburgo. Habría de quedarse allí
como profesor de zoología durante casi medio siglo.

Cuando rompió definitivamente con la medicina, Weismann
esperaba seguir una carrera feliz e importante como maestro e
investigador de biología. Sin embargo, la felicidad parecía ser
breve. La mengua de su vista le hizo imposible continuar sus
estudios microscópicos. ¿Qué podía hacer un citólogo sin el
microscopio? Lo dominó el desaliento. Por fin terminó su me-
lancolía gracias a su afortunado matrimonio con María Gruber,
muchacha confiada, feliz e inteligente, que se interesó mucho
en la obra científica de su marido. Se ofreció voluntariamente
a ayudarle en el laboratorio y a servirle de lectora a fin de
que se mantuviera informado acerca de los nuevos progresos
de la biología. Estimuló el interés de su esposo en la música y
las artes, pues también ella las amaba. Fue el suyo un hogar
feliz. En esa atmósfera, Weismann recobró el valor. Su inteligencia estaba intacta. Su esposa y sus discípulos podrían acumu-
lar los hechos en el laboratorio; él los seleccionaría y buscaría
los principios fundamentales que pudieran darle significación.

Entre los años 1868 y 1876 escribió una serie de disertaciones
sobre la variabilidad que encontró en diferentes especies de
invertebrados. Faltaba por resolver la gran cuestión. ¿Cómo se
trasmitían los rasgos variables de los padres a sus descendientes?
Al estudiar la reproducción asexual de los organismos unicelu-
lares, como, por ejemplo, la amiba, formuló el concepto de la
inmortalidad potencial. El protozoario unicelular se divide por
fisión para producir dos individuos idénticos a él. La continuidad del individuo se mantiene interminablemente, generación
tras generación, sin que mueran las células padres. Pero, ¿cómo
se conserva la continuidad de la especie en los organismos que se
reproducen sexualmente?

En los animales multicelulares, Weismann distinguió entre el
plasma somático o sustancia de las células del cuerpo, y el *plasma
germinal* o sustancia de las células reproductoras. Luego razonó
que las células sexuales embrionarias destinadas a formar el
tejido germinal de las gónadas deberían contener todos los deter-
minantes hereditarios de los hijos probables de la siguiente generación.

El plasma somático acaba por perecer con la muerte del organismo, en tanto que el plasma germinal se perpetúa gracias a los gametos (células sexuales maduras) que se unen en la fecundación para dar nacimiento a la progenie de la siguiente generación. Weismann consideraba que el cuerpo era una especie de vehículo para el plasma germinal. Como decía la definición de un loco de remate del siglo XVII: "Una gallina no es más que la manera que tiene un huevo de producir otro huevo".

Después de considerables reflexiones, Weismann formuló su teoría de la herencia, que presentó en su obra más importante, *El plasma germinal. Una teoría de la herencia.* Según esta teoría, a las células sexuales en desarrollo no las afectan las actividades de las células del cuerpo que las rodean, por lo que trasmiten los factores hereditarios que permanecen inalterables a pesar de las condiciones cambiantes del medio. Pero, ¿dónde estaba localizada la sustancia hereditaria de las células germinales? Como la trasmisión del material hereditario debe ser un proceso ordenado, Weismann concentró su atención en los cromosomas que existen dentro de los núcleos de las células germinales. Sin pruebas experimentales, supuso que los cromosomas son los portadores de las unidades hereditarias, ya que sólo ellos se dividen en un proceso exacto y ordenado durante la formación de la célula germinal.

La teoría del plasma germinal tropezó con la enconada oposición de los discípulos del naturalista francés del siglo XVIII Juan Bautista Lamarck. Según la teoría evolucionista de éste, los rasgos corporales y las actividades de las especies existentes de animales se formaron por los hábitos y modo de vivir de sus antepasados. Sus deseos determinaron el uso o desuso de diferentes partes del cuerpo que, a su vez, determinaban las variaciones que se encontraban en las especies. Una vez adquiridos, los rasgos pasaban a las generaciones futuras. Como decía un humorista contemporáneo:

> A un venado, el cuello mucho le creció...
> estirándolo y estirándolo, en jirafa se convirtió.

Weismann rechazó perentoriamente la teoría del uso y el desuso y el concepto de que se heredan los rasgos adquiridos. Darwin repudiaba el lamarckismo cuando explicó que la jirafa no adquirió su largo cuello por estirarlo constantemente para alcanzar el follaje de los árboles más altos, sino debido a que sus antepasados de largos cuellos tenían "pastos" más amplios que los animales de cuello corto. La aptitud para obtener alimento durante prolongados periodos de escasez permitió sobrevivir a las jirafas, que eran más altas, en tanto que sus hermanos menores se murieron de hambre. Al cabo de muchas generaciones, la naturaleza había elegido a las jirafas de largos cuellos para reproducir su especie.

Weisman estaba convencido de que la estabilidad del plasma germinal se conserva a pesar de las presiones del ambiente que producen cambios corporales. ¿Era posible obtener la confirmación experimental de esta tesis? Existía una clase genética de ratones que sólo daba hijos sin cola. Si se podía producir una clase semejante de ratones amputando las colas de los padres antes del apareamiento, tendría que abandonar su teoría. Cortó las colas de los ratones recién nacidos y posteriormente apareó a los ratones sin cola. Se continuó ese procedimiento durante veintidós generaciones sin producir un solo ratón sin cola. En un período prolongado, el plasma germinal de los amputados no se efectuaba con la alteración radical de un rasgo corporal.

En sus años posteriores, Weismann dedicó cada vez más su interés al problema de la evolución. Sostenía que el ambiente no tiene efecto sobre la producción de los cambios heredables. Pero existen variaciones, y pueden ser ventajosas para una especie en su lucha por la supervivencia. ¿Cuál es el origen de los rasgos variables sobre los que obra la selección natural? Weisman no pudo contestar esa pregunta, y los geneticistas modernos buscan todavía respuestas concluyentes al dilema de Weismann. La teoría de Darwin no explicaba la aparición de los cambios súbitos que se observaban en los miembros de la misma familia o especie. Darwin no sabía nada de los experimentos de hibridación de Mendel, los cuales probaban que podía producirse una inmensa variedad de progenie por la recombinación accidental de los factores hereditarios.

Weismann escribió su último libro, *La teoría evolucionista*, en 1904. No reconoció la verdaderas consecuencias de la *Teoría de la mutación* de Hugo de Vries, que se publicó cuatro años antes. El botánico holandés afirmó correctamente que las mutaciones producen el material variable sobre el que obra la selección natural, pero no se dio cuenta que la evolución no ocurre mediante *grandes* mutaciones. Se necesitaba tiempo para demostrar experimentalmente que las poblaciones aisladas acumulan gradualmente muchas mutaciones *menudas* de los genes. En variadas condiciones del ambiente, pueden estimularse las nuevas combinaciones de genes de manera que, andando el tiempo, después de muchísimas generaciones, difieren las poblaciones que tienen su origen en la misma especie. Se han formado nuevas especies divergentes.

Aunque muchas de las doctrinas de Weismann fueron modificadas por biólogos posteriores, se le ha llamado con razón 'el antecesor, si no el padre, de la teoría genética contemporánea". Nunca fue un científico "de escritorio", siguió siendo un maestro vigoroso y de autoridad hasta que cumplió los setenta y ocho años de edad. Su brillante espíritu, que pudo haber perdido la actividad debido a la frustración de su vista débil, siguió manteniéndose alerta a todos los problemas de la nueva biología hasta su muerte, ocurrida en 1914. En el prólogo de su último libro decía que sus conferencias y las obras escritas en el trascurso de los años son "un espejo de mi evolución intelectual".

BIBLIOGRAFÍA

Fotl.ergill, P. G. *Historical Aspects of Organic Evolution*.
Locy, W. A. *Biology and Its Makers*.
Poulton, E. B.,· Shoenland, S., y Shipley, A. E. *Weismann on Heredity*. (2 vols.)
Weismann, A. *Studies on the Theory of Descent*. (2 vols.)

ROBERTO KOCH

(1843-1910)

"KOCH, ROBERTO. NACIÓ en Klausthal, Alemania, en 1843; murió en Baden Baden, en 1910; obtuvo el cultivo puro del bacilo del ántrax (1876); aisló el bacilo de la tuberculosis (1882)". Casi todas las enciclopedias dicen poco más o menos esto acerca de Roberto Koch. Por desgracia, este breve artículo no hace en modo alguno justicia a Koch el hombre, ni a Koch el científico. Paul de Kruif, en *Cazadores de microbios*, lo llamó "el hombre que realmente *probó* que los microbios son nuestros enemigos más mortíferos, el que hizo de la cacería de microbios casi una ciencia, el hombre que hoy es el capitán casi olvidado de una oscura edad heroica". Otros escritores y científicos han tenido palabras semejantes de encomio para el médico alemán cuya obra con los microbios ha significado tanto para el mundo.

Sus sueños de exploración y viajes se deshicieron debido a las obligaciones agobiadoras propias de un médico de pueblo. Las horas eran largas, el trabajo agotador y los ingresos inciertos; por lo tanto, Koch pudo haber pasado el resto de sus años en la oscuridad.

A diferencia de la esposa de Pasteur o de Lister, la de Koch demostró poco interés en la obra de su marido. Sin embargo, debemos agradecerle hondamente una cosa provechosa: le obsequió un microscopio el día de su cumpleaños. La esposa de Koch tal vez lamentó en seguida su elección del regalo, porque, aunque el microscopio dio el desahogo necesario a la inquietud del joven médico, lo hizo olvidarse de su profesión. Para Roberto, el drama se encontraba bajo la lente, no en los gritos de un niño al que le dolía el estómago, o en las quejas de un adulto que sufría dispepsia.

Al adquirir experiencia, el microscopio se convirtió en un valioso instrumento científico en sus manos. Dividió un rincón de su consultorio y creó un pequeño laboratorio en el cual se dedicaría a su afición. La atención de Koch se concentró en el ántrax, la enfermedad que mataba tantas ovejas y reses de la región. Bajo el microscopio ponía gotas de sangre ennegrecida, tomadas de las víctimas del ántrax. Veía delgadas barras que faltaban en la sangre de los animales sanos. Se hizo la pregunta natural de si esas barras serían la causa de ántrax, o meramente, un efecto de la enfermedad. Trabajando con un equipo primitivo y con poca preparación anterior en las técnicas de laboratorio, se propuso encontrar la respuesta. Tomó una delgada astilla de madera esterilizada en el horno, la metió en la sangre de una oveja muerta de ántrax y en seguida colocó la astilla en una incisión hecha en la raíz de la cola de un ratón. Era una obra delicada, pero Koch estaba consagrado a su tarea. Cuando murió el ratón, colocó el bazo bajo su lente: ahí estaban las mortíferas barras, la firma del ántrax.

Con la meticulosidad casi exasperante que habría de demostrar toda su vida, repitió el mismo experimento docenas de veces. Muy educativo, pensó; pero aún no probaba que las eternas barras estuvieran vivas. A centenares de kilómetros de distancia, en una gran ciudad, Luis Pasteur preparaba caldos para criar microbios; pero Koch, en una pequeña aldea, no sabía nada de semejantes técnicas. Tenía que idear su propio método para cultivar los organismos, y lo hizo. Al líquido del ojo de un buey, agregó un fragmento del bazo del ratón experimental. Colocó una gota del líquido en cubreobjetos que invirtió luego sobre un portaobjetos, el cual tenía una concavidad. El resultado fue una gota claramente visible del líquido. Antes de que pasaran dos horas, comenzó el baile de las delgadas barras. Ante sus brillantes ojos, la asesina red se esparció por el líquido. Koch cultivó esta mezcla durante ocho generaciones, y observó que se mantenía constante la capacidad de las barras para producir el ántrax. Ya podría expresar con seguridad que un microbio específico causaba una enfermedad específica: una nueva teoría para su época. Entonces se olvidó del ejercicio de su profesión y de las quejas de su esposa. Cazaba microbios día y noche en las ovejas, en los conejos, en los cerdos. La respuesta era siempre la misma: una determinada clase de microbio, una determinada clase de enfermedad.

La obra de Koch fue muy valiosa para Pasteur, quien más tarde enseñaría a los campesinos franceses a vacunar al ganado contra el ántrax. Para Koch, el problema consistía en determinar la manera en que el bacilo invadía el cuerpo del animal. Sabía que los microbios no eran lo bastante resistentes para mantenerse vivos en los campos, pues veía que perdían rápidamente su potencia cuando quedaban expuestos al aire. Casi se podía entender a los supersticiosos campesinos que consideraban malditos sus campos. Koch encontró la solución del enigma cuando al mirar un viejo frotis de ántrax, advirtió una serie de cuentas parecidas a perlas dentro de los bacilos. Colocó una nueva gota de líquido de ojo de buey en el viejo portaobjetos y se estremeció al ver que las cuentas se trasformaban en las mortíferas barras. En otras palabras, las cuentas eran las esporas de los microbios que permanecían latentes, esperando la oportunidad de despertar y propagar su rápido veneno. Pasteur demostraría que las lombrices llevaban las esporas de las víctimas enterradas a la superficie, donde infectarían a nuevos animales. En esta época, Koch aconsejó a los campesinos para que quemaran los animales muertos o los enterraran profundamente en la tierra fría, lo cual destruiría las resistentes esporas.

Se acercaba el momento en que se reconocería el mérito del médico rural. Koch fue a la Universidad de Breslau para demostrar sus descubrimientos ante un público pasmado de profesionales. Fue llamado entonces a Berlín, se le nombró miembro extraordinario de la Oficina Imperial de Salubridad y se le proporcionó un magnífico laboratorio y dos ayudantes. Por fin la señora Koch veía el fruto de las interminables horas que "perdió" su esposo en el microscopio.

En Berlín padecían numerosas enfermedades consuntivas, y Koch se dedicó a descubrir el bacilo de la tuberculosis. Tomó tubérculos enfermos de un paciente muerto, los molió y los inyectó en los ojos de un conejo, donde pudiera observar su crecimiento. Con su acostumbrada paciencia, inyectó a centenares de perros, gatos, gallinas y palomas con los tubérculos. De animal tras animal tomó muestras para observarlas en los portaobjetos y las tiñó con todos los tintes químicos concebibles, pero siguió sin tener éxito. El frotis número doscientos setenta y uno, teñido con azul de metileno, dio en el blanco. Su microscopio reveló una multitud de largas barras: los bacilos de la tuberculosis.

Para cerciorarse de que no estaba equivocado, introdujo el microbio en una jalea de caldo de carne que depositó en una incubadora. Pasadas dos semanas, la superficie de la jalea estaba cubierta de puntos que identificó como bacilos de la tuberculosis. Para completar el experimento, inoculó a centenares de animales con el bacilo. Invariablemente se produjo la tuberculosis.

De la misma manera que deseaba descubrir cómo contraían el ántrax los animales, a Koch le preocupó entonces determinar el modo en que los seres humanos contraían la tuberculosis. Sospechando que los microbios podrían existir en el aire y que eran inhalados, bañó a una variedad de animales con un rocío venenoso de bacilos que bombeó por medio de un fuelle. Murieron de tuberculosis. (Es casi un milagro que Koch no hubiera contraído la enfermedad.) Se repetía el mismo estribillo: "un microbio, una enfermedad".

Más importante aún que la fama personal que ganó, fue el hecho de que enseñaba a otros investigadores la manera de resolver el enigma de las enfermedades virulentas. En 1883, Koch fue a Egipto para combatir el cólera morbo. Descubrió que el agente causativo era una bacteria que tenía la forma de una coma, la cual crecía en su jalea normal de caldo de carne, y determinó que el microbio se propalaba en el agua sucia. En 1897 partió a Bombay para investigar la peste bubónica y la malaria. Unos años más tarde le seguía la pista a la enfermedad del sueño en el África Oriental. Se establecía la pauta: si la gente encontraba una enfermedad incontrolable, mandaba llamar al pequeño doctor alemán y su microscopio.

En la época de su muerte, ocurrida por una enfermedad del corazón en 1910, se le aclamaba como uno de los científicos más notables del mundo. El halago era dulce, pero a Koch le satisfacía más enseñar a otros investigadores a perseguir y vencer las enfermedades más virulentas del género humano.

BIBLIOGRAFÍA

DeKruif, Paul. *Microbe Hunters.*
Fox, R. *Great Men of Medicine.*

GUILLERMO CONRADO ROENTGEN

(1845-1923)

LA PRIMERA REACCIÓN en cadena no se produjo en 1942, bajo la tribunas del Campo Stagg, en Chicago, Illinois, sino en 1895, con la publicación de un manuscrito al que acompañaban las fotografías de una mano humana viva. No era una fotografía ordinaria, sino la de los huesos sin su recubrimiento de carne y músculos. De la noche a la mañana, Guillermo Conrado Roentgen, el profesor de física de cincuenta años de edad, director del Instituto de Física de la Universidad de Wurzburgo, se convertía en una personalidad de fama mundial por su descubrimiento de los rayos X.

La historia de este gran descubrimiento apareció en las primeras planas de todos los periódicos del mundo. La ciencia médica reconoció en seguida la importancia que tenían los rayos X como instrumento de diagnóstico. Los físicos investigadores del mundo entero repitieron los experimentos históricos de Roentgen; inmediatamente comprendieron que los rayos X proporcionaban un gran progreso en el conocimiento científico. A éste siguió muy pronto el descubrimiento hecho por Becquerel de la radiactividad natural, el aislamiento e identificación que del electrón hizo Thomson y el descubrimiento por Rutherford del núcleo del átomo.

En unos meses nacía de la nada la industria de los rayos X. Se estaban armando y vendiendo a los médicos, científicos y fotógrafos, aparatos portátiles de rayos X. En los periódicos aparecían caricaturas sobre los extraordinarios aparatos de rayos X, y circulaban muchas bromas y rumores falsos. El ridículo llegó al extremo de que una fábrica de ropa publicó el anuncio de ropa interior a prueba de rayos X. La falta de comprensión del público sobre la verdadera función de los rayos X fue tan grande que los charlatanes, estafadores y espiritistas poco escrupulosos esquilmaron a los crédulos. Inclusive los que luchaban contra el vicio creían que las radiografías del interior de los borrachos podrían hacer más por su causa que todos los sermones juntos.

Hubo poco en los primeros años de vida de Guillermo Conrado Roentgen para predecir su brillante futuro como uno de los físicos experimentales más famosos del mundo. Nació el 27 de marzo de 1845 en la población de Lennep, Alemania; fue hijo único de un mercader acomodado, que prefirió escapar de las perturbaciones revolucionarias de 1848 y se fue a vivir a Holanda.

La educación formal de Roentgen terminó bruscamente con su expulsión de la Escuela Técnica de Utrecht por haber ridiculizado a uno de sus maestros. Debido a que antes demostró tener grandes aptitudes mecánicas, pues ideó varios aparatos, su padre resolvió contratar a un preceptor particular que le diera clases a fin de prepararlo para el examen de ingreso en la Universidad de Utrecht. Otra vez corrió con mala suerte, pues el examinador ordinario fue remplazado por uno de los miembros de la junta que expulsó a Roentgen de la Escuela Técnica. Se dice que la prevención de este hombre fue la causa de que no pasara el examen.

Sin embargo, se le concedió un permiso especial para asistir durante los siguientes doce meses, de una manera informal, a ciertas conferencias y cátedras. Luego solicitó la admisión en la Escuela Politécnica de Zurich, Suiza, y, para su sorpresa, fue aceptado. En Zurich tomó muy a la ligera sus estudios de ingeniería. Se distinguió en algunas actividades sociales, como la de escalar montañas, remar y asistir a los paseos campestres.

En la época en que los profesores de ingeniería de Roentgen tenían la certidumbre de que nunca se le daría el diploma, tuvo la buena fortuna de conocer al brillante Augusto Kundt, joven profesor de física en la Escuela Politécnica. Al advertir la insatisfacción de Roentgen con la carrera de ingeniería, Kundt le sugirió que fuera a su lado como ayudante y estudiara física seriamente. Kundt consiguió contagiar a Roentgen el entusiasmo que sentía por la física experimental. Así, a la edad relativamente avanzada de veinticuatro años, se inició la carrera de Roentgen en la física.

Por primera vez en la vida se dedicó a trabajar con empeño. Laboraba con el celo de un hombre que al fin ha encontrado un propósito en su vida. Aprendió los principios de la física en muy breve tiempo. Dedicó gran parte de sus actividades nocturnas a leer las descripciones de los últimos descubrimientos de la física, que se publicaban en las revistas profesionales. Cuando ofrecieron a Kundt un empleo como profesor en la Universidad de Estrasburgo, se llevó con él a su protegido. En dicha ciudad, Roentgen hizo estudios de gran importancia. Investigó el calor específico de los gases. También ideó procedimientos para medir la conductividad del calor en los cristales. Experimentó con la absorción de los rayos térmicos en el vapor de agua y con la rotación electromagnética de los planos de polarización en los gases.

En un tiempo relativamente breve se convertía en un importante físico experimental y en un técnico brillante que usaba aparatos construidos con gran precisión por él mismo. Gracias a sus estudios, se le ofrecieron empleos en diversas universidades. Por recomendación de Helmholtz y otros respetables científicos, se le concedió su primer empleo de profesor en la Universidad de Giessen, cuando sólo contaba treinta y cuatro años de edad. En 1885 fue nombrado profesor de física y director del Instituto de Física, recientemente creado, de la Universidad de Wurzburgo. En ese plantel realizó las investigaciones que le dieron la inmortalidad.

En los primeros años del siglo XIX, tanto Miguel Faraday como Humphry Davy, observaron un brillo intenso en los tubos de descarga cuando pasaba por ellos la electricidad. En la segunda mitad del siglo XIX, Guillermo Crookes en Inglaterra y W. Hittorf en Alemania idearon tubos de descarga de vidrio en los que podría hacerse un vacío casi perfecto y por los que pasaría la electricidad. Se observó que estas descargas eléctricas tenían su origen en el cátodo (electrodo negativo) y se dirigían al ánodo (electrodo positivo) Les dieron el nombre de *rayos catódicos*. Ya en 1879 Crookes demostraba que, normalmente, los rayos catódicos viajan en línea recta, pero podrían desviarse con un poderoso imán. Comprobó que producían una fluorescencia espectral, de color verde, cuando llegaban al extremo del cristal de su tubo de descarga, cerca del ánodo. En sus experimentos, Lenard remplazó el vidrio que estaba cerca del ánodo con una ventana de aluminio, que permitía a los rayos catódicos escapar del tubo de vacío. Pero, una vez fuera del tubo, casi inmediatamente los absorbía el aire del laboratorio.

Así, pues, cuando Roentgen comenzó sus famosos experimentos, sólo trataba de descubrir nuevas propiedades de los rayos catódicos. Quizá pudo haber sido, en lugar de J. J. Thomson, el primero en identificarlos como electrones. Pero, por un descuido científico, hizo uno de los más grandes descubrimientos accidentales de todos los tiempos: una nueva clase de rayos. En su laboratorio, a oscuras, observó un curiosísimo fenómeno que sólo ocurría cuando fluían los rayos catódicos por su tubo de Crookes. A poco más de un metro del tubo comenzó a fluctuar una luz verdosa en la mesa de su laboratorio, sin motivo aparente. Roentgen descubrió que la fuente de esa luz era una pequeña pantalla recubierta con cianuro de bario, que se olvidó de quitar después de haberla usado en algunos experimentos anteriores. La pantalla, tratada químicamente, absorbía algunos rayos invisibles y hasta entonces desconocidos, y los volvía a irradiar en forma de luz visible.

Roentgen repitió su experimento alejando un poco más la pantalla del tubo. En cada ocasión reapareció la luz parpadeante. Quedó verdaderamente asombrado, pues sabía que la luz no era producida por los rayos catódicos, los cuales no podían pasar por el aire. Hizo otros muchos experimentos con estos extraños rayos, a los que dio el nombre de rayos X. Descubrió que pasarían con facilidad a través de la mayoría de los materiales sólidos, menos el plomo. Parecían venir de la misma porción de vidrio del tubo de Crookes que despedía la luz flourescente debido al impacto de los rayos catódicos. Hoy sabemos que algunos de los rayos catódicos eran absorbidos por la pared de cristal del tubo de Crookes y volvían a irradiarse como un poderoso rayo invisible capaz de pasar por el aire.

Tan meticulosa fue la obra de Roentgen que no se descubrieron nuevas propiedades físicas de los rayos X durante los siguientes diecisiete años. En 1901, Guillermo Roentgen fue elegido primer ganador del premio Nobel de Física. Este premio era muy merecido, pues el trabajo reunía la suficiente perfección y los conocimientos necesarios para reconocer e interpretar lo que, en su origen, fue un descubrimiento accidental. Tanto Lenard como Crookes producían rayos X unos años antes, pero no advirtieron su presencia.

Roentgen tenía la oportunidad de volverse fácilmente millonario si hubiese aceptado patentar su descubrimiento. Pero, igual que su predecesor José Henry, creía que los descubrimientos e invenciones científicas pertenecían al género humano y que en manera alguna debería impedirse su uso mediante las patentes. También se opuso a la decisión de sus colegas de llamar "rayos Roentgen" a los rayos X. En 1900 ingresó en la facultad de la Universidad de Munich como renombrado profesor de física experimental y prestó sus servicios con distinción hasta que se retiró en 1920. Sin embargo, cuando recibió el premio Nobel en 1901, decidió donar el importe de ese premio a la Universidad de Wurzburgo. El retiro de Roentgen fue breve, pues falleció el 10

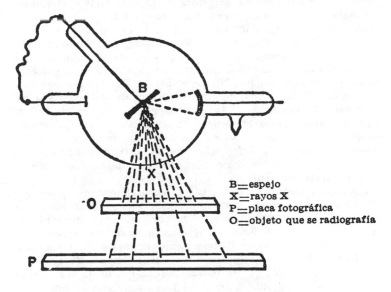

B=espejo
X=rayos X
P=placa fotográfica
O=objeto que se radiografía

Aparato de rayos X

de febrero de 1923, cuando contaba setenta y ocho años. Por irónico que parezca murió de cáncer, enfermedad que a menudo responde al tratamiento de los rayos X.

BIBLIOGRAFÍA

Bleich, Alan R. *The Story of the X Ray form Roentgen to Isotopes.*
Glasser, O. *Dr. W. C. Roentgen.*
Moulton, F. R. *The Autobiography of Science.*
Schnittkind, H. T., y Schnittkind, D. L. T. *Living Adventures in Scienc.*

MAX PLANCK

(1858-1947)

¿QUÉ ES LA LUZ? ¿Es semejante a las ondas del sonido y del agua o está compuesta por una corriente de corpúsculos o partículas pequeñas? Esta pregunta dividió al mundo científico del siglo XVII en dos campos. Isaac Newton fue el proponente de la "teoría corpuscular" de la luz; Cristián Huygens el paladín de la "teoría ondulatoria". Sin embargo, la reputación de Newton como el primer matemático y científico del mundo, llevó a la aceptación de su teoría durante los cien años que siguieron. Hasta principios del siglo XIX se olvidaron las explicaciones que por medio de las "ondas luminosas" había dado Huygens sobre el reflejo, la refracción y la polarización de la luz. Entonces, Tomás Young realizó el famoso experimeno de los anillos de Newton, con el que probó de manera concluyente que la luz produce pautas de interferencia (bordes o círculos brillantes y oscuros, alternados), los cuales sólo podían explicarse por medio de las "ondas" de Huygens.

Cuando el talentoso Jacobo Clerk Maxwell formuló posteriormente su famosa teoría electromagnética y clasificó la luz como parte del espectro electromagnético, pareció haber triunfado la teoría ondulatoria. A fines del siglo XIX, podía usarse para explicar, por lo menos, el 85 por ciento de todos los fenómenos luminosos. Sin embargo, apenas once años después de que Enrique Hertz declaró: "...la teoría ondulatoria de la luz es una certidumbre", Max Planck propuso la idea de que la luz, como el calor, consiste en porciones de energía llamadas *quanta*.

Max Planck nació en el puerto de Kiel el 23 de abril de 1858, de padres alemanes. En 1867 su familia se fue a vivir a Munich, donde recibió su educación secundaria en el *Gymnasium* de Maximiliano. Allí influyó mucho en él Hermann Müller, verdadero maestro de matemáticas y ciencias. Este afortunado contacto fortaleció el deseo que sentía Planck de seguir una carrera científica.

Al graduarse en el *Gymnasium* a la edad de diecisiete años, Max Planck decidió estudiar física teórica, ciencia de la que se consideraba que ofrecía perspectivas muy pobres. Como estudiante universitario, primero en Munich y luego en Berlín, Planck estudió física experimental y matemáticas con hombres tales como Luis Seidel, Jolly Helmholtz y Kirchhoff. Debido a

que aún no había profesores ni clases de física teórica, Planck
no podía satisfacer su deseo de adquirir conocimientos científicos
avanzados a no ser que estudiara independientemente los temas
que le interesaban, como la conservación de la energía y las leyes
de la termodinámica.

Planck relata en su *Autobiografía científica*, que el efecto
que tuvo en los físicos su disertación doctoral de 1879 fue nulo.
Ninguno de sus profesores pudo entender su contenido. Y probablemente la aceptaron como disertación doctoral tan sólo
porque lo conocían, gracias a sus otras actividades en el laboratorio de física y en el seminario de matemáticas. Planck quedó
asombrado al ver que no existía interés entre los físicos mismos
que se ocupaban del tópico. Según parece, ni Jolly ni Helmholtz
se molestaron siquiera en leer la disertación, en tanto que
Kirchhoff desaprobó su contenido.

Durante muchos desalentadores años, Planck continuó sus
estudios de la energía y la entropia (forma no utilizada de energía, creada cuando ésta pasa de una forma a otra). Aunque la
energía mecánica de un tren en movimiento puede trasformarse
en su totalidad en energía térmica mediante la fricción de las
ruedas y los frenos, por ejemplo, no podemos trasformar completamente el calor en la energía mecánica que se necesita para
mover el tren. En realidad, más del 70 por ciento de la energía
térmica de una máquina de vapor se disipa como entropia,
inclusive en condiciones ideales. Planck estaba seguro de que,
después de la energía, la propiedad más importante de todos los
sistemas físicos era la entropia.

A consecuencia de estas investigaciones que realizó después de
doctorarse, descubrió que todas las leyes del equilibrio físico
y químico se deducen del conocimiento de este proceso llamado
entropia. Sin embargo, estaba otra vez destinado a no recibir
ningún reconocimiento por su obra extraordinaria, pues, por
desgracia, las mismas leyes que descubrió independientemente,
habían sido obtenidas antes por el gran físico teórico norteamericano Josiah Willard Gibbs.

Durante más de seis años, Planck esperó en vano ser nombrado profesor. Movido por el deseo de adquirir alguna reputación en la esfera de la física, decidió presentar una disertación
sobre "La naturaleza de la energía" ante la Facultad de Filosofía de Gotinga, en 1885. Sólo ganó el segundo premio por su
disertación, pues sin darse cuenta de ello, tomó el partido de
Helmholtz en su controversia con W. Weber, profesor de física
de Gotinga. Sin embargo, llegó inesperadamente el deseado
puesto de profesor en la Universidad de Kiel, pues se le nombró profesor auxiliar de física teórica en 1885. En 1889 sucedió
a Kirchhoff como profesor auxiliar de física teórica en la Universidad de Berlín. Evidentemente, su disertación de Gotinga
le había ayudado. En 1892 fue ascendido a profesor en Berlín,

donde siguió enseñando y haciendo sus investigaciones hasta que se retiró, en 1928, a la edad de setenta años.

Después de terminar la competencia de Gotinga, Planck tuvo tiempo para dedicarse a sus temas favoritos: la entropía y la energía. Así, continuó sus investigaciones teóricas hasta que se enfrentó al problema de la radiación de los cuerpos negros, problema que muchos de sus predecesores habían intentado resolver por medio de las llamadas teorías clásicas de la física. Este problema particular se ocupaba de la distribución de la energía que proviene de los cuerpos oscuros calientes a diferentes temperaturas.

Hemos observado que el color del elemento calefactor de una estufa eléctrica cambia sucesivamente de negro a rojo oscuro, y luego a rojo vivo al aumentar la temperatura. Por lo tanto, existe una relación visible entre el color y la temperatura. A este respecto, lord Rayleigh había demostrado que la radiación de un cuerpo caliente debe confinarse a longitudes de onda infinitamente pequeñas, y que consiste, sobre todo, en rayos ultravioletas invisibles. A Planck le interesó entonces este difícil problema, pues vio que una explicación de la distribución de la energía entre los diferentes colores o longitudes de onda en la radiación de los cuerpos oscuros podía desentrañar muchísimos misterios sobre la naturaleza fundamental de la energía.

En ese punto de la historia de la radiación hizo lo que parecía ser el mero ejercicio matemático de acomodar curvas a los datos de radiación experimental obtenidos en los espectros ultravioleta como infrarrojo de varias sustancias calentadas. De ellas obtuvo una sola fórmula, que armonizaba con los datos obtenidos por otros experimentadores, haciendo el acostumbrado supuesto de que un cuerpo no irradia continuamente, sino sólo de manera intermitente. Luego presentó esta fórmula a la Sociedad de Física de Berlín el 19 de octubre de 1900. A la mañana siguiente, el colega de Planck, H. Rubens, declaró que había encontrado un acuerdo excelente entre las predicciones matemáticas de Planck y sus observaciones experimentales.

Max Born ha dicho de Planck que tenía un espíritu conservador por naturaleza, y que sentía gran escepticismo por las especulaciones. Sin embargo, la fe de Planck en la fuerza del razonamiento lógico, que es el resultado de los hechos, era tan vigorosa que no titubeó en anunciar la idea más revolucionaria que haya conocido el mundo de la física. Por eso, el 14 de diciembre de 1900, dictó una conferencia en la Sociedad de Física de Berlín sobre la significación de su *quántum* elemental de acción "h", constante física de valor inconcebiblemente pequeño, 6.56×10^{-34} julio-segundos, que había deducido con exactitud de los experimentos hechos por otros investigadores sobre la radiación de los cuerpos negros. Luego propuso la teoría de que la energía de cada *quántum* de radiación de los cuerpos negros es siempre igual a "hn" (en que "h" es la constante de Planck y "n" es la frecuencia de la radiación). La ironía de esta situación estriba en que Planck usó la palabra "frecuencia" (usada en la teoría ondulatoria clásica de la emisión continua de energía para representar el número de ondas emitidas por segundo) para describir una teoría basada en la emisión intermitente de la energía. Pocos físicos entendieron su obra y menos aún la tomaron en serio. Max Planck tuvo que esperar dieciocho años, hasta 1918, para obtener el reconocimiento, cuando se le concedió el premio Nobel por haber descubierto esta ley fundamental de la naturaleza, que se conoce como *teoría de los quanta*. Actualmente sabemos que el pequeño *quántum* de acción es el punto de partida de toda la física de las partículas atómicas.

En 1905, Alberto Einstein sorprendió al mundo científico con el uso de la teoría de los fotones de la luz para explicar el famoso "efecto fotoeléctrico" (fenómeno en que algunos metales especiales despiden electrones después de estar expuestos a la luz). Einstein obtuvo una ecuación que representaba la primera aplicación de la nueva teoría del *quántum* de Planck. Trató a la luz como si fuera una corriente de partículas a las que dio el nombre de *fotones (quanta* comparables a los *quanta* de energía). Sus fotones desalojaban algunos electrones de la placa de metal de la misma manera que una lluvia de balas, al chocar en un suelo de piedras, desaloja a algunas de éstas. En 1906, Einstein extendió otra vez la idea del *quántum* a la capacidad térmica de los objetos. La teoría ondulatoria predecía que los sólidos podían absorber el calor a razón de seis calorías por gramo de peso molecular y por grado centígrado. Estos resultados experimentales estaban en completo acuerdo con las temperaturas ordinarias. Sin embargo, a temperaturas extraordinarias bajas, el índice de absorción disminuía radicalmente, pero el uso que hizo Einstein de los *quanta* discretos de Planck, explicó completamente la capacidad térmica para todas las temperaturas. Así, pudo emplearse el supuesto radical de Planck de los estados discretos de la energía y su famosa constante "h" para predecir los resultados experimentales entre esferas que anteriormente se habían tratado como separadas y sin relación.

En 1913, Niels Bohr amplió el alcance y el poder del *quántum* para explicar el átomo. Bohr demostró que la estructura de éste podía deducirse y relacionarse con la ciencia exacta de la espectroscopia. (Cuando se calientan hasta la incandescencia, todos los elementos emiten colores característicos que son tan singulares como las huellas digitales.)

En 1915, Roberto A. Millikan hizo una verificación experimental de la ecuación matemática de Einstein y su teoría de la fotoelectricidad. Calculó luego una lectura de la constante de Planck ("h") que estuvo completamente de acuerdo con el valor que había obtenido Planck para la radiación de los cuerpos negros. Los hombres de ciencia que se habían mostrado escépticos no pudieron ya negar el supuesto radical de Planck de la emisión discontinua de la energía, pues ahora podía usarse para explicar tantas cosas. Hoy aceptamos una teoría ondulatoria y corpuscular a la vez para explicar la naturaleza tanto del átomo como de la energía, gracias a las audaces investigaciones de Max Planck.

La vida personal de Max Planck se señaló por una serie casi ininterrumpida de tragedias, que comenzó con la pérdida de su primera esposa en 1909. Aunque habría de volverse a casar para tener otros tres hijos a más de los cuatro que ya había tenido, ninguno de los siete le sobrevivió. Su hijo mayor, Carlos, murió en 1916, durante la Primera Guerra Mundial, y sus hijas mellizas murieron al dar a luz, con un año de diferencia.

Aunque Planck prefirió quedarse en Alemania después de que los nazis llegaron al poder en 1933, debemos reconocer que se opuso abiertamente a la bárbara política de Hitler, lo cual requería gran valor en un hombre que tenía ya setenta y cinco años de edad. Sin embargo, el terrible precio que tuvo que pagar por su valerosa actitud fue la ejecución, en 1944, del último hijo que sobrevivía, Erwin Planck, que había sido detenido como rehén por su supuesta intervención en un complot para matar a Hitler. A esta tragedia personal siguió la destrucción completa de su casa y su biblioteca en un ataque aéreo que casi mató a Planck y a su segunda esposa.

Cuando comenzó a volver la cordura a la Alemania de la postguerra, la gente empezó a preparar la celebración del nonagésimo cumpleaños de Max Planck. Pero no habría de concedérsele tal honor, pues murió el 4 de octubre de 1947, seis meses antes de su cumpleaños. No tardó en cambiarse el nombre de la Academia de Ciencias del emperador Guillermo por el de Academia Max Planck, y al premio científico más importante de Alemania se le dio el nombre de medalla de Max Planck Esos tardíos honores eran muy merecidos, pues Planck fue uno de esos raros individuos en la historia de la ciencia cuyas proposiciones no sólo condujeron a una mayor comprensión de nuestro universo atómico, sino también a la reconciliación de dos teorías clásicas. Su concepto del *quántum* ha influido en todos los aspectos de la física moderna.

BIBLIOGRAFÍA

Mackenzie, A. E. E. *The Major Achievements of Science.*
Moulton, F. C. *Autobiography of Science.*
Planck, M. *Scientific Autobiography and Other Papers.*
Schneer, C. *The Search for Order.*

JUAN PETROVICH PAVLOV

(1849-1936)

EN LA HISTORIA de la ciencia, quizá ningún otro nombre
despierta tantas controversias como el del enigmático Pavlov,
quien ha sido canonizado por los comunistas como el científico
marxista más grande de Rusia y, sin embargo, fue propuesto
por muchos científicos del mundo libre como decano honorario
de todos los fisiólogos. Preocupado por la asfixia de la libertad
científica en su patria, proclamó su protesta en cierta ocasión:
"Si lo que está sucediendo en Rusia es un experimento, por
ese experimento lamentaría yo profundamente haber sacrificado
una sola rana". A pesar de todo, en sus últimos años, cuando
aceptaba los altos honores y premios que nunca antes había
concedido ninguna nación a un hombre de ciencia, proclamó
ante el mundo: "Nuestro gobierno, como yo, es un experimentador, pero en un orden incomparablemente más elevado; deseo
apasionadamente vivir para ver que se complete nuestro histórico experimento social".

Juan Petrovich Pavlov nació en una pequeña aldea de Ryazán,
en la provincia de Moscú, en 1849. Su padre, un pobre sacerdote
ortodoxo que educó a sus hijos de una manera sencilla y modesta, esperaba sinceramente que el niño seguiría sus pasos como
sacerdote. Juan Petrovich tenía una mente ágil y aguda, y la
determinación de sobresalir en todo lo que emprendía. Después
de terminar sus estudios en la escuela primaria, accedió a los
deseos de su padre e ingresó en el seminario local para iniciar
sus estudios teológicos.

Los días que pasó Pavlov en el seminario fueron felices, y
los recordó cariñosamente toda su vida. El curso de estudios era
excelente. A cada estudiante se le daba la oportunidad de desarrollar su talento particular de acuerdo con su capacidad, y había
deportes y juegos que le encantaban. Aunque pequeño de estatura, era vigoroso y compensaba su tamaño con su fiero espíritu
de emulación y su intensa voluntad de ganar. Sin embargo,
Pavlov era dado a las discusiones y durante toda su vida padeció accesos temperamentales que a menudo parecían no estar
de acuerdo con la provocación. Sus ataques verbales eran con
frecuencia tan ruidosos y enérgicos que sus víctimas quedaban
completamente desconcertadas y mudas. A pesar de todo, en

sus posteriores discusiones científicas, consideraba todas las pruebas cuidadosamente y confesaba su derrota si los hechos apoyaban la actitud del adversario.

Cuando todavía estaba en el seminario, leyó una reseña del *Origen de las especies*, de Darwin. La nueva y atrevida teoría de la evolución por la selección natural estimuló grandemente su interés. Cuanto más pensaba y leía sobre este nuevo concepto, más convencido quedaba de que sólo podría ser feliz como hombre de ciencia. Tenía veintiún años de edad cuando abandonó el seminario y se matriculó en el curso de ciencias naturales de la Universidad de San Petersburgo. En la universidad, tuvo el privilegio de asistir a las clases de química de Mendeleiev, descubridor de la tabla periódica de los elementos. Sin embargo, su asignatura preferida era la biología y su maestro favorito Ilya Cyon, profesor de fisiología experimental. Dirigido por Cyon, investigó los nervios del páncreas e inició así las investigaciones sobre el aparato digestivo que habrían de cautivar su interés más de veinticinco años.

Después de probar la investigación animal, Pavlov quedó convencido de que sólo podía satisfacerse su apetito como fisiólogo experimental. A fin de recibir la mejor preparación posible en su proyectada carrera, comenzó a estudiar medicina. Cuando aún se preparaba para graduarse, fue nombrado ayudante de laboratorio en el departamento de veterinaria, donde podían obtenerse fácilmente animales para la continuación de sus investigaciones sobre la fisiología de la digestión. En 1878 publicó su primera disertación acerca de los efectos que producía el ligar los conductos del páncreas en los conejos. Fue éste el año en que murió Claudio Bernard, y Pavlov estaba destinado a continuar la obra sobre la digestión que había dejado sin terminar el gran fisiólogo francés.

Pavlov recibió el título de médico en 1883. Para su tesis, había investigado el control nervioso de la acción cardiaca. Ya los investigadores habían demostrado antes que el músculo que marca el paso regula la rapidez del latido, pero Pavlov fue el primero en demostrar que en el músculo del corazón influyen también los nervios aumentadores que afectan la fuerza dinámica del latido y regulan la cantidad de sangre impulsada desde los ventrículos con cada contracción.

La solicitud que hizo en 1886 para ocupar la cátedra de fisiología en la Universidad de San Petersburgo fue rechazada fríamente en favor de un maestro que tenía menos talento. Sin embargo, Pavlov no era hombre que permitiera que este fracaso estorbara sus investigaciones. Al regresar a su laboratorio, inició una investigación sobre los cambios fisiológicos que se producían durante la metamorfosis de la crisálida inactiva a la mariposa adulta. Una vez, la insuficiente humedad del laboratorio provocó la pérdida de todos sus insectos de experimentación. Cuando, en ese entonces, su esposa lo reprendió por no haber conseguido el puesto de profesor que le habría dado mayores ingresos para cuidar de la creciente familia, respondió disgustado: "Déjame en paz. Se ha producido una verdadera tragedia. Murieron todas mis mariposas y tú te preocupas por una tontería". Inclusive entonces, la vida entera de Pavlov estaba consagrada a su laboratorio.

El talento de Pavlov no permaneció ignorado mucho tiempo. En 1890 fue nombrado director del departamento de fisiología del Nuevo Instituto de Medicina Experimental de San Petersburgo. Este nombramiento le dio satisfacción y alivio a sus angustias económicas. Inició entonces una década de investigación fructuosa sobre los procesos digestivos que habría de conducir a que se le concediera el premio Nobel en 1904. Durante este periodo, concibió la posibilidad de aislar una pequeña porción del estómago de un perro para formar una bolsa con un orificio externo permanente en la pared abdominal. Tenía que llevarse a cabo el difícil procedimiento sin lastimar los nervios y sin impedir la actividad secretoria del estómago. Se requería una asepsia estricta y una gran habilidad quirúrgica. Después de muchos fracasos, consiguió por fin obtener un perro sano con una fístula abdominal a través de la cual podía observarse la secreción gástrica. Entonces hizo una operación más sencilla en el perro, con objeto de ligar el esófago, que llevaba alimento al estómago, y hacer otra fístula en la región del cuello por la que saldría del cuerpo el alimento que hubiera ingerido. Se dio alimento al perro y éste lo consumió ansiosamente. Aunque el alimento ingerido salía por el orificio del cuello, seguía secretándose con abundancia el jugo gástrico cinco minutos después de iniciar la falsa alimentación. Pavlov cortó entonces las ramas del nervio vago que inervaban el estómago y advirtió que no se secretaba el jugo gástrico después de una prolongada alimentación falsa. Empero, cuando se estimuló el extremo cortado del nervio vago mediante pequeños choques eléctricos, pudo reunirse en gran cantidad el jugo gástrico de la bolsa vacía del estómago. Llegó a la conclusión de que la secreción gástrica normal es consecuencia de los impulsos nerviosos que nacen en el sistema nervioso central y no de la presencia del alimento en el estómago.

En 1897 publicó los resultados de sus experimentos sobre la alimentación falsa en una monografía titulada *La acción de las glándulas digestivas*. Esta obra, escrita con estilo animado, estableció la reputación de Pavlov como fisiólogo experimental. Por esos trabajos, fue el primer ruso que recibió el premio Nobel. La mención de su premio decía: "En reconocimiento a su obra sobre la fisiología de la digestión, con la cual, en varios aspectos esenciales, ha trasformado y aumentado nuestros conocimientos".

Pavlov, que rara vez salía de su laboratorio, quedó sorprendido y complacido en extremo ante el reconocimiento mundial de sus investigaciones.

Sus descubrimientos lo habían llevado a suponer que las secreciones de todas las glándulas digestivas, comprendiendo el páncreas, sólo están reguladas por el sistema nervioso. En 1902, su teoría fue puesta en tela de juicio por dos fisiólogos ingleses que afirmaban que la secreción pancreática está regulada químicamente. La disertación de Bayliss y Starling ofrecía pruebas de que cuando el intestino está expuesto a la acción del ácido clorhídrico, que secreta normalmente el estómago, la mucosa intestinal produce hormona específica llamada *secretina,* la cual pasa directamente al torrente sanguíneo. Este nuevo concepto del control químico u hormonal de la actividad glandular fue una verdadera sorpresa para Pavlov. Cuando los experimentos de Bayliss y Starling fuero repetidos y confirmados por otros investigadores en su laboratorio, Pavlov, emocionado, se encerró en su estudio. Después de algún tiempo, salió en un estado visiblemente más tranquilo y anunció a sus colaboradores: "Naturalmente, están en lo cierto. No tenemos patente exclusiva de la verdad".

A pesar de todo, fue éste el punto decisivo en su carrera como fisiólogo experimental. Abandonó sus estudios de las actividades digestivas para dedicar todo su tiempo y energías a la investigación de la naturaleza y funcionamiento del cerebro animal. Antes de él, pocos fisiólogos habían tenido la temeridad y los conocimientos necesarios para estudiar este complicado órgano, hasta entonces inexplorado, que domina, regula y coordina todas las actividades animales.

Los experimentadores animales anteriores a Pavlov sabían que bastaba con ver u oler el alimento para que se indujera por reflejo un flujo abundante de saliva en los perros, del mismo modo que el olor de un filete que se está asando da por resultado que se le haga agua la boca a un hombre que tiene hambre. Pavlov advirtió que era posible condicionar a los perros para que respondieran de un modo específico a un estímulo que no tuviera significación, como el llamado de una campana, y que aprendían a asociar el sonido con un estímulo significativo, como el ver el alimento. Tocaba con regularidad una campana cada vez que se daba de comer a un perro, y el animal aprendió a asociar los dos estímulos que no tenían relación. Andando el tiempo, cada vez que sonaba la campana, el perro secretaba una cantidad considerable de saliva aun cuando no se le diera de comer. Se había creado lo que suele llamarse *reflejo condicionado.* Pavlov vio que el estímulo que carecía de significación era eficaz debido a una asociación fisiológica de los dos estímulos en los centros superiores del cerebro del perro.

Resolvió emplear esta técnica de los reflejos condicionados
para investigar fenómenos sicológicos que, según creía, podían
explicarse desde un punto de vista puramente fisiológico. A fin
de obtener pruebas experimentales para su tesis, extirpó una
determinada porción de la corteza cerebral de un perro. Entonces pudo relacionar la consecuente falta de respuesta animal
específica con una región definida del cerebro del animal. Esperaba completar con el tiempo un mapa de la corteza cerebral
que indicaría los centros fisiológicos de las respuestas motoras
y sensoriales: de la audición y la visión, y de los ladridos y la
memoria. Sobre la base de esos experimentos, publicó en 1907
sus lecciones clásicas sobre los *reflejos condicionados*. Los conceptos teóricos que ofreció en esa obra, que todavía leen y discuten los estudiantes de las funciones cerebrales, formaron la base
para las futuras investigaciones fisiológicas y sicológicas de la
función nerviosa y el comportamiento del animal.

Los estudios de Pavlov sobre los reflejos condicionados acabaron por llevarlo a la esfera de la siquiatría, esa rama de la
medicina que se ocupa del estudio y tratamiento de los desórdenes mentales. Esto fue consecuencia de su observación de que
los perros sometidos a una estimulación complicada y prolongada
se confundían tanto que no podían distinguir ni tan siquiera
entre estímulos sencillos. Perdían toda conciencia de su ambiente
y mostraban claros síntomas de neurosis, desorden funcional del
sistema nervioso. ¿Podían los conflictos profundos de la experiencia diaria ser un factor de precipitación para el trastorno
nervioso de un hombre? La posibilidad de que las perturbaciones emocionales del hombre y de los animales de laboratorio
tuvieran un origen afín le dio a entender que la terapéutica
que era eficaz para el animal alterado, podía serlo también
para curar las enfermedades mentales del hombre.

Cuando visitó a los Estados Unidos en 1923, advirtió la afabilidad y diligencia de su pueblo. Le complació, sobre todo, que
inclusive a los pobres se les diera la oportunidad de recibir
educación, y que los hombres de ciencia pudieran seguir libremente sus investigaciones. Al volver a Rusia, dijo a sus discípulos: "En ninguna parte se encuentra el pueblo en condiciones
tan pobres como en la U.R.S.S., y en ningún otro país se restringe
tanto la libertad de pensamiento".

Durante su vida, Pavlov presenció la subyugación de la ciencia
libre en su patria. Los hombres de ciencia se veían obligados
a hacer que sus creencias científicas y sus enseñanzas se conformaran a las doctrinas marxistas adoptadas por el régimen soviético. Quienes no se sometían, eran tratados como traidores.

Sin decir una palabra sobre el problema de la libertad de
investigación científica, Pavlov trabajó en su laboratorio hasta
unos días antes de su muerte, en 1936, a la edad de ochenta
y siete años. De su propia carrera, escribió: "Soy un experi-

mentador de la cabeza a los pies. Mi vida entera ha estado consagrada a la experimentación".

BIBLIOGRAFÍA

Babkin, P. P. *Pavlov, a Biography.*
Pavlov, I. P. *Los reflejos condicionados. Investigación sobre la actividad fisiológica de la corteza cerebral.*

ANTONIO ENRIQUE BECQUEREL

(1852-1908)

LA ÚLTIMA DÉCADA del siglo XIX fue un periodo de febril actividad científica y de descubrimientos. Durante los treinta años anteriores, los físicos más distinguidos del mundo habían estado estudiando el espectral fulgor producido dentro de un tubo de Crookes. Crookes había probado ya que los extraños y variados fulgores eran la consecuencia directa del paso de los rayos catódicos por el vacío casi perfecto. Otros hombres de ciencia demostraron que un imán poderoso podía desviar estos rayos catódicos. Sin embargo, J. J. Thomson no había identificado aún los rayos catódicos como electrones, que son partículas de materia cargadas negativamente, mucho más pequeñas que el más pequeño de los átomos. Empero, a fines de 1895, mientras hacía sus experimentos con un tubo de Crookes, Guillermo Roentgen descubrió accidentalmente la existencia de unos rayos muy penetrantes, desconocidos, que se esparcían por su laboratorio. Pocos meses después, Roentgen enseñó al mundo médico a usar estos rayos X para producir misteriosas fotografías de los huesos de un ser humano vivo.

En un laboratorio de París, un desconocido profesor de física, Enrique Becquerel, realizaba experimentos sobre la luz. Aunque su obra científica y los descubrimientos de Roentgen y de J. J. Thomson no tardarían en iniciar la era atómica, el hombre de ciencia francés no usaba un tubo de Crookes, los electrones, los rayos catódicos ni los rayos X. Sus instrumentos consistían tan sólo en algunas placas fotográficas, una fuente de luz y unos cristales de sal de uranio. Becquerel investigaba el fenómeno de la fosforescencia (propiedad singular de algunas sustancias especiales que pueden emitir luz propia en la oscuridad, después de haber sido expuestas a una luz exterior) en el sulfato doble de uranio y potasio.

El experimento de Becquerel era bastante sencillo; puso primero a la luz del sol su muestra de sal de uranio sobre una placa fotográfica cubierta; luego midió sus propiedades fosforescentes, para lo cual determinó la exposición resultante de esa placa. (La placa fotográfica había sido cuidadosamente envuelta en dos hojas de grueso papel negro, el que era tan opaco que la placa no se veló después de exponerla al sol durante un día entero.) Becquerel dedujo que su sal fosforescente había emitido radiaciones capaces de atravesar el papel opaco a la luz, y que pueden reducir las sales de plata. Sin embargo, al tratar de repetir estos experimentos, intervino el destino y una serie de días nublados impidió que continuara su trabajo, por lo que guardó algunos días su muestra de sal en un cajón oscuro, sobre un montón de placas fotográficas no expuestas. Por casualidad, decidió comprobar la calidad de sus placas y reveló la que estaba encima. Para su asombro, descubrió una sombra muy intensa que se parecía de una manera vaga al recipiente en que había guardado la sal de uranio.

Normalmente, había desechado una placa expuesta sin pensarlo más, pero era tanto lo que se hablaba acerca de los rayos X descubiertos recientemente por Roentgen, que todos los físicos estaban sobre aviso. Becquerel decidió volver a comprobar muy cuidadosamente su trabajo. No tardó en descubrir que no era la luz del sol, sino los rayos que emanaban de la sal de uranio, lo que había activado la placa fotográfica. Por accidente había hecho uno de los grandes descubrimientos de todos los tiempos, al que dio el nombre de *radiactividad*.

Becquerel nació en París, Francia, el 15 de diciembre de 1852, en el seno de una familia de hombres de ciencia. Recibió su primera educación en la Escuela Politécnica Francesa, preparándose para las ciencias o la carrera de ingeniero. Después de proseguir su educación científica, aceptó un trabajo en la oficina del gobierno de puentes y caminos, donde más tarde fue ascendido al puesto de ingeniero en jefe. Sin embargo, ya seguía los ilustres pasos de su padre y su abuelo, que habían sido físicos y maestros. Su abuelo, Antonio César, había hecho un valiosísimo trabajo en la esfera de la ciencia eléctrica y era profesor de física en el Museo de Historia Natural de París. Su padre, Alejandro Edmundo, fue, a su vez, discípulo, ayudante y sucesor del abuelo en el Museo. Edmundo Becquerel hizo también investigaciones en la esfera de la fosforescencia que se observaba en muchos sulfuros y compuestos de uranio.

Después de la muerte de su padre, acaecida en 1892, Enrique Becquerel ocupó la misma cátedra que ocuparon tanto su padre como su abuelo en el Museo. Hizo sus principales investigaciones en la óptica física. En su obra anterior, había estudiado los efectos del campo magnético sobre la polarización de la luz, así como sobre la absorción de la luz y la fosforescencia. Así, pues, su descubrimiento accidental del fenómeno de la radiactividad natural, no fue el de un "aficionado a la ciencia", sino el de un científico preparado y experimentado.

Becquerel continuó sus experimentos sobre la radiactividad natural con renovado entusiasmo y descubrió que sus rayos se parecían también en otros respectos a los rayos X de Roentgen. Observó que también podían descargar un cuerpo electrizado, como un electroscopio cargado (instrumento que se usa para descubrir pequeñas cargas eléctricas positivas o negativas). Después de hacer nuevos experimentos, descubrió que el uranio puro producía efectos de radiación aún más intensos. Los rayos de Becquerel llamaron tanto la atención que muchos otros científicos comenzaron también a estudiar y experimentar con la radiactividad natural. Los compañeros de Becquerel, Pedro y María Curie, exploraron esta esfera con tal éxito que descubrieron dos nuevos elementos cuyas propiedades radiactivas eran mucho más intensas que las del uranio: el polonio y el radio. Para 1897, J. J. Thomson había aislado ya los rayos beta (electrones de gran energía) de entre las radiaciones descubiertas por Becquerel el año anterior. Posteriormente, Ernesto Rutherford y otros científico aislaron los rayos alfa (núcleos de helio) y los rayos gamma de gran energía (semejantes a los rayos X) de la radiación emitida por sustancias naturalmente radiactivas.

Las investigaciones de Becquerel sobre la radiactividad, produjeron también un valiosísimo instrumento para que lo usaran los geofísicos en la determinación de la edad de la tierra y la edad de los océanos y las montañas. Advirtió que la fuerza de la radiación producida por sus muestras de uranio se mantenía constante y no se alteraba con los cambios de temperatura. Hoy sabemos que si esta observación pareció correcta, se debió tan sólo a que el uranio 238 (que comprende el 99.3 por ciento de todo el uranio que se encuentra en la naturaleza) tiene una vida media de cuatro mil quinientos millones de años, aproximadamente. (La vida media de un isótopo radiactivo es el tiempo que requiere el 50 por ciento de los átomos para desintegrarse y convertirse en otro elemento químico.) Así, comparando el porcentaje de uranio 238 mezclado con plomo 206 (producto final de la desintegración radiactiva del uranio 238), un hombre de ciencia puede hacer un cálculo bastante exacto de la edad que tiene un yacimiento de uranio.

Las investigaciones de Becquerel fueron tan importantes que, en 1903, se le concedió el premio Nobel de física que compartió con María y Pedro Curie. Éste fue el primero de muchos premios Nóbel posteriores, tanto de química como de física, otorgados por las investigaciones atómicas. Exponiendo los elementos estables al bombardeo de las partículas subatómicas en el ciclotrón y de los neutrones producidos en una pila atómica (reactor nuclear), los hombres de ciencia de nuestros días han creado una gran diversidad de valiosísimos isótopos radiactivos artificiales que no existen en la naturaleza. Empero, todos estos isótopos producen algunos de los tres rayos radiactivos que se encontraron originalmente en las sales de uranio de Becquerel. Tienen una gran variedad de usos pacíficos en esferas tan distintas como la industria, la agricultura, la medicina y las investigaciones.

BIBLIOGRAFÍA

Heathcote, N. *Nobel Prize Winners in Physics.*
Schwartz, G., y Bishop, F. W. *Moments of Discovery.*
Wilson, M. *American Science and Invention.*

ALBERTO ABRAHAM MICHELSON

(1852-1931)

EL MUNDO DE la ciencia, sobre todo el de la física, se enorgullece de sus normas exactas para las mediciones físicas fundamentales del tiempo, la masa y la longitud. Así, se define el metro internacional como la distancia que hay entre dos marcas de una barra especial de platino e iridio que se conserva en una caja de cristal en la Oficina Internacional de Pesas y Medidas de Sèvres, cerca de París, Francia. Debido a que la mayoría de los materiales, comprendiendo esá barra especial, se dilatan y contraen con los cambios de temperatura, es necesario mantener esta norma a una temperatura constante. Existía siempre el peligro de un accidente o de que se destruyera esa barra de platino e iridio. Por lo tanto, muchos científicos pensaron en idear otra norma de la longitud que pudiera ser realmente constante en todas las circunstancias. Por sorprendente que parezca, el profesor Alberto A. Michelson, cuyo anterior derecho a la fama se había basado en su extraordinaria habilidad para el trabajo preciso y detallado más que para hacer investigaciones verdaderamente originales, descubrió una norma no sólida que sirviera para este fin, en forma de un rayo de luz roja. Michelson era el mismo hombre de ciencia que, a fines de la década de 1870, había supuesto erróneamente, como supuso lord Kelvin, que como se habían descubierto ya todas las leyes físicas del universo, lo único que les quedaba a los futuros físicos era perfeccionar las mediciones. Sin embargo, uno de sus experimentos de gran precisión, que consideró como un fracaso, llevó a la original y discutida teoría de la relatividad de Alberto Einstein.

Alberto Michelson nació en Strelno, Prusia, en la frontera germanopolaca, el 19 de diciembre de 1852. Sus padres emigraron a los Estados Unidos cuando sólo tenía dos años de edad debido a la inquieta situación política que privaba en Alemania en esa época. A temprana edad, Michelson demostró tanto su interés como sus aptitudes para la ciencia. Trató de conseguir que el Congreso lo enviara a la Escuela Naval de los Estados Unidos cuando tenía diecisiete años, pero no lo logró, aunque sus calificaciones eran tan altas como las del que fue escogido en su lugar. Sin embargo, su determinación era tan grande que recorrió cinco mil kilómetros hasta llegar a Washington para solicitar que se le diera el nombramiento. Aunque era demasiado tarde para hacer esa solicitud, el presidente Grant recompensó su persistencia dándole un nombramiento especial.

Después de graduarse de alférez, enseñó química y física en Annapolis. En esta época, hizo también la primera de sus muchas y precisas determinaciones de la velocidad de la luz con un equipo que solamente le costó diez dólares. Por extraño que parezca, medio siglo más tarde aún trataba de obtener una medición más precisa de la velocidad de la luz, después de que se convirtió en el primer norteamericano que ganó el premio Nobel de física en 1907 por esta misma investigación.

Entre 1860 y 1880, la determinación de la velocidad de la luz adquirió una importancia decisiva para probar o refutar la brillante teoría electromagnética de la luz de Jacobo Clerk Maxwell, la cual predecía una velocidad de trescientos mil kilómetros por segundo. Maxwell predijo correctamente que la velocidad de la luz en el gua tendría que ser menor que en el aire, aun cuando esto fuera contrario a la teoría corpuscular de Newton, la cual predecía rotundamente que la velocidad sería mayor en el agua. La determinación de Michelson, de $299,895 \pm 30$ kilómetros por segundo fue notable por su precisión. Así, la luz podía darle casi siete veces y media la vuelta a la tierra en un segundo. Por sorprendente que parezca, el equipo tan costoso y complicado que usó en sus últimos experimentos dio resultados que sólo variaban ligeramente de sus anteriores observaciones, aunque la exactitud de cada medición individual fue cada vez mayor.

Como a Michelson le interesaban más las investigaciones que la enseñanza, abandonó la Escuela Naval para estudiar en el laboratorio del famoso Hermann Helmholtz. Durante los tres años que pasó en Europa se interesó en determinar si el "éter", que según creían todos los hombres de ciencia rodeaba a la tierra, se mantenía fijo con respecto al movimiento de nuestro planeta a través de él o si lo arrastraba nuestro globo en su órbita. Por eso, ideó su famoso instrumento llamado *interferómetro*, el cual era tan sensible y versátil que podía medir distancias más pequeñas que los microscopios más potentes, así como el enorme diámetro de estrellas tan distantes como Betelgosa, el cual tiene más de 385.000,000 de kilómetros. Fue también el instrumento que se usó para medir el metro normal con la línea roja del espectro del cadmio. Se descubrió que la longitud de onda de esta línea era constante, o de 0.000064384696 cm.

Los resultados de los primeros experimentos de Michelson con el desplazamiento del "éter" fueron poco satisfactorios, debido a que sus sensibles instrumentos científicos se alteraban con el tráfico de la ciudad. Sin embargo, después de que volvió a los Estados Unidos, donde había aceptado el puesto de profesor de física en la Escuela Case de Cleveland, renovó sus esfuerzos y colaboró con el profesor Eduardo Morley, en 1897, para realizar el famoso experimento de Michelson-Morley. El interferómetro de Michelson estaba destinado a enviar dos rayos de luz en dos direcciones, en ángulo recto una con la otra y a distancias iguales, desde las que unos espejos reflejaban esos dos rayos a un punto fijo. Si los rayos no regresaban en el mismo espacio de tiempo, se crearía una pauta de interferencia que consistiría en bordes alternativamente brillantes y oscuros.

Puede decirse que este brillante experimento con la luz es análogo al de una lancha cuyo motor funciona a una velocidad constante y que se usa primero para cruzar un río y regresar, y luego para recorrer una distancia igual río arriba y río abajo. El tiempo que tarda en hacer el recorrido río arriba y río abajo es siempre mayor, pues la corriente estorba a la lancha en su recorrido río arriba durante un periodo mayor que cuando la favorece en el recorrido río abajo. Así, cuanto mayor sea el flujo de la corriente, mayor será la discrepancia de tiempo entre los dos viajes de ida y vuelta.

Para evitar las sacudidas y otras perturbaciones incontrolables, Michelson y Morley montaron el interferómetro en una enorme piedra plana que flotaba en mercurio, la cual podía hacerse girar en la dirección deseada. Los repetidos experimentos durante cierto periodo no indicaron que hubiera aceleración o disminución de la velocidad en ninguno de los dos rayos perpendiculares de luz con respecto al movimiento planetario de la tierra en el espacio. Sin embargo, durante muchos años, Michelson siguió negándose a creer que no existiera ese éter, pues pensaba que sus resultados negativos sólo probaban que la tierra arrastra al éter de la misma manera que el aire de la superficie del planeta se mueve con él, a pesar de la velocidad de mil quinientos kilómetros por hora de rotación de la tierra en torno a su eje cuando se mide cerca del ecuador o su velocidad de más de cien mil kilómetros por hora en su órbita alrededor del sol.

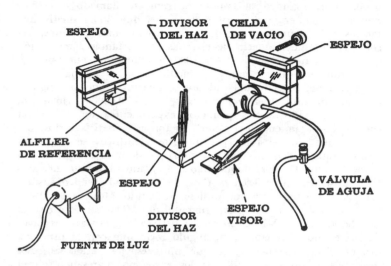

Interferómetro de Michelson

G. G. Fitzgerald, de Dublín, y Enrique Lorentz, de Leyden, formularon una famosa teoría sobre la contracción de la materia que usaron para explicar los resultados obtenidos por Michelson; no obstante, se descubrió que su interpretación estaba equivocada por lo que toca a la existencia del éter. A pesar de todo, Alberto Einstein usó esta transformación de Lorentz y Fitzgerald con respecto a la aparente contradicción de tiempo y espacio con la prueba de Michelson de que no existía un éter como base de su famosa relatividad: la teoría general y la especial.

De la Escuela Case, Michelson fue a la Universidad Clark, en Worcester, Massachusetts, donde continuó haciendo investigaciones y enseñando física. Sin embargo, en 1892 fue nombrado presidente del departamento de física y director de los Laboratorios Ryerson de la Universidad de Chicago. Su reputación mundial de sabio y hombre de ciencia atrajo a muchos estudiantes graduados que con el tiempo harían grandes aportaciones científicas, como Roberto Millikan, que ganó el premio Nobel. Sin embargo, Michelson era una decepción como maestro y como consejero, porque le exasperaba dedicar su tiempo o su trabajo a un grupo.

Poco después de que llegó Roberto Millikan a Chicago como ayudante de Michelson, en 1905, se organizó un importante proyecto de investigaciones para estudiantes graduados. Debido a que Michelson no tenía inclinación a trabajar con estos estudiantes, delegó su responsabilidad y los detalles de la administración del departamento en su ayudante. A partir de entonces, Michelson se dedicó sola y exclusivamente a las investigaciones y a dar las pocas clases que eran necesarias para sus cursos. Tenía un horario muy pesado de trabajo con sus ayudantes de laboratorio, que terminaba a las cuatro. Luego se iba al Club del Cuadrángulo a jugar al tenis y al billar, o descansaba tocando el violín o pintando.

A Michelson no le preocupaban activamente los acontecimientos sociales o políticos. Sin embargo, la seguridad militar de los Estados Unidos era otra cosa, y era partidario de que se declarara al momento la guerra para defender el honor de su patria. Más tarde, durante la Primera Guerra Mundial, volvió a la armada de los Estados Unidos, aunque ya pasaba de los sesenta años. En lugar de usar su talento para la lucha, la armada le encargó la creación de nuevos aparatos para uso naval. Ideó un telémetro para la artillería que fue equipo común en la armada norteamericana.

Después de que terminó la Primera Guerra Mundial, volvió a la Universidad de Chicago y a sus amadas investigaciones. Siguió siendo un investigador hasta su muerte, acaecida en 1931. Cuando tenía setenta y siete años de edad, obtuvo el dinero y el equipo para su ambicioso plan de medir la velocidad de la luz. Esta vez construyó un tubo que costó cincuenta mil dólares, en el que habría de viajar la luz después de extraer el aire. Debido a su mala salud, sus ayudantes Pearson y Pease, hicieron la mayoría de las mediciones, dirigidas por Michelson desde su lecho de enfermo.

Michelson fue objeto de grandes honores durante su vida, comprendiendo la medalla de Copley de la Sociedad Real de Londres y el premio Nobel de Física. También se le eligió para dirigir tres de las grandes sociedades científicas de los Estados Unidos: la Academia Naval de Ciencias, la Sociedad Norteamericana de Física y la Asociación Norteamericana para el Progreso de la Ciencia. Vivió una vida larga, rica y plena que se extendió desde los grandes descubrimientos físicos de fines del siglo XIX hasta los principios de la relatividad y la mecánica ondulatoria de este siglo.

BIBLIOGRAFÍA

Jafre, B. *Michelson ad the Speed of Ligth (Science Study Series).*
Jaffe, B. *Men of Science in America.*
Wilson, John M. *Albert A. Michelson: America's First Nobel Prize Physicist.*

PABLO EHRLICH

(1854-1915)

PABLO EHRLICH solía referirse humorísticamente a su fórmula para tener éxito en el trabajo como "las cuatro ges: *Geduld, Geschick, Geld, Glück*" (paciencia, aptitud, dinero, suerte). Sin embargo, fue la *Geduld* (paciencia) y la *Geschick* (aptitud) lo que hizo llegar a Ehrlich a la cima de su profesión y ganar el premio Nobel de fisiología y medicina en 1908, que compartió con Elías Metchnikoff. Si cree uno encontrar un común denominador cuando lee las vidas de los grandes hombres de ciencia, es su posesión de la aptitud natural unida a la paciencia infinita que nace de centenares de fracasos anteriores en el laboratorio.

Aunque la composición fue la némesis del joven Pablo en la escuela, su afición a la química era evidente. A la edad de ocho años ya estaba haciendo que el boticario de la ciudad preparara pastillas para la tos de acuerdo con su propia fórmula. En la Universidad de Breslau se enteró de los grandes progresos científicos de su época (asistió a la famosa conferencia de Koch sobre el ántrax) y decidió consagrar su vida a las investigaciones químicas. Sus primeros experimentos, iniciados en la universidad, se ocuparon de los efectos que tenían diversos colorantes y sustancias químicas en los tejidos vivos. Comenzó con los colorantes de anilina debido a que tenían la ventaja de ser visibles cuando se inyectaban en los animales. Mucho tiempo después de que Ehrlich se había convertido en una celebridad, la hija de su casero recordaba que nunca le fue difícil identificar las toallas de Pablo, porque siempre estaban cubiertas de manchas rojas y azules.

Cuando tuvo experiencia en el teñido de las células, Ehrlich advirtió que ciertas sustancias químicas tenían afinidad por determinados tejidos orgánicos. Aún más importante era el hecho de que algunos compuestos químicos "iban en línea recta" a los organismos que causaban la enfermedad. Cada mal infeccioso tiene su parásito causativo. Si encuentra uno la combinación química debida, decía Ehrlich, si la dirige a los traicioneros organismos, los destruirá unida a los mecanismos de defensa del cuerpo que padece la enfermedad. Ehrlich explicaba que el cuerpo del paciente se vuelve inmune a las infecciones semejantes produciendo sustancias apropiadas cuyas únicas funciones son las de combinarse y destruir los venenos formados por los microbios invasores. Esta *teoría de las cadenas laterales*, creada por Ehrlich, representó un papel fundamental en la inmunología y la alergia, así como en el descubrimiento de las sulfas y los antibióticos, como la penicilina.

El evidente obstáculo para este tipo de trabajo era la dificultad para encontrar el agente químico que acabaría con la enfermedad, pero que no haría daño a los tejidos vivos. Este aspecto del trabajo del investigador de laboratorio exige gran paciencia y perseverancia.

En 1886, Ehrlich descubrió que había contraído la tuberculosis y tuvo que abandonar su obra durante año y medio. Por fortuna, se recobró y pudo volver a su lucha contra la enfermedad.

El trabajo de Ehrlich en la histología (estudio microscópico de la estructura de los tejidos) y la citología (función, estructura y patología de las células) comenzó a llamar la atención. Cuando trabajaba en el Instituto de Enfermedades Infecciosas de Koch, pudo demostrar que el teñido ácidorresistente del esputo podía ayudar al médico a hacer un diagnóstico oportuno de la tuberculosis. Después de su ascenso a director del Instituto de Investigaciones Serológicas de Berlín, fue jefe del Instituto de Terapéutica Experimental de Frankfurt y ocupó este puesto hasta su muerte, ocurrida dieciséis años más tarde.

Fue en Frankfurt donde se realizó su trabajo más importante. Estaba desapareciendo rápidamente la fe en las patrañas de los curanderos y los elíxires de las abuelas, pero, hasta que el público tuviera completa confianza en los medicamentos comerciales, el progreso se retardaría. Esto era más evidente cuando se trataba de la difteria; debido a que la industria de medicamentos infantiles no podía garantizar la potencia normal de sus productos, los remedios para la difteria resultaban inciertos. Ehrlich resolvió el problema ideando un método para uniformar los antisueros, y así pudieron los farmacéuticos medir con exactitud las dosis. Desde entonces se ha usado el sistema de unidades de Ehrlich para indicar la potencia específica.

En 1907 descubrió un colorante al que llamó rojo de tripán, el cual, cuando se inyectaba en el torrente sanguíneo de los animales infectados con tripanosomas, destruía a éstas. Su éxito lo indujo a renovar sus esfuerzos para encontrar remedios químicos para las enfermedades de la humanidad.

Su búsqueda de "balas mágicas", sustancias que encontraran infaliblemente los blancos de la enfermedad, llevó al mayor de sus descubrimientos, el salvarsán. Ehrlich, extraordinario fumador de puros (consumía veinticinco habanos diariamente), arrojaba alegres bocanadas mientras dirigía su búsqueda de un remedio para la sífilis. A lo largo de los siglos se habían ofrecido centenares de "remedios" para este azote venéreo, pero rara vez se curaban sus víctimas. Al progresar la enfermedad, era atacado todo el sistema nervioso del organismo, y a menudo se producía la parálisis y la muerte. Ehrlich probó compuesto tras compuesto químico, pero siempre terminaba en un callejón sin salida. Si el compuesto químico era lo bastante fuerte para matar al *treponema pallidum* (organismo específico de la sífilis), también dañaba los tejidos normales del cuerpo.

Después de muchos fracasos agotadores, que caracterizan a la investigación científica, descubrió un compuesto arsenical sintético, el diaminodihidroxiarsinobenzeno; le dio el número de serie 606 debido a su orden numérico en la serie experimental, y más tarde el nombre comercial de salvarsán. El medicamento, probado primero en conejos y monos, resultó muy eficaz cuando se administró a los seres humanos. Por lo común, los organismos infecciosos comenzaban a desaparecer en un día, y seguía la rápida mejoría del paciente. Se enviaron muestras del medicamento a los médicos amigos de Ehrlich para que lo probaran, y sus informes fueron muy favorables.

En 1910, Ehrlich habló sobre su descubrimiento en la Conferencia de Medicina Interna de Wiesbaden. Previno a los médicos sobre su uso. Cuando se dio por primera vez, se aplicaron inyecciones intramusculares en el muslo y, en algunos casos, se indujo a la parálisis. Ehrlich estipuló que los médicos debían aprender a aplicar inyecciones intravenosas precisas a fin de evitar los riesgos. Se administraron centenares de miles de dosis de 606 (al que siguió su fórmula mejorada, 914) y al polvo amarillo de Ehrlich llegó a llamársele "el arma terapéutica más potente en existencia".

Cuando murió Ehrlich en 1915, fue sepultado en el cementerio judío de Frankfurt, Alemania. Unos años más tarde, los rufianes de Hitler profanaron su tumba, pero después fue reparada, y de nuevo se ha puesto en la casa de Silesia, donde nació en 1854, el viejo rótulo que honraba su memoria. Se necesitará más que un decreto nazi para borrar la memoria de Pablo Ehrlich y sus aportaciones a la medicina. El *New York Times* le rindió el siguiente homenaje: "El gran número de problemas que resolvió prueban el vigor de su imaginación. Abrió nuevas puertas a lo desconocido, y en esta hora, el mundo es su deudor".

BIBLIOGRAFÍA

Marquardt, M. *Paul Ehrlich.*
DeKruif, Paul. *Microbe Hunters.*

JOSÉ JUAN THOMSON

(1856-1940)

LA HISTORIA DE la ciencia ha producido muchos e inesperados giros al introducirse nuevos experimentos e interpretaciones. La primera teoría atómica útil de la materia fue formulada por un oscuro maestro cuáquero de escuela, Juan Dalton, a principios del siglo XIX. Propuso la teoría de que todas las sustancias están compuestas de partículas diminutas, invisibles e indivisibles, llamadas átomos, que no pueden crearse ni destruirse. Afirmó, además, que todos los átomos del mismo elemento químico son exactamente iguales, en tanto que los átomos de diferentes elementos tienen distintas propiedades químicas.

La teoría atómica de Dalton fue mejorada y perfeccionada por sus famosos contemporáneos y sucesores, como, por ejemplo, Berzelius, Gay-Lussac, Avogadro y otros. Sin embargo, durante casi un siglo se creyó que el átomo de Dalton era la última partícula de toda la materia, hasta que José Juan Thomson anunció el descubrimiento de "corpúsculos" de electricidad el 30 de abril de 1897, en una conferencia dictada en el Instituto Real. El átomo de Dalton no era indivisible ni podía ser ya considerado como la partícula última de la materia.

Thomson nació el 18 de diciembre de 1856 en Cheetham Hill, cerca de Manchester. De niño, fue un lector insaciable y un magnífico estudiante. Debido a que sus padres querían que fuera ingeniero, se matriculó en el Colegio Owens, en Manchester, cuando apenas tenía catorce años de edad. Al morir inesperadamente su padre, dos años después, los amigos de la familia convencieron a la señora Thomson de que debería conservar a su hijo en el colegio consiguiendo la ayuda económica de un fondo de becas que había sido reunido recientetemente por los ciudadanos de Manchester en memoria de Juan Dalton. Al terminar sus estudios de ingeniería en 1876, el joven Thomson obtuvo una beca en el Colegio de la Trinidad, de la Universidad de Cambridge, donde continuó sus estudios de matemáticas y física. Emuló a su famoso predecesor, Jacobo Clerk Maxwell, cuando ganó el segundo premio, en 1880, en un famoso examen de competencia. También decidió usar sus aptitudes matemáticas en el estudio de la física teórica, como había hecho antes Maxwell. Aunque no era un manipulador experto del equipo científico, comprendía plenamente que la física teó-

rica no tiene significado alguno a no ser que haya confirmación
experimental de todas las ecuaciones y conclusiones matemáticas.
A los veinticinco años de edad, demostró inequívocas señales
de ser un genio cuando presentó una disertación científica que
indicaba claramente las debilidades en la teoría atómica predo-
minante, la cual consideraba que los átomos eran remolinos o
torbellinos del éter. Por su magnífico ensayo, se le concedió
el premio Adams. Lo más asombroso es que dicha disertación
fue precursora de la teoría einsteniana de la materia y la energía en una época en que aún no se había descubierto el núcleo
del átomo, los electrones, los protones, los rayos X y la radiación natural.

Cuando lord Rayleigh, que era director de los famosos laboratorios Cavendish de la Universidad de Cambridge, decidió repentinamente renunciar en 1884, designó sin titubear al joven
José Juan Thomson para que fuera su sucesor. Aunque algunos
candidatos descontentos dijeron que no era "más que un niño",
la elección de Thomson, que tenía veintiocho años, resultó ser
atinada. Fue un digno sucesor del brillante Jacobo Clerk Maxwell, quien había fundado y ocupado por primera vez la cátedra
de física experimental en los Laboratorios Cavendish, menos de
veinte años antes. Thomson ocupó ese puesto durante treinta
y cinco años, después de los cuales lo sucedió su discípulo más
brillante, Ernesto Rutherford. Bajo la dirección de Thomson,
los Laboratorios se convirtieron en la principal institución de
investigaciones científicas del mundo. Muchos talentosos estudiantes, que normalmente habrían terminado scs estudios de
investigaciones en Francia o Alemania, se matricularon en Cavendish. No menos de ocho de los discípulos de Thomson se
convirtieron más tarde en laureados Nobel de física o química.
Sus incomparables triunfos como notable maestro de ciencias
se vieron aumentados con otra estudiante graduada, la señorita
Rosa Paget; pero, en lugar de ganar un premio por sus investigaciones, la señorita Paget estaba destinada a ser la madre del
laureado Nobel de 1937 en física: el hijo de ambos, Jorge Paget
Tolnson. Así, Thomson encontró tanto una compañera de toda
su vda como una vocación en Los Laboratorios Cavendish de la
Universidad de Cambridge.

Durante la última década del siglo XIX, el mundo científico
se dividió por lo qce toca a la naturaleza exacta de los rayos
catódicos. La escuela inglesa defendía la teoría de Guillermo
Crookes de que los rayos catódicos consistían en pequeñas partículas cargadas negativamente, debido a que podían ser desviadas por un imán. Los investigadores alemanes se oponían
por unanimidad, exceptuando a los dos grandes físicos matemáticos, Alberto Einstein y Max Planck. Pensaban que los rayos
catódicos eran ondas del éter, semejantes a las ondas electromagnéticas (de radio) descubiertas por Enrique Hertz en 1887.

Ese punto de vista se fortaleció con el descubrimiento de Hertz de que los rayos catódicos eran lo bastante pequeños para penetrar el pan de oro.

Pero, si los rayos catódicos consistían en partículas cargadas negativamente, serían desviadas tanto por un campo eléctrico (fuerza eléctrica) como por un campo magnético. Hertz no pudo observar dicho efecto en un campo eléctrico, a pesar de lo mucho que se esforzó por realizar ese experimento. La aguda mente de Thomson percibió en seguida la importancia de esta discrepancia en el comportamiento de los rayos catódicos y decidió repetir los experimentos de Hertz.

Cuando Thomson trató de desviar un haz de rayos catódicos dirigiéndolo entre dos placas metálicas paralelas y de cargas opuestas dentro de un tubo de descarga de Crookes, obtuvo los mismos resultados negativos que Hertz. Aunque advirtió una leve fluctuación cuando se encendía el campo eléctrico, descubrió que no podía obtener una desviación permanente por mucho que aumentara la fuerza de su campo. Después de reflexionar, propuso la teoría de que las partículas de gas se convertían en iones cargados al chocar con algunos de los rayos catódicos y eran atraídas inmediatamente a la placa de carga opuesta. Así, las partículas de gas ionizado neutralizaban casi instantáneamente a las placas y éstas ya no podían producir un campo eléctrico útil.

El remedio consistía en eliminar casi todo el gas contenido en el tubo de descarga, para lo cual era necesario producir un mejor vacío. Cuando se hizo esto, Thomson pudo desviar el haz de rayos catódicos en una dirección que probaba de manera concluyente que eran partículas de carga negativa. Este resultado no sólo eliminó la discrepancia entre los efectos de las fuerzas magnéticas y eléctricas, sino que también dio un método para medir con exactitud la velocidad de los rayos catódicos y obtener una relación de $\dfrac{e}{m}$, en que "m" es la masa de una partícula y "e" su carga eléctrica.

Thomson usó aparatos muy sencillos para realizar estos experimentos. Obtuvo el valor fantásticamente elevado de 250,000 kilómetros por segundo para la velocidad de sus rayos catódicos. (La velocidad de la luz no es más que de 300,000 kilómetros por segundo.) Su relación de $\dfrac{e}{m}$ era del orden de 10^7 (10.000.000) en tanto que el mayor valor de $\dfrac{e}{m}$ que se había encontrado anteriormente había sido de 10^4 (10,000) pra un átomo cargado de hidrógeno, que es el elemento más ligero. Así, pues, si eran idénticas tanto la carga del átomo de hidrógeno como la de un solo rayo catódico, entonces la masa de cada partícula de rayo catódico era, por lo menos, mil veces menor que la del átomo de hidrógeno. Para confirmar sus resultados, Thomson probó la relación $\dfrac{e}{m}$ tanto para las partículas eléctricas que se desprenden del metal incandescente y los filamentos de carbón, como para las partículas eléctricas emitidas por superficies especiales de metal cuando están expuestas a los rayos ultravioleta. Una vez más, obtuvo la misma relación (107) que cuando usó un tipo diferente de gas en su tubo de descarga.

Thomson estaba ya preparado para anunciar sus descubrimientos, que se basaban en más de diez años de investigaciones sobre la descarga de la electricidad a través de los gases. No era posible eludir la realidad de sus conclusiones: 1) Los átomos de Dalton no eran indivisibles, pues la luz ultravioleta o el calor, las fuerzas eléctricas y el impacto de los átomos de rápido movimiento podían arrancar de ellos partículas electrizadas negativamente; 2) todas estas partículas eléctricas tienen la misma masa y carga eléctrica y son un componente de todos los átomos, y 3) la masa de estas partículas es menor que la milésima parte de la masa de un átomo de hidrógeno.

Durante los ocho años siguientes se hicieron brillantes investigaciones en los Laboratorios Cavendish para perfeccionar la teoría de Thomson de la constitución de la materia y la electricidad. "J. J." como llamaban cariñosamente a Thomson, se encargó de la dirección dinámica de esos grupos investigadores que venían de todas las partes del mundo para estudiar con él. Sus equipos de investigadores produjeron más de cien disertaciones originales en los primeros cuatro años después de que se anunció el descubrimiento del electrón.

En 1906 se concedió el premio Nobel de física a J. J., y se le concedió la nobleza en 1908. La obra iniciada e inspirada por este maestro continuó sin mengua durante el resto de sus días en Cavendish. Uno de sus discípulos famosos, Carlos T. R. Wilson, consiguió inclusive fotografiar las trayectorias seguidas por los rápidos electrones de Thomson con su *cámara de niebla*. Este aparato se usó posteriormente para descubrir e identificar la mayoría de las treinta y tantas partículas subatómicas que se han descubierto desde entonces.

Una de las últimas investigaciones de Thomson fue importantísima para el estudio de la energía atómica. Descubrió que la desviación do los rayos positivos en un campo electromagnético uniforme varía con la masa atómica de una sustancia. Este trabajo llevó a la invención hecha por F. W. Aston del espectrógrafo de masa que se usa hoy para separar los isótopos del mismo elemento debido a sus pequeñas diferencias de masa.

Después de retirarse de la dirección de los Laboratorios Cavendish en 1919, Thomson continuó relacionado con la Univer-

sidad de Cambridge, pues aceptó la dirección del Colegio de
la Trinidad. Ocupó ese puesto hasta su muerte, ocurrida el 30
de agosto de 1940. Fue sepultado en la abadía de Westminster,
cerca de los restos de Newton, Kelvin, Darwin y Rutherford.
Sin embargo, había vivido lo suficiente para recibir merecidos
honores como brillante hombre de ciencia, como maestro que
inspiraba a sus discípulos y como un gran ser humano, y para
ver que su hijo aceptaba el premio Nobel de física por sus
investigaciones en la esfera de la difracción de los electrones
por los cristales.

BIBLIOGRAFÍA

Jaffe, B. *Crucibles.*
Moulton, F. R., y Schifferes, J. J. *The Autobiography of Science.*
Riedman, S. *Men and Women Behind the Atom.*

CRISTIÁN EIJKMAN

(1858-1930)

EN NUESTRA CULTURA se ha impuesto rápidamente el
hábito de tomar vitaminas, lo cual explica los millones de dólares que representan sus ventas anuales. En el mundo entero,
en determinados momentos del día, jóvenes y viejos toman
obedientemente las tabletas que contienen complementos de la
dieta, los cuales ayudan a conservar la salud. Los fabricantes se
jactan hoy de las vitaminas que contienen sus productos,
los médicos suelen recomendar la terapéutica vitamínica y los
órganos del gobierno contribuyen a dar a conocer la importancia de una dieta equilibrada que contenga las vitaminas necesarias para conservarnos sanos y contentos. Por sorprendente que
parezca, hace relativamente poco se desconocían las vitaminas.
Los hombres de ciencia aceptaban la idea de que todas las enfermedades eran producidas por agentes nocivos, como las bacterias. Nadie sabía que el alimento contenía sustancias esenciales
para las trasformaciones químicas del organismo, ni nadie se
daba cuenta de que la falta de ciertos componentes de la dieta
podían causar enfermedades. Las primeras investigaciones que
condujeron al descubrimiento de las modernas vitaminas y a
comprender su importancia fueron hechas por un médico holandés,
Cristián Eijkman, que trabajó en un laboratorio de las Indias
Orientales Holandesas, a miles de kilómetros de su patria.

Cristián nació en Nykerk, Gelderland, en los Países Bajos, en 1858. De su educación elemental se encargó su padre. quien era director de una escuela francesa en Utrecht. El crecimiento de Cristián siguió una pauta natural y estimulante, y en su ambiente hubo buenos libros y discusiones interesantes. Los libros que más llamaban su atención eran los que trataban de las ciencias, la biología y la zoología. Su interés por la medicina y por ayudar a sus semejantes lo llevó a seguir la carrera de médico. Cuando ingresó en la Universidad de Amsterdam, en 1875, para estudiar medicina, Cristián estaba por fin en el camino que había escogido. Después de graduarse, prestó sus servicios en el Instituto de Fisiología, y luego decidió ampliar su experiencia prestando sus servicios como cirujano del ejército.

En 1888, Cristián fue asignado a una unidad del ejército que se encontraba apostada en las Indias Orientales Holandesas. Durante su estancia allí, se interesó en los padecimientos y enfermedades de la población aborigen, particularmente el beriberi (de las palabras singalesas que significan "extrema debilidad"), para el que no había curación conocida. Aunque estaba contento con su trabajo, el doctor Eijkman tuvo que volver a Amsterdam debido a una enfermedad. Allí, la fascinación que sobre él ejercían las causas de la enfermedad, lo llevó a estudiar con el famoso cazador de microbios, Roberto Koch, quien había descubierto el bacilo de la tuberculosis y la bacteria del cólera morbo. Su trabajo con Koch le despertó el deseo de hacer investigaciones bacteriológicas.

Prosiguiendo su interés, el doctor Eijkman se unió en 1888 a la expedición organizada por el gobierno al archipiélago malayo para investigar el beriberi. Cuando volvió la expedición a los Países Bajos sin terminar su misión, Cristián Eijkman decidió quedarse como director del Instituto de Patología en Batavia.

El doctor Eijkman se negó a renunciar a su búsqueda de la causa del beriberi, que afectaba a tantos naturales del Oriente. Era una enfermedad desconcertante, pues afligía no sólo a los pobres que vivían en la miseria y apenas tenían que comer, sino también a quienes vivían en la limpieza y comían con abundancia. Los síntomas eran lastimosos; había debilidad de los músculos, extrema sensibilidad al dolor (inclusive el contacto de una tela era doloroso), pérdida de la capacidad para caminar, parálisis y, por fin, la muerte. Con obstinada paciencia continuó sus investigaciones en la humedad y el calor sofocante de su laboratorio tropical. Un día observó que algunas gallinas que usaba para sus experimentos tenían síntomas de polineuritis, enfermedad parecida al beriberi. Como descubrió que estas aves se habían estado alimentando con arroz sin cáscara, en un relámpago de intuición, hizo un experimento en el que sólo se dio de comer arroz sin cáscara a algunas aves. Todos los animales del experimento fueron atacados por la polineuritis, comprendiendo la parálisis, los terribles síntomas semejantes a los del beriberi.

En 1897, después de que la mala salud lo había obligado a regresar a Utrecht, publicó el resultado de sus experimentos, demostrando que la dieta de arroz sin cáscara, que produce la parálisis en las aves, provoca también el beriberi en los seres humanos, y que puede combatirse esta enfermedad comiendo arroz con cáscara. Al parecer, el proceso de refinar el arroz en los molinos movidos a vapor del siglo XIX eliminaba algún elemento que era esencial para la buena salud. El uso de la palabra "vitamina" para designar al elemento eliminado del arroz sin cáscara, fue propuesto por primera vez por Casimiro Funk, en 1911. Dicho factor se conoció más tarde con el nombre de tiamina (vitamina B_1), la cual existe también en casi todos los alimentos crudos, cereales enteros, carne de puerco, guisantes y otras hortalizas. Por lo tanto, con sus investigaciones sobre el beriberi, Cristián Eijkman había puesto los cimientos para el futuro estudio de las enfermedades de deficiencia y las investigaciones sobre las vitaminas.

Hasta su retiro en 1928, el doctor Eijkman fue profesor de higiene en la Universidad de Utrecht, en los Países Bajos. Continuó allí sus investigaciones, particularmente en la fisiología.

En 1929 se le concedió el premio Nobel de medicina por su "descubrimiento de las vitaminas antineuríticas". Este reconocimiento era muy merecido, pues su obra ha permitido que otros hombres de ciencia descubran de qué alimentos debe componerse una dieta "equilibrada". Además, hoy se conocen, gracias a los esfuerzos de Eijkman, muchísimas reacciones metabólicas importantes en que las vitaminas obran como catalizadores (coenzimas).

BIBLIOGRAFÍA

Eijkman, C. "Un intento de combatir el beriberi".
En *Great Experiments in Biology* (Gabriel y Fogel, recopiladores).

TOMÁS HUNT MORGAN

(1866-1945)

LA OBRA DEL biólogo suele ser fuente de extrañeza para quienes no entienden un interés en temas tan misteriosos como

la vida sexual de un paramecio, los hábitos migratorios de las
anguilas o los procesos digestivos de una pulga. A muchos les
repugnan los olores extraños o repulsivos que emanan del laboratorio del biólogo. "¿Por qué ha de querer alguien ser biólogo?"
preguntan.

Muy bien podían haber hecho esta pregunta entre los años
1910 y 1928 los graves miembros de la facultad y los estudiantes
de la Universidad de Columbia que tenían poco interés y ninguna preparación en la biología, pues su incomodidad aumentaba
conforme los olores concentrados de los plátanos podridos y del
éter se difundían en los corredores y las salas de conferencias.
Además, parecía haber descendido sobre la universidad una
plaga de molestas moscas que incomodaba los ojos y las fosas
nasales. Un curioso individuo que buscó la causa de este azote
académico encontró un pequeño laboratorio presidido por un
profesor alto, delgado y de espesa barba, vestido con una blanca
bata. Sus chispeantes ojos y su sonrisa radiante revelaban el
feliz espíritu de colaboración que existía entre este maestro y
sus discípulos.

El maestro, Tomás Hunt Morgan, a quien los estudiantes
conocían afectuosamente con el mote de "el jefe", había llegado
a Columbia en 1904 como profesor de zoología experimental. Su
preparación era excelente. Después de recibir el título de bachiller en la Universidad de Kentucky en 1886, inició sus estudios
de graduado en biología en Johns Hopkins. Guiado por una
facultad que comprendía algunos de los mejores espíritus científicos de la época, creció su resolución de dedicar su vida a la
biología experimental.

Su viaje a Nápoles, Italia, después de recibir su doctorado
en 1890, tuvo una profunda influencia en el futuro de Morgan
como hombre de ciencia: en Nápoles se encontraba la primera
de las grandes Estaciones de Biología Marina, fundadas por
Antonio Dohrn en 1872. Aquí conoció al brillante embriólogo
experimental Hans Dreisch. En ese ambiente, dio alas a su interés por los problemas biológicos fundamentales del desarrollo
y la regeneración. En esa época, Dreisch realizaba sus experimentos clásicos con embriones de erizo de mar. Morgan unió
sus aptitudes experimentales con las de Dreisch, y esa fructuosa
colaboración demostró que las primeras células del embrión tienen una capacidad igual para el desarrollo. La especialización
de las células tiene que alcanzarse en varias épocas durante el
crecimiento embrionario posterior. Aunque Morgan quería continuar sus emocionantes experimentos con Dreisch, se vio obligado a pensar en ganarse la vida. Cuando expiró su beca post-
doctoral al terminar un año, se despidió con tristeza de sus
amigos de Nápoles y regresó a los Estados Unidos.

Su primer puesto docente, en la facultad de biología de
Bryn Mawr, fue un intermedio feliz en su vida. Le gustaba

enseñar biología a aquellos inteligentes jóvenes. Una hermosa discípula, Lillian Sampson, que compartía su profundo interés en las investigaciones científicas, atrajo la atención del joven maestro. La mutua admiración se convirtió en amor y culminó en su matrimonio con una esposa encantadora que no sólo le dio un hogar feliz, sino que también alentó a su marido y colaboró con él en algunas de sus posteriores investigaciones de la genética.

Morgan aceptó un puesto de profesor de zoología experimental en la Universidad de Columbia, que no sólo le produjo un mayor emolumento económico, sino que también le dio más tiempo y oportunidades para realizar los muchos experimentos proyectados que continuamente ocupaban sus pensamientos. En esa época no sospechaba que su obra durante el siguiente cuarto de siglo como maestro y director de investigaciones de Columbia le ganaría el aplauso mundial y el honor de ser el primer norteamericano que recibiera el premio Nobel de fisiología y medicina.

Morgan nació en Lexington, Kentucky, al terminar la Guerra Civil. Su padre había luchado valerosamente en el ejército confederado. Entre los parientes de Morgan se encontraba Juan Pierpont Morgan, el renombrado financiero y deportista, que no sólo fundó una de las instituciones bancarias más poderosas del mundo, sino que también llegó a ser un popular héroe norteamericano cuando su yate *Columbia* derrotó dos veces al retador inglés *Shamrock* a principios del siglo. T. H. Morgan, el biólogo, puso de manifiesto las cualidades de sus antepasados con la audacia de su método experimental y la penetración de sus análisis de los difíciles y complicados problemas científicos que atacó y resolvió. Cuando llegó a Columbia en 1904, fue recibido cordialmente por el profesor E. B. Wilson, presidente del departamento de zoología. Encontró que en los laboratorios de zoología reinaba la emoción que había despertado el redescubrimiento de las leyes mendelianas de la herencia. Wilson había sido uno de los primeros biólogos norteamericanos que reconoció la verdadera significación de los experimentos de Mendel. En sus conferencias señaló la posibilidad de que los cromosomas de las células sexuales que se fusionaban en el proceso de la fecundación fueran directa o indirectamente responsables de cada rasgo que heredaba de sus antepasados un organismo. Apenas un año antes, uno de sus discípulos, Walter S. Sutton, había publicado una disertación, hoy clásica, sobre *La teoría hereditaria de los cromosomas,* en la cual propuso la hipótesis de que cada cromosoma contenía los factores que representan un papel importante para controlar los rasgos de los organismos durante el desarrollo. Aunque Morgan fue amigo íntimo de Wilson, no pudo convencerse de que hubiera suficientes pruebas para aceptar los conceptos mendelianos o la teoría de Sutton sobre la herencia. ¿Había sido prudente al unirse a un grupo de biólogos con los que no estaba sinceramente de acuerdo?

Con gran perplejidad, inició sus experimentos para estudiar la adaptación y la evolución en los ratones y las ratas. ¿Por qué las especies genéticamente diferentes de roedores tenían mayores probabilidades de sobrevivir en ciertas condiciones de ambiente? Aunque era fácil reproducir los ratones y las ratas, los resultados de sus repetidos experimentos no fueron concluyentes. Morgan estaba desesperado; al parecer, todos sus experimentos habían sido vanos. Sin embargo, fue éste el periodo de las tinieblas que preceden a la aurora. En 1915 recibió una botella de crema que contenía algunas moscas de la fruta, *drosófila*, que había estado usando un profesor de Harvard para sus estudios del ciclo de la vida. Morgan, como zoólogo, quedó intrigado por estas moscas. Vivían de plátanos machacados, a los cuales se les había agregado un poco de levadura; podía producirse una nueva generación en menos de dos semanas, y una sola pareja daba centenares de hijos. Pero, ¿cómo podían estos animales decirle algo acerca de los mecanismos de la herencia, la adaptación y la evolución? ¿No debería rechazar este cultivo y volver a sus ratas y ratones? La decisión de Morgan de conservar las moscas para seguir estudiándolas fue el punto decisivo en su carrera de biólogo. Esas pequeñas criaturas que podían adaptarse fácilmente a los estudios de laboratorio sobre la herencia, estaban destinadas, en los años que seguirían, a convertirse en el instrumento experimental que llevaría a Morgan y sus discípulos a establecer algunos de los principios fundamentales de la nueva ciencia de la genética.

Un día memorable, al examinar sus moscas de ojos normalmente rojos, quedó asombrado al ver un solo macho de ojos blancos que se parecía a sus hermanos y hermanas en todo, salvo en un rasgo muy distintivo: sus ojos no tenían ninguna pigmentación. Despertada su curiosidad científica, comenzó a hacerse muchas preguntas. ¿Cómo había surgido este cambio? ¿Era una verdadera mutación espontánea? ¿Heredarían los hijos este rasgo? ¿Se comportaría como un típico rasgo mendeliano recesivo? Pasteur decía que el azar favorece a la mente preparada, y la mente disciplinada de Morgan comenzó una vez más a idear experimentos que darían respuesta a estas preguntas. En su primer experimento, cruzó el macho de ojos blancos con una hermana de ojos rojos que no se había apareado antes y observó que todos los hijos tenían los ojos rojos. Para probar la constitución genética de la descendencia, volvió a cruzar a una de las hijas de ojos rojos con su padre de ojos blancos y obtuvo una progenie que consistió en 25 por ciento de hembras de ojos rojos, 25 por ciento de hembras de ojos blancos, 25 por ciento de machos de ojos rojos y 25 por ciento de machos de ojos blancos. Las hembras de ojos blancos, cruzadas con los machos de ojos blancos, dieron un cultivo puro de moscas de ojos blancos.

Morgan podía haber quedado satisfecho con haber encontrado y aislado la primera variedad mutante de la mosca de la fruta y por haber observado que el nuevo rasgo se heredaba probablemente como otras típicas características mendelianas recesivas. Sin embargo, esta sola aportación no satisfizo a Morgan, el hombre de ciencia. Su decisión de hacer todos los cruces posibles fue decisiva para el futuro de la genética, pues su siguiente cruce entre una hembra de ojos blancos y un macho de ojos rojos dio resultados completamente sorprendentes. En lugar de la esperada progenie híbrida en que todos tuvieran ojos rojos, hubo un número igual de moscas de ojos rojos y de ojos blancos; cosa más sorprendente aún: todas las moscas de ojos rojos eran hembras, y todas las moscas de ojos blancos eran machos. La herencia parecía estar relacionada de cierta manera con la determinación del sexo en las moscas de reproducción sexual.

Morgan reflexionó en el problema. Sabía que, apenas unos años antes, Wilson y sus discípulos habían descrito un par especial de cromosomas X y Y que determinaban el sexo en la mayoría de los insectos. Los que tenían cromosomas X en pares eran hembras, y los que tenían cromosomas X y Y sin aparear eran machos. Morgan razonó que los factores mendelianos que no tenían relación con la determinación del sexo, como el factor para la coloración de los ojos en la drosófila, podían vincularse al cromosoma X, y que al cromosoma Y, sin aparear, podía faltarle el factor homólogo de dichos rasgos. Puso a prueba esta hipótesis y observó que los rasgos ligados al sexo seguían la secregación de cromosomas sexuales como se ve en el siguiente diagrama:

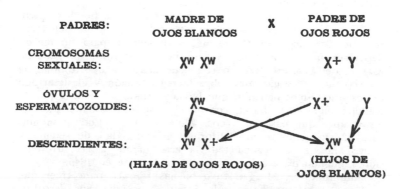

El principio de la vinculación sexual postulado por Morgan en 1910 tuvo efectos trascendentales. Había ofrecido, sin querer, prueba experimental de la teoría de los cromosomas sobre la herencia. Un factor o gene específico había estado relacionado con un cromosoma particular. Morgan y sus discípulos tenían la llave que abrió la puerta a una serie de descubrimientos afines relativos a la herencia, como, por ejemplo: 1) Cada par de cromosomas constituye un grupo de vinculación de muchos pares de genes, o aleles, los cuales influyen en muchos rasgos diferentes del organismo; 2) el intercambio ordenado de segmentos de cromosomas o bloques de genes puede producirse entre cromosomas apareados del mismo grupo de vinculación, como excepción de la segunda ley mendeliana, y 3) la magnitud de intercambio o recombinación entre genes dados del mismo grupo de vinculación demuestra la posición relativa de los genes en un cromosoma particular.

En 1915, Morgan y sus talentosos colaboradores, Bridges, Sturtevant y Muller (quien más tarde recibió el premio Nobel por su obra sobre las mutaciones inducidas por los rayos X), publicaron *El mecanismo de la herencia mendeliana*. Suele considerarse que dicho texto es el hito más importante en la ciencia de la genética desde la publicación del artículo de Mendel sobre la hibridación de las plantas, casi cuarenta años antes. El tema esencial de Morgan era que los cromosomas visibles, que se encuentran situados dentro del núcleo de la célula, llevan y trasmiten los genes vivos invisibles que influyen en los rasgos hereditarios de un organismo. En 1926 sintetizó en su obra clásica, *La teoría del gene*, todos los conocimientos sobre el material hereditario que se había obtenido en las investigaciones de su grupo de investigadores. Los principios formulados en estas dos obras maestras sirvieron de cimiento para las futuras investigaciones genéticas y llevaron a algunos de los modernos conceptos de la estructura molecular y las actividades bioquímicas de los genes.

A la edad de sesenta y dos años, cuando otros hombres piensan quizá en retirarse, Morgan aceptó la invitación del Instituto de Tecnología de California, en Pasadena, para fundar un departamento de biología con un puesto adjunto de Biología Marina del Pacífico. Recibió con beneplácito la oportunidad de renovar sus investigaciones sobre la regeneración y el desarrollo de los organismos marinos, que había iniciado en la Estación de Nápoles en 1890 y había continuado esporádicamente durante los veranos que pasó en Woods Hole, en Cape Cod. Pasó muchos años fructuosos en California y, a la edad de setenta y nueve años, se entregaba todavía activamente a las investigaciones, cuando un accidente provocó su muerte en 1945.

Genio humilde, Morgan tuvo buenas razones para creer que su vida de biólogo había sido fructuosa y feliz. Sus descubrimientos habían dado ímpetu a la nueva ciencia de la genética. Gracias a sus esfuerzos, su patria había adquirido la importancia

que todavía tiene en las ciencia biológicas, y Morgan nunca
tuvo motivo para lamentar su decisión de ser biólogo.

BIBLIOGRAFÍA

Jaffe, B. *Men of Science in America.*
Morgan, T. H. *Herencia y sexo.*
Morgan, T. H. *La teoría del gene.*
Morgan, T. H., Sturtevant, A. H., Bridges, C. P., y Muller,
  H. J. *El mecanismo de la herencia mendeliana.*

MARÍA CURIE

(1867-1934)

LA ESBELTA JOVEN de cabello claro y rizado, ojos brillantes
y delicados rasgos, se movía inquietamente en el asiento de la
sección de cuarta clase, mientras el viejísimo vagón oscilaba
ruidosamente en la vía. Se apretaban contra ella los toscos
trabajadores y campesinas que llevaban sucios niños. Muy pronto
el aire se volvió casi insoportable debido a la mezcla del sudor
humano y olorosos pedazos de queso, pan duro y otros alimentos
con muchas especies que sacaron sus compañeros de viaje de
las envolturas de papel. Marja Sklodowska había luchado y
esperado más de cinco años para hacer ese viaje de Varsovia
a París. Nada la desanimaría ahora; éste era el rumbo de su
destino. Cerró los ojos y soñó en la carrera que seguiría en
París.

Marja Sklodowska, que más tarde se habría de convertir en
María Curie, nació en Varsovia, Polonia, en el seno de una
familia de cinco hijos. Su padre era un maestro de física, en
la escuela secundaria; su madre, mujer atractiva y educada,
dirigía una escuela particular de niñas. En esa época, Varsovia
se encontraba bajo el dominio de la Rusia imperial. Como la
educación superior tenía que impartirse en idioma ruso con
la aprobación del zar, la vida de los maestros polacos patrió-
ticos, como los Sklodowska, estaba en peligro si no se sometían
obedientemente. Al parecer, el padre de Marja había incurrido
en el disgusto de los gobernantes extranjeros, pues se le dio un
puesto inferior al que tenía, con lo que la familia apenas podía
sobrevivir. Para agravar esta adversidad, la señora Sklodowska
contrajo la tuberculosis y murió cuando Marja tenía once años
de edad.

De niña, Marja fue precoz. Aprendió a leer antes de cumplir los cinco años; tenía notables facultades de concentración y le gustaba leer libros de texto, cuentos de aventuras y obras técnicas. Sus padres le enseñaron francés y ruso y a hacer los quehaceres manuales, y procuraron que pasara muchas horas al aire libre. Cuando se graduó en la secundaria, Marja ganó la medalla de oro, como la habían ganado antes que ella su hermana Bronya y su hermano Jozio. No cumplía aún los dieciseis años en esta época, y su padre la envió a pasar unas largas vacaciones con unos parientes que tenían una granja en el campo. Fue una época feliz de su vida. Se dedicó a pasear por el bosque, a nadar, a montar a caballo y bailar. En una carta a una amiga, decía: "Apenas puedo creer que existan la geometría y el álgebra... Todos estos jóvenes de Cracovia me pidieron que bailara con ellos... muchachos muy apuestos... Eran las ocho de la mañana cuando bailamos la última pieza, una mazurka".

Poco después, el padre de Marja le preguntó qué le gustaría hacer en la vida. No vaciló mucho para responder: "Me gustaría ir a París a estudiar medicina. Allá también admiten a las mujeres en la Universidad".

El señor Sklodowska movió tristemente la cabeza y respondió: "No hay nada que me gustara más para ti, querida Marja, pero tu hermana mayor, Bronya, ha expresado el mismo deseo. No podemos enviar ni tan siquiera a una de las dos. ¿Qué vamos a hacer?"

El bonito rostro de Marja expresó firmeza y en sus ojos pálidos se retrató la determinación: "Muy bien. Irá Bronya y yo me quedaré aquí y trabajaré para sostenerla. Cuando sea doctora, me ayudará a ir yo también".

Habrían de pasar más de cinco largos años antes de que Marja pudiera seguir a su hermana mayor a la universidad de París. Mientras tanto, se dedicó al único trabajo que conocía: el de enseñar como institutriz. Durante un año trabajó con una familia por una verdadera miseria, con un ama grosera e intolerante. Luego obtuvo un puesto mejor pagado en una casa mejor. Fue allí donde tuvo su primer idilio serio con el hijo mayor de la familia. El joven le propuso matrimonio, pero sus padres, que no aprobaban que se casara con una institutriz, pusieron fin a las relaciones. Marja estuvo desolada por algún tiempo y volvió al hogar de su padre. Trabajó de maestra en un colegio clandestino polaco de ciencias, y se especializó en química, matemáticas y física. Por fin, en 1891, por invitación de su hermana, hizo el viaje a París (en un vagón de cuarta clase) y se matriculó orgullosamente en la Sorbona con el nombre de María Sklodowska.

Como no quería ser una carga para su hermana, que se había casado con un médico y tenía ya un niño, María tomó una pequeña buhardilla en el Barrio Latino de París. No había calefacción ni agua en el cuarto, y la luz y el aire se filtraban por el opaco tragaluz del techo. En el invierno, quemaba unos puñados de carbón en una diminuta estufa. La pobreza y el hambre fueron sus constantes compañeros durante los cuatro años de estudios. En una ocasión, una amiga informó a la hermana casada, Bronya, que María se había desmayado de hambre. A pesar de las súplicas de Bronya, pues era una hermana amorosa, María se negó a abandonar su vivienda.

En 1893 se graduó en física y no en medicina, y obtuvo el primer lugar en los exámenes. En 1894 ocupó el segundo lugar en el examen de maestra de matemáticas.

Un día, cuando visitaba la residencia de un amigo polaco, un hombre de ciencia llamado Kovalski, conoció a Pedro Curie, joven físico que, con su hermano, había descubierto la piezo-electricidad (electricidad que resulta de hacer presión sobre ciertos tipos de cristales). Había inventado también un nuevo aparato para medir cantidades muy pequeñas de electricidad. Pedro era un científico de elevados ideales que se negaba a solicitar ascensos o favores. Era sincero y serio, y no le interesaban las mujeres. Sin embargo, cuando le presentaron a María, le encantó encontrar a una mujer bonita que era capaz de discutir los problemas de la física y las matemáticas. En 1895 le propuso matrimonio y María aceptó para formar un matrimonio feliz, una familia admirable y un gran equipo científico. Continuó su vida de pobreza debido a que, aunque Pedro tenía buena reputación de físico, sus únicos ingresos eran de unos sesenta dólares mensuales como maestro de la Escuela Municipal de Física y Química de París. En 1897 nació su hija Irene, futura ganadora del premio Nobel; poco después, una segunda hija, Eva, aumentó su modesta familia.

La enorme vitalidad de María la llevó a buscar algo más, aparte del manejo de la casa, para continuar su obra científica. En 1895, Roentgen descubrió los rayos X, y en 1896, Enrique Becquerel observó que los minerales que contenían uranio emitían unos rayos parecidos, que hoy se conocen con el nombre de rayos gamma. Todo el mundo científico se interesaba en este nuevo fenómeno, aunque era poco lo que se sabía de él. ¿Tenían los minerales de uranio la cualidad de absorber la luz y emitirla después? ¿Qué hacía que emitieran rayos estos minerales? Con la ayuda de Pedro, María resolvió hacer de este tema la base de su tesis doctoral.

Usando los instrumentos de medición eléctrica que había inventado su esposo, encontró que las radiaciones provenían del uranio mismo, sin que dependieran o actuaran recíprocamente con otro elemento. A esta propiedad atómica del uranio le dio el nombre de *radiactividad*. Entonces se dispuso a dar el siguiente paso: ver si otros elementos tenían esta misma propiedad.

La Escuela Municipal de Física en que trabajaba Pedro, le permitió usar un taller en ruinas como laboratorio, y fue en ese pequeño cobertizo, sin calefacción, con goteras en el techo y equipo insuficiente, donde Pedro y la delgada y resuelta María, que ya había tenido algunos síntomas de tuberculosis, iniciaron su investigación. María probó todos los elementos conocidos y descubrió que, además del uranio, el torio era también ligeramente radiactivo. Luego examinó laboriosamente todos los minerales que pudo conseguir, y no encontró indicios de radiactividad, hasta que llegó a la pecblenda. Este mineral emitía un fulgor espectral y los mismos misteriosos y penetrantes rayos que el uranio (que podían exponer placas fotográficas envueltas en grueso papel negro), pero era *aún más* radiactivo que el uranio. Para María, ello sólo podía significar una cosa: *había descubierto un nuevo elemento.*

Pero no era más que el umbral del descubrimiento. Para cruzarlo, tenía que aislar el nuevo elemento en su estado puro. Entregaron toneladas de pecblenda de desperdicio en su taller; se instalaron calderos, y María empezó la agotadora tarea de llenar las carretillas con el mineral y llevarlo a los calderos en el proceso de refinarlo y reducirlo a sus componentes. Cuando comenzó, ignoraba la magnitud de su empresa, pues el radio no era más que una millonésima parte del mineral de pecblenda. Durante cuatro años, María, con la ayuda de Pedro, luchó con la naturaleza para arrancarle el secreto del radio: cuatro años de intenso trabajo físico entre gases malolientes y las emanaciones que irritaban los ojos. Por fin, la naturaleza entregó su secreto. María había descubierto y aislado dos nuevos elementos radiactivos: el polonio, el que dio el nombre de su patria, y el radio, cuyo poder radiactivo excedía al del uranio en un medio millón por ciento. Por esta hazaña, se concedió en 1930 el premio Nobel de física a María y Pedro Curie, así como a Enrique Becquerel, quien antes había trabajado con el uranio. Por irónico que parezca, los Curie estaban tan enfermos que no pudieron ir a Estocolmo a recibir en persona el codiciado premio. Los colmaron de honores, pero, cosa extraña, mejoró poco su situación económica. Aún no tenían un laboratorio adecuado para sus investigaciones. Se cuenta que una vez, cuando le dijeron a Pedro que el gobierno había propuesto su nombre para la Legión de Honor, respondió que preferiría tener un laboratorio apropiado para trabajar.

Los Curie habían descubierto la nueva ciencia de la radiactividad, y dieron al mundo su proceso para extraer el radio. Al negarse a solicitar valiosas patentes (el radio se vendía a ciento cincuenta dólares el gramo), María dijo: "El radio es un instrumento de misericordia y pertenece al mundo".

Aunque María Curie había descubierto el radio, no comprendió la verdadera naturaleza de la radiactividad. Fue Rutherford, en Inglaterra, quien descubrió en 1902 que la radiactividad se debía a la desintegración espontánea de los átomos. En 1911 propuso la teoría nuclear del átomo.

El 19 de abril de 1906 se abatió la tragedia sobre la familia Curie. Cuando regresaba a su casa de una reunión, Pedro, en un momento de descuido, se interpuso en el camino de un gran carro tirado por caballos. Fue arrollado y murió instantáneamente. A María le resultó difícil soportar este golpe. Pedro y ella habían sido algo más que marido y mujer; habían compartido las privaciones, los desalientos y la fama en la búsqueda de la verdad científica. Ahora, todo había terminado. María se apartó del mundo durante algunos años. Había sido nombrada para dar clases en la Sorbona, y fue la primera mujer a quien se diera un nombramiento en una institución francesa de educación superior. Entonces se dedicó en cuerpo y alma a la enseñanza y a educar a sus hijas, Irene y Eva.

En 1911 se convirtió en la única persona a la que se hubiera concedido un segundo premio Nobel, esta vez de química, por su labor al aislar el radio puro y determinar su peso atómico. En 1912, el gobierno francés fundó un centro de investigaciones llamado Instituto Curie de Radio, con María como directora. La Primera Guerra Mundial interrumpió sus trabajos en dicho centro, pues se dedicó, con su acostumbrado vigor y habilidad de organización, a los servicios radiológicos para los hospitales.

Después de la guerra, volvió al Instituto para continuar su enseñanza y sus investigaciones. En 1921 le ofreció el presidente Harding de los Estados Unidos un gramo de radio, regalo de las mujeres norteamericanas; lo aceptó en nombre del Instituto Curie. Un segundo gramo, que le fue ofrecido en 1929, lo donó al Instituto Curie de Varsovia, que se acababa de fundar.

En 1934 contrajo una enfermedad de los glóbulos de la sangre debida a los efectos del radio, para la cual no había curación. Alberto Einstein, que conoció personalmente a María Curie, rindió un homenaje apropiado a su memoria: "Su fuerza, la pureza de su voluntad, su austeridad consigo misma, su objetividad, su juicio incorruptible, fueron de una especie que rara vez se encuentran en un mismo individuo... Su profunda modestia nunca dejó lugar a la complacencia..." Cada una de las escogidas palabras del doctor Einstein describió un aspecto significativo del carácter y la obra de María Curie.

BIBLIOGRAFÍA

Bigland, Eileen. *Madame Curie.*
Curie, Eve. *Madame Curie.*
Curie, María. *Radiactividad.*
Thorne, Alice D. *Madame Curie.*

ROBERTO ANDRÉS MILLIKAN

(1868-1953)

CUANDO A ROBERTO Millikan, estudiante de segundo año del Colegio Oberlin, le pidió su profesor de griego que diera clases de física elemental en el departamento de enseñanza preparatoria de ese Colegio, respondió que no sabía física. El profesor replicó: "Has hecho un excelente trabajo en mi clase de griego; apostaría a que cualquiera que puede hacer lo que has hecho en mi clase puede enseñar física". Y así, un estudiante de griego empezó lo que habría de ser la más brillante de todas las carreras científicas.

Roberto Millikan nació el 22 de marzo de 1868 en la familia de un pastor protestante de Morrison, Illinois. Como tenía cinco hermano, desde edad muy temprana ayudó a ganar dinero para sostenerse y estudiar. En 1875, la familia se fue a vivir a Maquoketa, Iowa.

Los primeros años de Millikan fueron los de un típico muchacho del campo; él y sus hermanos jugaban beisbol, nadaban en el río y ordeñaban las vacas dos veces diarias. Inclusive se levantaban a las tres de la mañana para recibir al circo en sus visitas anuales. Además, los tres hermanos se convirtieron en expertos gimnastas en paralelas fabricadas en la casa. La escuela secundaria de Maquoketa era también típica de las pequeñas escuelas rurales de esos días; el único curso de física era impartido por el director, quien pasaba los veranos localizando agua con una vara de avellano y no hacía mucho caso de las tonterías que aparecían en el libro de texto.

Millikan prestó poca atención a las ciencias mientras estuvo en la escuela secundaria o en la preparatoria de Oberlin. En realidad, su mayor interés eran el griego y las matemáticas. Sin embargo, aceptó el puesto de profesor de física debido a que necesitaba el dinero, y no volvería nunca al estudio de los clásicos.

Roberto Millikan se preparó tan concienzudamente como le fue posible durante los meses del verano que precedieron a su primera clase de física resolviendo todos los problemas que contenía el libro de texto. No quedó satisfecho hasta que entendió completamente lo que había de enseñar. Fue tan competente como maestro que siguió siendo preceptor de física, con seiscientos dólares anuales, después de que se graduó en Oberlin en 1891. También prestó sus servicios como director interino en el gimnasio de la escuela, y pudo así sostenerse y ayudar a la educación de sus cinco hermanos y hermanas.

En el otoño de 1893 se le escogió para una beca especial de física en la Universidad de Columbia. Sin que él lo supiera, sus profesores de Oberlin habían enviado a dicha universidad una copia de sus calificaciones, recomendándolo calurosamente. En Columbia estudió con algunos famosos hombres de ciencia, como, por ejemplo, los profesores Ogden N. Rood, R. S. Woodward y Miguel Pupin, quienes se interesaban sinceramente en la física, y decidió consagrarse a esta ciencia. Cuando se doctoró en 1895, no fue sino el principio de sus verdaderos estudios.

En 1893, los Estados Unidos estaban muy atrasados en la esfera de las ciencias puras. En Inglaterra, Maxwell, Kelvin, Joule, Rayleigh, Stokes y otros estaban poniendo los cimientos analíticos y experimentales de todas las ciencias físicas; en Francia, Pasteur, Poincaré, Foucault, Fizeau, Mascart y Lippmann se entregaban a una obra semejante, mientras los alemanes Planck, Helmholtz, Boltzmann, Hertz, Kirchhoff, Bunsen y otros ponían los cimientos de una nueva química y una nueva física.

Por lo tanto, cuando se renovó la beca de Millikan en Columbia, siguió el consejo del profesor Pupin y solicitó un préstamo de trescientos dólares para continuar sus estudios en el extranjero. Afortunadamente para Millikan, su estancia en Europa, de 1895 a 1896, fue época en que Becquerel, los Curie, Roentgen y J. J. Thomson realizaron una serie de famosos experimentos que alteraron la mayoría de las teorías clásicas de la física. Este contacto con los grandes científicos europeos fue el punto de madurez que necesitaba Millikan para su vida de maestro, administrador científico e investigador.

En el verano de 1894 estudió en la Universidad de Chicago, donde conoció al profesor Alberto A. Michelson, el científico experimental más brillante de los Estados Unidos. Millikan quedó muy impresionado con la personalidad de este hombre y sus conocimientos de óptica experimental. Cuando Michelson le envió un telegrama ofreciéndole el puesto de ayudante en su departamento de física, en 1896, aceptó en seguida. Para ocupar ese puesto, rechazó otro ofrecimiento en el que le habrían pagado un salario dos veces mayor que el de Chicago.

Millikan pasó veinticinco fructuosos años en la Universidad de Chicago, donde fue nombrado profesor de física en 1910. Durante los primeros doce años que estuvo en esa ciudad, constituyó una parte importante del programa de ampliación educativa, con el cual la Universidad de Chicago se convirtió en una gran institución docente. Michelson delegó en el joven sus obligaciones administrativas y de enseñanza, comprendiendo la orientación de un numeroso grupo de estudiantes graduados que habían ido a estudiar a Chicago. Millikan se dio tiempo para escribir algunos de los primeros textos norteamericanos de física que pueden considerarse aceptables, y para ayudar a la educación de su familia.

A pesar de su inspiración y su preparación anterior, Roberto Millikan no pudo dedicarse seriamente a sus investigaciones hasta que tenía casi cuarenta años de edad; entonces eligió problemas que habían inquietado seriamente al mundo científico durante los años que pasó en Europa. El primero de sus experimentos decisivos trató de probar la validez de la teoría del electrón de J. J. Thomson. Intentó primero copiar los métodos que habían usado Thomson y Wilson en Cambridge cuando quisieron medir la magnitud de la carga del electrón. Empero, no tardó en descubrir que el método de Cambridge, que había dado resultados poco concluyentes en un periodo de diez años, era bastante bueno, aunque los materiales no resultaban adecuados para una medición tan precisa. Por ello, hizo algunas ligeras modificaciones, como la sustitución de pequeñas gotas de aceite en lugar de la niebla descendente de gotitas de agua que había usado Thomson. Debido a que era necesario usar gotas de tamaño uniforme en este experimento, el aceite daba mejores resultados, pues no se evaporaba ni perdía peso, como sucedía con las gotitas de agua.

El aparato de Millikan consistía en dos placas metálicas horizontales que podían cargarse con un acumulador de seis mil voltios o descargarse abriendo un interruptor. Cuando Millikan rociaba finas gotas de aceite sobre la placa superior, caían algunas gotas de un milésimo de milímetro de diámetro por el pequeño orificio que había abierto anteriormente en el centro de la placa superior. A través de un telescopio de foco pequeño, miraba caer dichas gotitas en una distancia fija de uno a tres décimos de centímetro. Cuando se conectó el interruptor, observó que algunas de las gotas seguían cayendo, en tanto que la mayoría de las otras dejaban de caer o comenzaban a subir con diversas velocidades.

Después de mucha práctica, pudo identificar las gotas que tenían una, dos, tres o más cargas negativas o electrones según sus velocidades. Logró cambiar la carga de una gota de aceite haciendo pasar un haz de rayos alfa, beta o gamma por el aire que estaba debajo de ellas, en el que flotaban. Mientras permaneciera constante la fuerza de su campo eléctrico, el tiempo que necesitaban para bajar o subir era siempre uno de cuatro o cinco valores. Nunca era un valor intermedio. Así, Millikan tuvo la prueba que antes había eludido tanto a Thomson como a Wilson, de que el electrón es unitario por naturaleza y tiene una carga fija. Siguió estudiando las gotas de aceite hasta 1912, año en que obtuvo un valor de 4.807×10^{-10} unidades electrostáticas $\pm .005 \times 10^{-10}$ unidades electrostáticas. Inclusive la escuela científica alemana aceptó de mala gana los resultados tan precisos de Millikan como prueba experimental de la teoría atómica de la materia.

En 1912 se dedicó a resolver el problema de diseñar nuevos aparatos para obtener una solución experimental convincente de la ecuación fotoeléctrica de Einstein. Millikan confesó más tarde que no esperaba obtener prueba positiva, pues ni él ni la mayoría de sus colegas habían aceptado aún la teoría de los *quanta* de Planck, la base de los trabajos de Einstein. Millikan diseñó un ingenioso aparato, al que llamó "barbería al vacío". Dentro de esta cámara de vidrio al vacío construyó una mesa móvil, y sobre cada una de sus tres caras había muestras de tres metales muy activos: sodio, potasio y litio. Cada uno de esos metales es capaz de responder a la luz visible de diversas frecuencias, de manera que emite electrones de su superficie. Como la exactitud de los resultados dependía de que hubiera superficies frescas y limpias de estos metales químicamente activos, usó un cuchillo controlado magnéticamente para cortar raspaduras de cada superficie.

Millikan arrojó un color espectral puro tras otro sobre cada una de estas superficies. Luego midió el número de electrones emitidos cada segundo (la corriente eléctrica) y la energía de esos electrones. Para su asombro, no sólo confirmó en todas sus partes la ecuación fotoeléctrica de Einstein, sino que también encontró que la constante de Planck, "h", era constante para *todos* los colores espectrales. La determinación de Millikan de 6.57×10^{-27} ergios por segundo estaba en perfecto acuerdo con el valor que había obtenido Planck en 1900 con la radiación de los cuerpos negros. En 1923 se le concedió el premio Nobel de física por sus brillantes investigaciones, así como por sus estudios sobre la carga del electrón.

Quizá por lo que se conoce mejor a Roberto Millikan es por sus investigaciones sobre los rayos cósmicos, que inició en 1915 y reanudó en 1923, después de que abandonó la Universidad de Chicago para ocupar el puesto de director del Laboratorio Norman Bridge de Física en el Instituto de Tecnología de California. Construyó electroscopios especiales que se usaron para medir la fuerza de estos poderosos y misteriosos rayos en lugares tan extraños como las cimas de las montañas y los lagos cubiertos de nieve. Millikan creía que estos rayos eran consecuencia de las radiaciones que emanan del nacimiento de elementos en las lejanas inmensidades del espacio interestelar.

Con Roberto Andrés Millikan, la ciencia norteamericana llegó a su madurez. Sus investigaciones fueron de primera importancia. Como maestro de la Universidad de Chicago, preparó y alentó a muchos de sus mejores discípulos graduados. Como administrador del Tecnológico de California, preparó a varias generaciones de jóvenes científicos hasta hacerlos llegar a un nivel que puso para siempre fin a la necesidad de enviar al extranjero a los hombres de ciencia norteamericanos para hacer estudios avanzados.

BIBLIOGRAFÍA

Heathcote, N. *Nobel Prize Winners in Phisics.*
Hylander, C. J. *American Scientists.*
Millikan, B A. *The Autobriography of Roberto A. Millikan.*
Wilson, M. *American Science and Invention.*

ERNESTO RUTHERFORD

(1871-1937)

EN 1937 SE PUBLICÓ en Inglaterra un libro de título extraño: *La nueva alquimia.* No, no era la traducción de las obras de un alquimista que hubiera vivido en la Edad Media, sino un tratado científico que había sido escrito por uno de los hombres de ciencia experimentales más famosos del mundo, lord Ernesto Rutherford. ¿Qué podía tener Rutherford en común con los alquimistas, que a menudo pasaban su vida entera en el vano intento de cambiar el hierro, el plomo y otros metales "viles" en oro? Nunca le había interesado cambiar los metales en oro. Sin embargo, gracias a algunas observaciones agudas y una serie de brillantes experimentos, pudo demostrar que la naturaleza misma era el alquimista más grande de todos. Desde el principio de los tiempos, los compuestos de uranio y de torio han estado emitiendo radiaciones que lenta y automáticamente transforman esas sustancias en elementos nuevos y más ligeros, como el radio y el polonio. Estos nuevos elementos radiactivos se desintegran también lentamente en sustancias más ligeras, hasta que acaban por convertirse en una forma estable de plomo, y no en oro.

Ernesto Rutherford nació el 30 de agosto de 1871 en Nelson, en la isla del Sur, Nueva Zelanda. Fue una fortuna para el mundo de la ciencia que sus padres dieran gran valor a su educación. A costa de grandes sacrificios personales, lo sostuvieron mientras hacía sus estudios universitarios, y él correspondió a su fe ganando numerosos premios y becas en una gran variedad de asignaturas, tales como latín, francés, literatura inglesa e historia, así como en matemáticas, física y química. Después de graduarse en el Colegio Nelson en 1889, obtuvo una beca en la Universidad de Nueva Zelanda. Durante su segundo año en dicha Universidad, demostró que prometía mucho en la física. Su tardía iniciación en su especialidad explica la variedad de sus conocimientos en muchas otras esferas.

Durante sus dos últimos años que pasó en la Universidad de Nueva Zelanda, le interesaron profundamente las descripciones de los experimentos hechos por Hertz con las ondas electromagnéticas o de radio. En esta esfera, Rutherford hizo sus primeras investigaciones originales sobre la magnetización del hierro por descargas eléctricas de alta frecuencia. Esta experimentación lo llevó a su invento de un detector eléctrico de ondas de radio. Sin embargo, intervino en este punto el destino con un cambio significativo en la política docente de las escuelas de graduados que dependían de la Universidad de Cambridge, en la lejana Inglaterra.

Se habían usado los fondos formados con las utilidades obtenidas en la Exposición de 1851 para conceder becas a los estudiantes distinguidos de las universidades de la Comunidad Británica, y en 1895, los comisionados de la Exposición modificaron los reglamentos para permitir que los becarios pasaran dos años en Cambridge. Simultáneamente, Cambridge comenzó a admitir por primera vez a estudiantes graduados adelantados que pudieran obtener el título mediante la realización satisfactoria de investigaciones aprobadas. Como primer estudiante de investigaciones que se matriculó en Cavendish según el nuevo reglamento, Rutherford fue el precursor de un numeroso grupo de estudiantes distinguidos cuyos posteriores descubrimientos harían de Cavendish el más importante de los centros científicos del mundo.

El primer proyecto de Rutherford que tuvo éxito en Cavendish, fue el de ampliar el alcance de su detector de tipo de radio. Ya proyectaba hacer suficiente dinero con este aparato para casarse con su prometida de Nueva Zelanda, María Newton. Sin embargo, cuando se anunció el descubrimiento de los rayos X a fines de 1895, su deseo de hacer dinero fue superado en seguida por su interés mayor aún, en los descubrimientos científicos. Cuando el gran J. J. Thomson lo invitó a unirse a él para estudiar el efecto que tenían los rayos X sobre los gases, dejó a un lado sus investigaciones. Esta sociedad dio los toques finales a las brillantes investigaciones de Thomson sobre la conducción de la electricidad a través de los gases y llevó directamente al anuncio que hizo Thomson de la naturaleza eléctrica de la materia en 1897. Su brillante colaboración fue, sin duda, fruto de la singular imaginación y el genio teórico de Thomson, y de las aptitudes naturales de Rutherford como experimentador infatigable.

Como resultado de los descubrimientos de Roentgen, Becquerel y Thomson en el breve periodo de dos años, había muchas cuestiones que necesitaban solución. Por lo tanto, Rutherford decidió dedicar su atención a las extrañas y misteriosas radiaciones de Becquerel. Descubrió que el uranio emitía radiaciones que ionizaban los gases de la misma manera que lo hacían los rayos X. Descubrió también que el poder penetrante de estos rayos en los gases variaba en proporción inversa a la densidad del gas.

Cuando en 1898, J.J. Thomson instó a su discípulo más inteligente a aceptar el puesto recientemente creado de profesor de investigaciones de física en la Universidad McGill de Montreal, Rutherford salió sin entusiasmo hacia el Canadá. Al igual que Thomson, se rodeó de muchos estudiantes de investigaciones en este laboratorio tan maravillosamente equipado, que había sido donado por la generosidad de un millonario.

Rutherford tuvo que aplazar de nuevo su matrimonio hasta 1900, pues este millonario, que vivía solamente con mil dólares al año, pensó que dos mil dólares eran un salario pródigo para un profesor. Sin embargo, poco después de ocupar su nuevo puesto, Rutherford hizo el primero de sus grandes descubrimientos. Observando cuidadosamente el poder de penetración y las desviaciones relativas de las radiaciones de Becquerel bajo la influencia de las fuerzas eléctricas y magnéticas, anunció que estas radiaciones estaban compuestas, por lo menos, de dos rayos diferentes. Los rayos que podían ser detenidos por una gruesa hoja de papel recibieron el nombre de radiación alfa, y los rayos que podían ser detenidos por una delgada hoja de aluminio recibieron el nombre de radiación beta. Poco después se demostró que los rayos beta consistían en electrones de alta energía; que eran los mismos que los rayos catódicos de Thomson, y que durante algunos cambios radiactivos se emitía también una tercera radiación muy penetrante, los rayos gamma, semejantes a los rayos X de alta energía. Años más tarde, Rutherford haría uso de estas partículas alfa para bombardear los átomos, después de haber probado de manera concluyente, con la experimentación, que eran átomos de helio de gran energía, despojados de sus electrones planetarios.

A principios del siglo se habían hecho muchas observaciones desconcertantes sobre los efectos radiactivos en los diversos laboratorios del mundo. Una de las más desconcertantes fue la que se hizo con las radiaciones de los compuestos de torio. Si se permitía que pasara aunque fuera una corriente ligera de aire sobre la superficie de este material activo, se observaba que su actividad aumentaba grandemente. Empero, después de un mes, la muestra original recobraba su fuerza inicial. Con la ayuda de R. B. Owens, colega del departamento de ingeniería de McGill, Rutherford pudo probar de manera concluyente que esta confusión se debía a que el torio despedía una emanación que más tarde identificó como un gas altamente radiactivo, pero químicamente inactivo, llamado radón.

Siguieron dos años intensos y fructuosos de colaboración con Federico Soddy, talentoso estudiante de química. Sus imaginativos y cuidadosos experimentos con los compuestos de radio y torio produjeron una teoría completamente revolucionaria sobre la desintegración radiactiva. En 1902, Rutherford anunció audazmente que el descubrimiento de la radiactividad de Becquerel sólo podía explicarse como consecuencia de una trasformación espontánea y explosiva de un elemento químico en otro. Aquí y allá, un átomo de los muchos millones de átomos de un elemento inestable estallaba de pronto y emitía una partícula alfa o beta, dejando un átomo completamente nuevo en lugar del radiactivo.

Cuando decidió regresar a Inglaterra en 1907 para aceptar un puesto en la Universidad de Manchester, continuó sus investigaciones sobre la radiactividad natural. Para 1908, Rutherford y su hábil ayudante, Juan Geiger, habían creado un método para descubrir y contar las partículas subatómicas individuales. Y cuando Geiger y otro ayudante llamado Marsden estaban investigando la desviación de las partículas alfa con una hoja de pan de oro, Rutherford recibió la noticia de que le habían dado el premio Nobel de química por sus anteriores investigaciones sobre la radiactividad. Aunque era profesor de física, este premio le correspondía en virtud de que la radiactividad es una parte íntima de ambas esferas de la ciencia. Más tarde se le concedió la nobleza por sus magníficas proezas científicas.

Por importantes que hubieran sido sus anteriores aportaciones científicas habría de anunciar muy pronto un descubrimiento aún más importante, basado en la difusión y dispersión de las partículas alfa. C. T. R. Wilson, otro famoso discípulo de J. J. Thomson, había inventado una "cámara de niebla", que permitía a los hombres de ciencia fotografiar las trayectorias de las partículas subatómicas cargadas. Con este aparato, los ayudantes de Rutherford habían observado que la mayoría de las partículas alfa pasaban sin desviarse por una hoja muy delgada de pan de oro. Sin embargo, vieron que una o dos de dichas partículas se desviaban, no ligeramente, sino en un ángulo muy grande. Rutherford quedó perplejo, pues comparó este fenómeno con la probabilidad de que una granada de cuarenta centímetros rebotara al chocar con un pedazo de papel de seda.

Ninguna teoría anterior sobre la estructura del átomo podía explicar dichas observaciones. Estas partículas alfa de alta energía sólo podían comportarse de tal manera si tocaban o se acercaban a algo muy pequeño y duro. En 1911, Rutherford anunció su teoría del *átomo nuclear,* que consistía en una diminuta carga central, la cual contenía más del 99 por ciento de la masa del átomo, rodeada por una esfera de electrificación de carga igual y opuesta. Sus cálculos matemáticos, basados en esos experimentos, dieron al mundo científico una buena idea del tamaño del núcleo central invisible y del espacio que lo rodeaba.

Otros dos estudiantes de investigaciones, Enrique Moseley y Niels Bohr, agregarían pronto los resultados de sus observaciones y experimentos a la obra de Rutherford. Tan concienzudo fue este esfuerzo, que la imagen del átomo de Bohr-Rutherford se ha mantenido a pesar de los recientes descubrimientos hechos con aparatos científicos muy perfeccionados.

Cuando estalló la Primera Guerra Mundial, Rutherford interrumpió todas sus investigaciones atómicas para dedicar su prodigiosa energía y su genio al perfeccionamiento del equipo de observación submarina. Esos esfuerzos para impedir que Inglaterra se muriera de hambre tuvieron éxito, pues gracias a los nuevos aparatos, se evitó casi completamente el hundimiento de los buques británicos que llevaban alimentos. Con el retorno de la paz, Rutherford volvió a las partículas alfa y los núcleos atómicos de los elementos gaseosos.

A Rutherford lo desconcertó grandemente su observación de un destello particularmente brillante (centelleo) en una pantalla de sulfuro de cinc cuando disparaba balas alfa en un recipiente de hidrógeno. Como ni el hidrógeno ni las partículas alfa podían producir este resultado por sí mismos, propuso la teoría de que las colisiones debían haber producido un átomo de hidrógeno cargado. Rutherford dio a esta nueva partícula el nombre de *protón*. Al bombardear otros gases, como el oxígeno, el nitrógeno, el dióxido de carbono y el vapor de agua, no ocurrió nada sorprendente, exceptuando el caso del nitrógeno. También aquí apareció de pronto el súbito centelleo del protón, y se encontraron indicios muy leves de hidrógeno después del bombardeo con partículas alfa. ¿De dónde venían estos átomos de nueva creación? Sólo era posible una respuesta: del núcleo del nitrógeno.

Rutherford descubrió también que sólo después del bombardeo había indicios de oxígeno mezclados con su muestra de nitrógeno. Llegó a la conclusión correcta de que las colisiones ocasionales entre las rápidas partículas alfa y los núcleos de nitrógeno se habían traducido en la desintegración de los átomos individuales de nitrógeno. Los protones que se liberaban debían ser una parte componente del núcleo de nitrógeno. Así, pues, Rutherford fue el primer hombre que cambió un elemento en otro y que imitó a la naturaleza como alquimista de nuestros tiempos.

En 1919 se fue a la Universidad de Cambridge como director de los Laboratorios Cavendish, cuando su querido preceptor, sir J. J. Thomson, decidió retirarse después de treinta y cinco años de abnegados servicios. Rutherford trabajó con gran distinción como guía y maestro de los estudiantes de investigación que seguían viniendo de todas las partes del mundo. Pedro Kapitza, de la Unión Soviética, fue uno de sus notables discípulos extranjeros que alcanzó la grandeza en su patria. Otro, James Chadwick, que había sido uno de sus ayudantes, consiguió descubrir la tercera partícula subatómica fundamental, el neutrón, cuya existencia había sido profetizada por Rutherford varios años antes.

Rutherford murió inesperadamente en 1937, después de recibir todos los honores que merecía, tanto de su patria como del mundo científico. Gracias a sus trabajos para explicar la radiactividad natural, para formular una excelente imagen del núcleo atómico y para producir artificialmente la primera reacción nuclear, se hizo evidente que el hombre podía controlar los procesos nucleares si era capaz de encontrar proyectiles adecuados y acelerar esas partículas con aparatos electrónicos. Así, sus magníficos experimentos llevaron directamente a los primeros bombardeos de átomos realizados por Ernesto Lawrence y otros.

BIBLIOGRAFÍA

Dietz, D. *Atomic Science, Bombs and Power.*
Howorth, M. *Rutherford and Soddy.*
Jafre, B. *Crucibles.*
Riedman, S. *Men and Women Behind the Atom.*

ALEXIS CARREL

(1873-1944)

LOS DOS HOMBRES que se apretaban contra el enorme tanque de vidrio respiraban pesadamente al contemplar el drama que se desarrollaba ante sus emocionados ojo. El tanque contenía su obra: un curioso artefacto de alambres y tubos de vidrio que pulsaba rítmicamente en una solución especial. El aparato era un corazón artificial. El año, 1935. En el riñón enfermo de un perro, el corazón mecánico inyectaba poco a poco la vida. El objetivo de los dos hombres de ciencia era el de tomar órganos humanos que hubieran sido extirpados con una operación o inclusive después de la muerte, revivirlos por medio de su invento y prepararlos luego para reimplantarlos en el cuerpo de un paciente.

Los dos hombres formaban una extraña combinación. Uno de ellos era el célebre "Lindy", el legendario piloto norteamericano Carlos Lindbergh. Aunque pocos lo saben, fue un aficionado a la ciencia con aptitudes naturales para los procedimientos experimentales. Su preceptor fue Alexis Carrel, hombre de ciencia profesional, cirujano, biólogo y sociólogo. A Lindbergh había fascinado el doctor Carrel ("es uno de los espíritus más brillante, penetrantes y versátiles que haya conocido yo jamás"), y éste lo invitó a trabajar con él en sus modernos laboratorios de Nueva York. Idolatrado por millones de personas. Lindbergh había caído bajo el hechizo del fornido francés, cuya vida había leído en una revista científica.

Gracias a ella supo que Carrel nació en Ste. Foy-lès-Lyon, en 1873. Fue hijo de un mercader de seda, pero su sueño era el de ser médico. Para ese fin, el joven Alexis se preparó con una meticulosidad que resultaba rara en un adolescente. Practicaba dando puntadas en papel ordinario con una aguja fina e hilo delgado, de tal manera que las puntadas salían casi invisibles. La misma laboriosa dedicación a sus estudios lo llevó a ocupar el primer lugar de su clase.

A principios del siglo se graduó de médico e ingresó en la facultad de la Universidad de Lyons, donde se reveló el genio para las investigaciones que habría de señalar su brillante carrera. Pero al inquieto joven le pareció que Lyons era demasiado provinciana. Los ancianos que componían la *élite* científica de Francia, desconfiaban de las innovaciones de Carrel y ponían obstáculos en su camino. El porvenir se encontraba al otro lado del Atlántico, donde un médico joven podría abrirse paso sin las restricciones de la tradición y el protocolo. En 1904 se fue al laboratorio Hull de Fisiología, en Chicago. Allí hizo Carrel una importante aportación a la esfera de la cirugía cuando descubrió una nueva manera de suturar los extremos de las arterias. La combinación de sus aptitudes para la investigación y de su habilidad quirúrgica hicieron tanto más valiosa su obra. No tardó en hacer operaciones tan atrevidas como la extirpación y la reimplantación invertida de la tiroides de un perro, a fin de arrojar nueva luz sobre las funciones de esta glándula en el ser humano.

Simón Flexner, director del entonces recientemente organizado Instituto Rockefeller de Investigaciones Médicas, buscaba nuevos talentos con el objeto de atraer los mejores cerebros del mundo a Nueva York. Ofrecía como cebo fondos ilimitados, ayudantes que dedicarían todo su tiempo al trabajo y magníficos centros de investigaciones. Era imposible negarse y, en 1906, Carrel pasó a formar parte del distinguido personal del Instituto. El Instituto tenía sus debilidades (véase el retrato satírico que del Instituto McGurk hace Sinclair Lewis en *Arrowsmith*), pero le dio la oportunidad de realizar las investigaciones que deseaba, y la aprovechó. Su incesante atención al estudio de nuevos métodos para suturar los vasos sanguíneos permitió que los médicos hicieran trasfusiones de sangre sin riesgo y trasplantaran arterias, venas y órganos. Por esas proezas, el doctor Carrel recibió en 1912 el premio Nobel de fisiología y medicina.

Cuando estalló la guerra de 1914, volvió a su patria e ingresó en el ejército. También su esposa prestó sus servicios como jefe de enfermeras en la Cruz Roja francesa. Carrel quedó aterrado al ver los procedimientos quirúrgicos que observó en las tiendas de operaciones cerca de las líneas del frente; las amputaciones estaban a la orden del día cada vez que los cirujanos sospechaban que la herida se había infectado. Resuelto a poner fin a esta carnicería, Carrel y un colega, Enrique Dakin, perfeccionaron la solución antiséptica Carrel-Dakin, tratamiento que controlaba las infecciones de las heridas y eliminaba la necesidad de hacer amputaciones al por mayor. Muchos veteranos de la Primera Guerra Mundial le deben la vida y las extremidades a este descubrimiento.

Después de la guerra, Carrel continuó su carrera en el Instituto Rockefeller. Siempre le había interesado la conservación de los tejidos fuera del cuerpo humano y su aplicación a la cirugía. En realidad, ya en 1912 había iniciado el cultivo, en embriones de pollito, de algunos fragmentos de corazón embrionario de dichos animalitos. Obtuvo tejido conjuntivo fibroso de los subcultivos hechos con sus fragmentos originales, y hasta nuestros días se ha mantenido vivo. Consagró todas sus energías al cultivo de los tejidos, esfera que revolucionaron sus técnicas. Cuando conocieron las modernas teorías de Carrel, los científicos vieron que se abrían nuevas perspectivas en la incesante lucha de la medicina contra las enfermedades. Era razonable suponer que si podía lograrse que los tejidos y los órganos siguieran creciendo fuera del cuerpo, darían a los hombres de ciencia una valiosísima oportunidad para estudiar los secretos del organismo y hacerlo inexpugnable al ataque.

Lindbergh había conocido a Carrel y le había confesado su amor a la ciencia. Tan intenso era su interés, que Carrel lo invitó a su laboratorio y dejó espacio disponible para el tímido y joven aviador. A partir de entonces, cada vez que se lo permitían sus ocupaciones, Lindbergh iba directamente al laboratorio.

En 1938, los dos amigos colaboraron en un libro, *Cultivo de los órganos*, en el cual describían una bomba de perfusión (corazón artificial) que habían diseñado varios años antes. Era una bomba sin gérmenes con la doble función de mantener vivos los órganos en un líquido y cambiar el contenido de éste para estimular las anormalidades de los órganos, que podían estudiarse fácilmente. Al igual que el sistema circulatorio del cuerpo, la bomba era un "sistema cerrado". Sus orificios estaban protegidos con algodón y sellados con cemento para impedir que entrara el aire una vez que se había conectado con el resto del aparato. El instrumento se hallaba encerrado en una incubadora, que mantenía la temperatura de la bomba al nivel de la del organismo. El "latido" lo daba la presión del gas, que era expedido a intervalos regulares por el aire comprimido que escapaba a través de una válvula giratoria.

Algunos de los conceptos sociológicos del doctor Carrel han sido objeto de enconados ataques. Su éxito editorial de 1935, *La incógnita del hombre,* ofrecía una filosofía que inquietó a muchos. Proponía un consejo superior que gobernara al mundo para su bienestar. Los miembros del consejo, grupo de notables intelectuales, se congregarían en un "centro de pensamiento", al cual acudirían los dirigentes políticos para buscar consejos. Los seres superiores que componían el consejo dedicarían su vida a los fenómenos sicológicos, fisiológicos y económicos. Carrel sostenía que dicha organización era la única esperanza del género humano para prevenir la decadencia orgánica y mental de las naciones del mundo. Otras partes del libro señalaban que los individuos no eran iguales: el hombre de genio y el hombre imbécil no pueden ser considerados como iguales ante la ley. Opinaba que la educación superior y los privilegios del voto debían negarse a los *no inteligentes.*

Con la ayuda de patrocinadores adinerados, el doctor Carrel formó la Fundación Francesa para el Estudio de los Problemas Humanos. Bajo su dirección se analizarían científicamente todos los problemas humanos a fin de encontrar conclusiones de valor práctico. Continuó esta obra idealista hasta su muerte, ocurrida en París en 1944. Esté uno de acuerdo o no con las doctrinas sociológicas de Alexis Carrel, tiene asegurado su lugar en las primeras filas de los investigadores médicos.

BIBLIOGRAFÍA

Carrel, Alexis. *La incógnita del hombre.*
————. *Viaje a Lourdes.*

LEE DE FOREST

(1873-1961)

A VECES, LOS grandes inventos dependen de una idea de sorprendente sencillez. Difícilmente se consideraría que el retorcer un delgado fragmento de alambre e inser: irlo en una bombilla es un incidente que conmueve al mundo; sin embargo, eso es literalmente lo que hizo Lee De Forest para inventar el tríodo, que está considerado en la actualidad como uno de los veinte inventos más importantes en la historia de la humanidad. La significación de lo que hizo De Forest fue expresada con mucho tino por Mildred Norton en la *Saturday Review* del 28 de septiembre de 1957: "Los futuros historiadores, al reflexionar sobre la génesis de la era electrónica, quizá lleguen a la conclusión, sin indebida ligereza, de que el destino del siglo XX pendía de un delgado hilo de alambre. El hombre que lo trenzó para darle una forma que cambió al mundo, fue un joven inventor, sin un centavo, que se llamaba Lee De Forest".

Es mucho decir; pero cuando advertimos lo que nos ha dado el tríodo de De Forest la trasmisión de radio y televisión, la grabación de alta fidelidad y estereofónico, la telefonía trascontinental, el radar, las calculadoras, la cinta magnética, las máquinas automáticas, el moderno equipo de cocinas, los ascensores y las escaleras eléctricas, los submarinos atómicos, los proyectiles teleguiados, los vehículos espaciales y los miles de instrumentos electrónicos), podemos ver que no es una exageración. Sin duda, Lee De Forest fue uno de los padres legítimos de la era electrónica.

Nació en 1873 en Council Bluffs, Iowa, pero creció en Talladega, Alabama, a donde habían enviado a su padre, ministro religioso, para reorganizar una escuela negra. Fue un lugar solitario para el joven Lee: los blancos del sur se mostraban hostiles, y a los negros parecía no gustarles tampoco la familia yanqui. En consecuencia, tuvo pocos amigos, pero hubo sus compensaciones. Privado de las habituales relaciones juveniles, dispuso de más tiempo para leer. Su padre intervino directamente en la educación del niño, con la esperanza de orientarlo a la vocación religiosa. Sin embargo, Lee prefería la ciencia y mostró tener gran aptitud para ella, construyendo baterías y motores que eran de calidad profesional. En la Escuela Científica Sheffield, de Yale, recibió estímulo el talento de Lee y se quedó allí hasta obtener el doctorado en 1899.

Comenzaba un nuevo siglo. Lee, que rebosaba de nuevas ideas, entró en él impetuosamente. Se fue a Chicago a trabajar en una fábrica de dínamos de la Western Electric Company. Siguió luego una multitud de empleos: trabajó en un laboratorio telefónico, dirigió una revista de electricidad y enseñó en el Instituto Armour.

La vieja bobina europea de chispas, con su interruptor de martillo, era deficiente, y su sistema de puntos y rayas no impresionó a De Forest. Considerando que la trasmisión de la voz humana sería muy superior, inventó el *respondedor*. Era un generador de corriente alterna que tenía un trasformador de amplificación para dar una chispa constante de alta frecuencia. Por imperfectas que fueran estas primeras trasmisiones, contenían la vitalidad del elemento humano: una cualidad que no

podían trasmitir los puntos y las rayas. Con este trasmisor, fundó
la American De Forest Wireless Telegraph Company y en 1904
hizo historia con las primeras informaciones periodísticas inalámbricas sobre la guerra rusojaponesa. Fue el éxito inicial de Lee
De Forest, pero condujo al primero de una larga serie de fracasos económicos. Durante toda su vida creó una idea lucrativa
tras otra, mas la falta de perspicacia comercial le impidió sacar
provecho del fruto de su genio. El crecimiento excesivo de su
compañía acabó por provocar la bancarrota, pero De Forest se
recobró rápidamente.

En 1910, un auditorio escogido de aficionados a la música
se emocionó con la voz de oro del gran Enrico Caruso, mientras
De Forest trasmitía la voz de la estrella de ópera en la primera
radiodifusión de su especie. Caruso hizo la proposición de que
celebraran la histórica ocasión con una botella de vino, pero
De Forest, que no fumaba ni bebía, rechazó cortésmente la
invitación.

El joven inventor se casó en 1908, mas tuvo una luna de miel
muy atareada. Con su esposa, fue a París y allí instaló un trasmisor telefónico en la parte superior de la torre Eiffel. A su
regreso a los Estados Unidos, fue asediado por las solicitudes
que de sus inventos le hacían personas de todas las clases sociales. Construyó antenas en los techos de los rascacielos e instaló
su equipo electrónico de amplificación sonora (micrófonos) en
los teatros y en el Metropolitan Opera House.

Idea tras idea salía del prolífico cerebro de De Forest. Entre
sus muchos inventos, recibió las patentes de un bisturí, el circuito oscilador de alta frecuencia, el radioteléfono, los sistemas
de trasmisión y recepción de radio, los sistemas de comunicación de los trenes, un altavoz, la celda fotoeléctrica, la cámara
de cine a prueba de ruidos, y un aparato de televisión y de
televisión a colores. En 1923 demostró en el Teatro Rivoli,
de Nueva York, su *proceso fonofilm* para las películas sonoras.

Pero fue en 1906 cuando De Forest inventó el tríodo, sobre
el cual se basa nuestra industria electrónica. Fleming, hombre
de ciencia inglés, había convertido la bombilla eléctrica de
filamento, de Edison, en tubo al vacío que podía percibir
las ondas inalámbricas, pero le faltaba la capacidad de ampli-
ficarlas. El objetivo de De Forest era el de descubrir un método
para amplificar las ondas y, al mismo tiempo, controlar el volumen del sonido. Construyó una delgada tira de alambre de platino (a la que dio el nombre de "rejilla"), la dobló en zigzag
y la colocó entre el filamento y la placa. Después encerró todo
el aparato en una bombilla de vidrio.

El funcionamiento del tríodo tiene tanta importancia que
vale la pena describirlo en detalle. Cuando se hace pasar una
corriente eléctrica por el cátodo del tubo al vacío, el cátodo
se calienta tanto que se desprenden algunos electrones en el

vacío. Debido a su carga negativa, los electrones son atraídos
a la placa de carga positiva (ánodo) en forma de una corriente
de electrones. La rejilla de alambre de De Forest controla el
paso de los electrones del cátodo al ánodo variando el potencial
eléctrico. Cuanto más negativa sea la carga eléctrica de la rejilla,
menor será el flujo de electrones del cátodo a la placa. De
igual manera, cuanto más positiva sea la carga de la placa,
mayor será el flujo de electrones. Como la rejilla está mucho
más cerca del cátodo que de la placa, las variaciones de su voltaje producen mayor efecto en el flujo eléctrico. Así, pues, se
aplican pequeños voltajes eléctricos variables a la rejilla del tríodo
de De Forest y se producen voltajes amplificados variables en la
placa, que se usan para reproducir los sonidos amplificados en
las bocinas y los audífonos.

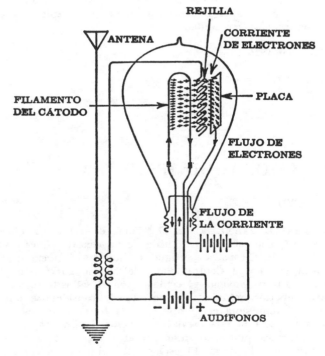

Triodo

La importantísima rejilla de alambre, tercer elemento necesario que vincula el cátodo a la placa, regula el flujo de electrones y hace del tubo un amplificador de corrientes pequeñas.
También puede hacer del tríodo un generador de corriente de
alta o baja frecuencia (oscilador). Debido a que podía produ-

cirse cualquier volumen deseado de sonido, el valor del tubo en la esfera de las comunicaciones resultó enorme. La American Telephone and Telegraph Company pagó con mucho gusto a De Forest trescientos noventa mil dólares por los derechos de patente: el negocio del siglo.

El maravilloso tubo de De Forest es casi aterrador en su versatilidad. En realidad, puede ver, oír, oler, hablar, gustar, sentir, numerar, controlar, ajustar, medir, recordar y predecir. Los expertos dicen que su única debilidad es la falta de conciencia, y que si dicha mejora estuviera dentro de las posibilidades del inventor, Lee De Forest, la habría inventado sin dificultad.

Hasta su muerte, a la edad de ochenta y ocho años, el espíritu inventor de De Forest permaneció activo. Su vida larga, plena y productiva, es una inspiración para el joven norteamericano que sueña en su taller improvisado, para que despierte y convierta sus sueños en realidad.

BIBLIOGRAFÍA

Carneal, Georgette. *Conqueror of Space*.

JAMES HOPWOOD JEANS

(1877-1946)

¿QUÉ EDAD TIENE la tierra? "Tome el lector un sello de correos y péguelo sobre una moneda de un centavo. Luego, suba a la Aguja de Cleopatra (antiguo monumento egipcio que se encuentra hoy en el Central Park de Nueva York; tiene 210 metros de altura) y ponga el centavo, con el sello de correos en la parte superior, sobre el obelisco. Puede considerarse que la altura total representa el tiempo que ha trascurrido desde que nació la tierra. Con esta escala, el espesor de un centavo y el sello de correos juntos, representan el tiempo que ha vivido el hombre sobre la tierra. El espesor del sello de correos representa los siglos de historia civilizada..." De esta manera vívida y fascinadora, sir James Jeans se propuso explicar la astronomía y la física moderna para el profano.

James Jeans nació en Londres, Inglaterra, el 11 de septiembre de 1877, de padres que pudieron enviarlo a las mejores escuelas. Asistió al Colegio de la Trinidad, de la Universidad de Cambridge. En él hizo un estudio riguroso de las matemáticas y se graduó brillantemente en 1898. En 1900 recibió el codiciado premio Smith de matemáticas, pero sus investigaciones de graduado fueron interrumpidas por la tuberculosis, de la que se curó después de dos años de tratamiento.

En 1904, Jeans fue nombrado catedrático de matemáticas en la Universidad de Cambridge. Ese año publicó también su primera aportación importante a la ciencia teórica, *Teoría dinámica de los gases*. En este volumen dedicó gran atención a la teoría cinética de los gases (según la cual, los gases tienen moléculas que están en constante movimiento) y ofreció pruebas matemáticas de la ley de Maxwell sobre la velocidad de las moléculas.

De 1905 a 1909 fue profesor de matemáticas aplicadas en la Universidad de Princeton. Durante este tiempo publicó *La teoría matemática de la electricidad y el magnetismo*, en 1908.

Se reconoció la importancia que tenían las primeras aportaciones de James Jeans con su elección como miembro de la Sociedad Real de Londres en 1906, cuando apenas tenía veintinueve años de edad. En 1919 fue nombrado secretario de la Sociedad Real, puesto que siguió ocupando durante los diez años siguientes, en los cuales prestó voluntariamente sus servicios para el progreso de la ciencia.

Durante los años 1910 a 1912 fue catedrático de matemáticas aplicadas en la Universidad de Cambridge, y allí dedicó su atención a los aspectos de la radiación. Fue uno de los primeros en interpretar el concepto de la energía atómica para los lectores profanos. Escribió también sobre otros aspectos de la radiación, como, por ejemplo, la acción recíproca entre la radiación y los electrones libres. Como consecuencia de estos trabajos, en 1914 se publicó *La radiación y la teoría de los quanta*, a la que siguió una nueva edición en 1924.

Entre 1914 y 1928, Jeans hizo importantes aportaciones teóricas como astrónomo. Le interesaba principalmente el análisis matemático de los problemas de la cosmogonía, que se ocupa de la creación u origen del mundo como universo. Así, puede tomarse como ejemplo su obra sobre la estabilidad de las figuras en forma de pera; consideró que dichos cuerpos giraban en un líquido incompresible. Luego aplicó el mismo análisis matemático a la dinámica estelar: por ejemplo, sugirió una teoría de las mareas sobre el origen de los planetas, según la cual, los planetas se formaron cuando la atracción gravitacional de una estrella errante atrajo la materia solar y la sacó de la ardiente masa solar. De manera semejante, sugirió que las estrellas binarias y múltiples se formaron de una sola masa mediante la fisión. Al ofrecer su teoría de las mareas sobre el origen del sistema solar, demostró que el astrónomo francés Laplace se había equivocado en su explicación de las nebulosas que se contraían.

Jeans propuso teorías acerca de los efectos de la fuerza gravitacional sobre el movimiento de las estrellas, y sobre la naturaleza y formación de las estrellas binarias, las nebulosas espirales, las estrellas gigantes y enanas, y las estrellas gaseosas. Demostró que la energía del movimiento de todas las estrellas es la misma; las estrellas pequeñas se mueven rápidamente y las grandes con mayor lentitud. Una importante obra de este periodo fue *Cosmografía y dinámica estelar* (1919). De 1924 a 1929 fue profesor de astronomía en el Instituto Real, y auxiliar de investigaciones en el observatorio del Monte Wilson, en California, de 1923 a 1944. Sometió todas las ramas de la astronomía que entrañaban relaciones de tiempo, espacio y energía al análisis y la prueba matemáticos.

Después de 1925, sir James dedicó paulatinamente sus esfuerzos a explicar y popularizar la relatividad, la mecánica cuántica y ondulatoria, y otros aspectos novedosos de la cosmogonía y sus consecuencias filosóficas. Estas exposiciones le dieron riqueza y fama internacional. *El universo que nos rodea* (1929) se convirtió en un éxito editorial debido a la lucidez de su expresión y al estilo gráfico que hacía inteligibles para el profano los difíciles temas y conceptos científicos. Otros libros de esta serie fueron *El misterioso universo* (1930) y *Las estrellas en sus trayectorias* (1931). Más tarde, dedicó sus pensamientos a la filosofía y escribió *Los nuevos antecedentes de la ciencia* (1933), *Ciencia y música* (1938) y *Física y filosofía* (1942).

El estilo de sir James es lúcido, pintoresco y vigoroso. A algunos les ha parecido pesimista a veces, como en *El misterioso universo,* donde dice: "El universo nos parece aterrador debido a sus enormes distancias, que no tienen significado... debido a que parece ser indiferente a nuestra vida... parece ser hostil a ella". En otra porción de su libro, Jeans afirma que la existencia de la vida humana puede ser un mero accidente sin más importancia que la creación de un objeto inanimado o una fuerza como el magnetismo. No obstante, salva en parte el abismo entre el agnosticismo científico y la creencia en una divinidad al reconocer un ser supremo, al que da el nombre de "Gran Arquitecto del Universo".

En la época de su muerte, el 17 de septiembre de 1946, James Jeans era profesor de astronomía en el Instituto Real. El profesor Jeans no sólo se distinguió como matemático, físico y astrónomo, sino que fue uno de los pocos hombres de ciencia que tuvo la capacidad de comunicar su conocimiento científico al profano, para que los millones de personas que forman el mundo pudieran comprender la ciencia.

BIBLIOGRAFÍA

Stebbing, L. Susan. *Philosophy and the Physicists.*

LISE MEITNER

(1878-   )

LAS LEYES ANTISEMÍTICAS de Alemania fueron usadas por los nazis con alguna discreción durante los primeros años que ocuparon el poder, y a muchos judíos que trabajaban en la esfera de la ciencia se les permitió continuar su obra. Para 1938, el veneno del odio se había vuelto tan violento, que inclusive dichos judíos fueron señalados para el exterminio. Lise Meitner, judía austriaca, que había sido jefe del departamento de física nuclear del instituto del emperador Guillermo de Berlín, recibió la noticia de su inminente arresto. Apresuradamente hizo una pequeña maleta y tomó el tren para Holanda con el pretexto de pasar allí una semana de vacaciones. Ayudada por agentes clandestinos, la señorita Meitner obtuvo una visa sueca y escapó a Estocolmo. Había estado en peligro inminente de ser arrestada por la Gestapo, arresto que habría sido un preludio del campo de concentración y la cámara de gases. La dramática huida de Lise Meitner tuvo importancia decisiva para el Occidente. Sus trabajos posteriores ayudaron a esclarecer las teorías atómicas de Enrique Fermi y permitieron a los Estados Unidos derrotar a Alemania en la desesperada carrera para crear la bomba atómica.

Es raro que una mujer pueda luchar contra las presiones tradicionales, sociales y académicas ingresando en el mundo de las investigaciones, esfera dominada por los hombres. Sin embargo, Lise Meitner es una mujer excepcional. No sólo tuvo la temeridad de ingresar en esta esfera científica sagrada, sino que durante más de medio siglo fue también una de sus figuras dominantes.

La señorita Meitner nació en 1878. Su padre, abogado vienés, era un hombre culto, cuya biblioteca fascinaba a la joven Lise. Leía todo, pero lo que más le interesaba eran los libros de ciencia. Su heroína personal, después de todo, fue una de las grandes científicas del mundo: María Curie. Puede uno imaginar los sueños de Lise de trabajar al lado de María Curie, la mujer más célebre de Europa.

En aquellos días, los estudiantes buscaban grandes maestros. Lise persuadió a su padre de que le permitiera ir a Berlín para estudiar con Max Planck (teoría de los *quanta*), que había ga-

nado el premio Nobel. Planck apreció de manera correcta la
mente incisiva de la tímida joven, y bajo su dirección progresó
rápidamente. Con un colega, Otto Hahn, inició sus trabajos experimentales sobre la radiactividad natural de algunos átomos.
Ello se tradujo en el descubrimiento de un nuevo elemento
radiactivo, el protactinio, que por desintegración da el actinio.
Luego dedicó su atención al radio y el torio, y a los productos
que resultaban de su desintegración y radiactividad. Los círculos
científicos comenzaron a tomar nota de la pequeña y digna Lise
Meitner. Sus estudios sobre el comportamiento de los rayos
beta y la física del núcleo atómico inspiraron a otros investigadores. Sabían que tenía una mente creadora y que sus experimentos eran siempre laboriosamente exactos.

En la década de 1930 pareció que en toda la comunidad científica del mundo había concentrado su atención del uranio. En
1934, Enrique Fermi bombardeó el uranio con neutrones. Anunció al mundo científico que, a consecuencia de ello, se había
formado un nuevo elemento, el neptunio. Hubo algún desacuerdo
sobre su descubrimiento: una química alemana, Ida Noddack,
dijo que, aunque el bombardeo de Fermi había desprendido
fragmentos del núcleo de uranio, *no* se había producido un
nuevo elemento. Irene Joliot-Curie, hija de la ídolo de la señorita
Meitner, afirmó también que el bombardeo con neutrones producía
otros elementos *conocidos,* pero ninguno nuevo. Continuó el desga-
jamiento del átomo de uranio. La ley de Einstein, $E = mc^2$, era
la promesa que seducía a todos los investigadores, pues prometía
que la fisión del átomo produciría la liberación de una fuente
increíble de energía.

Lise Meitner se afanaba en Berlín con el mismo problema.
Sin embargo, para la señorita Meitner, el trabajo tenía una
terrible urgencia. Diariamente desaparecían personas que conocía y amaba. Los agentes husmeaban todos los rincones del laboratorio, exigían informes detallados sobre el progreso de los
trabajos y estorbaban sus movimientos. Tenía razones para creer
que estaban contados sus días. Por irónico que parezca, Lise se
encontraba entregada al experimento más importante de su vida
cuando, para salvar la vida, se vio obligada a huir.

Con sus colegas, Hahn y Federico Strassman, había construido
un "microscopio atómico" muy sensible que permitía observar
las sutiles acciones químicas. Luego, bombardeando neutrones
lentos contra el núcleo del uranio, advirtieron con asombro la
aparición de un elemento extraño, el bario, que no estaba presente antes. Se interrumpieron los trabajos, pues en el momento
mismo en que Hahn y Strassman reflexionaban sobre los frutos
de sus investigaciones, la señorita Meitner huía a Estocolmo
para salvarse de la policía secreta nazi. De allí se fue al lado
de su sobrino, Otto Frisch, quien trabajaba en Copenhague con
el famoso físico Niels Bohr.

Le llegaron informes más completos sobre los descubrimientos de Hahn y Strassman. Después del bombardeo del uranio, cuyo peso es de 238, los científicos alemanes afirmaban haber obtenido dos isótopos, cuyos pesos atómicos eran, aproximadamente, de 140 y 90. Al parecer, el átomo se había dividido, pero inclusive Hahn y Strassman no encontraban una explicación completa. La señorita Meitner resolvió repetir el experimento. ¡Lo que vio, pertenece a la historia! Para repetir las palabras de Guillermo Laurence: "Tenía sensaciones que deben haber sido parecidas a las de Colón". La fisión del núcleo del uranio, que dajaba *dos* núcleos (bario y criptón), iba acompañada por la liberación de una tremenda energía nuclear, igual, aproximadamente, a unos doscientos mil voltios. Parte de la masa se convertía en energía, como había predicho la teoría de Einstein en 1905.

En enero de 1939, la señorita Meitner envió una carta a *Nature*, revista científica inglesa, hablando del cambio que se producía con el bombardeo de neutrones y dándole el nombre de *fisión*. Como las naciones del mundo se encontraban ante una lucha de vida o muerte para sobrevivir, las consecuencias militares resultaban evidentes. Niels Bohr, el gran físico danés, fue a los Estados Unidos para discutir la situación con Einstein y Fermi. Más tarde se informó al presidente Franklin D. Roosevelt y se puso en movimiento en Proyecto Manhattan para la producción de la bomba atómica.

Cuando se dejó caer la bomba atómica sobre Hiroshima, el público se enteró de la aportación de Lise Meitner para su creación. En una difusión trasatlántica, Eleanor Roosevelt habló a la señorita Meitner en 1945, y la comparó con la ilustre María Curie. La señorita Meitner se mostró modesta ante el homenaje y le inquietó el hecho de que su nombre pudiera vincularse a un arma destructora. Dijo: "Las mujeres tienen una gran responsabilidad y la obligación de intentar, hasta donde puedan, impedir que haya otra guerra. Espero que la construcción de la bomba atónica no sólo contribuya a poner fin a esta guerra espantosa, sino que también podremos usar para fines pacíficos la enorme energía que se ha liberado".

En los últimos ciento setenta y cinco años, sólo a dos mujeres se les ha honrado admitiéndolas como miembros extranjeros de la Academia Sueca de Ciencias: María Curie y la muchacha a quien inspiró, Lise Meitner.

BIBLIOGRAFÍA

Frisch, Otto R., y otros. *Trends in Atomic Physics.*
Laurence, W. *Men and Atoms.*
Riedman, Sarah R. *Men and Women Behind the Atom.*

ALBERTO EINSTEIN

(1879-1955)

EL JOVEN ESPERABA en la antesala del director de la famosa Academia Politécnica de Zurich, Suiza. No tardó en abrirse la puerta, y fue recibido cordialmente en la oficina interior. La Academia Politécnica se honraría, dijo el presidente, si el joven Alberto Einstein aceptaba el puesto de profesor. Era una oferta maravillosa. Sin embargo, ¿quién podría reprochar a Alberto Einstein que su memoria se remontara a través de los años hasta su primera solicitud para ser admitido como estudiante, cuando fue rechazado por no haber aprobado uno de los exámenes de admisión? O quizá recordó el tiempo en que, como graduado que necesitaba desesperadamente un empleo, se le había negado, posiblemente debido a su religión, inclusive un puesto al que dedicara parte de su tiempo en el Politécnico de Zurich. Ahora, como hombre de ciencia de reputación internacional... ¡profesor! La tentación de satisfacerse con ironías era muy fuerte, pero Einstein no había nacido para desperdiciar sus pensamientos en satisfacciones ociosas. Lo importante era que el nombramiento le daría la oportunidad que deseaba en esa época para continuar sus investigaciones científicas. Aceptó el puesto.

Entre los grandes científicos de todos los tiempos, pocos se destacan por haber modificado la comprensión que tiene el hombre de la estructura misma del universo y del lugar que ocupa en él. Galileo y sir Isaac Newton fueron dos de esos gigantes de la ciencia. Alberto Einstein, en nuestra época, ha ocupado un lugar de semejante importancia.

Nacido en Ulm, Alemania, hijo de un industrial germanojudío, hubo poco en su niñez que presagiara las notables alturas que alcanzaría. Era tímido y callado, y rara vez lo aceptaban en los juegos de sus compañeros. En la escuela, no se distinguió, no le gustó el estudio de los idiomas y de la mayoría de las otras asignaturas, y le disgustaba preparar sus lecciones. Detestaba los métodos formales, regimentados, de aprendizaje de memoria y recitación, que estaban en boga en las escuelas alemanas de esa época.

Sin embargo, inclusive de niño, Alberto Einstein tenía una mente inquieta, inquisitiva para los temas que le interesaban. A los cinco años de edad lo fascinó una brújula de su padre y acosaba a éste y a su tío Jake con incesantes preguntas acerca de ella. Las respuestas sobre el magnetismo y la gravitación eran conceptos que lo tenían en vela durante las noches, cuando trataba de descifrar su significado.

Luego, un estudiante de medicina, Max Talmey, visitó su casa y prestó al joven Alberto sus libros de ciencias naturales y matemáticas. Alberto los leyó con avidez, y por fin comprendió que había encontrado el tema que le interesaba. Entonces, pidió prestados y compró libros de geometría y de otras esferas de las matemáticas y las dominó en el silencio de su estudio. Sus conocimientos de matemáticas excedían con mucho a lo que sabían sus maestros en la escuela alemana. Eso sólo sirvió para aumentar sus dificultades en ella, pues le guardaban resentimiento. Por último, se le pidió que abandonara el *Gymnasiun*, debido a que no se apegaba a los reglamentos. Decidió ingresar en la Academia Politécnica de Zurich, Suiza. Cuando fue admitido allí, por fin encontró una atmósfera amable y la libertad para dedicarse a las matemáticas y la física. Para descansar, le gustaba tocar el violín y, ocasionalmente, asistir a la ópera.

El negocio de su padre no prosperaba, y a Alberto no le interesaba hacer una carrera en los negocios. Intentó la enseñanza para ganarse la vida, mas no tuvo éxito, pues su talento armonizaba más con las investigaciones que con las clases desde la cátedra. Ya para entonces, Alberto Einstein se había casado y tenía dos hijos que sostener. Por fortuna, pudo obtener un puesto de empleado en la oficina suiza de patentes. Aunque este puesto era muy tedioso en muchos aspectos, le permitió continuar sus estudios particulares para obtener el doctorado y escribir algunos ensayos científicos. En 1905, cuando todavía trabajaba en la oficina de patentes, publicó una primera versión de la teoría de la relatividad que habría de llamar la atención de todo el mundo científico.

La inspiración para la teoría de la relatividad de Einstein fue un experimento realizado por dos hombres de ciencia norteamericanos, Michelson y Morley, quienes procuraron en vano medir el aumento de velocidad de un rayo de luz cuando viaja en la misma dirección que el movimiento de la tierra alrededor del sol, en comparación con su velocidad cuando se mueve en ángulo recto con la dirección orbital. Según su razonamiento, el rayo de luz que iba en la dirección del movimiento de la tierra se movería más rápidamente, del mismo modo que un nadador que va corriente abajo se mueve con mayor rapidez. Sin embargo, la velocidad de la luz fue la misma en ambas direcciones, y los dos hombres de ciencia creyeron que su experimento había fracasado.

Einstein tomó este estudio y razonó que no habían fracasado: la velocidad de la luz es la única magnitud que siempre se mantiene constante. Pero todo lo demás, declaró Einstein, es relativo; todo lo que está sobre la tierra y en el universo se encuentra en movimiento constante; desde los diminutos electrones que forman las sustancias sólidas hasta los planetas y las estrellas mismas. Se acepta comúnmente la idea de la relatividad con respecto a los objetos que conocemos. Para un pigmeo, un hombre de un metro y medio de estatura parece muy alto; sin embargo, a ese mismo hombre se le considera de estatura demasiado reducida para jugar en un equipo profesional de basquetbol. Einstein aplicó esta idea de la relatividad a las relaciones en el mundo de la ciencia. En un cruce de ferrocarril, un hombre ve un tren que pasa a cien kilómetros por hora. Si el mismo hombre pudiera estar en la luna y ver al tren y la tierra por el telescopio, el tren parecería estarse moviendo lentamente, debido a que sus cien kilómetros por hora son insignificantes cuando se comparan con el movimiento relativo entre la Luna y la tierra.

Para Newton, el tiempo era tan constante e invariable como una regla. Einstein demostró que el tiempo era una variable, una cuarta dimensión, que debía agregarse a las tres dimensiones comúnmente aceptadas del espacio. El tiempo depende del movimiento o la velocidad. Al acercarse uno a la velocidad de la luz, el tiempo se torna más lento. Si pudiera uno alejarse de la tierra a la velocidad de la luz, el tiempo no cambiaría nunca. Dicho más sencillamente, el tiempo varía según el lugar en que se encuentre uno. Un año en el planeta Júpiter es más largo que un año en la tierra, debido a que Júpiter necesita más tiempo para girar alrededor del sol.

La teoría de Einstein cambió inclusive el concepto de la regla como norma fija de medición. Explicó que, para un observador, parecen acortarse dos trenes que se acercan uno al otro a gran velocidad; así, pues, una regla que se mueve a gran velocidad parecería acortarse cada vez más al acercarse su velocidad a la de la luz. Otro punto importante en la teoría de la relatividad de Einstein es el de que también el peso de un cuerpo depende de su velocidad. Cuando aumenta la velocidad de un objeto, se vuelve más pesado. Este cambio de peso no es muy grande hasta que se alcanza la velocidad de la luz.

Los diversos alementos de las teorías de Eintein fueron determinados mediante la cuidadosa lógica y complicadas fórmulas matemáticas que pertenecen al reino de las matemáticas puras; sin embargo, al mejorar los aparatos experimentales de la ciencia, se encontró que sus teorías eran asombrosamente exactas cuando se sometieron a la prueba de la experimentación práctica.

Unos diez años después de su primera disertación, en una segunda obra sobre los aspectos de la relatividad, Einstein ofreció un nuevo concepto de la gravitación, esa fuerza misteriosa que le preocupó de niño, cuando lo fascinaron la brújula de su padre y las explicaciones de su tío Jake. Declaró que no hay una fuerza absoluta de gravedad que atraiga los objetos, como había sostenido Newton. Por el contrario, toda masa tiene dentro de ella una fuerza que está en proporción con su masa, la cual atrae los objetos. Esta fuerza de atracción de las masas es responsable también de la curvatura del universo y de las variaciones en las órbitas de los cuerpos celestes. Con esa teoría, propuso la idea de que la distancia más corta entre dos puntos no es una línea recta, sino curva. Así, por ejemplo, los aeroplanos que vuelan de Nueva York a Londres por la línea más corta, no siguen una trayectoria recta, sino la curva de un gran círculo: la tierra.

En esta segunda obra ofreció también la base de la energía atómica; es decir, su teoría de que la materia y la energía están estrechamente relacionadas y que la materia puede trasformarse en energía. Ésa fue la teoría que condujo al descubrimiento de la energía atómica. La famosa fórmula de Einstein era: $E = mc^2$, en que "E" representa la energía de cualquier partícula de materia, "m" significa la masa de la partícula y "c" al cuadrado representa la velocidad de la luz (trescientos mil kilómetros por segundo) al cuadrado. Así, pues, la energía que puede obtenerse de una partícula diminuta de materia sería fantásticamente elevada, equivalente a la masa de esa partícula por el cuadrado de la velocidad de la luz. Aquí se encontraba por fin una explicación de la capacidad del sol para dar calor y luz durante millones de años con una reserva al parecer inagotable. Cuando, unas décadas después, un Rutherford, un Frisch y un Fermi descubrieron la manera de liberar y controlar el poder contenido en el átomo de uranio, nació la energía atómica, y la bomba atómica que estalló en el Japón fue la consecuencia directa de ese descubrimiento.

Más tarde, Einstein se consagró a esclarecer sus conceptos de la relatividad y la energía. También descubrió la ley del efecto fotoeléctrico, que se convirtió en la base de la electrónica moderna. En 1921 se le concedió el premio Nobel de física, no por su teoría de la relatividad o su teoría de la conversión de la masa, sino por esta explicación de cómo y por qué algunos metales emiten electrones después de que cae la luz sobre su superficie.

Con todas estas maravillosas proezas y el reconocimiento del mundo, ¿qué podemos decir del hombre, de Alberto Einstein en persona? ¿Qué fue del tímido niño que odiaba la regimentación, los soldados y la tiranía, que no respetaba la riqueza ni las posesiones materiales, que tenía gustos y deseos sencillos? A la edad de treinta años, Alberto Einstein era mundialmente famoso. Las revistas y los periódicos le pedían artículos para publicarlos. Las grandes celebridades y la realeza buscaban su compañía. Las universidades que rehuyeron al pequeño empleado de la oficina de patentes le ofrecían ahora una cátedra.

En 1910 aceptó una cátedra en la Universidad Alemana de Praga. En 1912 volvió como profesor a la Academia Politécnica de Zurich donde, no hacía muchos años, no había podido aprobar el examen de admisión y se le había negado el puesto más humilde de enseñanza. En 1914 aceptó una cátedra en la Academia Prusiana de Ciencias, donde se le permitió dedicar todo su tiempo a las investigaciones y donde podía disponer del equipo necesario y la ayuda de distinguidos hombres de ciencia. Se quedó allí veinte años.

Durante la Primera Guerra Mundial, su situación fue difícil. Como en sus días de estudiante se había hecho ciudadano suizo y era pacifista, se negó a ayudar a Alemania en su esfuerzo bélico, por lo que incurrió en la enemistad de varios distinguidos alemanes. Expresó abiertamente su actitud diciendo: "Esta guerra es una depravación y un crimen salvaje. Preferiría que me descuartizaran antes que participar en cosa tan abominable". Durante la guerra, se interesó profundamente en el predicamento del pueblo judío y apoyó el movimiento para darle una patria en Palestina.

Pasaron rápidamente los años y cambió la política alemana, y en 1932, cuando Einstein visitaba los Estados Unidos, Hitler subió al poder en Alemania. Einstein no se dejó engañar por los siniestros procedimientos raciales y políticos que comprendían el uso de los científicos alemanes para conquistar el mundo. Cuando renunció a su puesto en la Universidad de Berlín, Hitler puso a precio su cabeza. Entonces, Einstein aceptó un puesto de investigador en el Instituto de Estudios Avanzados en Princeton, Nueva Jersey, diciendo: "Sólo me quedaré en un país en que predominen la libertad política, la tolerancia y la igualdad de todos los ciudadanos ante la ley. En la actualidad, no existen dichas condiciones en Alemania".

Se hizo ciudadano norteamericano en 1934. En 1939, a solicitud de varios notables hombres de ciencia, aunque seguía siendo pacifista de corazón, escribió una famosa carta al presidente Roosevelt advirtiendo las posibilidades científicas de crear una bomba atómica. La decisión de Roosevelt de seguir el consejo de Einstein y sus colaboradores condujo a la construcción de esta arma fantásticamente destructora. Después de la Segunda Guerra Mundial, Alberto Einstein fue un ferviente abogado de la paz del mundo mediante el desarme y el gobierno mundial.

Así, a pesar de sus grandes proezas científicas, el tímido, comprensivo y franco adolescente, Alberto Einstein, no había cambiado en la edad adulta. Aborrecía la ostentación y las riquezas materiales, aduciendo: "Estoy absolutamente convencido de que ninguna riqueza del mundo puede ayudar a que progrese la humanidad... El mundo necesita paz permanente y buena voluntad perdurable".

Cuando recorrió el mundo, quedó asombrado al ver la degradación y la pobreza de las masas en muchos países. Se negó a caminar en un rickshaw, pues no estaba dispuesto a ser arrastrado por otro ser humano. Una vez, cuando lo invitaron a visitar a la reina de Bélgica, se bajó del tren y caminó hasta el palacio llevando una maleta y su violín, sin que nadie lo reconociera con su vestido mal cortado, mientras la limosina y el comité de recepción lo esperaban en la estación. Como la reina le preguntara por qué no había usado la limosina, respondió: "Era muy agradable caminar, majestad".

Y no debemos olvidarnos del Alberto Einstein de Princeton que charlaba informalmente con sus vecinos acerca de sus hijos, sus calificaciones en la escuela y sus enfermedades; que se sometía con paciencia y buen humor a los reporteros de los grandes periódicos y las pequeñas publicaciones estudiantiles; que vestía un viejo suéter y knickers, y fumaba pipa.

Alberto Einstein tuvo el brillante espíritu de un gran hombre de ciencia, el compasivo corazón de un gran humanitario y la paciente humildad del santo.

BIBLIOGRAFÍA

Crowther, J. G. *Six Great Scientists.*
Levinger, E. E. *Albert Einstein.*
Peare, Catherine O. *Albert Einstein.*
Riedman, Sarah R. *Men and Women Behind the Atom.*

ALEJANDRO FLEMING

(1881-1955)

A PRINCIPIOS DEL siglo XX, los médicos sabían que muchas enfermedades eran causadas por microbios vivos. Conocían la inmunización y las vacunas, gracias a los esfuerzos de hombres de ciencia tales como Jenner, Pasteur, Koch y Ehrlich. Lister les había enseñado el valor de los antisépticos. Sin embargo, los negros maletines de los médicos contenían poco que ayudara a un paciente en cuanto lo había atacado la enfermedad. Algunos conocidos desinfectantes químicos, como el ácido carbólico, mataban a los gérmenes, pero también dañaban los tejidos celulares. ¿Cómo podían destruirse los microbios sin dañar al mismo tiempo los tejidos orgánicos? Éste era el problema al que se dedicaban los mejores espíritus de la investigación médica.

En 1900, a un joven llamado Alejandro Fleming, que trabajaba como dependiente de muelles en Inglaterra, la carrera científica le parecía un sueño lejano. Sin embargo, ese joven estaba destinado a poner al alcance de los médicos algunos remedios de las enfermedades, más eficaces que ningunos otros en la historia de la humanidad.

Alejandro nació el 6 de agosto de 1881 y fue el último hijo de un agricultor escocés de Ayrshire. Pudo terminar la instrucción secundaria, pero entonces se agotaron los recursos económicos de la familia. A los dieciséis años, aceptó un empleo de dependiente de muelles y permaneció en él durante cuatro años, hasta que intervino el destino. En 1901, Alejandro recibió una pequeña herencia que le permitió continuar sus estudios y, por consejo de uno de sus hermanos, que era médico, decidió prepararse para la carrera de medicina.

Aunque se distinguió en la escuela de medicina, el interés de Alejandro se extendió más allá de las actividades académicas. Fue miembro de los equipos de tiro al blanco, de natación y de polo acuático, y demostró tener cierta capacidad para la pintura según los lineamentos modernos. Cuando se graduó en 1906, el profesor Almroth Wright pidió a Alejandro, debido a su excelente preparación, que colaborara con él en las investigaciones bacteriológicas. A pesar de que las investigaciones médicas ofrecían una remuneración económica menor que el ejercicio de la profesión, por fortuna Alejandro resolvió hacer de ellas su carrera.

Su preceptor, el profesor Wright, que había llamado ya la atención del mundo científico con su vacuna para prevenir la fiebre tifoidea, dedicaba entonces los esfuerzos de su laboratorio, en el hospital de Santa María, a descubrir las maneras de curar la enfermedad.

Los hombres de ciencia sabían que el torrente sanguíneo contenía células, llamadas glóbulos blancos o leucocitos, que podían combatir a los microbios perjudiciales. Los leucocitos tenían características fagocíticas que les permitían rodear y destruir a los microbios. Wright y Fleming buscaron entonces los agentes médicos que aumentaran la eficacia de los leucocitos en su lucha natural contra los invasores microbianos.

Durante los ocho años que pasó en el laboratorio del profesor Wright, Alejandro Fleming atacó este problema sin éxito. Cuando estalló la Primera Guerra Mundial, tanto Wright como Fleming fueron enviados al Servicio Médico del Ejército, donde aplicaron la vacuna de Wright contra la tifoidea, la cual, sin duda salvó millares de vidas. En el ejército, Fleming tuvo la oportunidad de seguir estudiando los problemas de prevenir y curar la infección. Los médicos y cirujanos del ejército empleaban compuestos químicos tales como el ácido carbólico y el yodo para combatir las infecciones. Aunque Fleming persistía aún en su creencia de que la mejor manera de tratar la enfermedad consistía en fortalecer a los luchadores naturales del organismo contra la enfermedad, sus puntos de vista no eran aceptados de una manera general.

No fue sino hasta 1922 que Fleming tuvo su primer éxito. Padecía un fuerte resfriado y estaba estudiando un cultivo de microbios de sus secreciones nasales. Cuando colocó nuevas gotas de su moco nasal diluido en las placas del cultivo, observó que en los lugares donde caían las gotas, morían pronto los microbios. Lleno de alegría por este descubrimiento continuó sus experimentos usando secreciones de otras partes del cuerpo, como las lágrimas y la saliva de los seres humanos. Comprendió que iba bien encaminado, pues había descubierto secreciones orgánicas naturales que podían combatir a los microbios perjudiciales. Dio el nombre de *lisozima* a la sustancia de esas secreciones que mataba a los microbios y comunicó sus descubrimientos a la Sociedad Real de Londres en un artículo titulado *Acerca de notable elemento bacteriolítico que se encuentra en los tejidos y secreciones.* La lisozima era una enzima natural que podía destruir a las bacterias nocivas. Este descubrimiento comprobaba la teoría de Fleming, pero sólo tuvo éxito limitado a causa de que no pudo aislar la enzima pura y producirla en cantidad suficiente para usarla como agente curativo.

En 1928, Alejandro Fleming fue nombrado profesor de bacteriología de la Universidad de Londres, pero en el laboratorio del hospital de Santa María continuó su incesante búsqueda de un elemento natural que fuera más potente para matar a los gérmenes.

Había estado cultivando en platos de Petri los gérmenes estafilococos comunes que producen furúnculos y muchas otras infecciones. Sin saber cómo, uno de los platos de Petri se contaminó con una pequeña espora de moho del tipo que germina en el pan y el queso húmedos, y que se desarrolla en la humedad. Al comentar este accidente, Fleming decía: "Hay miles de mohos diferentes y hay miles de diferentes bacterias, y el hecho de que el azar pusiera a ese moho en el lugar debido y en el momento oportuno, fue como ganar la gran carrera de Irlanda". Sin embargo, para la humanidad, ese *azar* fue infinitamente más importante que muchas carreras de caballos.

Advirtió que alrededor del diminuto moho azulado en el plato de Petri, había una zona circular libre de los microbios que crecían en el resto del plato. No fue enteramente por azar que Fleming observó este fenómeno. Su descubrimiento de la lisozima, que fue posible gracias al uso afortunado de unas gotas de moco, lo habían enseñado a ser un observador meticuloso. Cuando observó el fenómeno lítico en el plato de Petri, se quedó sin aliento a causa de la emoción. ¿Resultaría ser este azote de las amas de casa (el moho azul) el elemento que había buscado para matar a los microbios? Prosiguió sus experimentos con el moho, que se llamaba Penicillium debido a que parecía un cepillo en el microscopio. Repetidamente demostró su potencia para producir una sustancia química, llamada *penicilina* por Fleming, que pudiera destruir ciertos microbios en el cuerpo sin dañar a los leucocitos del torrente sanguíneo.

Fleming procuró entonces aislar y producir este medicamento terapéutico o antibiótico en su forma pura. Había abierto la puerta a un maravilloso remedio natural y había descubierto nuevas pruebas que confirmaban su antigua teoría para atacar a la enfermedad. Lamentablemente, se dedicó a otras investigaciones debido a que comprendió que no tenía los conocimientos químicos ni el equipo suficiente para aislar este medicamento mágico.

Poco antes de la Segunda Guerra Mundial se descubrieron las sulfas, que salvaron incontables vidas curando infecciones. En lugar de matar directamente a los microbios, inhibían su crecimiento y multiplicación, de modo que los leucocitos fagocíticos del cuerpo podían destruirlos. En 1938, dos químicos ingleses, Howard Florey y E. B. Chain, que habían hecho algunas investigaciones sobre la lisozima de Fleming, comenzaron a investigar la posibilidad de aislar la penicilina en su forma pura. Lo consiguieron en 1941, y se usó con éxito en las pruebas clínicas con seres humanos. Como las sulfas, la penicilina inhibía el crecimiento de los microbios, pero esta última era tan potente contra muchas bacterias patógenas, que fue aclamada como el "medicamento mágico" del siglo.

En 1945 se reconoció el mérito de Alejandro Fleming concediéndole el premio Nobel de medicina. Admirado por el mundo entero, Fleming, a pesar de todo, continuó siendo un modesto investigador científico. Desdeñaba su proeza declarando que había hecho el descubrimiento gracias a la suerte: "No hice nada. La naturaleza hace la penicilina, yo sólo la encontré".

Fleming visitó muchos países del mundo, comprendiendo los Estados Unidos, donde recorrió algunos laboratorios médicos que tenían magnífico equipo. Dondequiera cautivó al auditorio gracias a su ingenio y modestia. Volvió para continuar sus investigaciones bacteriológicas en el laboratorio del hospital de Santa María, que actualmente se llama Instituto Wright-Fleming de Microbiología, en el que hizo su descubrimiento inicial.

Fleming, por su parte, consideraba que su triunfo más permanente fue la aceptación de su punto de vista sobre el tratamiento de las enfermedades y el estímulo de las investigaciones para encontrar nuevos antibióticos que ayudaran al cuerpo a combatir las infecciones. El tiempo ha demostrado que tenía razón en esta creencia, pues otros hombres como el doctor Selman Waksman de los Estados Unidos, descubridor de la estreptomicina, han descubierto muchos nuevos "medicamentos mágicos" antibióticos.

Gracias a la obra de sir Alejandro Fleming, los negros maletines de los médicos, a los que faltaban agentes curativos para las enfermedades en 1900, tienen hoy medicamentos curativos cuya potencia es mayor de la que se pudiera haber soñado nunca en la historia del hombre.

BIBLIOGRAFÍA

Bolton, Sarah. *Famous Men of Science.*
Maurois, André. *Life of Sir Alexander Fleming.*

IRVING LANGMUIR

(1881-1957)

MUCHOS GRANDES CIENTÍFICOS adquirieron un interés perdurable en la ciencia durante su primera juventud. Irving Langmuir, que nació en Brooklyn, Nueva York, y que asistió a una escuela pública de Brooklyn hasta los once años de edad, reconoce la deuda que tiene con su hermano mayor por su interés en la ciencia. Para repetir sus propias palabras: "No es posible exagerar la importancia de despertar el interés de un muchacho en el trabajo independiente. Mi verdadero interés en la ciencia tuvo su origen en mi hermano Arturo, quien me alentó para tener mi taller propio a los nueve años de edad, y después un laboratorio, a la edad de doce". De los once a los catorce años, Irving estudió en un internado francés de París, a cuya ciudad se había ido a vivir su familia debido a un cambio en el empleo de su padre. Esta escuela resultó ser más de su agrado al parecer debido a que se le permitía pasar gran parte del tiempo en el laboratorio de ciencias.

Al volver a los Estados Unidos, ingresó en el Instituto Philadelphia y Pratt, de Brooklyn. Cuando estudiaba allí, vivió con su hermano Arturo quien era maestro de dicha escuela y, además, químico industrial. En este ambiente aumentaron de manera prodigiosa los conocimientos y las aptitudes químicas de Irving. Dominó el cálculo en seis semanas y leía ávidamente libros y revistas científicas. En 1899 se matriculó en la Escuela de Minas del Colegio de Columbia como candidato para graduarse de ingeniero metalúrgico. A ello siguieron tres años de estudios avanzados en Gotinga, Alemania. A su regreso de Gotinga, recibió muchas ofertas lucrativas de empleo en la industria, pero prefirió aceptar un puesto docente en el Instituto Técnico Stevens, en Nueva Jersey, a fin de dedicar más tiempo a las investigaciones independientes.

El verano de 1909 fue decisivo para Langmuir e indirectamente para el mundo científico que habría de beneficiarse con su obra. Lo habían invitado a pasar el verano haciendo investigaciones en el recientemente organizado laboratorio de investigaciones de la General Electric Company, en Schenectady, Nueva York. Allí se interesó en un estudio del alambre de tungsteno que se usaba para los filamentos de las bombillas incandescentes. Se había observado que los filamentos de tungsteno se quemaban demasiado pronto debido a una inexplicable reacción química que ocurría en las bombillas. Invitaron a Langmuir a que se quedara como miembro del personal que se esforzaba por resolver este problema. Aceptó a condición de que se le permitiera trabajar a su modo en las investigaciones teóricas y no solamente en los proyectos mecánicos. Muchas de las gigantescas empresas industriales de nuestros tiempos gastan millones de dólares en las investigaciones teóricas, pero en 1909 la idea era novedosa. Willis R. Whitney, jefe del laboratorio de investigaciones de la General Electric en esa época, previó el valor que podrían tener dichas investigaciones para la industria, y aceptó.

El personal de investigaciones sabía que las impurezas de la bombilla incandescente reaccionaban con el alambre de tungsteno, debilitándolo y haciendo que se rompiera. Su solución consistía en crear un vacío más perfecto en la bombilla. Cuando examinaba esta idea, Langmuir ideó una bomba especial de vapor de mercurio con la que podía extraerse con mayor eficacia y rapidez el aire contenido en el recipiente.

Por su parte, Langmuir investigaba una teoría diferente para prolongar la vida del filamento de tungsteno. Había descubierto que ciertos gases, como el argón, no reaccionaban con el tungsteno calentado, y estaba estudiando el efecto de introducirlo en las bombillas. Allí se encontraba la tan buscada solución. Cuando se introdujo nitrógeno o argón en las lámparas, la vida del filamento de tungsteno se prolongó grandemente. Este descubrimiento se tradujo en el ahorro de millones de dólares para los consumidores de electricidad.

Mientras hacía esas investigaciones, Langmuir observó que las altísimas temperaturas de los filamentos de tungsteno incandescente podían descomponer las moléculas de hidrógeno en átomos, y que la reunión de dichos átomos liberaba un calor tremendo. En 1927, este descubrimiento lo llevó a inventar un soplete de hidrógeno atómico que se usa para soldar metales a temperaturas de unos cuatro mil grados. Se hacía pasar una corriente de hidrógeno por un arco eléctrico, en el que las moléculas de hidrógeno se descomponían en átomos. La reunión de los átomos daba el tremendo calor del nuevo tipo de soplete.

Los trabajos de Langmuir con los gases inertes y su estudio de la acción de las moléculas de hidrógeno se tradujo en invenciones de gran uso práctico, y quedó complacido con los resultados. Pero Langmuir era algo más que un ingeniero. Le interesaba la ciencia pura y ampliar las fronteras de los conocimientos científicos.

Uno de los problemas que habían desconcertado a todos los químicos, desde que Lavoisier determinó por primera vez la naturaleza de los elementos químicos, era el de la afinidad química. ¿Por qué ciertos elementos, como el flúor y el cloro, se combinaban fácilmente con otros elementos, y por qué elementos tales como el argón y el helio eran inactivos? Langmuir tenía la certeza de que la solución se encontraría en el conocimiento de la estructura del átomo.

El mundo del átomo estaba siendo explorado por muchos distinguidos científicos de esa época. Según Niels Bohr, el átomo consistía en un núcleo rodeado de electrones que giraban en órbitas. En 1916, el físico norteamericano Gilberto Lewis había propuesto su teoría de que el átomo estaba compuesto por un núcleo rodeado de electrones fijos en la forma de un cubo alrededor del núcleo. Con sus inmensos conocimientos de química, física y matemáticas, Langmuir estudió estas teorías de la estructura atómica y dio una solución al problema de la afinidad química. El hidrógeno, que tiene el número atómico uno, en la tabla de Moseley de números atómicos, tiene un electrón fuera de su núcleo. Según Langmuir, era ésta una configuración incompleta y, por lo tanto, hacía que el átomo de hidrógeno se desprendiera de su electrón y procurara complementar ese primer electrón con otro. El helio, en cambio (número atómico 2), tiene dos electrones en un anillo exterior a su núcleo, formando una configuración estable, inactiva. El neón, gas inerte con el que había trabajado Langmuir (peso atómico 10), contiene dos electrones en su primera capa y ocho en su capa exterior, formando una configuración estable. Empero, el flúor (número atómico 9),

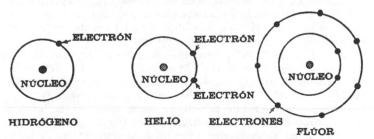

Estructura atómica de tres elementos típicos

con dos electrones en su primera capa y siete en la capa externa, es activo a causa de su tendencia a buscar otro electrón para tener una capa exterior de electrones estables. Por ello, el hidrógeno se combina químicamente con el flúor para formar el fluoruro de hidrógeno, cediendo un electrón para completar el segundo anillo electrónico del flúor.

Fue aceptada la explicación que dio Langmuir acerca de la base atómica de la afinidad química. También fue aceptada su teoría sobre la naturaleza de los isótopos químicos, la cual afirmaba que consistían en formas diferentes del mismo elemento en que el número de electrones de la capa externa es igual, pero en que varía la composición del núcleo. Por sus investigaciones en estas esferas, se le concedió el premio Nobel de química en 1932.

Sus trabajos sobre los tubos de vacío y su interés en la estructura de las moléculas y los átomos llevó a Langmuir a otra esfera de la ciencia, la química superficial, o sea, el estudio del comportamiento de las sustancias en la superficie de los líquidos. Las cuestiones que habían desconcertado a Langmuir y a otros científicos eran las siguientes: ¿Por qué algunas sustancias son solubles y otras insolubles en el agua? ¿Por qué algunas moléculas flotan en la superficie, en tanto que otras se sumergen? Langmuir dedicó varios años de estudio a estas cuestiones. Roció cantidades infinitesimales de varios aceites y ácidos en la superficie del agua y observó los resultados decenas de veces con toda especie de instrumentos y en diferentes condiciones. Así, llegó a la teoría de que la solubilidad de una sustancia y su comportamiento en la superficie de un líquido dependían de la estructura de sus moléculas y átomos, y pudo describir las diferencias de estructura molecular entre las sustancias que estudiaba.

La vida de Langmuir en Schenectady, Nueva York, fue productiva para la ciencia y agradable e interesante para él. Se le nombró vicepresidente de investigaciones de la General Electric Corporation, y él y su familia pasaban las vacaciones del verano en el lago George y los inviernos en las montañas White. Durante los últimos años de sus servicios en la General Electric se interesó en las investigaciones meteorológicas y participó activamente en los estudios encaminados a producir la "lluvia artificial" sembrando cristales de yoduro de plata en las nubes. Esos experimentos tuvieron un éxito limitado.

En 1951 se retiró del puesto que ocupaba en la General Electric, aunque siguió siendo consultor de la compañía y del gobierno. Se había distinguido en las investigaciones puras y aplicadas, auxiliado por el equipo de una organización privada, y había demostrado el valor que tienen dichos gastos para las grandes empresas comerciales. Pensando en su experiencia, ha pedido que se proporcione a los jóvenes científicos que prometen, la mejor preparación y el mejor equipo, a fin de ampliar las fronteras de la ciencia para beneficio de la humanidad, lo cual representaría una inversión lucrativa para el porvenir.

BIBLIOGRAFÍA

Harrow, B. *The Romance of the Atom.*
Hylander, C. J. *American Scientists.*
Riedman, Sarah R. *Men and Women Behind the Atom.*

NIELS HENRIK DAVID BOHR

(1885-1962)

EN SU OBRA titulada *Biografía de la física*, George Garnow relata que su querido maestro, el profesor Niels Bohr, era un hombre notable en muchos aspectos no científicos. El profesor Bohr tenía un apetito insaciable de películas de vaqueros. En realidad, esta afición a las películas de "vaqueros" se tradujo en una nueva teoría que fue desconocida para todos, menos para sus compañeros de cine a principios de la década de 1930. Como sabemos todos, el villano es el que siempre saca primero la pistola, pero el héroe es más rápido y siempre mata al villano. Niels Bohr propuso la teoría de que el granuja es más lento debido a que tiene que decidir cuándo ha de sacar la pistola, en tanto que el héroe actúa con mayor rapidez, porque obra sin pensar cuando ve que el villano está a punto de empuñar el arma. Todos sus compañeros disentían vigorosamente de esta teoría no probada, hasta que Gamow compró un par de pistolas de vaquero en una tienda de juguetes de la ciudad con el propósito de refutar experimentalmente la fantástica teoría de Bohr. Por sorprendente que parezca, el profesor Bohr logró "matar" a cada uno de sus discípulos y colegas cuando se batió a tiros con ellos representando el papel del héroe.

No obstante, había una explicación lógica de los reflejos tremendamente rápidos de Niels Bohr. Una generación antes, él y su hermano Harald ganaron fama internacional como miembros del equipo de futbol. Por sorprendente que parezca, Niels Bohr consiguió conservar la mayor parte de su agilidad atlética durante toda su vida. Años más tarde, cuando trabajaba en el proyecto de la bomba atómica en Los Álamos, Nuevo México, la esposa de Enrique Fermi recordaba que esta hombre de ciencia, de cincuenta y nueve años de edad, era casi infatigable cuando se trataba de saltar al otro lado de los incontables arroyos que encontraron durante un paseo a través de un cañón de Nuevo México. La señora Fermi relata que Niels Bohr, en otra ocasión, sin pausa para descansar, dio una de las más graciosas y atrevidas exhibiciones en el arte de esquiar, que habría sido una proeza muy difícil para un hombre que tuviera la mitad de sus años.

Niels Henrik David Bohr fue hijo de Elena Adler y del profesor Cristián Bohr, del departamento de fisiología de la Universidad de Copenhague. A Niels, que nació el 7 de octubre de 1885, siguieron pronto un hermano y una hermana. Tanto Harald como Niels, estudiaron en las escuelas públicas de Copenhague y luego en la Universidad. Allí, sus caminos se separaron académicamente, pues Harald decidió especializarse en matemáticas. Fue muchos años después que sus caminos profesionales volvieron a cruzarse cuando Harald fue nombrado director del Instituto de Matemáticas en la Universidad de Copenhague.

En 1907, Niels se distinguió como estudiante de física en la Universidad de Copenhague cuando ganó la medalla de oro de la Academia Real Danesa de Ciencias por sus estudios originales sobre los líquidos y la tensión superficial. Sin embargo, los descubrimientos de los rayos X y las partículas subatómicas, como los electrones y los rayos alfa, inflamaron la imaginación de Bohr hasta el punto de que resolvió presentar una tesis doctoral sobre las *Investigaciones de la teoría electrónica de los metales*. Al hacer sus investigaciones doctorales, aplicó con éxito su experiencia como jugador de futbol al problema de las partículas alfa, las cuales luchaban entre una multitud de átomos que trataban de detenerlas.

Al terminar su doctorado en física en 1911, ¿qué podía ser más natural que el deseo de continuar sus estudios en los mundialmente famosos Laboratorios Cavendish de la Universidad de Cambridge, con la inspirada orientación de sir J. J. Thomson, el padre del electrón? Después de Cavendish, Bohr continuó sus estudios postdoctorales en la Universidad de Manchester como discípulo del profesor Ernesto Rutherford, que daba entonces los toques finales a su modelo nuclear del átomo. Bohr quedó muy impresionado con los experimentos y las ideas de Rutherford, al mismo tiempo que éste se sentía tan complacido con su joven compañero que habló de Bohr a un amigo en los siguientes términos elogiosos: "Este joven danés es el hombre más inteligente que he conocido". Así, estos dos inmortales de la ciencia se hicieron amigos íntimos y colaboradores científicos hasta la muerte prematura de Rutherford, ocurrida en 1937.

Cuando Bohr volvió a Copenhague, ya estaba convencido de que las teorías clásicas de la física eran incapaces de representar adecuadamente los movimientos orbitales de los electrones. Dirigió su atención a la manera en que un átomo, que se calienta a una temperatura muy alta o por el que se hace pasar una

descarga eléctrica, produce una serie característica de colores
espectrales. Estos espectros atómicos son tan singulares como las
huellas digitales para cada átomo, y se usan para identificar los
diversos elementos que existen en compuestos desconocidos, como
la superficie de nuestro sol. En realidad, el helio fue descubierto
en el sol mediante el análisis espectral antes de que se encontrara en la tierra.

Así, pues, Bohr combinó el núcleo de Rutherford con la revolucionaria teoría de los *quanta* de Planck para producir la primera imagen matemática satisfactoria de la estructura del átomo.
Supuso que todos los electrones giraban en torno a su núcleo
en ciertas órbitas fijas llamadas estados estacionarios, en las cuales
son perfectamente estables. Así, cada una de estas órbitas per-
misibles representa un nivel definido pero diferente de energía.
Sólo cuando un electrón salta de una órbita externa (estado de
energía superior) a una órbita inferior, debe irradiar energía
en forma de líneas espectrales que son características de un
átomo particular.

El razonamiento y las matemáticas de Bohr eran tan sólidos
que pudo obtener valores para las series espectrales de las líneas
visibles de hidrógeno con una exactitud que resulta asombrosa.
Este modelo Rutherford-Bohr del átomo, con su salto cuántico
de electrones, predecía también exactamente las radiaciones de
los átomos del hidrógeno hasta entonces no observadas, tanto
en la región ultravioleta como en la infrarroja del espectro.

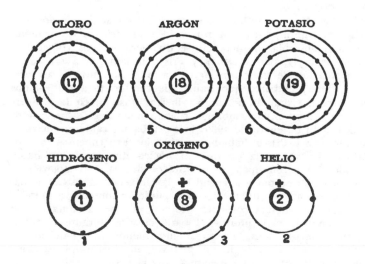

Estructura del átomo

En 1916, Bohr fue nombrado profesor de física teórica en la Universidad de Copenhague y, cuatro años más tarde, director del Instituto de Física Teórica de Copenhague, recientemente creado. En unos años, su Instituto se convirtió en el principal centro de investigaciones de la teoría cuántica, al que asistían físicos mundialmente famosos, como Heisenberg, Dirac, Meitser, Born, Jordan, Frisch y Gamow. Por su notable contribución al conocimiento humano de la estructura atómica, se le concedió el premio Nobel de física en 1922, tres años antes de que cumpliera cuarenta de edad.

A fines de la década de 1930 estaba asegurada la fama científica de Niels Bohr. Se hablaba de él en los mismos términos elogiosos que de Alberto Einstein. Sin embargo, aún faltaban sus mayores aportaciones al género humano. En esta época, ya las nubes de la Segunda Guerra Mundial se cernían sobre Europa. Muchos de los grandes científicos atómicos europeos, como Enrique Fermi de Italia y Alberto Einstein de Alemania, habían abandonado voluntariamente sus patrias para huir de los regímenes políticos dictatoriales. Muchos científicos como Lise Meitner, refugiada judía del terror nazi, y su sobrino Otto Frisch, trabajaban en el Instituto de Copenhague, cuando dos de sus antiguos colegas alemanes, Hahn y Strassman, publicaron los resultados finales de sus investigaciones sobre el bombardeo de los átomos de uranio con neutrones. Los científicos alemanes quedaron asombrados al encontrar pequeños indicios de bario y criptón entre los productos químicos y aún no podían descubrir su origen.

Mientras Meitner reflexionaba sobre la extraña aparición del bario y el criptón, nació una nueva idea. ¿Podría ser que cuando el uranio absorbía un neutrón se dividiera en dos fragmentos más o menos iguales? Meitner y Frisch inflamaron a tal punto la imaginación de Bohr con su teoría, que este último casi perdió el tren y el barco que habría de conducirlo a los Estados Unidos para visitar a su amigo Alberto Einstein, en la Universidad de Princeton. Sin embargo, cuando Bohr llegó a los Estados Unidos el 16 de enero de 1939, le esperaba un cable anunciando que Meitner y Frisch habían repetido los experimentos y éstos confirmaban su teoría de que el núcleo del uranio se había dividido. Bohr comunicó los resultados de esta investigación a Einstein en Princeton y a Fermi en la Universidad de Columbia. Discutieron la posibilidad de que pudieran obtenerse grandes cantidades de energía con este proceso, ya que la suma de los pesos atómicos del criptón y el bario creados durante la fisión era diecisiete unidades de peso atómico menor que la del átomo original de uranio. ¿No había predicho matemáticamente Einstein, mediante su fórmula $E = mc^2$, que la materia podía convertirse en enormes cantidades de energía?

Niels Bohr estaba en Dinamarca en 1940 cuando los nazis invadieron ese país. Se quedó allí hasta 1943, llevando una peligrosa vida doble como educador respetado y dirigente del movimiento de resistencia. Al recibir noticias de su inminente arresto, de mala gana permitió que lo sacaran de Dinamarca para llevarlo a Suecia en un pequeño barco. Sería éste el primer paso de un viaje que habría de conducirlo nuevamente a los Estados Unidos como asesor científico especial del Proyecto de la Bomba Atómica. Para la consternación de los agentes aliados en Estocolmo, Bohr se arriesgó a que lo mataran o lo plagiaran los agentes alemanes cuando se negó a salir a los Estados Unidos hasta que recibió la seguridad personal del rey Gustavo de que pondría en peligro la neutralidad sueca y concedería asilo a los ocho mil judíos daneses que se ocultaban entonces de los monstruos nazis. Los servicios que prestó el doctor Bohr en el proyecto de la bomba atómica fueron muy valiosos y contribuyeron a precipitar el fin de la guerra.

Con el fin de la Segunda Guerra Mundial, Niels Bohr volvió a su querido Instituto de Física Teórica para enseñar y contribuir a la paz. En 1947, le fue concedida la nobleza por el rey Federico de Dinamarca. Este honor era insólito, pues sólo se concedía a los reyes visitantes y a los jefes de Estado.

En 1955, como presidente de la Comisión Danesa de Energía Atómica, asistió al primer congreso internacional sobre los usos pacíficos de la energía atómica y fue elegido presidente del mismo. En 1957 recibió el primer premio de los Átomos para la Paz.

Cuando la muerte arrebató a Niels Bohr el 18 de noviembre de 1962, todo el mundo civilizado lamentó la pérdida de uno de los genios científicos que habían contribuido a la iniciación de la Era del Espacio.

BIBLIOGRAFÍA

Gamow, G. *Biography of Physics.*
Pauli, W., (recopilador). *Niels Bohr and the Development of Physics.*
Riedman, S. *Men and Women Behind the Atom.*
Shamos, M. *Great Experiments in Physics.*

ENRIQUE GWYN JEFFREYS MOSELEY

(1887-1915)

EN AGOSTO DE 1915 murió un joven oficial de señales del Primer Ejército británico, menos de dos meses después de haber llegado a Turquía para participar en la campaña de los Dardanelos. Al rendir homenaje a este joven, Roberto Millikan afirmó: "Si la Guerra Europea no hubiera tenido otra consecuencia que el haber puesto fin a esta joven vida, ese solo hecho la habría convertido en uno de los crímenes más espantosos e irreparables de la historia". En cuatro breves años de intensas investigaciones, el joven oficial, Enrique Moseley, que había sido discípulo graduado de Ernesto Rutherford, abrió las ventanas por las que hoy podemos tener un atisbo del mundo subatómico con una precisión y certidumbre que no habíamos soñado jamás.

Enrique nació en el seno de una distinguida familia, con una larga herencia cultural, el 23 de noviembre de 1887. Su padre era profesor de anatomía en la Universidad de Oxford. Su abuelo paterno, Enrique Moseley, había sido un distinguido médico, matemático y astrónomo del Colegio del Rey, en Londres. Su abuelo materno, Juan Gwyn Jeffreys, fue un notable oceanógrafo y gran autoridad sobre las conchas y los moluscos. Inclusive su hermana mayor, la señora Ludlow Hewitt, fue más tarde investigadora de biología.

A pesar de la prematura muerte de su padre en 1891, su madre tenía suficientes ingresos, que provenían de las propiedades de la familia para sostener a sus tres hijos en la escuela y permitir que Enrique construyera y equipara un sencillo laboratorio particular cuando creció. Así, de muchacho, se familiarizó con una gran variedad de aves de las cercanías y sus nidos. También buscaba artefactos prehistóricos con su hermana y su madre en los fines de semana y durante las vacaciones. En una ocasión encontró una hermosa punta de flecha en una visita que hizo a las islas Shetland. Se enorgulleció tanto de este descubrimiento, que tuvo que enseñárselo a dos de sus amigos, Julián Huxley y Carlos Galton Darwin. Los tres niños tenían aproximadamente la misma edad y eran nietos de tres famosos hombres de ciencia, que en otro tiempo habían obligado a este mismo tipo de rocas a entregar sus secretos sobre el nacimiento de nuestro planeta.

Enrique pasó cinco años en Eton, después de los cuales ingresó en el Colegio de la Trinidad, de Oxford, con una beca para estudiar ciencias naturales. Antes de graduarse con honores en las ciencias naturales, soñaba ya en seguir una carrera en las ciencias puras. La visita que hizo al mundialmente famoso Ernesto Rutherford, en Manchester, lo alentó a dedicarse a las investigaciones. Rutherford reconoció el posible talento del joven Moseley como investigador nato y sugirió que se dedicara a las investigaciones de su propia especialidad, la radiactividad. Después de trabajar por algún tiempo en el laboratorio de Rutherford, Moseley se enfrascó tanto en su tarea de estudiar la emisión de electrones durante la descomposición radiactiva del radio, que tuvo que renunciar a su puesto de maestro en la Universidad de Manchester a fin de tener más tiempo para la investigaciones. Moseley cumplió con exceso las esperanzas de su maestro cuando descubrió que todos los átomos de radio emitían un promedio de un solo electrón.

Después de realizar varias investigaciones sobre la radiactividad, se enteró de un importantísimo descubrimiento hecho por Max von Laue, de la Universidad de Zurich. Laue había observado que los cristales puros de sal, al obrar como prisma, pueden dividir los rayos X en un espectro invisible a los ojos humanos, el cual, sin embargo, puede ser fotografiado.

Poco antes del descubrimiento de Laue, Rutherford había propuesto una importante teoría sobre el núcleo del átomo. Teorizó que la masa principal de un átomo estaba concentrada en un pequeñísimo núcleo de átomos de hidrógeno cargados positivamente (que hoy se conocen como protones), el cual se encontraba rodeado de suficientes electrones para hacer eléctricamente neutro al átomo. Rutherford disparó partículas alfa (núcleos de helio) a través de varios gases y, mediante mediciones muy precisas de la dispersión de esas partículas, calculó la carga positiva que tenía el núcleo de varios átomos de diferentes elementos. Sus experimentos indicaron que cuanto mayor era el peso atómico de un elemento, mayor resultaba la carga positiva del núcleo, y que los números atómicos eran, más o menos, la mitad de los pesos atómicos. Parecía necesario determinar si la hipótesis de Rutherford se confirmaba con nuevos experimentos. Debido a que este problema sólo era adecuado para el más inteligente de sus discípulos, Rutherford habló del proyecto con Enrique Moseley. Decidieron que Moseley comparara las fotografías de los espectros radiográficos de muchos elementos diferentes a fin de determinar la naturaleza de la carga eléctrica de sus núcleos.

Moseley y su compañero de infancia, Carlos Galton Darwin, habían hecho recientemente algunas investigaciones fundamentales en las que fotografiaron rayos X refractados por los átomos de una red cristalina. Ahora, Moseley debía usar este método fotográfico no sólo para confirmar la mayor parte de la teoría de Rutherford, sino para cambiar las teorías física y química del átomo, llevándolas de las relaciones con los pesos atómicos a las relaciones con los números atómicos, y habría de eliminar las principales discrepancias con el admirable orden periódico de los elementos químicos formulado por Mendeleiev.

En 1911, los hombres de ciencia habían descubierto ya que los rayos X emitidos por el anticátodo (placa) en un tubo de Crookes, dependían únicamente de la composición metálica de este electrodo. Ahora resultaba posible determinar la longitud y el poder penetrante de estos rayos absorbiéndolos en delgadas capas de aluminio. Moseley dejó caer un haz de rayos X producidos por el anticátodo de un tubo de Crookes sobre un cristal montado en la tabla de un espectroscopio. Entonces, fotografió estos rayos X después de haber sido desviados por el cristal. Este singular procedimiento sólo fue satisfactorio después de que Moseley construyó una serie de placas de los diferentes elementos, montados sobre una plataforma móvil en el tubo de Crookes. Sin embargo, una importante limitación era el hecho de que con este método resultaba imposible poner a prueba los doce primeros elementos debido a que la mayoría eran gases y no sólidos a la temperatura ambiente o se les manejaba con dificultad en su estado puro. Al fin, en seis meses de incesante actividad, Enrique Moseley examinó los espectros radiográficos de treinta y ocho elementos distintos, desde el aluminio hasta el oro.

Por medio de estos experimentos, descubrió que cada uno de los treinta y ocho elementos metálicos que había probado, producían espectros radiográficos de diferentes longitudes de onda y que cuanto más pesado era el elemento, más cortos y penetrantes eran los rayos X producidos. Sin duda, esta información ayudó a confirmar las teorías de Rutherford sobre una base experimental de mayor importancia. Empero, Moseley fue mucho más allá con los datos experimentales reunidos por él y el joven Darwin.

Se calcularon las longitudes de onda de los rayos X reflejados, usando un método semejante al que se usa en la actualidad para calcular las longitudes de onda de la luz visible monocromática (de un solo color) en las clases elementales de física. Se produce una serie de rayas brillantes y oscuras de luz por el reflejo de esta luz en dos placas planas de cristal, que están separadas en un extremo con una delgada capa de aire y que se tocan en el otro extremo. Estas rayas alternadas de luz forman una pauta de interferencia que es esencial para medir la longitud de onda. No obstante, los rayos X tienen tan pequeñas longitudes de onda, pues varían entre 1/100,000 de centímetro (10^{-5} cm.) y 1/10.000.000,000 de centímetro (10^{-10} cm.), que penetran en el cristal y en la mayoría de las demás sustancias. Por lo tanto, Moseley usó como reflector un cristal en el que la capa superior de átomos de la superficie y su segunda capa paralela de átomos reflejarían los rayos X y formarían sus características "pautas de interferencia".

Los espectros radiográficos de los diferentes elementos eran en realidad mucho más sencillos que los característicos espectros de color irradiados por los diversos elementos y que también sirven para identificarlos. Todos los espectros radiográficos de los elementos consistían únicamente en dos grupo de líneas (una serie K y una serie L) que parecían ser casi idénticos en su forma, pero que variaban en los lugares que ocupaban sobre las placas fotográficas de Moseley. Después de ordenar sus cifras en forma de gráfica, comenzó a estudiar sus resultados desde el punto de vista de lo que ya conocía acerca de los átomos de diversos elementos. ¿Acaso había algo más fundamental que la masa o el peso atómico?

Al volver a estudiar los resultados obtenidos con tres metales —cobalto, níquel y cobre, de densidades casi idénticas y pesos atómicos de 58.94, 58.71 y 63.54, respectivamente (en comparación con el peso atómico del oxígeno, 16.00)—, Moseley descubrió que el cobalto tenía la mayor longitud de onda, le seguía el níquel, y el cobre tenía la longitud más corta a juzgar por el desplazamiento de las líneas espectrales Más aún, el desplazamiento de las líneas era uniforme y regular, y basándose en estos cálculos de las longitudes de onda, Moseley encontró relaciones de números enteros para identificar también estos tres elementos.

En la tabla periódica de elementos de Mendeleiev, el níquel estaba antes que el cobalto, debido a que su peso atómico era ligeramente inferior; por ello, Moseley no sólo perfeccionó la tabla, sino que descubrió una propiedad más fundamental que el peso atómico. Llegó a la conclusión de que esta propiedad sólo podía ser la carga positiva del núcleo del átomo. Así, había descubierto la ley de los números atómicos (o números de Moseley).

Esta nueva tabla periódica de los elementos, que fue publicada en 1912, cuando Moseley tenía veintiséis años, asignaba categóricamente identificaciones de número entero a los elementos, desde el hidrógeno, con un número atómico de uno, hasta el uranio, con un número atómico de 92. Entonces pudo predecir tanto los números atómicos como las principales propiedades químicas de siete elementos que no se habían descubierto aún (números atómicos 43, 61, 72, 75, 85, 87, 91). Descubrió también que el potasio tenía un número atómico de 19, en tanto que el número del argón era de 18, aun cuando sus pesos atómicos aceptados y la tabla de Mendeleiev indicaban el orden inverso. Así, se corrigieron en seguida tres discrepancias de la tabla de Mendeleiev, ya que no sólo se ordenaron horizontalmente los elementos de acuerdo con su peso creciente, sino que se agruparon verticalmente en familias de propiedades químicas semejantes. ¡Ahora no había ya ningún error en el orden de los elementos!

Cuando se conoció en Francia el descubrimiento de Moseley, Jorge Urbain, de la Universidad de París, se apresuró a ir a Oxford para ver a Moseley y darle a conocer los estudios que desde hacía veinte años venía haciendo con un grupo de quince elementos químicos llamados tierras raras. Debido a la extrema semejanza de sus propiedades, resultaba entonces imposible separar un grupo de elementos que se encontraban entre el bario y el tantalio en la tabla periódica. Mendeleiev, no pudo encontrar lugar para ellos y Guillermo Crookes los calificó pesimistamente de "enigmas de nuestras investigaciones y destructores de nuestros sueños". Tal vez Moseley podría descifrar con su nuevo método de análisis el misterio creado por la existencia de estas tierras raras. Poco después de que Urbain le entregó una muestra mineral que contenía un número desconocido de tierras raras mezcladas en pequeñas cantidades para que hiciera el análisis químico, Moseley le entregó un informe completo y pormenorizado sobre la muestra después de hacer algunos breves y rápidos cálculos, basados en el análisis espectroscópico de los diversos espectros radiográficos que había fotografiado. ¡El profesor Urbain quedó verdaderamente asombrado!

Así, pues, la obra de Moseley ofreció una solución para lo que habría parecido insoluble con respecto a la colocación y la separación e identificación de las tierras raras. Los siete elementos que faltaban y que aún no se descubrían, que eran lugares vacíos en la tabla de Moseley (éste los había profetizado basándose en los espectros radiográficos y las propiedades químicas), fueron descubiertos antes de 1945. De esta manera, cuarenta años después de su muerte se confirmó el genio del admirable investigador con el descubrimiento del promecio (el último de estos siete elementos) en los laboratorios del Instituto Tecnológico de Massachusetts.

BIBLIOGRAFÍA

Irwin, K. G. *The Romance of Chemistry.*
Jaffe, B. *Crucibles.*
Swenson, H. N., y Woods, J. E. *Physical Science for Liberal Arts Students.*

HERMANN JOSEPH MULLER

(1890-   )

HERMANN MULLER NO sentía particular atracción por la biología cuando estudió en la Escuela Secundaria Morris de Nueva York a principios del siglo actual. Había fundado un club científico para estimular el interés estudiantil en los nuevos progresos de la física y la química, pero nunca se había pedido a un biólogo que hablara en el club. Para esos jóvenes científicos, la biología era puramente descriptiva y estática, y carecía de la emoción y el misterio de otras ciencias. Como estudiante de la secundaria, Hermann no presintió que estaba destinado a que se le considerara como uno de los mayores biólogos de todos los tiempos.

Hermann Joseph Muller nació en Nueva York el 21 de diciembre de 1890 y fue hijo único de un diseñador de objetos artísticos de metal. Sus estudios en la escuela secundaria terminaron con una beca para la Universidad de Columbia en 1907. Cuando era estudiante de segundo año, tomó su primer curso de biología con el profesor Edmundo B. Wilson, inspirado maestro e investigador de biología. Quedó fascinado con la descripción que hizo Wilson de los experimentos que había terminado en 1865 un monje austriaco, Gregorio Mendel. El descubrimiento de la importancia que tenían los trabajos de Mendel había señalado, apenas ocho años antes, el nacimiento de una nueva ciencia llamada genética.

El entusiasmo de Wilson indujo al joven a procurar que la biología no fuera una asignatura muerta en el plan de estudios. Mendel había demostrado que los factores de la herencia, trasmitidos por las células sexuales del guisante, se separaban y volvían a combinarse en generaciones posteriores, según pautas matemáticas regulares. Podía hacerse un análisis sistemático parecido de la forma en que se heredaban los rasgos visibles de todas las plantas y animales que se reproducían sexualmente. Wilson, que era citólogo, señaló el paralelismo que había entre las actividades de los factores hipotéticos de Mendel y los cromosomas directamente observables en los núcleos de las células sexuales. Muller resolvió especializarse en biología. Antes de graduarse, fundó el club de biología en Columbia, entre cuyos miembros figuraban hombres que habrían de hacer importantes aportaciones a la genética.

En el mismo año (1910) en que Muller recibió su grado de bachiller, otro gran maestro de Columbia, Tomás Hunt Morgan, publicó su disertación clásica sobre la herencia vinculada al sexo en la *Drosófila*. Después de descubrir la mutación de ojos blancos en la mosca de la fruta, que normalmente tenía ojos rojos, Morgan demostró que el factor para la coloración de los ojos se encontraba en el cromosoma X y, sin querer, dio prueba para la teoría de la herencia por los cromosomas. El laboratorio de Morgan rebosaba de emoción con el descubrimiento casi diario de nuevas mutaciones y el modo en que se heredaban cuando Muller ingresó en su grupo de investigadores.

La primera disertación de Muller, en 1918, dio a conocer su descubrimiento de un nuevo gene para las alas dobladas en el cuarto cromosoma de la mosca de la fruta. Al acumularse mayor información sobre la naturaleza de los factores mendelianos o genes, Muller, Sturtevant y Bridges colaboraron con Morgan para escribir un histórico libro que abarcaba todos los nuevos conceptos sobre la ciencia de la genética, la cual crecía rápidamente. *El mecanismo de la herencia mendeliana*, que apareció en 1915, propuso la teoría de la vinculación, diciendo que: 1) los genes están alineados en un orden definido dentro de un grupo de vinculación; 2) todos los genes del mismo cromosoma constituyen un grupo de vinculación, y 3) el número de grupos de vinculación de un organismo corresponde al número haploide de cromosomas propio de la especie.

Después de ingresar en la facultad del departamento de biología del Instituto Rice en 1915, Muller continuó sus estudios sobre la genética de la *Drosófila*. En el siguiente año publicó un importante artículo que explicaba por qué los padres que llevan dos o más genes vinculados en los que haya mutación producen relaciones imprevisibles de descendientes con combinaciones de genes que no corresponden a los padres. Recibió su doctorado en Columbia en 1916 y cada vez se enfrascó más en los problemas relativos a la naturaleza de las mutaciones: esas alteraciones súbitas, relativamente permanentes, pero muy raras, que se producen en los genes trasmitidos por las células sexuales de generación en generación.

La estabilidad general de los genes es tan notable que Muller hizo el comentario de que encontrar mutaciones específicas en el laboratorio era como encontrar billetes de banco en las calles. ¿Cómo podía lograrse que hubiera mutaciones más frecuentes en los genes para hacer un estudio más eficaz del proceso de la mutación? Morgan había usado los rayos X con el propósito de producir mutaciones en las moscas de la fruta sin obtener efectos claros. Muller estaba seguro de que la radiación de gran energía producía mutaciones, pero, si quería probarlo, resultaba necesario idear un método sencillo para la determinación cuantitativa de las frecuencias de las mutaciones.

En 1922, al ofrecer un resumen de todo lo que se sabía acerca del gene, escribió: "Los trabajos sobre el gene individual, y su mutación, entrañan tremendas dificultades". Sin embargo, antes de que pasaran cinco años habría de encontrar la clave que abriría el camino para hacer una medición cuantitativa de los efectos mutacionales de la radiación. Mediante una técnica especial para describir las mutaciones letales vinculadas con el sexo en la *Drosófila*, llamada método CIB, pudieron obtenerse las frecuencias de mutación tanto en las poblaciones de moscas irradiadas como en las no irradiadas.

En 1927 se publicó su obra sobre *La trasmutación artificial del gene,* que ganó el premio Nobel. Sobre la base de sus estudios, Muller llegó a las siguientes conclusiones: 1) la exposición a las radiaciones produce mutaciones semejantes a las que ocurren espontáneamente en la naturaleza, y 2) las altas dosis de radiación aumentan las frecuencias de mutación a muchas veces el nivel de frecuencia de las mutaciones espontáneas. Los cruces de moscas no irradiadas sólo tenían un índice de mutación de 0.08 por ciento, en tanto que las moscas expuestas a 2,500 roentgenios de radiación tenían una frecuencia de mutación de 8 por ciento, es decir, cien veces el índice de mutación espontánea. Las dosis mayores de radiación producían índices mayores de mutación.

Los estudios posteriores de Muller y otos geneticistas se tradujeron en los siguientes descubrimientos sobre los efectos genéticos de la radiación: 1) Los genes de todos los animales y plantas son susceptibles de alterarse por la radiación de alta energía; 2) la mayoría de las mutaciones (más del 99 por ciento) son nocivas, pues producen algún defecto funcional en los organismos mutantes; 3) muchas mutaciones son recesivas y por eso pueden estar ocultas en el estado heterocigótico durante varias generaciones; 4) los efectos genéticos de la radiación parecen ser acumulativos, pues el número de mutaciones de los genes es, al parecer, independiente de la dosis de radiación, y 5) no hay una dosis por debajo de la cual sea ineficaz la radiación para producir mutaciones. Así, cualquier exposición de las gónadas de un organismo a la radiación antes del periodo reproductor, durante él o después, se traduce en mutaciones de los genes de las células sexuales que son trasmisibles a las generaciones futuras.

Se puso en claro la importancia de estos descubrimientos cuando se concedió a Muller, en 1946, el premio Nobel de medicina y fisiología "por su descubrimiento de la producción de mutaciones mediante la irradiación de rayos X". En su alocución de Estocolmo, Muller advirtió que los geneticistas tenían un nuevo y poderoso instrumento experimental para invetigar los procesos biológicos fundamentales. Pero también advirtió que, como casi todas las mutaciones son nocivas, y la radiación, por pequeña que sea su cantidad, produce mutaciones, los radiólogos tenían la obligación de proteger el plasma germinal de los seres humanos resguardando a las gónadas de los individuos cada vez que se usara la radiación para el diagnóstico o la terapéutica. A no ser que se observara esta precaución, los genes humanos se contaminarían con detrimento de las futuras generaciones.

Muller recibió una subvención Guggenheim en 1932 para proseguir sus estudios en el laboratorio de Timofeief-Ressovsky, nacido en Rusia, quien demostró que los genes alterados podían volver a la normalidad. Un año después, Muller aceptó la invitación para ocupar el puesto de geneticista en el Instituto de Genética de la Academia Rusa de Ciencias, en Moscú, donde permaneció cuatro años. Tuvo amistad íntima con varios hombres de ciencia, tanto en Alemania como en Rusia. El trágico destino de muchos de estos amigos bajo las dictaduras, habría de producir en Muller una profunda tristeza y una rabia incontenible. En la siguiente década vio cómo pervertían su propia ciencia, la genética, los locos de la política. Cuando los científicos alemanes, como sus colegas rusos con Stalin, fueron víctimas de la persecución, elevó una vigorosa protesta en nombre de los geneticistas del mundo libre. Los hombres de ciencia no aceptarían la doctrina nazi del racismo ni la "mortal regimentación de las ideas" que imponía cualquier dictadura.

"Los genes buenos o malos no son el monopolio de determinados pueblos ni de personas que tengan rasgos de una determinada especie", decía Muller.

Poco antes de que estalló la Segunda Guerra Mundial, trabajó en el Instituto de Genética Animal de la Universidad de Edimburgo. En 1940 volvió a los Estados Unidos para continuar enseñando y realizando sus investigaciones en el Colegio Amherst. En 1945 fue nombrado profesor de zoología de la Universidad de Indiana.

Todavía en Indiana, Muller sigue ejerciendo gran influencia en la biología y el pensamiento científico. El adolescente de Bronx que no quería considerar a la biología como una ciencia progresista, ha sido calificado por Julián Huxley como "el biólogo más grande que vive en la actualidad". Uno de los ganadores norteamericanos más jóvenes del premio Nobel, Joshua Lederburg escribió: "No es fácil encontrar un pensamiento original en la teoría biológica que, de alguna manera, no haya sido previsto (por Muller), ya se trate del gene ultramicroscópico, el destino de la humanidad en la tierra o los orígenes cósmicos de la vida".

BIBLIOGRAFÍA

Editores de la Revista "Fortune". *Great American Scientists.*
Muller, H. J. *Out of the Night: a Biologist's View of the Future.*

FEDERICO GRANT BANTING

(1891-1941)

EDUARDO JENNER DOMEÑÓ al azote de la viruela; Pasteur resolvió el enigma de la rabia; Koch encontró el medio de vencer al cólera. Sin embargo, en 1891, cuando nació Banting, había muchas otras enfermedades que aún desconcertaban a la ciencia médica. Una de ellas era la diabetes.

En el cuerpo de una persona sana, los hidratos de carbono se convierten en glucosa, la cual es llevada por el torrente sanguíneo a los tejidos, donde proporciona calor, energía y nutrición. En los diabéticos, es insuficiente o falta la hormona que ayuda a las células de los tejidos a utilizar la glucosa. Así, pues, el torrente sanguíneo se satura de glucosa, parte de la cual pasa por los riñones a la orina, en tanto que los tejidos orgánicos carecen de azúcar en forma aprovechable. La diabetes priva a una persona de energía, reduce su resistencia a las infecciones y puede traducirse en padecimientos generales, amputaciones y la muerte. El único tratamiento que ofrecían los médicos antes de 1921 era la restricción de los alimentos que contenían almidón. Aunque esto aliviaba algunos de los síntomas, tenía poco valor, pues a los tejidos les seguía faltando azúcar. Antes de Banting, los enfermos de diabetes no tenían remedio.

Federico Banting nació en Ontario, Canadá, en 1891. Los primeros años de su vida, que pasó en la lucha eterna para obtener el medio de subsistir, crearon en él una paciencia obstinada, incansable, así como el amor a la vida al aire libre. En los años posteriores, este amor se manifestó en sus excelentes pinturas de los paisajes canadienses y en las vacaciones que pasó entre las colinas y montañas del Canadá.

Fue un estudiante que no se distinguió en la escuela secundaria. Sus padres querían que se preparara para el sacerdocio, pero acabaron por acceder a que estudiara medicina en el Colegio Victoria. Su incansable aplicación al trabajo llamó la atención del doctor Clarence Starr, cirujano en jefe del Hospital Infantil de Toronto. Allí, Banting trabajó de médico interno y se especializó en la cirugía de los huesos.

En la Primera Guerra Mundial, Banting se presentó voluntariamente para prestar sus servicios en el Cuerpo Médico del ejército canadiense. Cuando lo hirieron gravemente en el brazo derecho, los médicos se lo iban a amputar, pero Banting se negó obstinadamente a permitirlo, diciendo que prefería arriesgarse a morir antes que someterse a una amputación que pondría fin a su carrera de cirujano. Por fortuna sanó el brazo y, cuando terminó la guerra, después de concedérsele la Cruz Militar por su valor, volvió a su profesión de cirujano en el hospital de Toronto. Luego de haber vivido los horrores de la guerra, se consagró con satisfacción a la tarea constructiva de ayudar a que se recuperaran los heridos y los enfermos.

En 1920 decidió ejercer su profesión, pero tenía pocos pacientes. En el primer mes, sus ingresos fueron de cuatro dólares. Para complementarlos, aceptó el puesto de profesor en la Universidad de Toronto Occidental. Un día, al prepararse para dar una clase sobre el páncreas, leyó un artículo sobre la *Relación de los islotes de Langerhans con la diabetes*. Con ello comenzó su búsqueda de la curación,

Según la teoría expuesta en ese artículo, había grupos de pequeñas células en el páncreas que eran la fuente de una hormona orgánica que regula el contenido de azúcar en la sangre. Estas pequeñas islas celulares recibían el nombre de *islotes de Langerhans,* nombre de su descubridor. Como se había tratado con éxito la insuficiencia del tiroides con inyecciones de extracto de tiroides sano, algunos científicos creían que podía tratarse la diabetes con la aplicación del extracto pancreático. Todos sus intentos, hechos en animales diabéticos, habían fracasado.

Banting leyó el artículo con desconcierto. Al parecer, la teoría era correcta. Entonces, ¿por qué habían fracasado los experimentos? El problema lo obsesionó tanto que a menudo no podía dormir. Quizá los jugos digestivos que también existían en el páncreas destruían o viciaban la hormona de los islotes de Langerhans durante su extracción. ¿Sería posible secar el páncreas para eliminar las otras enzimas antes de la extracción? Supongamos que se ligaran los conductos que van del páncreas al intestino. ¿Dejarían de funcionar las células acinares que producen las enzimas digestivas sin que se afectara la acción secretoria de las células de los islotes? Éste fue el pensamiento que cruzó por la cabeza de Banting cuando no podía dormir, luchando con el problema, la noche del 30 de octubre de 1920. Inmediatamente se levantó de la cama y escribió en su cuaderno de notas: "Ligar los conductos pancreáticos de los perros. Esperar seis u ocho semanas. Extirpar y extraer".

Dominado por la sensación de que estaba en el buen camino para encontrar la curación de la diabetes, se entrevistó con el profesor Macleod, jefe del departamento de fisiología de la Universidad de Toronto. Macleod no se impresionó. Muchos fisiólogos y especialistas del mundo entero lo habían intentado en vano. ¿Cómo iba a triunfar el doctor Banting, que no tenía preparación en esta esfera y ni tan siquiera había leído toda la literatura que existía sobre el tema?

Con inexorable persistencia, el doctor Banting suplicó que le diera la oportunidad de hacer la prueba y por fin convenció al doctor Macleod de que le permitiera usar el equipo de la universidad, comprendiendo diez perros, para sus experimentos. Se designó a un joven fisiólogo y bioquímico, Carlos Best, para que le sirviera de ayudante, pero Banting tendría que pagar sus gastos. No fue sino hasta la siguiente primavera cuando pudo trabajar en un labortorio pequeño, mal ventilado y peor equipado. Mientras tanto, renunció al ejercicio de su profesión y a su puesto de maestro, y leyó toda la literatura que existía sobre la materia. Otros le habían dicho que no tenía aptitudes para la investigación, pero no conocían el verdadero valor de Banting.

Los primeros esfuerzos de Banting y su ayudante no tuvieron éxito. Los acinos pancreáticos de los primeros perros experimentales no se secaron después de ligar los conductos. ¿Por qué? Con la esperanza de que se debiera a que no se habían ligado debidamente, lo intentaron una vez más. Pasaron lentamente las semanas. A fines de julio, Banting extirpó el páncreas de un perro operado y observó que ya se había secado, como esperaba.

Entonces le inyectó una suspensión salina, preparada con este páncreas que tenía intactos los islotes, a un perro que había llegado al coma diabético. Banting y el doctor Best observaron al perro inconsciente y, al pasar los minutos, palidecía su esperanza. Trascurrió una hora y el perro seguía inmóvil. Al cabo de dos horas, estaban a punto de darse por vencidos cuando ocurrió lo que casi era un milagro. El perro levantó la cabeza, se puso de pie y movió la cola. ¡Banting había triunfado! ¡Había encontrado un remedio para la diabetes! Dio al extracto el nombre de "isletina", de la palabra *islote*. Más tarde, el doctor Macleod le dio el conocido nombre de insulina.

Sin embargo, el problema no estaba completamente resuelto. El perro recayó después de algún tiempo y se necesitaron nuevas inyecciones, pues la insulina no cura la diabetes. Estimula el almacenamiento de azúcar en forma de glicógeno en el hígado y los músculos del cuerpo, e impide la pérdida del azúcar en la orina. Controla la diabetes, pero se requieren inyecciones con regularidad para el metabolismo normal de los hidratos de carbono en el cuerpo.

El siguiente paso consistía en ver si la inyección ayudaba a los seres humanos. Se aplicaron inyecciones de insulina a algunos pacientes que se encontraban en las fases más avanzadas de la diabetes y que casi habían sido desahuciados, y se obtuvieron resultados milagrosos.

Otro problema era el de producir la insulina en cantidades lo suficientemente grandes para distribuirla a las víctimas de la diabetes, cosa que acabó haciéndose mediante el uso del páncreas del ganado sacrificado en los mataderos. También se aceleró el proceso de extracción.

Aunque el doctor Banting pudo haber hecho una fortuna con su descubrimiento, no quiso sacar provecho de sus esfuerzos, que habían dado una vida normal a centenares de miles de personas. Entre los diabéticos que pudieron vivir normalmente se contaban H. G. Wells, que vivió hasta cerca de los noventa años, el rey Jorge V de Inglaterra y el doctor Jorge Minot, quien descubrió la curación de la anemia perniciosa.

Banting recibió el encomio universal por su descubrimiento y, junto con Macleod, que inicialmente había dudado de sus aptitudes, recibió el premio Nobel de fisiología y medicina en 1923. Generoso inclusive en esto, repartió la mitad de su premio con su ayudante, el doctor Best. Aceptó la dirección del departamento de investigaciones médicas de la Universidad de Toronto, y aunque no hizo nuevos descubrimientos, su departamento realizó valiosas investigaciones sobre la silicosis y otras enfermedades. En 1934 le concedió la nobleza el rey Jorge.

Cuando estalló la Segunda Guerra Mundial, nuevamente ingresó en el Servicio Médico del ejército canadiense y prestó sus servicios en Inglaterra y el Canadá. Un día de febrero de 1941 volaba sobre Terranova en un bombardero que hacía rumbo a la Gran Bretaña, cuando el ala del avión se inclinó, tropezó con un árbol, y el aeroplano se estrelló, acabando con la vida del comandante Banting a la edad de cincuenta años. Los caminos que llevan al descubrimiento científico son muy variados. El de Banting fue el relámpago de una idea, al que siguieron los esfuerzos inexorables, persistentes, para superar todos los obstáculos que se oponían al triunfo.

BIBLIOGRAFÍA

Levine, Israel E. *Discoverer of Insulin*.
Thomas, Henry T., y Thomas, Dana L. *Living Biographies of Great Scientists*.

JAMES CHADWICK

(1891-   )

EL AÑO 1932 fue un año decisivo. Todos los países del mundo eran víctimas de la depresión económica; Franklin D. Roosevelt acababa de ser elegido para ocupar la presidencia de los Estados Unidos; Hitler iba subiendo al poder, y James Chadwick señalaba el camino a la grandeza o a la catástrofe mediante el aislamiento y la identificación del *neutrón*.

Rememorando los años pasados, ¿se maravilló alguna vez Chadwick de las circunstancias accidentales que lo llevaron, a la edad de dieciocho años, a recibir la influencia de Ernesto Rutherford, cuando éste aceptó dar una serie de conferencias en Manchester sobre el electromagnetismo? ¿Pudo haber sospechado un año más tarde, en 1910, cuando se dedicó a las investigaciones bajo la dirección del distinguido físico, que sus sentimientos "de gran alegría, y en ocasiones de alarma y terror", eran presagio de descubrimientos y acontecimientos que conmoverían al mundo y conducirían a la creación de una energía artificial ilimitada para bien o para mal? Era aún demasiado pronto para que nadie pudiera predecir que, antes de que terminara la década, nacería una nueva disciplina, la física nuclear; pero la curiosidad que despertaba en el hombre la estructura del átomo estaba estimulando a los investigadores y acelerando los descubrimientos en muchos laboratorios.

James Chadwick, hijo mayor de J. J. Chadwick, nació en Manchester, Inglaterra, el 20 de octubre de 1891. Después de terminar su educación secundaria, ingresó en la Universidad Victoria, de Manchester. Durante este tiempo, lord Rutherford continuaba sus estudios sobre las propiedades de las partículas alfa, y Chadwick, que trabajaba en el laboratorio como ayudante, intervenía de cerca en el problema. Después de graduarse de maestro en 1911, decidió quedarse en el laboratorio y, por lo tanto, estaba presente cuando Rutherford anunció su teoría de la estructura nuclear del átomo y cuando Niels Bohr perfeccionó ese mismo año su modelo atómico cuántico sobre la base de las teorías de Rutherford y Planck.

En 1931 se le concedió una beca a Chadwick y fue a trabajar con Juan Geiger en Charlotemburgo, Alemania. Cuando estalló un año después la Primera Guerra Mundial, fue internado en un campo de concentración, donde, con varios compañeros, logró realizar algunos experimentos científicos, Volvió a Manchester en 1919, época en que Rutherford había hecho la primera trasformación artificial de los elementos, pues creó hidrógeno y oxígeno a partir del nitrógeno, bombardeándolo con partículas alfa (núcleos de helio).

$$N^{14}_{7} + He^{4}_{2} \rightarrow H^{1}_{1} + O^{17}_{8}$$

(el bombardeo de nitrógeno con helio [partículas alfa] expulsó al ion de hidrógeno y convirtió al nitrógeno en oxígeno. En la fórmula anterior, los exponentes representan el peso atómico [protones-neutrones], el subíndice se refiere al número atómico [protones] e indica la carga + del núcleo.)

Cuando lord Rutherford heredó la cátedra que había ocupado antes José J. Thomson como profesor de física experimental en la Universidad de Cambridge, invitó a Chadwick a trabajar con él. James aceptó, y así se inició lo que habría de ser una relación larga, íntima y productiva con Rutherford.

Después de doctorarse en Cambridge en 1921, Chadwick prestó sus servicios como catedrático y subdirector de investigaciones radiactivas en los Laboratorios Cavendish de Cambridge. En este famoso laboratorio siguió trabajando con Rutherford en nuevos experimentos sobre la trasmutación de los elementos mediante el bombardeo con partículas alfa. Al analizar la estructura nuclear, intentando determinar su estructura y tamaño, Rutherford y Chadwick observaron la expulsión de lo que parecían ser núcleos de hidrógeno, y con ello descubrieron otro componente fundamental del universo y el núcleo. En 1922, Rutherford le dio el nombre de *protón* (apenas veintidós años después de que Thomson había bautizado al electrón), esclareciendo sus anteriores observaciones sobre el bombardeo de nitrógeno.

Moseley había deducido antes que el número atómico es igual a la carga eléctrica del núcleo, pero fue Chadwick quien dio en 1920 la prueba experimental mediante el bombardeo de algunos elementos y haciendo estudios cuantitativos de los resultados. El año 1925 fue muy importante en la vida de Chadwick. Se casó con Aileen Stewart-Brown, hija mayor del H. Stewart-Brown, de Liverpool y, en el mismo año, fue nombrado subdirector de investigaciones radiactivas en los Laboratorios Cavendish de Física. Allí siguió estudiando la trasmutación de los elementos producida por el bombardeo con partículas alfa. No fue sino hasta 1928 cuando se dio nuevo ímpetu a las investigaciones de la radiactividad, gracias al perfeccionamiento de los métodos eléctricos para contar las partículas emitidas y, según Chadwick, "la física nuclear comenzó a progresar rápidamente".

Durante estos años, varios investigadores habían advertido que el bombardeo de ciertos elementos ligeros, especialmente el berilio, se traducía en la expulsión de radiaciones muy penetrantes con una energía mayor de la que se hubiera observado nunca. El grupo de Joliot Curie hizo pasar estos rayos por parafina (que es un hidrato de carbono) y advirtió que salían protones de ella con extraordinaria energía. Como era más la energía obtenida que la que parecía haber entrado en acción, consideraron imposible explicar los resultados con los conocimientos que se tenía entonces. Usando un tubo de radio que le envió el hospital Howard Kelly, de Baltimore, y partículas alfa de voltaje conocido, Chadwick repitió estos experimentos e hizo otros nuevos. Sus cálculos y observaciones de las velocidades y masas de los núcleos lo convencieron de que los rayos de gran energía emitidos por el berilio no podrían ser rayos gamma, como habían propuesto antes Bothe y Becker, sino partículas, pues eran absorbidas. Estas partículas, según razonó, debían tener una masa casi igual a la del protón, pero no tendrían carga eléctrica, ya que no se desviaban. Había descubierto el *neutrón*, previsto y bautizado doce años antes (1920) por Guillermo D. Harkins y postulado independientemente por Rutherford poco después. Sin embargo, no fue sino hasta 1957 que Ricardo Hofstadter, graduado del Colegio de Nueva York y ganador del premio Nobel, midió el neutrón en la Universidad de Stanford. El efecto de bombardear un núcleo de berilio con una partícula alfa está representado por la ecuación:

$$\left(\begin{array}{c}4+\\5n\end{array}\right) + \left(\begin{array}{c}2+\\2n\end{array}\right) \longrightarrow \left(\begin{array}{c}6+\\6n\end{array}\right) + 1n \qquad \bigcirc \quad \text{núcleo}$$

$$_4BE^9 + {_2}He^4 \longrightarrow {_6}C^{12} + {_0}n^1 \qquad \begin{array}{l}+ = \text{protones} \\ n = \text{neutrones}\end{array}\left.\begin{array}{l}\ \\\ \end{array}\right\}\begin{array}{l}\text{peso}\\\text{atómico}\end{array}$$

El neutrón, partícula pesada sin carga eléctrica, no podía ser rechazado o desviado y, por lo tanto, era capaz de llegar directamente al núcleo del átomo. Entonces fue posible explicar el peso atómico del átomo: la masa combinada de protones y neutrones; el número atómico y el número de protones contenidos en el núcleo. Así, pues, los isótopos del mismo elemento tienen el mismo número atómico, pero difieren en peso atómico debido a la diferencia en el número de neutrones que contiene el núcleo. Con la variación en el número de neutrones del núcleo, las propiedades químicas de un elemento siguen siendo las mismas, pero pueden variar las propiedades físicas. Los cambios nucleares producen a menudo isótopos y partículas radiactivas; las reacciones químicas sólo afectan a los electrones externos de un átomo.

Los trabajos de Chadwick y su descubrimiento de que el choque del neutrón con los núcleos atómicos se traduce en la liberación de protones del núcleo atómico dieron por resultado que se le otorgara el premio Nobel de física en 1935. Después fue profesor en la Universidad de Liverpool.

En noviembre de 1941 participó en el proyecto británico de la bomba atómica, que correspondía al Proyecto Manhattan norteamericano, y dos años después, fue el principal asesor científico de los miembros ingleses del comité atómico norteamericano-británico-canadiense que tenía su sede en Estados Unidos, en Oak Ridge, Tennessee, y en Los Álamos, Nuevo México, como parte del grupo que trabajaba a las órdenes de J. Roberto Oppenheimer. Durante esos años, Chadwick, como otros relacionados con él, abrigó graves dudas acerca de la conveniencia de perfeccionar y usar la bomba atómica. Apenas trece años después de que descubrió el neutrón, habría de ver su aplicación práctica en la destrucción casi completa de la ciudad de Hiroshima con una sola bomba atómica.

En 1945, Chadwick, que se caracterizaba como hombre de extraordinaria compostura, habitualmente austero y reservado, fue hecho noble y designado asesor científico y delegado alterno en el Consejo de Seguridad de las Naciones Unidas. Al mismo tiempo, se le nombró representante británico en la Comisión de la Energía Atómica de las Naciones Unidas. En 1948 aceptó el puesto de maestro en el Colegio Conville and Caius, Cambridge, y volvió a la escena de sus primeras hazañas.

A más de recibir el premio Nobel, se le ha concedido la Medalla al Mérito de los Estados Unidos (1946), la Medalla de Copley de la Sociedad Real (1950) y la Medalla Franklin del Instituto Franklin de Filadelfia (1951). Es miembro honorario de la Sociedad Norteamericana de Física, de la Sociedad Norteamericana de Filosofía, y tiene varios grados universitarios de diversas universidades. Desde 1957 ha prestado sus servicios en la Comisión de Energía Atómica del Reino Unido.

Sir James Chadwick es autor de varios artículos sobre la radiactividad y temas afines, los cuales han aparecido en las principales revistas científicas. Con lord Rutherford y sir Charles D. Ellis, escribió en 1930, *Las radiaciones de las sustancias radiactivas*, que revisó en 1953. Los alquimistas de antaño trataron vanamente de trasmutar los metales viles en oro. Usando neutrones para bombardear los núcleos de los átomos, Chadwick pudo trasformar un elemento en otro. Sólo el futuro podrá decir si este nuevo poder será para el bien de toda la humanidad.

BIBLIOGRAFÍA

MacCullum y Taylor. *Nobel Prize Winners and the Nobel Foundation (1901-1937)*.
Heathcote, N. *Nobel Prize Winners in Physics (1901-1950)*.

ARTURO HOLLY COMPTON

(1892-1962)

EN OCTUBRE DE 1932, el Colegio Occidental de Oxford, Ohio, concedió el grado honorario de doctora en leyes a una mujer de setenta y cuatro años de edad. No se le concedió el grado por sus méritos profesionales, sino por su maternidad. Estaban presentes tres de los hijos de la señora Otelia Compton y su marido, el profesor Elías Compton, del Colegio Wooster. Sólo su hija María no pudo asistir, pues no podía dejar su escuela misionera en Allahabad, India.

Los grados universitarios no eran novedad para los tres hijos de la señora Compton, pues tenían un total combinado de cuarenta y seis. El hijo mayor, Carlos, físico famoso, era entonces director del Instituto Tecnológico de Massachusetts, después de haber hecho algunos importantes descubrimientos en los dominios de la fotoelectricidad y la estructura de los cristales. Wilson, el segundo hijo, era economista y administrador más que hombre de ciencia. Arturo, el más joven, había ganado ya el premio Nobel de física por algunas importantísimas investigaciones sobre la estructura y las propiedades de la materia subatómica.

La señora Compton conservó toda su vida el interés por su familia y su obra. Vivió para ver que sus tres hijos ocupaban otra vez sus respectivos lugares en el servicio a la patria durante la Segunda Guerra Mundial. Sin embargo, a menudo se preguntaba cuáles serían las actividades secretas a que se dedicaban Carlos y Arturo, pues sabía que participaban en las decisiones que habían de influir en la guerra. En su obra *Atomic Quest*, Arturo Compton dice: "Mi hermano Carlos le explicó una vez, de broma, que aunque no podía decirle qué era lo que estaba haciendo yo, si leía una mañana en los periódicos que la ciudad de Chicago había volado en una tremenda explosión, sabría que mi experimento había tenido éxito".

Aunque los tres hermanos Compton hicieron importantes aportaciones para el mejoramiento de nuestro planeta, nuestra historia se refiere, sobre todo, al hijo menor, Arturo Holly Compton, que nació en Wooster, Ohio, el 10 de septiembre de 1892. en el hogar de los Compton existía una atmósfera profundamente religiosa, pues el padre era un sacerdote ordenado de la Iglesia presbiteriana y la señora Compton descendía de una larga sucesión de menonitas, para los que resultaba inconcebible la guerra. También la hermana de Arturo, María, se casó con un maestro misionero, y se fue a vivir a la India.

La curiosidad científica de Arturo se puso de manifiesto por primera vez a temprana edad, comenzando con la historia natural, para seguir luego con la aeronáutica y más tarde con la astronomía. Cuando era todavía un adolescente, combinó la teoría y la práctica escribiendo acerca de la construcción de aeroplanos y construyendo luego un deslizador que podía volar. También, en una ocasión, se quedó en vela toda la noche para estudiar y fotografiar con su telescopio las estrellas y los planetas. Sin embargo, siguió los pasos de Carlos y Wilson en muchos otros aspectos; los tres se graduaron como estudiantes distinguidos y como notables deportistas en el Colegio de Wooster. Más tarde se doctoraron en la Universidad de Princeton.

Cuando estudiaba en el Colegio de Wooster, Arturo inventó y patentó un aparato giroscópico para el control de los aeroplanos. Había decidido seguir la carrera de ingeniero mecánico, pero Carlos logró convencerlo de que estudiara matemáticas superiores y física en la Universidad de Princeton. Poco después de haberse doctorado en física, en 1916, Arturo trabajó como maestro de física en la Universidad de Minnesota durante un año; luego ocupó el puesto de ingeniero de investigaciones en la Westinghouse Electric and Manufacturing Company. Durante unos dos años ayudó a crear instrumentos para los aeroplanos del Cuerpo de Señales de los Estados Unidos. Terminada la Primera Guerra Mundial, decidió una vez más dedicarse a la vida académica. Aceptó una beca de investigaciones en los Laboratorio Cavendish de Cambridge, Inglaterra, donde estudió con J. J. Thomson, quien fue el primero en identificar el electrón, y con Ernesto Rutherford, que descubrió el núcleo del átomo.

Al volver a los Estados Unidos en 1920, fue nombrado profesor y jefe del departamento de física de la Universidad Washington, en San Luis. De San Luis se fue a la Universidad de Chicago en 1923, donde aceptó el puesto de profesor de física con Alberto A. Michelson, que había ganado el premio Nobel. Durante los siguientes veintidós años, Compton sucedió a Roberto Millikan como presidente de física. No obstante, sus grandes investigaciones científicas se consagraron a la física nuclear cuando decidió estudiar los rayos X y su comportamiento. Siguiendo la tradición de Michelson y Millikan, Arturo Compton hizo algunas mediciones muy precisas de las colisiones entre los rayos X y los electrones. Para el asombro de todos, descubrió que aumentaban las longitudes de onda de los rayos X al chocar, pues parte de su energía se había trasferido a estos electrones con el contacto.

A este fenómeno se le da actualmente el nombre de *efecto Compton*. Tiene importancia especial debido a que dio confirmación experimental a las teorías de Planck y Einstein. Como consecuencia directa, el mundo científico tiene hoy prueba concluyente de que la luz y los rayos X poseen propiedades que les permiten comportarse a la vez como ondas y como partículas cuyas propiedades son las de la masa. Por lo tanto, a Arturo Compton se le concedió el premio Nobel en 1927 por sus investigaciones, premio que compartió con C. T. R. Wilson, inventor de la "cámara de niebla". De manera significativa, fue esta cámara de niebla la que permitió a Compton estudiar y confirmar muchos de los efectos de las colisiones entre los rayos X y los electrones.

Era muy natural que Compton ampliara sus investigaciones a la esfera de esos mismos y desconcertantes rayos cósmicos que tanto habían fascinado a Roberto Millikan. Ya en 1913, Compton quiso descubrir su naturaleza y origen. Pero no fue sino hasta 1931 que organizó una de las investigaciones más amplias que se hayan emprendido, en la cual se enviaron ocho grupos de investigadores al mundo entero para reunir datos sobre los rayos cósmicos. Dichos grupos abarcaron el Ártico, el Ecuador y altas montañas en Asia, Europa y América del Sur. Compton viajó personalmente más de ochenta mil kilómetros durante esta investigación. Como consecuencia de ella, los hombres de ciencia creen en la actualidad que estas partículas atómicas provienen del espacio exterior y que están compuestas de partículas cargadas, como los protones (núcleos de átomos de hidrógeno) o los positrones (electrones positivos). Los datos de la estratosfera indicaron también la existencia de otro tipo de rayo cósmico que, según parece, es eléctricamente neutro y no llega a la superficie de la tierra.

Todavía en 1939, Compton no tenía más que un interés superficial en la fisión del uranio. Y fuera de su contacto con Ernesto O. Lawrence, inventor del ciclotrón (aparato para desintegrar los átomos), en relación con el uso del ciclotrón en el tratamiento del cáncer, la energía atómica no era para Arturo Compton más que un tema académico. Sin embargo, el hecho de que lo hubieran escogido para ocupar un puesto clave en la iniciación y realización del proyecto atómico de los Estados Unidos durante la guerra fue, en verdad, una selección atinada; probablemente no había ninguna otra persona que combinara mejor las aptitudes administrativas y de investigación para lo que habría de ser el proyecto científico más importante que emprendiera nunca un gobierno.

La gran empresa científica se inició en 1941, cuando el presidente Franklin D. Roosevelt decidió escuchar las urgentes recomendaciones de varios hombres de ciencia refugiados, como Fermi, Szilard y Einstein, y del Comité de Compton de la Academia Nacional de Ciencias. A fin de conservar el secreto y resguardar su seguridad, el nuevo comité del gobierno para las investigaciones atómicas, que comprendía a muchos y distinguidos científicos, recibió el inofensivo título de Comité S-1. Después de que el ejército intervino en 1942, se le dio el nuevo nombre de Proyecto Manhattan.

Arturo Compton fue nombrado jefe de la parte del proyecto que se ocupaba de obtener materiales fisionables (los átomos del uranio 235 y del plutonio 239, cuyos núcleos podían fisionarse, con la consecuente liberación de tremendas cantidades de energía). Dicha sección del proyecto recibió el nombre de Laboratorio Metalúrgico y se encontraba situado originalmente en los terrenos de la Universidad de Chicago. Sin embargo, antes de que pudiera hacerse la bomba atómica resultaba imprescindible que su grupo separara y purificara suficiente material fisionable para determinar si era posible en la práctica una reacción controlada en cadena, como lo era en teoría. (En cuanto se inicia una reacción en cadena, da suficiente energía para proseguir con rapidez cada vez mayor.) Originalmente, Arturo Compton había proyectado que Enrique Fermi y su grupo construyeran y probaran este reactor en el Laboratorio de Argonne, que se estaba levantando en un sitio deshabitado, a unos treinta kilómetros de Chicago. Por desgracia, hubo un retardo en la construcción del edificio que habría de dar alojamiento al aparato; por ello, Compton tuvo que tomar la decisión que habría de significar un retraso irreparable en el programa norteamericano de armas atómicas o que podría traducirse en la destrucción instantánea de una ciudad de tres millones de habitantes si ocurría algo imprevisto.

Enrique Fermi consideraba que se produciría la reacción en cadena a pesar de que existía cierto riesgo. De consiguiente, Compton asumió la responsabilidad de esta decisión cuando dio instrucciones a Fermi de que comenzara a construir en seguida su reactor nulcear experimental en un pequeño edificio situado bajo las tribunas del estadio de futbol, en la Universidad de Chicago, antes de que se hubiera preparado combustible atómico en cantidades suficientes. El 2 de diciembre de 1942, llamó por teléfono a James Conant, quien era entonces jefe del Comité S-1 y le dijo que "...el navegante italiano acaba de arribar al nuevo mundo... Llegó al nuevo mundo antes de lo que se esperaba... Todos arribaron sanos y contentos". (Traducción: el grupo de Enrique Fermi ha obtenido la primera reacción controlada en cadena del mundo. Esto ocurrió dos semanas antes de la fecha fijada. Durante el experimento, no ocurrieron accidentes ni cosas inesperadas.)

Así, de 1942 a 1945, Arturo Compton hizo un esfuerzo sobrehumano dividiendo su tiempo entre las instalaciones de separación del uranio, recién construidas en Oak Ridge, Tennessee, las nuevas instalaciones elaboradoras de plutonio en Hanford, Washington, y el Laboratorio Metalúrgico, en Chicago. Cuando estalló experimentalmente la primera bomba en una torre, en el desierto de Nuevo México, apenas dos años y medio después de la primera reacción controlada en cadena, los hombres de ciencia se encontraron ante el problema de conciencia de determinar si tenían el derecho moral de usarla para matar seres humanos con la esperanza de poner fin inmediato a la guerra más sangrienta del mundo. Al parecer, la penosa decisión de Compton como miembro de un comité consultor fue la de no oponerse a su uso, pues creía sinceramente que se sacrificarían menos vidas japonesas y norteamericanas una vez que los japoneses hubieran sentido el espantoso poder del átomo. El hecho de que los japoneses se rindieran menos de una semana después de que la segunda bomba atómica había destruido a Nagasaki parece justificar a Compton y a la mayoría de los demás científicos que ayudaron a construir la bomba atómica.

Al terminar la Segunda Guerra Mundial, Compton dedicó sus esfuerzos a las actividades pacíficas en la física. Sobresalió en la creación de tres institutos para las investigaciones fundamentales en la Universidad de Chicago: el Instituto de Estudios Nucleares, el Instituto de Metales y el Instituto de Radiobiología. En realidad, estos tres institutos fueron sucesores en tiempos de paz del Laboratorio Metalúrgico que había dirigido durante la guerra. En 1945 aceptó el ofrecimiento para volver a la Universidad de Washington como rector de la misma.

No cabe duda de que Arturo Compton no habría podido tomar sus decisiones durante la guerra, que llevaron a la explosión de una bomba atómica sobre Hiroshima, sin antes examinar su conciencia y con pesar. No obstante, su profunda educación religiosa y sus sentimientos deben haberle dado sin duda la esperanza de que la energía atómica podría usarse constructivamente, pues escribió: "La ciencia es el atisbo de lo que persigue Dios en la naturaleza. La existencia misma del asombroso mundo del átomo y las radiaciones revela que hay un propósito en la creación, que hay un Dios y un fin inteligente en todo".

BIBLIOGRAFÍA

Bolton, S. K. *Famous Men of Science.*
Compton, A. *Atomic Quest.*
Heathcote, N. *Nobel Prize Winners in Physics.*
Riedman, S. R. *Men and Women Behind the Atom.*

HAROLD UREY

(1893-   )

DESDE LA ÉPOCA en que se reconoció por primera vez que el agua era un compuesto químico, nadie había pensado que sería posible variar su composición química hasta que el científico Harold Urey descubrió que podía hacerse agua pesada con un isótopo del hidrógeno, llamado hidrógeno pesado. Por este descubrimiento se le concedió en 1934 el premio Nobel de química.

No fue fácil para Urey ingresar en el dominio de la ciencia. Nació en la pequeña población de Walkerton, Indiana, el 25 de abril de 1893. Su padre, que era clérigo, murió cuando Harold tenía seis años de edad. Cuando su madre volvió a casarse, su padrastro, que también era clérigo, lo sostuvo en la escuela secundaria, pero no había que pensar en la universidad.

Harold trabajó tres años como maestro de escuela en comunidades pequeñas. Entonces pudo asistir a la Universidad de Montana, donde se especializó en zoología; se graduó en ella de bachiller en ciencias en 1917. Pasó los dos años siguientes trabajando como químico industrial, pero decidió que no sería ésa la obra de su vida. Dejó la química industrial por un puesto de dos años como profesor en la Universidad de Montana. Ya para este tiempo había resuelto ingresar en la esfera de las investigaciones científicas, por lo que se matriculó para obtener el doctorado en la Universidad de California, que atraía la atención internacional por la calidad de su personal y por su estupenda labor. Allí adquirió conocimientos completos sobre la estructura atómica, particularmente del profesor Gilberto Lewis, autoridad en este dominio. También obtuvo una beca de un año para estudiar en Dinamarca con el famoso físico Niels Bohr.

A su regreso, ocupó un puesto en la facultad de Johns Hopkins y luego en Columbia, donde hizo notables aportaciones a la ciencia.

Otros científicos habían hecho estudios de los isótopos, que son una forma variante del mismo elemento (los elementos que tienen diferentes pesos atómicos, pero los mismos números atómicos, se llaman isótopos). Así, por ejemplo, ya en 1907, J. J. Thomson había descubierto un isótopo del neón. En 1920, el químico inglés F. W. Aston encontró indicios de que podía existir un isótopo del hidrógeno. En 1931, Urey estudiaba el hidrógeno por medio de un espectrógrafo cuando observó algunas ligeras irregularidades, consecuencia de un levísimo desplazamiento de las líneas espectrales del hidrógeno ordinario. No podían explicarse con la presencia de un nuevo elemento o el funcionamiento defectuoso del espectrógrafo. El único medio posible de aislar esa sustancia, si realmente existía, estribaba en encontrar una propiedad física, aparte del sabor, el color o el olor, que pudiera ser diferente de la del hidrógeno común. Licuó una porción de hidrógeno reduciendo su temperatura a menos de 250 grados. Luego, confiaba en separar los dos tipos diferentes de hidrógeno haciendo hervir cuidadosamente esta muestra.

Después de repetir muchas veces este proceso de destilación, Urey puso a prueba el hidrógeno restante, que no se había deprendido aún por ebullición, para observar sus colores espectrales. Entonces aparecieron en toda su intensidad las líneas ligeras e inexplicables que había observado al principio en la muestra de hidrógeno ordinario, con lo que quedó aislado el isótopo del hidrógeno, al que dio el nombre de deuterio. En tanto que el átomo de hidrógeno ordinario (peso atómico de uno) tiene un solo protón, un electrón y ningún neutrón, el átomo del deuterio (pesó atómico de dos) tiene un protón, un electrón y un neutrón.

Entonces fue posible, en condiciones adecuadas, formar o identificar nuevos compuestos que contuvieran esta forma variante del hidrógeno. Así, por ejemplo, Urey aisló e identificó una nueva clase de agua, llamada agua pesada. Tiene un punto de congelación distinto del agua ordinaria, aunque casi todas las demás propiedades físicas y químicas son las mismas. El agua pesada tuvo gran valor en las investigaciones atómicas, debido a que podía usarse como moderador para retardar los neutrones de alta velocidad en una pila atómica con el objeto de aumentar la posibilidad de la fisión del átomo de uranio 235 o de plutonio y de producir una posible reacción en cadena. En realidad, se usaron placas de grafito como moderadores en la mayoría de las pilas atómicas, pero ello se debió únicamente a que se disponía del grafito en cantidades más abundantes.

Durante la Segunda Guerra Mundial, el doctor Urey se encargó de encontrar un método más práctico de separar el uranio 235 de su isótopo U-238, proceso necesario para la creación de la bomba atómica. El método que ideó, mucho más eficaz que el método electromagnético de Ernesto Lawrence, consistía en la difusión de un compuesto gaseoso de uranio a través de una serie de placas porosas. En esa época, el doctor Urey prestaba también sus servicios en el comité consultor del presidente Roosevelt sobre el proyecto de investigaciones atómicas. Era un científico de opiniones independientes que comprendía el peligro que representaban para la humanidad las armas atómicas y la necesidad de que hubiera controles internacionales. En esto, ganó el respeto de muchos jóvenes científicos atómicos. Está casado y tiene cuatro hijos. Su esposa también siguió una carrera científica antes de su matrimonio, en el dominio de la bacteriología.

Harold Urey se ha convertido en uno de los principales expertos del mundo por lo que toca a la separación de los elementos en isótopos, como, por ejemplo, el nitrógeno, el oxígeno, el hidrógeno pesado. Aceptó ocupar un puesto en el Instituto de Investigaciones Nucleares de Chicago y, desde entonces, ha dedicado gran parte de su tiempo a las investigaciones sobre el espacio interplanetario y los rayos cósmicos. Desde 1958 es miembro de la junta de ciencia espacial de la Academia Nacional de Ciencias. En 1960 propuso una nueva teoría sobre el origen de los meteoritos y publicó un artículo indicando que la exploración del espacio podría dar nuevos indicios sobre el origen del sistema solar.

El camino que siguió Urey desde su niñez ha sido de confianza en sí mismo, trabajo incesante y constancia en sus propósitos. Sin embargo, en el mundo internacional contemporáneo de los grandes hombres de ciencia, ha conquistado un puesto distinguido para sí mismo y para su patria.

BIBLIOGRAFÍA

Jaffe, B. *Men of Science in America.*
Riedman, Sarah R. *Men and Women Behind the Atom.*
Urey, H. C. *Los planetas.*
Urey, H. C., y Ruark, A. E. *Átomos, moléculas y quanta.*

JUAN ENDERS

(1897-   )

EN AÑOS RECIENTES ha existido la tendencia del profano a incorporar la terminología científica en su lenguaje. No es

raro que un adolescente lleve a la escuela una carta disculpando
su falta de asistencia, cargada de impresionante fraseología médica. Si en el pasado un niño podía padecer un resfriado, hoy
tiene una "infección respiratoria", una "inflamación bronquial",
el "virus X" o "el virus de veinticuatro horas". Para el diagnos-
ticador aficionado, la palabra más popular es la de virus. Pocas
de las personas que usan esta palabra con tanto aplomo tienen
una idea clara de lo que es un virus; pero más pocas aún son
las que están al corriente de los progresos del científico en la
campaña del laboratorio contra los virus infecciosos. Sin embargo, el doctor Juan Franklin Enders conoce bien el tema, pues
ha pasado más de treinta años siguiendo la pista de los virus
que matan anualmente a miles de personas y hacen sufrir a
millones de habitantes.

La historia de Juan Enders es la de un muchacho rico que
aprovechó su tiempo. Hijo de un banquero multimillonaric de
Connecticut, se graduó en Yale en 1919 y fue a Harvard a obtener el grado de maestro a fin de prepararse para la carrera
de maestro de inglés. Enders quedó tan impresionado con el
famoso microbiólogo de Harvard, Juan Zinsser (autor de *Ratas,
piojos e historia*), que dejó la literatura por el laboratorio y
obtuvo el doctorado con una tesis sobre las reacciones alérgicas.
Casi todas las principales enfermedades bacterianas, como, por
ejemplo, la difteria, la fiebre escarlatina, la sífilis o la tuberculosis, han sido dominadas por los antibióticos. El explorador
científico ha subido a esas cimas y recorrido esas selvas, pero,
debido a que el virus desafía a los antibióticos conocidos, se ha
convertido en la "nueva frontera" para los exploradores científicos como Juan Enders.

La palabra "virus" no es nueva. Se usó hace muchos siglos
para indicar cualquier veneno que pudiera causar una enfermedad infecciosa. En tiempos más recientes se ha usado para
designar a los agentes ultramicroscópicos que se infiltran en el
organismo y atacan a las células o los tejidos, produciendo diversas
enfermedades, desde los resfriados comunes hasta las numerosas
formas del cáncer. Debido a que los virus son tan pequeños
que, a diferencia de las bacterias, pasan por los poros de un
filtro de porcelana (por lo que se llaman "filtrables"), su naturaleza fue un misterio hasta el siglo XX. Ha sido posible el
progreso en el estudio de los virus debido a que los hombres
de ciencia pueden cultivarlos ahora en tejidos vivos separados
del organismo, en tubos de ensayo.

Los expertos de esta esfera atribuyen el mérito principal de
los progresos modernos al doctor Ross Harrison que, en 1907,
cultivó tejidos vivos en una mezcla de sangre y principios nutritivos químicos. En 1910 se probó que un tipo de cáncer que
afectaba a las gallinas era producido por un virus filtrable, y
el doctor Max Theiler consiguió cultivar el virus de la fiebre

amarilla en el cerebro de los ratones. El doctor Theiler crió más tarde 176 generaciones de virus en cultivos de tejidos embrionarios del pollito, atenuando el virus con cada trasplantación a fin de encontrar una estirpe a la que faltara la virulencia suficiente para producir la enfermedad y que, al mismo tiempo, fuera lo bastante potente para estimular la formación de anticuerpos.

El paso más importante en los esfuerzos de los científicos para identificar los virus, se produjo con el invento del microscopio electrónico en 1938. Sus rayos electrónicos permitieron a los investigadores fotografiar partículas virulentas que tienen un diámetro menor de 1/250,000 de centímetro. Las fotografías han aumentando inmensamente los conocimientos científicos y han hecho posible la actual definición del virus como una partícula infecciosa de moléculas de nucleoproteína sin metabolismo propio; el virus sólo se reproduce utilizando los procesos metabólicos de la célula que invade y hace su víctima.

Los virus no tienen preferencias; a más de hacer la guerra a las células humanas, atacan a las bacterias, las plantas, los insectos, los peces, los reptiles y las aves. Juan Enders y otros investigadores han identificado más de cuatrocientos tipos diferentes de virus, cada uno de los cuales es un enemigo singular. Algunos invaden las células humanas bañándolas con una enzima que disuelve las capas exteriores de las células; otros tienen una pequeña cola con que perforan las paredes de la célula para inyectar ácido nucleico. El cuerpo que lucha rápidamente contra estos "guerrilleros" queda a veces en un estado tan débil por el contraataque, que es fácil presa de infecciones o "complicaciones" aún más graves.

A Enders se le conoce mejor por su obra contra el virus que causa el sarampión, plaga universal a la que no se da su verdadero valor como asesino. Aunque en los Estados Unidos se le atribuyen anualmente menos de quinientos fallecimientos, es a menudo la causa indirecta de millares de casos de pulmonía, sordera e inflamaciones cerebrales que dejan inválidas a las víctimas. Si Enders podía cultivar el virus del sarampión, como el doctor Theiler cultivó el virus de la fiebre amarilla, tal vez pudiera encontrar una vacuna segura.

Los trabajos fueron lentos, pues todos los esfuerzos acababan en el fracaso. Pero si el camino que conducía al descubrimiento de la vacuna contra el sarampión terminaba en un callejón sin salida, había otra razón para alegrarse. Enders descubrió la manera de conservar vivo el virus de la poliomielitis mediante un cultivo de músculo y piel de embriones humanos. El virus produjo su acostumbrado daño celular, pero, cuando se introdujo el suero de un enfermo reciente de poliomielitis, las células quedaron protegidas. Esto llevó a Jonás Salk a producir su vacuna contra la polio. Salk decía modestamente: "El doctor Juan Enders lanzó un pase muy alto de la pelota y yo me encontraba por casualidad en el lugar donde podía recibirla".

Por estos trabajos, Enders recibió el premio Nobel en 1954. Después siguió la victoria contra el virus del sarampión. Enders obtuvo el virus de la sangre y las lavaduras de la garganta de un niño de once años en 1954; crió el virus en un cultivo de tejidos y, después de alimentarlo durante dos años, aplicó la primera inyección de la vacuna al hijo de su primer ayudante. La inoculación, que induce una forma benigna de la enfermedad y hace que el cuerpo se vuelva inmune a la forma más intensa del mal, ha sido eficaz en más del 96 por ciento de los casos de sarampión. Con frecuencia los médicos aplican también una inyección de globulina gamma para reducir aún más los síntomas típicos del sarampión.

La proeza del doctor Juan Enders nos ha ayudado a dar grandes pasos contra las enfermedades infecciosas. Cuando introdujo por primera vez su técnica para cultivar los virus en cultivos de tejidos, sólo se habían identificado trece virus. Hoy se han cultivado más de cinco docenas de virus que afectan a los seres humanos, así como centenares que infectan a los animales.

Prosigue la búsqueda de un virus más importante: el del cáncer. Si alguna vez puede ser vencido, quizá se deba a las investigaciones de los modernos virólogos, como Juan Franklin Enders.

BIBLIOGRAFÍA

Williams, Greer. *Virus Hunters.*

FRANCIS MACFARLANE BURNET

(1899-)

EN EL LENGUAJE del profano, el virus ha remplazado a la bacteria como principal enemigo de los seres vivos. El virus, que es considerablemente más pequeño y más difícil de aislar, tiene un poder mortífero aún mayor.

En nuestra época, uno de los principales luchadores contra los virus es un australiano, Macfarlane Burnet. Nació el 3 de septiembre de 1899 en Traralgon, provincia de Victoria. Su temprano interés en las criaturas vivas, de los escarabajos a los pájaros, lo llevó a dedicarse al estudio de la biología en la escuela y en la universidad. Después de graduarse de médico en 1923, en la Universidad de Melbourne, aceptó el puesto de patólogo en el Hospital Real de Melbourne, y se inició su carrera de luchador contra los virus. En 1926 fue a Londres a continuar sus estudios en la Universidad Lister de Medicina Preventiva. Allí decidió ser virólogo, concentrando su atención en los bacteriófagos (virus que destruyen a las bacterias) y otros virus.

Al volver al Instituto Walter and Elizabeth de Investigaciones Médicas de Melbourne, dedicó sus principales esfuerzos a estudiar los virus que son nocivos para los animales vertebrados. Su primer progreso importante en esta esfera se produjo a principios de la década de 1930, cuando demostró que la sitacosis (fiebre peligrosa) es trasmitida por los loros silvestres de Australia. Sus descubrimientos de esta época ayudaron a los investigadores a aislar los microorganismos que producían la poliomielitis y la herpes.

Entre los desconcertantes problemas ante los que se encontraban los hombres de ciencia, figuraba el de aislar los virus patógenos y cultivarlos en una forma tan pura y atenuada que fuera posible proseguir los estudios y producir anticuerpos. Fue el doctor Burnet quien ideó el método que se usa aún de cultivar virus en embriones de pollitos vivos con lavaduras de la garganta tomadas de individuos infectados por una enfermedad virulenta. Después de un periodo de incubación, se veía que el embrión del pollito contenía un cultivo puro del virus en cantidad suficiente para proseguir los estudios.

En 1944, el doctor Burnet fue nombrado director del Instituto Walter and Elizabeth de Investigaciones Médicas de Melbourne. Había empezado ya a reconocerse su mérito internacional como microbiólogo y virólogo. En un artículo escrito en 1947, el doctor Burnet describió el fenómeno de la lisogenesia. La lisogenesia es el fenómeno en que una bacteria lleva en su constitución genética la capacidad de producir bacteriógrafos (virus que destruyen a las bacterias). El virus se agrega a la bacteria y en un momento dado puede empezar a multiplicarse y matarla. Las bacterias que llevan dichos "provirus" reciben el nombre de lisógenas, lo cual quiere decir que tienen un factor que puede conducir a la destrucción y a la muerte.

El doctor Burnet descubrió que los virus de la gripe hacían que se aglutinara la sangre, o que formara coágulos. Durante sus investigaciones descubrió también que una enzima producida en el cuerpo en ciertas condiciones tenía el efecto de impedir la acción nociva de los virus. Esto le indicó la posibilidad de sintetizar químicamente algunos productos para combatir los virus.

Los investigadores médicos de esa época estaban desconcertados por la gripe. Se observaba que una vacuna que era eficaz para prevenir la gripe en cierta estación del año, resultaba completamente ineficaz en la siguiente estación. En un artículo publicado en 1953, titulado *El virus de la gripe*, el doctor Burnet reveló que dicho virus era capaz de modificar sus estirpes y características de tal manera que un anticuerpo que es potente contra la forma antigua resulta inútil contra la nueva estirpe.

Por sus descubrimientos como virólogo y por sus investigaciones fundamentales sobre la gripe, al doctor Burnet se le concedió la nobleza en 1951, y en 1952 recibió el premio Albert and Mary Lasker de la Asociación Norteamericana de Salubridad Pública. En 1960 se otorgó a sir Francis el premio Nobel de medicina y fisiología (junto con P. B. Medawar) por sus teorías sobre los mecanismos inmunológicos. Además de ser un gran hombre de ciencia, el doctor Burnet goza de una vida familiar normal. Su esposa fue maestra de escuela y tienen dos hijas y un hijo. El doctor Burnet es un excelente orador y aficionado a la pintura cuando tiene tiempo.

Aunque reconoce el valor de las sulfas y los antibióticos, como, por ejemplo, la estreptomicina, la penicilina y la aureomicina, el doctor Burnet señaló la capacidad de varios tipos de virus para unirse con otros tipos a fin de producir nuevas estirpes que pueden resistir a los medicamentos que antes habían sido eficaces. Sin embargo, falta mucho para que esté completo nuestro conocimiento sobre los virus, ya que existen algunos que no cambian de forma. Así, por ejemplo, el mismo doctor Burnet declaró que el virus que produce las paperas en nuestro tiempo es, probablemente, el mismo que causaba las paperas hace dos mil quinientos años, que es la época más antigua de que se tienen documentos sobre la práctica médica. El concienzudo libro de Burnet sobre el tema, *Historia natural de las enfermedades infecciosas*, fue publicado en 1953, y su lectura ha sido obligatoria en muchas escuelas de medicina.

Más recientemente, el doctor Burnet ha estudiado los venenos estafilocócicos producidos por los virus estafilococos y ha buscado anticuerpos para dichos venenos. También demostró que el virus de la rickettsia producía la fiebre Q australiana.

El conocimiento de los nuevos microorganismos llamados virus hará posible progresos que no se sueñan en el tratamiento y la prevención de las enfermedades. El australiano Macfarlane Burnet ha abierto la puerta a esas nuevas fronteras del conocimiento.

BIBLIOGRAFÍA

Current Biography 1954.

ENRIQUE FERMI

(1901-1954)

EL 2 DE DICIEMBRE de 1942, el profesor Arturo Compton, que estaba en Chicago, hizo una llamada por teléfono a James Conant, en la Universidad de Harvard.

"El navegante italiano ha llegado al Nuevo Mundo", le dijo.

"¿Y qué le parecieron los aborígenes?"

"Muy hospitaliarios".

Esta enigmática conversación figura hoy entre las más famosas de la historia debido a que fue el primer anuncio oficial (en clave, a causa del secreto de la guerra) de que Enrique Fermi y su grupo de físicos habían logrado una reacción controlada en cadena. ¡La Era Atómica, con su promesa y posible terror, era una realidad!

Fue un camino largo y tedioso para "el navegante italiano", Enrique Fermi. Nacido en Roma el 29 de septiembre de 1901, Fermi dio señales de talento desde joven. Podía diseñar y construir motores, y lo fascinaba todo aquello que se relacionaba con las matemáticas y la ciencia. Comenzó a visitar el *Campo dei Fiori*, mercado al aire libre en que podían comprarse libros, y devoraba textos de física que habrían dejado anonadados a muchos maestros de ciencias.

Cuando se graduó en la escuela preparatoria, se le alentó para solicitar el ingreso en la Reale Scuola Normale Superiore, institución de Pisa para los estudiantes que se distinguían. Sin embargo, los requisitos eran muy estrictos. Como parte de su examen de admisión, se le pidió que escribiera un artículo sobre las cuerdas en vibración. El profesor que leyó el ensayo de Fermi no se molestó tan siquiera en calificarlo; mandó llamar en seguida al joven y le dijo que ningún candidato había demostrato jamás tener tal genio, lógica y claridad de expresión.

El progreso de Fermi en Pisa fue rápido. Poco tiempo después sabía más física que los miembros de la facultad; realmente, antes de graduarse acabó dando lecciones sobre la teoría de la relatividad de Einstein a su propio profesor.

Entonces comenzó a mencionarse el nombre de Fermi en los círculos internacionales. Cuando daba conferencias en la Universidad de Florencia, hizo su primera aportación importante a la física teórica. Ideó un cálculo completo del comportamiento de un gas perfecto ("estadística de Fermi") que más tarde condujo a la explicación de fenómenos tales como la conductividad térmica y eléctrica de los metales.

Todos los que trabajaban con este notable y joven italiano quedaban asombrados por sus aptitudes. Sus amigos lo llamaban "el Papa", aduciendo que si en las cuestiones de fe el Papa era infalible, en la teoría de los *quanta* Fermi era el infalible. Fue invitado a los Estados Unidos en 1930 para dar conferencias en la Universidad de Michigan. Muy impresionado por este país (su patria italiana se acercaba poco a poco al fascismo absoluto de Mussolini), regresó varias veces a dar conferencias y a cambiar ideas con renombrados hombres de ciencia.

El principal interés de Fermi en esta época era el bombardeo de los elementos con neutrones a fin de producir la radiactividad artificial. Dirigió una corriente de neutrones contra un elemento tras otro, y se produjeron los resultados más espectaculares cuando bombardeó el uranio, el más pesado de los elementos naturales que figuraban en la tabla periódica. Fermi creyó que el material radiactivo resultante era un nuevo elemento, el número 93. La continuación de sus trabajos en esta esfera lo hizo comprender la importancia que tenían las sustancias de radiactividad artificial.

Aunque no había un verdadero antisemitismo en Italia, sus socios nazis hicieron presión sobre Mussolini para que los persiguiera. La esposa de Fermi, Laura, era judía, lo mismo que uno de sus parientes, y esto produjo gran angustia en la familia. Se tomó la decisión de irse a los Estados Unidos, que Enrique había llegado a querer entrañablemente, pero la vigilancia fascista era tal, que había poca esperanza de lograr huir. Entonces se produjo un golpe de suerte decisivo. Enrique Fermi ganó el codiciado premio Nobel de física por sus distinguidas proezas científicas. Tenía que ir a Estocolmo a recibir el premio, y de Estocolmo su esposa podía preparar el viaje a Nueva York.

El espíritu nacionalista de la Italia de Mussolini se sintió halagado cuando la Comisión del Premio Nobel eligió a Enrique Fermi el ganador de 1938. Sentado junto a Pearl Buck (ganadora del premio de literatura), oyó la cita que lo honraba: "Al profesor Enrique Fermi, de Roma, por su identificación de nuevos elementos radiactivos producidos por el bombardeo de neutrones y su descubrimiento, realizado en relación con estos trabajos, de las reacciones nucleares provocadas por los neutrones".

¡El premio Nobel, la culminación de una vida de trabajo! Mas para Fermi no habían llegado aún los mejores años. Era el amanecer de la era atómica y estaba resuelto a hacer que su sol ascendiera en el cielo y ardiera con intensidad que nadie soñaba.

Cuando hacía investigaciones en la Universidad de Columbia, en 1939, se enteró de que una física alemana, Lise Meitner, había propuesto la teoría de que, cuando el uranio se dividía en dos partes, se liberaba una cantidad tremenda de energía nuclear. (Lise Meitner le dio el nombre de "fisión".) Esto confirmó el modo de pensar de Fermi y le permitió proponer la idea fundamental de una reacción en cadena que se sostenía por sí sola. Como lo explicaba Fermi: "Se necesita un neutrón para dividir un átomo de uranio... Supongamos que un átomo de uranio emite dos neutrones durante la fisión. Habría entonces dos nuevos neutrones... Es concebible que puedan chocar con otros dos átomos de uranio, dividirlos y hacerlos que emitan dos neutrones cada uno. Al final de este segundo proceso de fisión, podríamos obtener cuatro neutrones, que dividirían a cuatro átomos. Después de un paso más, habría ocho neutrones que podrían dividir a ocho átomos de uranio. En otras palabras, comenzando con unos cuantos neutrones producidos por el hombre para bombardear una cierta cantidad de uranio, podríamos producir una serie de reacciones que continuarían espontáneamente hasta que se dividieran todos los átomos de uranio".

El sueño de utilizar las fuentes de energía atómica era casi una realidad. Pero la rapidez y la violencia de los acontecimientos mundiales no permitía que hubiera especulaciones ociosas ni tranquilas investigaciones de laboratorio. Los físicos alemanes se encontraban en la vanguardia de los experimentos y a Fermi le pareció evidente que los Estados Unidos deberían adelantarse a sus enemigos o sufrirían consecuencias aún desconocidas. Con plena conciencia de la importancia militar de sus trabajos, Fermi y Leo Szilard, colega suyo, pidieron a Alberto Einstein que obtuviera una entrevista con el presidente Franklin Roosevelt. Éste quedó muy impresionado con sus visitantes, y el 6 de diciembre de 1941 (la víspera del ataque a Pearl Harbor) les dio la autorización oficial para iniciar un esfuerzo decisivo en las investigaciones de la energía atómica.

Fermi inventó un aparato que tal vez fuera capaz de producir una reacción en cadena. Parecería "una pila", y se le dio ese nombre. Se alternarían capas de grafito (elegido debido a que el carbón reduce la velocidad de los neutrones) con trozos de uranio. Se dejaron orificios en la estructura para introducir grandes barras de cadmio, elemento que absorbe los neutrones. El uranio emitiría neutrones con rapidez uniforme, y el grafito moderaría esos neutrones, reduciendo su velocidad. Al retirar las barras de cadmio, llamadas barras de control, los hombres de ciencia permitirían la producción de neutrones con mayor rapidez, aumentado así el número de átomos de uranio que se dividirían (fisión). Cuando se retiraran las barras hasta cierto punto, la fisión produciría neutrones en mayor número del que podían absorberlos las barras restantes de cadmio o el grafito. Así se produciría una reacción que se sostendría por sí sola, llamada *reacción en cadena*.

En una habitación del edificio de física de la Universidad de Columbia tomó forma la primera pila. Como resultaba casi imposible obtener los materiales en las cantidades necesarias, los trabajos prosiguieron poco a poco. Sin embargo, muy pronto la pila llegó al techo; los hombres de ciencia pensaban irse a otra parte cuando el grupo entero recibió órdenes de trasladarse a Chicago. Se estaba haciendo un esfuerzo por centralizar los diversos programas experimentales en uno solo, que se llamaría Proyecto Manhattan.

Entonces comenzaron a acumularse los ladrillos de grafito y los trozos de uranio en un patio abandonado, bajo las tribunas occidentales del Campo Stagg, el estadio de la Universidad de Columbia. Allí tuvo lugar el fantástico drama, el 2 de diciembre de 1942, el drama que cerró una puerta de la historia universal y abrió otra, iniciando así la Era Atómica.

Seis semanas después de que se había colocado el primer ladrillo, se alcanzó el tamaño crítico de la pila. Un grupo suicida de tres jóvenes trepó en la pila, prontos a bañarla de cadmio líquido si algo salía mal. Los cuarenta y dos científicos y observadores militares (comprendiendo una mujer, dedicada a la física) subieron a una galería, en el extremo opuesto del patio. El único hombre que quedó en el suelo era un físico joven, Jorge Weil, cuya tarea consistiría en sacar lentamente la barra de cadmio que se había empleado como seguro final.

Fermi describió exactamente al nervioso grupo, lo que podían esperar que verían. Los contadores de Geiger comenzaron a funcionar como locos al retirar la barra. Otros treinta centímetros, otros quince, otros treinta. Fermi permanecía sereno mientras estudiaba los medidores y hacía rapidísimos cálculos con su regla. Por último, se extrajo la barra a la distancia apropiada y Fermi anunció, lleno de confianza, que la pila reaccionaría en cadena. Después de veintiocho minutos, la barra volvió a su lugar; el experimento había sido un éxito completo.

Alguien rompió la tensión sacando una botella de Chianti para Fermi. Todos los presentes bebieron en copas de papel y luego autografiaron la cubierta de paja de la botella, única constancia dejada por quienes vivieron ese penoso día en el Campo Stagg. A pesar de su júbilo, hubo un momento grave, debido a que los previsores podían adivinar un Hiroshima o un Nagasaki condenados a la destrucción por el experimento realizado en aquel patio. Uno de los ayudantes de Fermi escribió: "Sabíamos que, con el advenimiento de la reacción en cadena, el mundo no volvería nunca a ser el mismo".

En reconocimiento de su enorme aportación para la creación de la bomba atómica, se concedió a Enrique Fermi (que se había hecho ciudadano norteamericano en 1945) la Medalla del Congreso al Mérito "como el hombre que fue el primero en el mundo que consiguió una reacción nuclear en cadena..."

El navegante italiano había iniciado un largo viaje desde Roma, pero había arribado y los aborígenes eran, en verdad, muy hospitalarios.

BIBLIOGRAFÍA

Bolton, Sarah. *Famous Men of Science.*
Fermi, Laura. *Atoms in the Family — My Life With Enrico Fermi.*

ERNESTO ORLANDO LAWRENCE

(1901-1958)

EL NIÑO QUE se mecía en el columpio fascinaba al hombre alto y de anchas espaldas, de pelo rojizo. Cualquiera habría pensado que un profesor auxiliar de física de la Universidad de California no perdería el tiempo en un patio de recreo, pero Ernesto Orlando Lawrence tenía una idea brillante y el niño que estaba en el columpio formaba parte de ella. El pequeño cobraba velocidad impulsándose hacia adelante en el momento preciso. Aunque sus impulsos eran leves, llevaron al columpio a una altura que mareaba. A Lawrence le pareció que, si se daba el mismo tipo de impulsos estratégicamente oportunos a un proyectil eléctrico, también podría alcanzar una velocidad tremenda, suficiente para desintegrar los átomos.

La desintegración de los átomos era el tópico de la comunidad científica a fines de la década de 1920. Con el objeto de obtener información sobre el núcleo atómico, los hombres de ciencia llegaron a la conclusión de que tendrían que arrojar algo contra él. Los protones de gran energía podían hacer estallar el átomo, pero los protones llevan cargas positivas y son rechazados ordinariamente por un núcleo atómico de carga positiva. Tendría que encontrarse alguna manera de acelerar al protón, y Ernesto Lawrence estaba seguro de que la había encontrado.

En una reunión de la Academia Nacional de Ciencias celebrada en 1930, Lawrence habló de la versión grosera de un desintegrador de átomos. El aparato, al que dio el nombre de "ciclotrón", consistía en una pequeña cámara de vacío, de diez centímetros de diámetro, hecha de bronce, vidrio y cera. Estaba colocada entre los polos de un diminuto imán, y todo el aparato descansaba sobre una silla, conectados sus alambres a una percha. Antes de que alguien tuviera tiempo de burlarse, Lawrence hizo una lúcida explicación del funcionamiento y las posibilidades de su invento.

Todo el mundo sabe, según dijo Lawrence, que cuando se mueve una partícula cargada en un campo magnético, manteniendo el tiempo constante, puede hacerse que aumente la longitud de su recorrido en proporción con su velocidad, por lo tanto, siempre se necesita el mismo tiempo para completar un recorrido semicircular bajo la influencia de un campo magnético dado. El ciclotrón haría girar la partícula en torno a un círculo, desviándolo bajo la influencia de un poderoso electroimán. Se aplicarían repetidas "patadas" eléctricas a la partícula, haciéndola girar en círculos cada vez más amplios hasta que escapara por un estrecho orificio que estaba en el borde de la cámara, donde se dispararía con tremenda fuerza hacia varios blancos. Si alcanzaba los núcleos de los materiales que servían de blanco, unos aparatos muy sensibles registrarían el acontecimiento identificando las nuevas partículas que se formaran.

Evidentemente, el tamaño del ciclotrón determinaría la energía máxima que podría producirse. En 1932, Lawrence usó un imán cuyas caras polares tenían 27.5 centímetros de diámetro y produjo una corriente de un milmillonésimo de amperio de protones de 1.220,000 voltios en un tubo al que se habían aplicado menos de cuatro mil voltios.

El artefacto de extraña forma que exhibió ante la asamblea de científicos habría de crecer y crecer en los siguientes diez años desde sus diez centímetros hasta convertirse en un imán de 460 centímetros que pesaba varios centenares de toneladas, capaz de disparar centenas de millones de protones a velocidades que excedían los cincuenta mil kilómetros por hora y de producir hasta cien millones de voltios de energía.

La presentación de Lawrence impresionó a los delegados de la convención y comenzó a aparecer su nombre en las revistas científicas y en los periódicos. Los habitantes de Canton, Dakota del Sur, estaban justificadamente orgullosos del joven Ernesto, que había nacido allí en 1901. El abuelo Lavrenson había venido de Noruega para establecerse en Dakota del Sur y había cambiado el apellido por el de Lawrence. Era una familia respetada por su inteligencia, carácter y consagración al bienestar público. El padre de Ernesto fue un distinguido educador (superintendente de escuelas en Canton y más tarde presidente del Colegio de Maestros del Estado de Dakota del Sur) que animó a su hijo cuando el joven demostró interés en la carrera científica. Toda su vida, los pensamientos de Ernesto se dedicaron a servir a sus conciudadanos y no al lucro personal. La vida que escogió le brindó repetidas oportunidades de hacer esas aportaciones.

Después de la Primera Guerra Mundial, Lawrence ingresó en la Universidad del Estado de Dakota del Sur y se graduó allí en 1922. En la Universidad de Minnesota, a la que había ido Ernesto para proseguir sus estudios, tuvo la influencia de un maestro, el profesor W. F. G. Swann. Cuando Swann pasó a Yale, Ernesto lo siguió y, en 1925, le fue concedido el doctorado en la citada universidad. Su tesis sobre el efecto fotoeléctrico en el vapor de potasio como función de la frecuencia de la luz, lo señaló como uno de los nuevos rostros que habrían de aparecer en el mundo de la ciencia.

Yale invitó a Lawrence a ingresar en su facultad y poco después atrajo enorme atención con sus estudios sobre la ionización (electrización de los átomos agregando o eliminando electrones). Una de las características de sus experimentos era la manera meticulosa en que lo planeaba, preparaba y llevaba a efecto. Su medición del potencial de la ionización del átomo de mercurio reflejó estas cualidades, pues se consideró que era la determinación más exacta de un potencial de ionización que se hubiera hecho nunca.

La Universidad de California, en Berkeley, estaba formando un departamento de ciencias de primera categoría, e invitaron a Lawrence a él en 1928. Fue allí, durante el año siguiente, donde encontró un artículo escrito por Rolf Wideroe, físico noruego, en el que describía la manera en que había conseguido impartir a los átomos electrizados de potasio, en un tubo de vacío, energías que eran iguales al doble de la energía de su voltaje original. Se deducía que un pequeño voltaje podía dar grandes velocidades a los proyectiles si era posible aplicarlo con regularidad, a intervalos decisivos. El niño del patio de recreo ayudó a Lawrence a cristalizar la teoría de la aceleración múltiple de los proyectiles atómicos.

Para 1932, Lawrence había perfeccionado sus instrumentos al grado de que podían hacerse aplicaciones prácticas y dramáticas. Ajustó el campo magnético del ciclotrón de manera que la partícula giratoria volvía precisamente cuando cambiaba de dirección la corriente alterna inicial, y en el preciso instante en que estaba a punto de imprimir una nueva aceleración. Por lo tanto, Lawrence podía aplicar 1,000 veces 1,000 voltios y obtener el mismo efecto que si hubiera empleado un millón de voltios desde el principio.

Eligió el *litio* para blanco del primer bombardeo, y el aparato de Lawrence funcionó perfectamente, desintegrando al litio y, por primera vez en la historia, trasmutando un elemento químico por medio de otro y no con el uso de productos radiactivos. Durante siglos, los alquimistas habían soñado y mentido acerca de la trasmutación artificial de los elementos; Lawrence demostró que podía hacerse: cambió el platino (elemento 78) en oro (elemento 79) durante un experimento subsecuente.

El problema de conseguir el dinero para construir ciclotrones más grandes preocupaba a Lawrence. Consiguió reunir diez mil

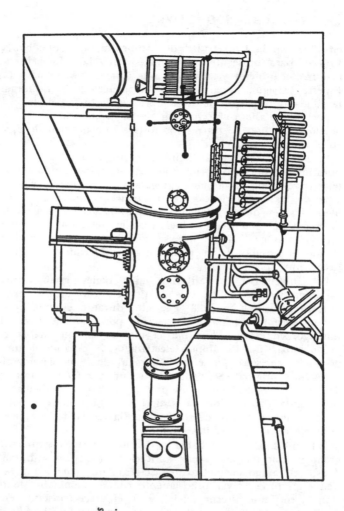

El ciclotrón de 225 toneladas usado por Lawrence en 1939.

dólares en 1933 para construir uno de noventa centímetros de diámetro, con un electroimán de ochenta toneladas. La Fundación Rockefeller vino a salvarlo en 1938, cuando le entregó un millón de dólares para construir un ciclotrón de un metro y medio cuyo imán pesaba 225 toneladas.

Las autoridades suecas invitaron a Lawrence a su país en 1940 para recibir el premio Nobel de física, pero la guerra le impidió hacer el viaje. La guerra produjo también otros cambios en la vida de Lawrence. El presidente Roosevelt lo comisionó, con otros cinco científicos, para evaluar la importancia del programa de energía atómica de los Estados Unidos. Junto con Harold Urey y Arturo Compton, Lawrence asumió la responsabilidad de producir una bomba de fisión del uranio.

En Berkeley se había usado el ciclotrón para elaborar el uranio 235 purificado, ingrediente clave de la bomba atómica. Un nuevo imán de cuatro metros y medio ayudó a alcanzar el éxito del proyecto, y el gobierno, agradecido, concedió la Medalla al Mérito a Lawrence en 1946 por sus notables aportaciones al programa atómico.

De todo el mundo acudieron hombres de ciencia a California para estudiar las técnicas de Lawrence. Era un maestro nato, y su mayor alegría se la daba el preparar a la juventud. No tardó en aparecer el ciclotrón en los centros investigadores de los Estados Unidos y del extranjero. Para 1942, los científicos habían podido producir artificialmente unas trescientas sesenta sustancias radiactivas, de las cuales se descubrieron dos tercios mediante el uso del ciclotrón, y más de la mitad de ellas en los laboratorios de Lawrence. Todo ello pudo haber sido muy lucrativo para Lawrence, pero éste donó los elementos a una nueva rama de la investigación médica. Los elementos artificiales elaborados por medio del ciclotrón (*radiofósforo, radiosodio, radiohierro,* etc.), podían darse a un paciente y luego, debido a que dichos elementos despiden rayos gamma de gran velocidad, podía seguirse su recorrio por el cuerpo con un contador de Geiger. (Es interesante advertir, por ejemplo, que esta técnica permitió a los médicos observar que cuando se inyectaba cloruro de sodio en la vena de un brazo, aparecía en el sudor del otro brazo 75 segundos después.) Estos elementos resultaron valiosísimos en la lucha contra el cáncer y para ayudar a los hombres de ciencia a conocer los pasos intermedios en el proceso de la fotosíntesis y otras reacciones químicas y bioquímicas.

Lawrence y su hermano Juan, experto de la Escuela de Medicina de Yale, descubrieron que los rayos de neutrones, subproducto que resultaba del uso del ciclotrón, eran casi cuatro veces más mortíferos que los rayos X. Sin embargo, demostraron que dichos rayos eran cinco veces más eficaces que los rayos X para destruir los tumores. Los biólogos y especialistas en el cáncer consideraron que la publicación de los descubrimientos hechos por Lawrence, era una proeza de gran importancia en la lucha contra las enfermedades malignas.

Otra consecuencia del ciclotrón fue el descubrimiento de elementos *transuránicos,* comprendiendo el *lawrencio,* número 103; y partículas subatómicas tales como los bevatrones y los sincrotones son descendientes del ciclotrón.

Fuera del laboratorio, Lawrence era un padre cariñoso. Gustaba de pasear en lancha, jugar al tenis y esquiar en compañía de sus hijos. La televisión era una de sus aficiones, y ya en 1925 tenía un sistema electrónico práctico. Como sus hijos le hacían preguntas que no podía explicar fácilmente, diseñó su tubo de televisión en el garaje.

Se concedieron dos grandes honores a Lawrence antes de su muerte, acaecida en 1958. Se le dio el premio Enrique Fermi de la Comisión de Energía Atómica, de cincuenta mil dólares, en reconocimiento a su distinción en el campo de la física. El otro premio no tenía valor monetario, pero seguramente Lawrence lo estimó mucho. Un grupo de ganadores del premio Nobel lo designó como uno de los "Quince Inmortales" en la esfera de la física; en esa augusta lista se encontraba al lado de Alberto Einstein y Niels Bohr. Para el hombre cuyo ciclotrón tiene tanto valor para los investigadores modernos como el microscopio, fue un homenaje muy merecido.

BIBLIOGRAFÍA

Jaffe, B. *Men of Science in America.*
Riedman, Sarah. *Men and Women Behind the Atom.*
Shapley, H. *Treasury of Science.*

J. ROBERT OPPENHEIMER

(1904-   )

ERAN LAS 5:29 DE la mañana. El día: lunes 16 de julio de 1945. El lugar se llamaba Colina Cero, en el desierto de Nuevo México. En la parte alta de dicha colina había una torre de acero, de treinta metros de altura, que pesaba treinta y dos toneladas. En la torre se encontraba una cápsula metálica, al parecer inofensiva, de la que bajaban alambres al suelo. Era la historia de la primera bomba atómica, considerada por los científicos de tan terrible potencia que su posesión podría significar el dominio del mundo.

A unos quince kilómetros de distancia, enterrado en la arena del desierto, se hallaba el centro de control, del que corrían muchos kilómetros de alambre hasta llegar a la torre. En el centro de control estaban centenares de científicos, miembros de las fuerzas armadas, mecánicos y técnicos. Allí se encontraba también el doctor J. Robert Oppenheimer, jefe del proyecto de la bomba atómica.

Hongo de una explosión atómica.

Cuando faltaban cuarenta y cinco segundos para la hora cero, el doctor José McKibben, joven científico de la Universidad de California, oprimió un robot conectado con alambres para poner en marcha los impulsos eléctricos que harían estallar la bomba. Entonces comenzó el conteo. Se dieron instrucciones a todos los observadores de que se tendieran en el suelo y se cubrieran los ojos con una película especial de color.

Exactamente a las 5:30 de la mañana, se levantó de la parte alta de la torre una furiosa bola de fuego que llegó a más de diez kilómetros de altura: anaranjado, rojo, púrpura, espliego, verde. Surgió un enorme volcán de humo que tenía la forma de un hongo. Casi simultáneamente se escuchó su sobrehumano rugido que reverberaba sobrecogedor, y se sintió una ola de calor que rivalizaba en intensidad con el sol mismo. Había estallado la primera bomba atómica y así se iniciaba una nueva era en la ciencia.

Poco después iniciaron la marcha, para investigar, unos tanques preparados de antemano bajo la dirección del doctor Oppenheimer; su recubrimiento de plomo los protegía contra la radiación y sus palas mecánicas se manejaban por control remoto. Había desaparecido la torre de acero de treinta metros; las arenas mismas que estaban bajo ella se habían fundido hasta quedar convertidas en vidrio verde. Habían desaparecido todos los seres vivos en un radio de un kilómetro y medio. La gente oyó la explosión en Amarillo, Texas, a ochenta kilómetros de distancia.

Al ir llegando los informes de la destrucción total, Oppenheimer, el científico, los escuchó con satisfacción; pero a Oppenheimer, el hombre, lo asaltaron graves temores por el bienestar de la humanidad. ¿Qué clase de científico y hombre era éste al que el gobierno de los Estados Unidos había confiado tan importante proyecto como el de la creación de la bomba atómica?

Muchos de los más famosos hombres de ciencia no se distinguieron en su juventud. Pero aunque J. Robert Oppenheimer prefiere no mencionarlo, fue un joven genial. Nació en Nueva York el 22 de abril de 1904, y cuando cumplió los siete años de edad, ya tenía una numerosa colección de rocas; usaba su propio microscopio para estudiar microorganismos; podía leer varios idiomas extranjeros, y era un pintor y músico competente. Sus padres, de extracción germanojudía, contaban con recursos suficientes para enviarlo a la Escuela de Cultura Ética, colegio especial para los alumnos dotados.

Cuando Oppenheimer tenía doce años, dedicó su interés a la química. Recuerda que lo impresionó "el profundo orden y la racionalidad de la naturaleza". Sus padres le construyeron un laboratorio químico y contrataron a un maestro especial para que el joven hiciera estudios adelantados durante el verano. En un periodo de seis semanas dominó el curso de todo un año de química.

El mundo del niño fue el mundo de los libros y la cultura. Debido a que no le interesaban los acostumbrados juegos y actividades de la juventud, recuerda haber sido un tanto tímido y solitario. Como su padre quería que pasara más tiempo al aire libre, le compró una balandra de vela, a la que, de manera característica, bautizó con el nombre de *Trimetio,* derivado del *cloruro de trimetileno.* La balandra lo encantó y, con su hermano menor, pasó muchas horas felices navegando a la vela en el estrecho de Long Island.

Se graduó en la Escuela de Cultura Ética con las mejores calificaciones, y fue el primero de su clase. Depués, realizó un viaje a Europa en compañía de su padre; visitó la cuna de la civilización en Roma y Grecia, así como otros centros de cultura europea. Cuando volvió a los Estados Unidos, hablaba con facilidad francés, español, italiano, latín y griego, y pensó que le gustaría ser profesor de cultura clásica.

Cuando tenía diecinueve años, resolvió ingresar en Harvard, donde se especializó en química. Terminó el curso de cuatro años en tres y se graduó con elevadas calificaciones y notas sobresalientes.

En 1926 fue a Inglaterra para estudiar en los famosos Laboratorios Cavendish de Cambridge. Allí trabajó con lord Rutherford, uno de los grandes precursores en la radiactividad natural y la física nuclear, quien estaba explorando los secretos de la estructura atómica.

En Cambridge conoció al distinguido físico Max Born, quien lo convenció de que lo acompañara a Gotinga, donde conoció a los grandes matemáticos y físicos alemanes, y trabajó con ellos. En Gotinga, después de superar el aislamiento de "niño genial", Oppy, como se le llamaba entonces, encontró una vida social más amable con sus colegas. Antes de que pasaran tres semanas, el profesor Born y él presentaron una disertación sobre la teoría de los *quanta* (el efecto de la energía sobre las moléculas) que fue lo bastante brillante para concederle el doctorado en filosofía. A partir de entonces prosiguió sus estudios en Zurich, Suiza, y en Leyden, Holanda.

Cuando Oppenheimer volvió a los Estados Unidos en 1928, a la edad de veinticuatro años, ya tenía reputación internacional como físico. En esa época comenzó a pensar cada día más en las posibilidades de dividir el átomo para beneficio de la humanidad. Al mismo tiempo, a varios miles de kilómetros, en Austria, un antiguo pintor llamado Hitler empezaba a prepararse para volver realidad su sueño de dominar al mundo.

Oppenheimer aceptó el puesto de profesor en la Universidad de California y en el Instituto Tecnológico de California, se casó y se dedicó a una vida académica enriquecida por el interés activo en las artes y la cultura.

Sus enseñanzas le proporcionaban honda satisfacción. Venían de todas partes del mundo estudiantes superiores de física para asistir a sus clases y discutir con él las teorías avanzadas de las matemáticas y la "nueva física". Aunque no hizo ningún descubrimiento famoso, sus consejos y sus teorías fueron de reconocida utilidad para que los hombres de ciencia hicieran investigaciones en varios dominios, como, por ejemplo, sus colegas y ganadores del premio Nobel, Carl D. Anderson en la investigación de los rayos cósmicos y Dirac en el estudio de las pequeñísimas partículas de materia llamadas positrones y mesones. Con Melba Phillips, Oppy descubrió el efecto Oppenheimer-Phillips que se refiere al cambio del núcleo de hidrógeno pesado al núcleo de hidrógeno ordinario.

Fueron pasando los años fructuosos y activos para los Oppenheimer. Tenían un hijo, Pedro, y su hogar era un centro de cultura donde se reunían varios grupos para discutirlo todo, desde la física teórica hasta el arte oriental y la filosofía. Pero pronto terminarían los años de paz. Cuando el Japón atacó a Pearl Harbor, el 7 de diciembre de 1941, los Estados Unidos participaron en una guerra para sobrevivir.

Einstein y otros grandes científicos advirtieron al presidente Roosevelt que los hombres de ciencia alemanes e italianos estaban trabajando en la creación de una bomba de irresistible poder destructor. Si el enemigo era el primero en construir dicha bomba, el mundo libre estaría perdido. La construcción de la bomba atómica excedía a la capacidad de una sola persona. Tendría que hacerla un grupo de grandes científicos. ¿Quién podía dirigir a dicho grupo? ¿Quién tenía la hondura de conocimientos en muchos dominios de la ciencia moderna para merecer la confianza y el respeto de los distinguidos hombres de ciencia que trabajarían en el proyecto? ¿Quién tendría los conocimientos prácticos necesarios para tomar las decisiones apropiadas, y la energía indispensable para hacer frente a tantos problemas? Los mismos hombres de ciencia propusieron al hombre, J. Robert Oppenheimer. En el otoño de 1942, el presidente Roosevelt lo nombró jefe del proyecto de la bomba atómica.

¿Cuál es el proceso científico sobre el que se basa la bomba atómica? Demócrito, que vivió en la antigua Grecia, dio el nombre de *átomo* a la partícula más pequeña e indivisible de la materia. En el siglo XIX se atribuyeron diferentes pesos atómicos a los diferentes elementos: al hidrógeno, el más ligero de todos, se le dio el peso de uno, en tanto que el uranio, considerado como el más pesado, tenía un peso atómico de 238. En 1897, J. J. Thomson, físico inglés, descubrió que los átomos podían descomponerse en partículas más pequeñas llamadas electrones. En 1914, el físico danés Niels Bohr, creó el concepto moderno del átomo, compuesto de un núcleo de carga positiva rodeado por electrones de carga negativa que se hallaban en constante movimiento. Las investigaciones posteriores de Ernesto Rutherford revelaron que el núcleo mismo consistía en partículas de carga positiva y neutrones. Dichas partículas se mantienen en su lugar gracias a fuerzas tremendas. Cuando se superan dichas fuerzas, se liberan cantidades fantásticamente grandes de energía, como había predicho Einstein. Es posible imaginar el tamaño infinitesimal del núcleo si se calcula que un millón de ellos podría caber en el interior del átomo corriente.

En 1934, Enrique Fermi observó en Roma que, usando corrientes electrónicas de neutrones para bombardear el uranio, podía hacer que éste dejara escapar un electrón y se trasformara en un nuevo elemento, desconocido todavía. Las investigaciones realizadas por Lise Meitner y Otto Frisch revelaron que se podía dividir el núcleo del uranio en dos isótopos radiactivos más ligeros, liberándose inmensas cantidades de energía durante el proceso. En las condiciones apropiadas, la división de este núcleo dejaba escapar también neutrones que podían provocar la división de otros núcleos. Este proceso puede traducirse en la reacción en cadena que es condición esencial para que estalle la bomba atómica.

El lugar escogido para el proyecto de la bomba atómica fue Los Álamos, Nuevo México. Allí, guardando gran secreto, muchos distinguidos hombres de ciencia combinaron sus esfuerzos bajo la dirección de J. Robert Oppenheimer. Vale la pena hacer notar que muchos de los que ayudaron a proteger al mundo libre eran fugitivos de la tiranía y la persecución de su patria: Lise Meitner y Otto Frisch, de Alemania; Enrique Fermi, de Italia; Niels Bohr, de Dinamarca (ocupada por los nazis), y Szilard y Teller, de Hungría.

Oppenheimer trabajó prodigiosamente en su papel de director. Por lo general, no dormía más de cuatro horas al día; a menudo su comida se reducía a unos emparedados que le servían en su oficina. Adelgazó hasta pesar menos de 60 kilos. Andaba por todas partes, discutiendo, exhortando, analizando y tomando decisiones. Se invirtieron dos mil millones de dólares en este proyecto, que se extendió a otros centros. En la Universidad de Chicago se estaban haciendo investigaciones sobre la reacción en cadena. En Oak Ridge, Tennessee, se emplearon setenta y cinco mil trabajadores para producir tres kilos del precioso U-235 (tipo especial de uranio usado en la bomba). Cuando se descubrió que un nuevo elemento, el plutonio, era tan fisionable y más fácil de producir, se abrió en Hanford, Washington, otra instalación que empleó setenta y cinco mil trabajadores más. Fue ésta la empresa que hizo posible la explosión de la primera bomba atómica cerca de Los Álamos en 1945.

Los recelos que sintió Oppenheimer cuando observó la explosión, se convirtieron en profunda angustia al ver las sombrías perspectivas ante las que se encontraba el género humano. Declaró que era necesario despertar al público de su complacencia e informarle sobre la amenaza destructora de esta arma, y abiertamente instó al presidente Eisenhower para que informara al pueblo acerca de los planes del gobierno con respecto al empleo de las bombas atómicas y las consecuencias de su uso. Su franqueza a este respecto llevó a que se desconfiara de él en 1953, aunque desde entonces se han adoptado muchas de las medidas que propuso.

Oppenheimer sabe que la energía atómica puede ser un poderoso instrumento en la creación de una vida mejor para el género humano. Cuando expresó la esperanza de que cosechemos las bendiciones de la energía atómica en vez del torbellino de sus penalidades, habló en nombre del eterno científico.

En 1963, el doctor Oppenheimer, con la aprobación del presidente Kennedy, recibió los cincuenta mil dólares del premio Enrique Fermi de la Comisión de Energía Atómica. Este premio que se entrega anualmente en recuerdo del precursor nuclear de origen italiano, le fue concedido por el papel que representó en la creación de la bomba atómica.

Desde 1947, el doctor Oppenheimer ha sido director del Instituto de Estudios Avanzados de Princeton, puesto semejante al que ocupó el fallecido Alberto Einstein.

BIBLIOGRAFÍA

Gessner, G., y Leifson, S. *Atomic Energy in War and Peace*.
Jungk, Robert. *Brighter Than a Thousand Suns*.
Kugelmass, J. Alvin. *J. Robert Oppenheimer an the Atomic Story*.
Oppenheimer, J. Robert. *The Open Mind*.

GLENN SEABORG

(1912-   )

QUIZÁ EN EL momento mismo en que el lector lea estas líneas, los científicos de alguna de las instalaciones de bombas H estén en el proceso de "cocinar" una botella de *plutonio* (12 kilogramos) en un horno atómico. En unos tres años, su "pastel" estará casi listo debido a que los neutrones que vuelan en el horno habrán cambiado el *plutonio* en cien gramos de *curio* y cien gramos de *americio*. Los cocineros atómicos necesitarán entonces calentar los átomos resultantes de *curio* en un horno diferente durante algunos años más y, haciéndolo, podrán convertir los cien gramos de *curio* en un solo miligramo de *californio*.

La historia de estos extraños elementos es fascinadora, y el hombre que intervino en su descubrimiento es Glenn Seaborg. Su padre, inmigrante sueco, fue mecánico en la población de Ishpeming, Michigan, donde nació Glenn en 1912. Activo siempre, el joven Seaborg trabajó en una gran variedad de empleos a los que dedicaba parte de su tiempo, en Michigan y el sur de California, a donde se fue a vivir con su familia. Segaba el césped, entregaba paquetes, repartía periódicos, recogía fruta y trabajaba como estibador para ganar suficiente dinero a fin de terminar su educación.

De un metro y noventa centímetros de estatura, robusto y fuerte, Glenn Seaborg podría haber sido entrenador en una universidad. Había nacido para mandar y gozaba de gran popularidad. Sin embargo, en Seaborg había algo más que músculos y personalidad. En la escuela secundaria el curso de química le abrió los ojos al drama de la ciencia, y a partir de entonces quedó cautivado por ella.

Después de graduarse en la Universidad de California, en Los Ángeles, el año 1934, se doctoró en filosofía en la Universidad de Berkeley en 1937. Tres años más tarde apareció su nombre en el horizonte científico como uno de los miembros del grupo que descubrió un nuevo elemento, el *plutonio,* cuyo número atómico es el 94. El plutonio resultó ser la clave de la bomba atómica: es el más eficaz de los combustibles atómicos debido al gran número de electrones que libera en la fisión para inducir la reacción en cadena.

Fermi y otros investigadores habían sido llamados a Chicago para centralizar los estudios atómicos. Fue allí (en el edificio del Proyecto Manhattan, que tenía el engañoso título de "Laboratorio Metalúrgico"), a donde fue Seaborg durante la Segunda Guerra Mundial con la misión específica de facilitar la producción de *plutonio.* El conflicto interior de Seaborg y sus compañeros era penoso. Hombre pacífico, que veneraba los conocimientos fundamentales y las investigaciones puras, tenía, sin embargo, el deseo práctico de aplicar sus esfuerzos al mejoramiento de la suerte de la humanidad. Pero ahora consagraba todas sus energías a la construcción de una bomba aterradora para mutilar, quemar y destruir. Se juró que, con el advenimiento de la paz, haría cuanto estuviera en su mano por dedicar la energía atómica a usos pacíficos.

La creación sintética de nuevos elementos, durante los años de la posguerra, es el tipo de trabajo que más le gusta. Los elementos transuránicos que descubrió primero (*plutonio, americio y curio*), así como los que descubrió después, son ligeramente más pesados que el uranio común, mucho más inestables y sumamente radiactivos. Tal vez existan todavía sus equivalentes naturales en forma pura, o quizá en el núcleo de una estrella, pero las investigaciones de Seaborg les dieron vida en el laboratorio, lo cual es un triunfo científico.

Los elementos que descubrió Seaborg son los siguientes, con sus números atómicos:

plutonio	(94)	*californio*	(98)
americio	(95)	*einstenio*	(99)
curio	(96)	*fermio*	(100)
berkelio	(97)	*mendelevio*	(101)

El elemento 102 fue identificado en Suecia en 1957 (*nobelio),* pero Seaborg pudo crearlo en su laboratorio en 1958. En el discurso que pronunció ante la Conferencia sobre la Energía Atómica celebrada en Ginebra en 1958, predijo el posible descubrimiento de otros seis elementos sintéticos. Desde entonces se ha aislado e identificado el lawrencio (103).

¿Qué es en realidad un elemento sintético y cómo hace uno para crearlo? Examinemos la técnica que se usó en la creación del *mendelevio*. Con un ciclotrón, Seaborg disparó partículas alfa (núcleos de helio) contra un blanco de mil millones de átomos de *einstenio*. El examen reveló que había diecisiete átomos submicroscópicos de *mendelevio* en el blanco del desintegrador de átomos. Pero no era posible ver, tocar o pesar dichos átomos. Sin embargo, se probó su existencia con la ayuda de contadores de radiaciones que registraron pequeñas y persistentes ráfagas de cada átomo de *mendelevio*, el cual, dicho sea de paso, es 1,000 veces más radiactivo que el uranio.

Los trabajos sobre un elemento suelen estimular nuevos descubrimientos. Así, por ejemplo, el *einstenio,* que se usó para crear el *mendelevio,* fue visto por primera vez en la bola de fuego de la bomba H, en 1952, en Eniwetok. Cuando Seaborg disparó iones de carbono en un isótopo del *curio,* se produjeron cuarenta átomos del elemento 102, pero la mitad de ellos desapareció en tres segundos. Entonces aparecieron brevemente átomos de *fermio* (vivieron media hora) y sirvieron como prueba de la fugaz presencia del elemento 102.

Por sus brillantes trabajos se concedió el premio Nobel a Seaborg (junto con Edwin McMillan) en 1951. En años subsecuentes fue nombrado director asociado de Laboratorio de Radiación de Berkeley y luego, en 1958, rector de la Universidad. El gobierno de los Estados Unidos le ofreció el honor más alto que puede conceder en la esfera de la ciencia atómica, el premio Enrico Fermi de cincuenta mil dólares.

El cine ha sido muchas veces hiriente con el tipo de científico representado por Glenn Seaborg. Las películas los han pintado como hombres distraídos, completamente sin contacto con la realidad. Glenn Seaborg no responde a esa imagen. Se le ha descrito como un verdadero hombre del Renacimiento, ya que es una combinación de inteligencia, vigor físico, genio científico y conocimientos políticos. Cuando llegó John F. Kennedy a la presidencia en 1961, lo nombró presidente de la Comisión de Energía Atómica, que es el cargo federal más importante que haya ocupado nunca un hombre de ciencia en los Estados Unidos. Por este difícil trabajo (en el que asesoraba al Presidente en los problemas nucleares, servía de portavoz de la comunidad científica y dirigía la complicada comisión de Energía Atómica) ganó el aplauso de los profesionales y la gratitud de sus conciudadanos. En 1963 fue designado nuevamente por el presidente Kennedy para ocupar el mismo puesto en la Comisión de Energía Atómica durante cinco años.

Continúa su idilio personal con la ciencia. Como dijo en un reciente discurso: "Hay belleza en el descubrimiento. Hay matemáticas en la música, una afinidad de la ciencia y la poesía en la descripción de la naturaleza y una forma exquisita en una molécula".

BIBLIOGRAFÍA

Seaborg, G. *Elementos del universo.*

JONÁS SALK

(1914-   )

UNA ENCUESTA DE la opinión pública celebrada en 1958, indicó que uno de los dos científicos norteamericanos más conocidos era Jonás Salk. No es extraño, ya que el doctor Salk había descubierto un preventivo para la enfermedad más temida del siglo XX, la parálisis infantil o poliomielitis, que por lo general ataca a los niños y los deja lisiados para toda la vida. Era la misma enfermedad que había atacado al presidente Franklin D. Roosevelt en la flor de la vida y casi lo confinó de manera permanente a una silla de ruedas. El doctor Salk no había buscado la popularidad ni los beneficios materiales por sus esfuerzos. En 1934 escogió la investigación médica para hacer de ella su carrera y, cuando se le dijo que no sería una esfera muy lucrativa, contestó: "En la vida hay algo más que el dinero".

Durante su juventud, Jonás vivió en un apartamiento de vecindad, en Manhattan. Sus padres eran judíos ortodoxos. Aunque los recursos de su padre eran modestos como trabajador asalariado de la industria del vestido, la familia tenía un respeto tradicional por la cultura, y eso los indujo a sostener a sus hijos en la universidad. De joven, Jonás era delgado, estudioso y un tanto tímido. Fue un lector ávido y un excelente discípulo en la escuela secundaria de Townsend Harris, escuela pública para estudiantes distinguidos de la ciudad de Nueva York. Después asistió al City College de Nueva York, donde demostró por primera vez su interés por la ciencia. Más tarde ingresó en la escuela de medicina de la Universidad de Nueva York con el propósito de seguir la carrera de investigador. Económicamente, pudo estudiar en la escuela de medicina gracias a varias becas que le fueron concedidas. Allí conoció al doctor

Mauricio Brodie, quien hacía entonces investigaciones sobre la poliomielitis, y al doctor Francis, autoridad sobre la gripe. Jonás trabajó con este último en un experimento, en el que se hizo una vacuna de "virus muerto" contra la gripe usando luz ultravioleta para matar los virus vivos.

En el laboratorio de la escuela de medicina de la Universidad de Nueva York, como en otros laboratorios del mundo, se concentraba la atención en el papel que representaban los virus en la poliomielitis y otras enfermedades. A principios de la década de 1930, el doctor Brodie de la Universidad de Nueva York y el doctor Juan Kilmer de la Universidad Temple, prepararon lo que, según creían, eran vacunas eficaces contra la poliomielitis. La aplicaron en gran número, pero en 1935 no sólo se les declaró inútiles, sino que se les creyó peligrosas. Naturalmente, el peligro consistía en que la vacuna de este virus paralizador, si no era completamente segura, producía la temida poliomielitis.

El doctor Salk fue a la Universidad de Michigan con su preceptor, el doctor Francis, para continuar las investigaciones sobre el virus de la gripe. En esa época, como se había casado y tenía hijos, se le preguntó por qué continuaba las investigaciones en lugar de ejercer su profesión de médico. Su respuesta fue: "¿Por qué componía música Mozart?" La fascinación de buscar lo desconocido en la ciencia se había apoderado del doctor Salk. Después de cinco años en Michigan, se recomendó a Salk para jefe del programa de investigaciones en la escuela de medicina de la Universidad de Pittsburgh, una de las instituciones que investigaban la poliomielitis bajo los auspicios de la Fundación Nacional para la Parálisis Infantil. Allí concentró sus esfuerzos en la curación de la poliomielitis.

Otros investigadores habían hecho ya varios importantes descubrimientos que fueron el punto de partida para el doctor Salk. En primer lugar, estaba el descubrimiento de que la poliomielitis era causada por un virus. En segundo, los trabajos de Enders, Waller y Robbins para aislar los virus y crear un proceso de cultivo en tejidos para su estudio. En tercero, el descubrimiento, hecho por el doctor David Bodian y otros, de que había tres estirpes diferentes de virus, cada uno de los cuales tenía características diferentes. En cuarto, el descubrimiento de que el virus de la poliomielitis entraba en el torrente sanguíneo, donde podían atacarlos los anticuerpos. En quinto, el descubrimiento experimental hecho por el doctor Howe, en Johns Hopkins (1952), de que una vacuna hecha con virus a los que se había dado muerte con formaldehído producía anticuerpos muy eficaces contra los tres tipos de poliomielitis.

Entonces, Basil O'Connor, administrador de la Fundación Nacional, consiguió fondos y recursos para el siguiente paso, que estribaba en determinar si, en realidad, había tres o más tipos de virus. Salk fue miembro de la comisión de investigadores que emprendieron esta tarea en diferentes universidades. Para fines de 1951, el doctor Salk había comprobado los anteriores descubrimientos del doctor Bodian de que sólo había tres tipos de virus de la poliomielitis.

Entonces, la tarea consistía en preparar una vacuna eficaz para la inmunización. A este respecto, había dos escuelas principales de pensamiento. Una de ellas, defendida por el doctor Sabin, pretendía trabajar con virus vivos atenuados, semejantes a la vacuna contra la viruela. La otra, defendida por el doctor Salk y el doctor Francis, quería preparar una vacuna hecha de virus muertos. Este método había tenido éxito con la gripe y, aunque la inmunización era menos permanente que la que se obtenía con una vacuna de virus vivos, resultaba menos peligrosa.

Para preparar esta vacuna, el doctor Salk tenía que escoger las estirpes adecuadas de virus a fin de que la inmunización fuera eficaz contra los tres tipos de poliomielitis. Tenía que cerciorarse de que los virus de la vacuna habían sido destruidos, pero de tal manera que produjeran anticuerpos al inyectarlos en el torrente sanguíneo. Según el doctor Salk, no había fórmula segura para predecir el punto exacto en que la vacuna reunía todas las cualidades necesarias. Era cuestión de ensayos casi interminables, llevando registros de los resultados hasta que se obtuviera la preparación eficaz.

Por fin, el doctor Salk produjo una vacuna que tuvo éxito con los monos. Entonces, la cuestión era la siguiente: *"¿Tendría éxito con los seres humanos?"*

A principios de 1953, un periódico publicó prematuramente la noticia de que se había descubierto una vacuna eficaz contra la poliomielitis, y decenas de miles de padres de familia, sabiendo que se aproximaban los temidos meses del verano, la "estación de la polio", suplicaron que se les diera información. Por consejo de la Fundación Nacional, el doctor Salk apareció en la televisión para decir que, lamentablemente, los resultados eran "prometedores", pero que no habría "vacuna de uso general en la siguiente temporada de la polio". Causó en el público la impresión memorable de ser un hombre de ciencia modesto, afable, que, aunque deseoso de apresurar la curación, tenía que estar seguro de los resultados.

Cuando estuvo por fin listo, siguiendo la tradición de Eduardo Jenner, se inoculó primero a sí mismo, a su esposa y sus tres hijos. Luego se puso a prueba la vacuna en unos quinientos voluntarios; en todos los casos tuvo éxito. Se hicieron pruebas adicionales. Mientras tanto, Basil O'Connor, seguro de la validez de la vacuna de Salk, pedía mayor rapidez. Se hizo un estudio final bajo la vigilancia del doctor Francis y la Universidad de Michigan, en el que se inoculó a 1.800,000 escolares voluntarios en abril de 1954. El 2 de abril de 1955, décimo aniversario de la muerte de Franklin D. Roosevelt, el doctor Francis dio a conocer sus observaciones mientras la nación esperaba conteniendo casi el aliento. La vacuna había resultado muy eficaz. Mientras tanto, el doctor Salk había estado mejorando la vacuna, de manera que en su uso subsiguiente excedió la eficacia de 95 por ciento de la mayor parte de las otras vacunas.

Aclamado por su proeza, el doctor Jonás Salk continuó siendo el hombre de ciencia modesto, sincero, que se había consagrado desinteresadamente a las investigaciones médicas. Reconoció las aportaciones de sus colegas y las de quienes habían conseguido antes los progresos científicos que llevaron a su triunfo. Desde 1955, el doctor Salk ha continuado sus investigaciones para mejorar la vacuna.

El doctor Salk ha devuelto la vida a millones de seres humanos, los ha salvado de la angustia y el sufrimiento. Fue la suya una maravillosa hazaña personal, pero una hazaña que también resumió una nueva era de descubrimientos científicos en que se ponen tremendos recursos a disposición de los investigadores médicos que se esfuerzan por vencer la enfermedad y ampliar las fronteras de los descubrimientos científicos.

BIBLIOGRAFÍA

Rowland, John. *Polio Man.*
Sills, David L. *The Volunteers.*
Spencer, Steven M. "Where Are We Now on Polio", *The Saturday Evening Post,* 10 de septiembre de 1955.

JAMES DEWEY WATSON

(1928-   )

LA MIRADA DE los lectores de *The New York Times* del viernes 19 de octubre de 1962 pudo haberse detenido en la fotografía de un salón de clases de Harvard, en la que aparecía un joven maestro de biología que daba clases a un grupo de estudiantes de rostros regocijados. Tras el maestro, en el encerado, se leía este anuncio estudiantil: "El doctor Watson acaba de ganar el premio Nobel". Las sonrisas de los estudiantes expresaban orgullo y placer, pues su maestro de treinta y cuatro años era, en verdad, James Dewey Watson, quien acababa de ser propuesto para el premio Nobel por sus "aportaciones al conocimiento de los procesos fundamentales de la vida mediante el descubrimiento de la estructura molecular del ADN, que es la sustancia misma de la herencia".

Por asombroso que parezca, el descubrimiento por el que se concedió el premio Nobel había sido hecho una década antes, cuando Watson tenía apenas veinticinco años de edad. Siempre había sido Watson precoz. Nacido en Chicago el 26 de abril de 1928, se convirtió en un "niño genial" de la radio casi antes de que pudiera andar. A los quince años se graduó con grandes honores en la escuela secundaria y se matriculó en la Universidad de Chicago, donde su talento siguió asombrando a sus profesores.

Jimmy tenía poco tiempo para el recreo, pero le gustaba observar a los pájaros. Inclusive esta afición tuvo su lado serio, pues más tarde comentó que "es una forma agradable de aprender la ciencia cuando se es joven". Aunque en 1947 se matriculó en la Universidad de Indiana para graduarse en ornitología, pronto olvidó a los pájaros, pues tuvo la influencia de algunos de los geneticistas más notables de los Estados Unidos. En la facultad de biología de Indiana estaba el doctor Salvador Luria, científico emigrado de Italia que había consagrado su reputación como virólogo. Bajo la dirección de Luria, Watson escribió su tesis doctoral sobre los virus bacterianos y recibió su doctorado en 1950 cuando sólo tenía veintidós años de edad.

Después de un año de investigaciones microbiológicas en Copenhague, el joven científico aceptó la invitación para formar parte de un grupo de investigadores que trabajaba en los Laboratorios Cavendish de la Universidad de Cambridge, donde el Consejo Británico de Investigaciones Médicas estaba creando laboratorios para el estudio de la biología molecular. El director de los laboratorios, al que sus superiores pidieron que buscara los "mejores cerebros", había atraído a algunas de las mentes más agudas del mundo científico. Entonces, el neófito Watson se convirtió en miembro de este famoso grupo.

Watson se preguntó si armonizaría con mentes más maduras y experimentadas y si tendría algo que aportar a sus estudios. Sin embargo, inmediatamente se sintió a gusto cuando conoció a Francis H. C. Crick, en cuyo laboratorio habría de trabajar. Físico ante todo, este inglés había ayudado a descubrir el radar durante la guerra. Conversador pintoresco, era un extrovertido con magnífico sentido del humor. En contraste, el joven norteamericano era serio, reservado e introspectivo. Los dos brillantes hombres de ciencia, que habrían de revolucionar la biología, se complementaban como los hilos apareados de la doble hélice a la que habrían de dar fama con el nombre de modelo Watson-Crik del ADN. Watson recuerda: "Crick me enseñó física y yo le enseñé biología. Las cosas salieron a pedir de boca".

El laboratorio que se asignó a los jóvenes científicos mientras se construía un nuevo edificio de investigaciones, era un cobertizo provisional de madera al que dieron el afectuoso mote de "La Choza". Años después, cuando una delegación de científicos rusos que visitaba el país, pidió que se le permitiera ver los laboratorios donde se habían hecho las investigaciones que ganaron el premio Nobel, pensaron que se les estaba engañando al llegar a "La Choza", pues habían supuesto que era un cobertizo para las bicicletas de los estudiantes. Sin embargo, en este reducido espacio, Watson y Crick, en un año de intenso trabajo, identificaron la estructura molecular de la sustancia mágica a la que se debe la existencia de todos los seres vivos que habitan la tierra.

En los primeros años de la década de 1950, pocos biólogos esperaban ver descifrado en sus días el misterio de la naturaleza de los genes. ¿Cómo podía esperar alguien determinar la estructura atómica de la molécula gigante que debe servir de plan maestro para el crecimiento y el desarrollo; que se duplica cada vez que se divide una célula o se reproduce un organismo, que pasa por mutaciones periódicas, pero permanentes, las cuales aparecen en los hijos? ¿No eran temerarios y presuntuosos los dos jóvenes científicos que en 1952 decidieron acometer esta empresa en su laboratorio de "La Choza"?

Habían trascurrido ochenta y siete años desde que Mendel postuló la existencia de "factores unitarios" que trasmitían las instrucciones genéticas de generación en generación según pautas matemáticas regulares. Mendel no tuvo indicio de la naturaleza química de estos factores, ni tan siquiera de la parte de las células en que podrían encontrarse.

Apenas tres años después de que Mendel publicó su obra, Federico Meischer, joven bioquímico suizo, aisló el *ácido nucleico* del esperma del salmón que subía por el Rin. Creyó que esta sustancia nuclear, que comprendía el 50 por ciento del peso seco de los espermatozoides, debía representar un papel importante en la actividad celular. Sin preparación para continuar sus investigaciones, Meischer relegó su frasco de ácido nucleico, en forma de polvo blanco, a un anaquel del laboratorio. ¿Tuvo un presentimiento sobre la significación de este polvo blanco, que era en realidad el ADN, cuando escribió en 1871: "Creo que los resultados obtenidos... son lo bastante significativos para incitar las investigaciones de otros"?

En un mundo científico impreparado, nadie hizo caso de los descubrimientos de Mendel y Meischer, que quedaron enterrados en las bibliotecas eruditas durante muchos años. Mientras tanto, antes de que volvieran a conocerse los descubrimientos de Mendel y Meischer, se había comprobado que los factores unitarios o *genes*, se encontraban en los cromosomas de todos los núcleos de las células. Se descubrió que los cromosomas estaban compuestos de ácidos nucleicos y proteínas.

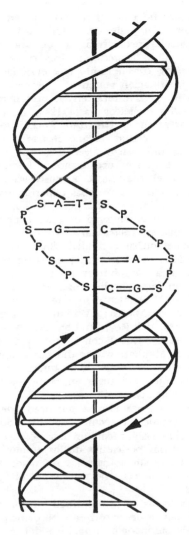

Estructura del ADN de Watson-Crick, representada esquemática-
mente. Los listones espirales paralelos representan las cadenas
polinucleótidas apareadas. Los vínculos del hidrógeno están re-
de timina, G = base de guanina, C = base de citosina. Las
presentados por líneas paralelas trasversales, P = grupo de fos-
fato, S = unidad de azúcar, A = base de adenina, T = base
flechas indican que las cadenas polinucleótidas corren en direc-
ción opuesta, según lo especifican los vínculos azúcar-fosfato.
(Tomado de Watson y Crick, 1953.)

Si los cromosomas no consistían más que en ácidos nucleicos y proteínas, entonces uno de estos dos grupos químicos, o los dos, debían contener la sustancia de la que están hechos los genes. Durante cuarenta años, los citoquímicos concentraron su atención en las *proteínas,* considerando que eran las portadoras más probables de la información genética.

Como se concentraba el interés en las proteínas, se prestó poca atención a los ácidos nucleicos hasta 1944. En esa época, Avery Macleod y McCarty, en el Instituto Rockefeller, ofrecieron la primera prueba experimental de que el *ácido de oxiribonucleico* (ADN) trasmite la información genética. Sus pruebas parecían indicar el hecho de que el organismo individual tiene su tipo específico de ADN, el cual lleva las instrucciones genéticas. Se acumularon rápidamente las pruebas experimentales para confirmar que el ADN era la sustancia que componía los genes. Pero sólo podía definirse y entenderse el gene funcional de Mendel cuando se determinara y relacionara su estructura molecular con los productos finales de su actividad. Cuando, en 1951, Watson y Crick emprendieron su tarea, al parecer imposible, repasaron la literatura científica para buscar los resultados de las investigaciones que se hubieran hecho anteriormente sobre la estructura química del ADN. Aumentó su emoción cuando se enteraron de la reciente obra de Mauricio Wilkins en el departamento de biofísica del Hospital del Rey, en Londres. Wilkins, que habría de compartir el premio Nobel con Watson y Crick, había trabajado en el Proyecto Manhattan que dio por resultado la creación de la bomba atómica. Después de la guerra, había sido arrastrado por la corriente de interés en la biología molecular. En sus estudios de los ácidos nucleicos consiguió obtener una fibra muy delicada de una masa viscosa purificada de ADN recientemente extraído. Usando la técnica de difracción de rayos X, bombardeó esta fibra aislada con un haz de rayos X para determinar con precisión las posiciones de los átomos que componían la molécula de ADN. Sus fotografías de rayos X revelaron un diseño bidimensional que hacía pensar en una estructura molecular helicoidal.

Era éste el rayo de luz en la oscuridad que necesitaban Watson y Crick, el cual ponía de manifiesto el principal indicio para la construcción de su modelo hipotético del ADN. En su apariencia, este modelo tomó poco a poco la forma de una hélice doble que parece una escalera larga, graciosa (véase el diagrama). Los lados de la escalera están compuestos de cadenas moleculares de repetidas unidades alternas de *azúcar* (deoxiribosa) y *fosfato.* Los peldaños que conectan estos lados de la escalera son *bases nitrogenadas* pareadas (purinas y pirimidinas). Los cuatro tipos de bases, que forman vínculos de conexión entre las unidades de azúcar, son: guanina, citosina, adenina y timina, que suelen simbolizarse con las letras G, C, A y T. Cada peldaño de la escalera consiste en un par de bases complementarias; G está siempre unida a C, y A está siempre unida a T, pues la estructura molecular de las bases individuales impide que haya cualquiera otra unión. Las bases constituyen una serie de cuatro símbolos (G-C, C-G, A-T y T-A) que pueden compararse a las letras del alfabeto dispuestas en diferentes órdenes para formar letras y frases. Así, pues, las bases dan una clave de la vida: sintetizan toda la información genética que se necesita para formar un animal o planta.

Dispuestas en incontables combinaciones, las bases llevan instrucciones para determinar cómo será un organismo y cómo reaccionará a su ambiente. Las diferencias entre los individuos de la misma especie y entre los organismos de diferentes especies están determinadas por el número total y los diversos órdenes de las cuatro bases alineadas dentro de sus moléculas de ADN. Así, el ADN, como un plan maestro, da información para la síntesis de miles de proteínas específicas en las células vivas. Los cálculos demuestran que el ADN del núcleo de cada célula humana contiene unos cinco mil millones de pares de bases divididos entre los cuarenta y seis cromosomas del hombre. Si se tendieran los hilos de ADN que hay en una sola célula y se pusieran uno tras otro, cubrirían una distancia de unos noventa centímetros. Crick ha calculado que esta cantidad de ADN podría encerrar toda la información contenida en una enciclopedia de mil volúmenes. ¡No es de extrañar que sean pocos los hombres que tienen dobles!

Lo asombroso del ADN es que se repite cada vez que se divide una célula y cada vez que se reproduce un organismo: Después de completar su modelo, Watson y Crick escribieron: "No ha escapado a nuestra atención el hecho de que el apareamiento específico de las bases que hemos postulado sugiere en seguida un posible mecanismo de copia para el material genético". La explicación de la repetición biológica que sugieren es muy sencilla. Antes de que se divida una célula, se tienden y separan los hilos apareados de la doble hélice para formar dos hilos sencillos. Cada hilo obra entonces como si fuera una plantilla para la formación inmediata de un nuevo compañero, que se sintetiza con los materiales almacenados en la célula. Así, se dice que el ADN es "la receta de la vida para la vida misma".

Las maravillosas claves encerradas en las moléculas de ADN, que determinan la naturaleza de todo ser vivo, desde la amiba hasta el hombre y desde el alga hasta el roble, son las bases de la vida cambiante. La dotación de ADN conferida por los padres a su progenie se almacena en las células sexuales. Un óvulo fecundado contiene una cantidad microscópica de ADN de cada uno de los progenitores, la cual da instrucciones para la clase de descendiente que se formará. El ADN ha salvado los innumerables abismos entre las generaciones desde que apareció la vida en nuestro planeta. Con el trascurso del tiempo, las mutaciones al azar han producido cambios en las claves del ADN, que fueron preferidos cuando resultaron ventajosas en determinados ambientes. Los tipos de ADN, determinados por la selección natural y pasados sin interrupción a las generaciones futuras, decidirán la clase de animales y plantas que habitarán la tierra en las épocas futuras.

Se ha dicho que el descubrimiento de Watson y Crick es el progreso científico más significativo del siglo XX. Pero ninguno de los dos hombres de ciencia se conforma con descansar en sus laureles. En sus laboratorios de Cambridge, Crick está descifrando hoy la naturaleza de la clave genética. En Harvard, Watson continúa estudiando el mecanismo de la síntesis proteínica, al mismo tiempo que estimula a sus discípulos, algunos de los cuales serán los grandes hombres de ciencia del porvenir.

BIBLIOGRAFÍA

Beadle, G. W. "Structure of genetic material and the concept of the gene". En This Is Life, recopilada por W. H. Johnson y W. C. Steere.

Crick, F. H. C. "The genetic code I". Scientific American, octubre de 1962.

Nirenberg, M. W. "The genetic code II". Scientific American, marzo de 1963.

APÉNDICE

Adler, Alfredo (1870-1937). Sicólogo austriaco. Abogó por la voluntad de poderío por considerarla más importante que el impulso sexual. Investigaciones sobre el complejo de inferioridad.

Alberto Magno (1206?-1280). Dominico alemán. Descubrió el arsénico libre. Aclaró la *afinidad* en las reacciones químicas.

Al-Khwarizmi (78-850) Matemático árabe. De su libro, *Algebra*, basado en fuentes indias y babilonias, se deriva nuestra álgebra y la algoritmia. Introdujo los números arábigos y el cálculo con decimales.

Anderson, Carlos D. (1905-   ). Físico norteamericano. Descubrió el positrón, elemento del núcleo, y la existencia del mesón. Premio Nobel de 1936.

Aristarco (310 a. de J.C.-250 a. de J.C.). Astrónomo griego. Primero en sostener que la tierra gira alrededor del sol.

Armstrong, Edwin H. (1890-1954). Ingeniero electricista norteamericano. Radio F.M. y Radio superheterodino A.M.

Arrhenius, Svante Augusto (1859-1927). Químico y físico sueco. Premio Nobel de química, 1903, por su teoría de la disociación electrolítica. Reveló que la luz ejerce presión.

Aston, Francisco G. (1877-1945). Físico inglés. Inventó el *espectrógrafo de masas* para distinguir los isótopos. Premio Nobel de 1922.

Audubon, Juan J. (1785-1851). Ornitólogo y artista norteamericano. Escribió e ilustró *Aves de los Estados Unidos,* basada en sus observaciones.

Avicena (979-1037). Físico árabe. Escribió un texto médico basado en parte en Galeno e Hipócrates.

Baer, Carlos von (1792-1876). Embriólogo alemán. Descubrió el óvulo en el ovario de los mamíferos. Aclaró la reproducción y el primer desarrollo de los animales.

Beadle, Jorge (1903-   ). Geneticista norteamericano. Reacciones bioquímicas en los genes. Premio Nobel de 1958.

Beebe, Guillermo (1877-   ). Hombre de ciencia y explorador norteamericano. Curador de ornitología. Exploraciones submarinas en la batisfera.

Behring, Emilio von (1854-1917). Bacteriólogo alemán. Ganó el primer premio Nobel de medicina. Descubrió la antitoxina contra la difteria y el tétanos.

Bernouilli, Daniel (1700-1782). Matemático suizo. Investigaciones sobre la presión del equilibrio y las velocidades de los líquidos. Teoría cinética de los gases. Fundó la física matemática.

Berthelot, Marcelino (1827-1907). Químico francés. Teoría de que las acciones químicas espontáneas generan calor. Fundó la termoquímica. Aclaró las relaciones entre los compuestos orgánicos e inorgánicos.

Berthollet, Claudio L. (1748-1822). Químico francés. Descubrió la acción blanqueadora del cloro; analizó el amoniaco y algunos ácidos.

Bethe, Juan (1906-   ). Físico norteamericano. Propiedades atómicas. Origen de la energía estelar y solar.

Boltzmann, Luis (1844-1906). Físico austriaco. Mecánica estadística. Teoría de los sistemas de partículas sometidas a las leyes de la mecánica clásica.

Boole, Jorge (1815-1864). matemático y lógico inglés. Cálculo y ecuaciones diferenciales. Fundador de las matemáticas de Boole.

Born, Max (1882-   ). Físico alemán. Teoría de los *quanta*, estructura del átomo, teoría matemática de los cristales.

Brown, Roberto (1849-1926). Biólogo norteamericano. Cruce de plantas.

Cannizzaro, Estanislao (1826-1910). Químico italiano. Demostró el valor de los pesos atómicos en los cálculos químicos; también la relación de la química orgánica e inorgánica.

Carnot, Sadi (1796-1832). Físico francés. Termodinámica. Investigaciones sobre las máquinas térmicas.

Carver, Jorge W. (1864?-1943). Químico agrícola norteamericano. Mejoramiento de los suelos, diversificación de cosechas, usos de la soja y los cacahuates, productos de los desperdicios de algodón.

Clausius, Rodolfo J. (1822-1888). Físico alemán. Investigaciones sobre la termodinámica, física molecular y electricidad.

Crick, Francis H. (1916-   ). Bioquímico inglés. Demostró estructura helicoidal de la molécula ADN, fundamental en la biología molecular. Premio Nobel de 1962.

De Broglie, Luis V. (1892-1960). Físico francés. Descubrió la naturaleza ondulatoria de los electrones. Premio Nobel de 1929.

De Vries, Hugo (1848-1935). Botánico holandés. Propuso la teoría de la evolución basada en las mutaciones de las plantas.

Dick, Jorge F. (1881-   ). Físico norteamericano. Descubrió el gérmen que produce la fiebre escarlatina y la reacción de Dick para la susceptibilidad de ese mal.

APÉNDICE   433

Dirac, Pablo (1902-   ). Físico inglés. Compartió el premio No-
bel de 1933 por perfeccionar la teoría de Heisenberg sobre
la mecánica quántica.
Domagk, Gerhard (1895-   ). Bioquímico alemán. Uso de la
sulfanilamida en la medicina y curación de la septicemia.
Doppler, Cristián (1803-1853). Físico y matemático austriaco.
Efecto de Doppler y *Principio de Doppler.* Estudios sobre las
ondas luminosas y sonoras.
Drew, Carlos R. (1904-   ). Médico y cirujano norteamericano.
Investigaciones sobre el plasma sanguíneo.

Eddington, Arturo S. (1882-1944). Astrónomo inglés. Investigaciones sobre la composición de las estrellas y las corrientes
estelares. Escribió libros populares de astronomía y física.
Edison, Tomás A. (1847-1931). Inventor norteamericano. Trasmisor de carbón, fundamental para el teléfono. Fonógrafo,
lámpara incandescente y cine.
Ericsson, Juan (1803-1889). Ingeniero sueco. Construyó una loco-
motora, motores marinos, el primer buque acorazado, el *Mo-
nitor.*

Fabre, Juan E. (1823-1915). Entomólogo francés. Costumbres y
clasificación de los insectos.
Fahrenheit, Gabriel D. (1686-1736). Físico alemán. Termómetro
de mercurio. Escala Fahrenheit.
Fitzgerald, Jorge F. (1851-1901). Físico irlandés. Descubrimientos
de la electrólisis y la radiación electromagnética.
Foucault, Juan Bernardo (1819-1868). Físico francés. Determinó
la velocidad de la luz en el aire.
Fourier, Juan Bautista (1768-1830). Matemático y físico francés.
Investigaciones sobre el calor y las ecuaciones numéricas. Teorema sobre el movimiento vibratorio.
Franck, Jaime (1882-   ). Físico alemán. Leyes que gobiernan
el efecto del impacto sobre el electrón del átomo. Compartió el premio Nobel de 1925.
Frasch, Herman (1852-1914). Químico norteamericano. Método
para extraer el azufre de los yacimientos subterráneos.
Frauenhofer, José (1787-1826). Óptico bávaro. Fue el primero
en observar y trazar con exactitud las líneas oscuras visibles en
el espectro solar.
Freud, Segismundo (1856-1939). Neurólogo austriaco. Fundó el
sicoanálisis. Aclaró el conocimiento de las enfermedades mentales. Vinculó los estados mentales anormales con experiencias
olvidadas o reprimidas. Intentó la curación por medio del
hipnotismo y la asociación de ideas. Hizo hincapié en el impulso sexual como fuerza motivadora.
Funk, Casimiro (1884-   ). Bioquímico norteamericano. Investigaciones sobre las vitaminas, y les dio el nombre que tienen.

Galton, Francisco (1822-1911). Antropólogo inglés. Estudios estadísticos de la herencia. Fundó la ciencia de la eugenesia.

Galvani, Luis (1737-1798). Fisiólogo italiano. Descubrió la *electricidad animal o galvanismo.*

Gibbs, Josiah W. (1839-1903). Físico y matemático norteamericano. Cálculo vectorial. Investigaciones sobre la termodinámica química. Fundó la ciencia de la química física.

Gilbert, Guillermo (1544-1603). Físico inglés. Padre del magnetismo. Descubrió las leyes de atracción y repulsión.

Gmelin, Leopoldo (1788-1853). Químico alemán. Investigaciones sobre las sustancias orgánicas.

Goddard, Roberto (1882-1942). Físico norteamericano. Llamado "primer ingeniero de cohetes". Primer hombre que construyó y lanzó un cohete de combustible líquido en 1926.

Goldberger, José (1874-1929). Físico norteamericano. Demostró que la pelagra era una enfermedad causada por deficiencia vitamínica.

Gorgas, Guillermo C. (1854-1920). Médico norteamericano. Causa de la fiebre amarilla en la Zona del Canal de Panamá. Prevención mediante la eliminación de los lugares en que se criaba mosquito de la fiebre amarilla.

Graaf, Reniero de (1641-1673). Biólogo holandés. Primero en describir los folículos del ovario que producen los óvulos en los mamíferos.

Graham, Tomás (1805-1869). Químico escocés. Fundó la ciencia de la química coloidal. Investigaciones sobre la absorción, la ósmosis y la difusión de los gases.

Guericke, Otón de (1602-1686). Físico alemán. Inventó la bomba de aire. Demostró la presión atmosférica con treinta caballos que trataban de separar por cada lado los hemisferios de Magdeburgo que habían sido vaciados de aire. Primera máquina generadora de electricidad.

Haber, Federico (1868-1934). Químico alemán. Descubrió el método para sintetizar el amoniaco con el hidrógeno y el nitrógeno atmosférico. Premio Nobel de 1918.

Hall, Carlos M. (1863-1914). Químico norteamericano. Descubrió un método barato para extraer el aluminio de la bauxita por medio de la electrólisis.

Halley, Edmundo (1656-1742). Astrónomo inglés. Catalogó las estreilas meridionales. Explicó las órbitas de los cometas.

Hamilton, Guillermo R. (1805-1865). Matemático y astrónomo escocés. Inventó el cálculo de los cuaterniones. Dio origen al odógrafo. Sistematizó la mecánica clásica.

Harrison, Ross G. (1870-   ). Biólogo norteamericano. Método de mantener vivos los tejidos para su estudio, método de cultivo de la gota colgante.

Heisenberg, Werner K. (1901-   ). Físico alemán. Protones y neutrones del núcleo atómico. Padre de la mecánica quántica. Premio Nobel de 1932.

Helmholtz, Hermann Luis de (1821-1894). Físico y fisiólogo alemán. Aclaró la ley de la conservación de la energía. Inventó un oftalmoscopio. Descubrimientos en la visión del color, la luz, el sonido.

Herschel, Guillermo (1738-1822). Astrónomo inglés. Descubrió el planeta Urano. Inventó un nuevo tipo de telescopio de reflexión. Catalogó 5,000 nebulosas y grupos estelares.

Hertz, Enrique (1857-1894). Físico alemán. Descubrió las ondas electromagnéticas.

Hinton, Guillermo A. (1883-1959). Médico norteamericano. Reacción de Hinton para descubrir la sífilis.

Hiparco (160 a. de J.C.-125 a. de J.C.). Astrónomo griego. Primero en usar la longitud y la latitud para medir un lugar. Midió con precisión la duración del año. Registró 1,080 estrellas fijas. Inventó la trigonometría.

Hopkins, Federico (1861-1947) Biólogo inglés. Premio Nobel de 1929 por sus trabajos sobre las vitaminas y la nutrición.

Hoyle, Fred (1915-   ). Matemático y astrónomo inglés. Dio origen a la forma matemática de la Teoría del Estado Uniforme, la cual sostiene que el universo de galaxias se dilata y que se crea continuamente nueva materia en el espacio para mantener constante la densidad media del universo.

Hubble, Edwin P. (1889-1953). Astrónomo norteamericano. Creó el concepto moderno de la expansión del universo: Calculó la velocidad de los sistemas estelares.

Hutton, Jacobo (1726-1797). Geólogo escocés. Fundó la moderna teoría de la corteza terreste. Formación de las rocas ígneas.

Huxley, Tomás E. (1825-1895). Biólogo inglés. Autoridad sobre anatomía y vigoroso defensor de Darwin.

Joliot-Curie, Irene (1897-   ). Física francesa. Hija de María Curie. También *Joliot-Curie, Federico* (1900-   ). Marido de Irene. Produjo sustancias de radiactividad artificial mediante el bombardeo nuclear. Compartió el premio Nobel de 1935.

Julián, Percy L. (1899-   ). Químico norteamericano. Investigaciones sobre hormonas, esteroides y proteínas de la soja.

Jung, Carlos G. (1875-1961). Sicólogo suizo. Rompió con Freud y abogó por el anhelo de vivir en lugar del impulso sexual. Estudió los introvertidos y extrovertidos.

Just, Ernesto E. (1883-1941). Biólogo norteamericano. Investigaciones sobre la fecundación, la partenogénesis artificial, la división celular.

Kamerlingh Onnes, Eike (1853-1926. Físico holandés. Premio Nobel de 1913 por su estudio sobre las propiedades del helio.

Kapitza, Pedro L. (1894-   ). Físico soviético. Publicó revistas. Participó en el programa de satélites terrestres. Física de bajas temperaturas.

Kekulé von Stadonitz, F. A. (1829-1896). Químico alemán. Descubrió la estructura anular de las moléculas orgánicas, fundamental en la química orgánica.

Kirchhoff, Gustavo R. (1824-1887). Físico alemán. Usó el espectroscopio para el análisis químico. Investigaciones sobre la radiación de los cuerpos negros, fundamental para la teoría quántica.

Kornberg, Arturo (1918-   ). Bioquímico norteamericano. Síntesis del ADN. Premio Nobel de 1954.

Krebs, Hans (1900-   ). Fisiólogo inglés, de origen alemán. Ciclo del ácido cítrico (de Krebs). Premio Nobel de 1953.

Kuiper, Gerardo P. (1905-   ). Astrónomo norteamericano nacido en Holanda. Jefe de uno de los observatorios más grandes de los Estados Unidos. Teoría acerca del origen de la tierra y los planetas. Autoridad sobre Marte. Descubrió satélites de Neptuno y Urano.

Lagrange, José L. (1736-1813). Matemático francés. Inventó el cálculo de variaciones. Matemáticas de las vibraciones sonoras de las cuerdas.

Landau, León (1908-   ). Físico soviético. Autor de un texto de ocho volúmenes sobre física teórica. Investigaciones sobre la mecánica quántica, superfluidez del helio líquido, superconductividad e hidrodinámica. Creó el concepto de los "rotones" para describir las excitaciones de gran energía en el movimiento giratorio.

Langley, Samuel P. (1834-1906). Físico norteamericano. Espectro y radiación del sol. Construyó la primera máquina voladora (1896) más pesada que el aire.

Lansteiner, Carlos (1868-1943). Biólogo norteamericano de origen austriaco. Análisis de la sangre. Descubrimiento del factor Rh. Premio Nobel de 1930.

Laue, Max von (1879-1960). Físico alemán. Premio Nobel de 1914 por el método para medir las longitudes de onda de los rayos X usando un cristal.

Lederberg, Josué (1925-   ). Geneticista norteamericano. Compartió el premio Nobel por sus descubrimientos sobre la recombinación genética y organización del material genético de las bacterias.

Leibnitz, Godofredo (1646-1716). Matemático alemán. Cálculo diferencial.

Liebig, Justo de (1803-1873). Químico alemán. Ideó métodos de análisis cuantitativo de los compuestos orgánicos. Padre de la química agrícola.

Lipmann, Federico (1889-   ). Bioquímico norteamericano de origen alemán. Descubrimiento de la coenzima "A". Premio Nobel de 1953.

Lobatchevski, Nicolás I. (1793-1856). Matemático ruso. Dio origen al primer sistema general de geometría no euclidiana.

Loeb, Jacobo (1859-1924). Biólogo norteamericano de origen alemán. Primero en inducir la fecundación artificial *(partenogénesis).*

Logan, José G. (1920-   ). Físico norteamericano, autoridad sobre aerodinámica, combustibles de propulsión; jefe del laboratorio de la Aerospace Corporation, que dedica sus trabajos a los cohetes.

Lorentz, Enrique (1853-1928). Físico holandés. Relaciones entre electricidad, magnetismo y luz. Concepto de los electrones. Compartió el premio Nobel de 1902.

Marconi, Guillermo (1874-1937). Inventor italiano. Telegrafía inalámbrica.

McMillan, Edwin M. (1907-   ). Físico norteamericano. Radar de microondas y sonar. Codescubridor del neptunio y el plutonio. Compartió el premio Nobel de química de 1951.

Metchnikoff, Elías (1845-1916). Zoólogo ruso. Describió la actividad fagocítica de los glóbulos blancos de la sangre. Premio Nobel de 1908.

Moissan, Enrique (1852-1907). Químico francés. Aisló el flúor por electrólisis. Inventó el horno eléctrico. Premio Nobel de 1906.

Müller, Juan (1801-1858). Zoólogo alemán. Describió los conductos fetales (de Müller). Embriología. Patología general. Mecanismo de la voz.

Napier, Juan (1550-1617). Matemático escocés. Inventó los logaritmos. Introdujo el punto decimal en la escritura de los números.

Nernst, Gualterio (1864-1941). Físico y químico alemán. Ionización y astrofísica. Premio Nobel de 1920 por sus trabajos sobre la termodinámica.

Nieuwland, Julio (1878-1936). Químico norteamericano. Preparación del caucho artificial.

Nobel, Alfredo (1833-1896). Ingeniero químico suizo. Inventó la dinamita. Dio su fortuna para los premios Nobel.

Noguchi, Hideyo (1876-1928). Bacteriólogo japonés. Vacuna contra la fiebre amarilla. Aisló la espiroqueta de la sífilis.

Oberth, Hermann (1894-   ). Físico e ingeniero en cohetes germanonorteamericano. Ya en 1923 describió la nave espacial y el viaje por el espacio.

Ochoa, Severo (1905-   ). Bioquímico norteamericano. Síntesis del ARN. Premio Nobel de 1959.

Oerstad, Juan (1777-1851). Físico y químico danés. Padre del electromagnetismo. Descubrió que el campo magnético rodea al conductor eléctrico. Aisló el aluminio.

Ostwald, Guillermo (1853-1932). Químico alemán. Precursor de la electroquímica. Nitratos, produciendo ácido nítrico mediante la oxidación catalítica del amoniaco. Premio Nobel de 1909.

Pauli, Wolfgang (1900-   ). Físico austriaco. Descubrimiento del principio de exclusión. (En un átomo, no hay dos electrones que puedan encontrarse en el mismo estado quántico.) Premio Nobel de 1945.

Pauling, Linus C. (1901-   ). Bioquímico norteamericano. Aplicó la teoría quántica a la química, aclarando la valencia. Produjo anticuerpos sintéticos.

Perkin, Guillermo E. (1838-1907). Químico inglés. Sintetizó la anilina púrpura, primero de los colorantes de anilina. Padre de los perfumes sintéticos.

Piccard, Augusto (1884-1962). Físico suizo. Exploró la estratosfera y la profundidad del mar en la batisfera.

Pitágoras (569 a. de J.C.?-500 a. de J.C.?). Matemático griego. Sistema de geometría que comprendía el teorema de Pitágoras (lados de un triángulo rectángulo). Propiedades místicas de los números.

Proust, José L. (1754-1826). Químico francés. Descubrió el azúcar de uva. Fundó la ley de proporciones definidas.

Quimby, Edith H. (1891-   ). Física norteamericana. Uso médico de los radioisótopos y los rayos X.

Rabi, Isidoro I. (1898-   ). Físico norteamericano. Investigaciones sobre el magnetismo, la mecánica quántica, los neutrones. Premio Nobel de 1944.

Ramsay, Guillermo (1852-1916). Químico escocés. Uno de los descubridores del argón, el neón, el criptón y el xenón. Premio Nobel de 1904.

Rayleigh, Juan G. (1842-1919). Físico inglés. Codescubridor del argón. Investigaciones sobre la óptica y perfeccionamiento de las lentes. Premio Nobel de 1904.

Redi, Francisco (1626?-1697). Físico y biólogo italiano. Demostró que los seres vivos provienen de huevos u *otras* fuentes, probando el error de la teoría de la generación espontánea.

Rhazes (850-923). Médico mahometano. Autor de libros médicos de gran influencia en la ciencia médica.

Riemann, Jorge F. (1826-1866). Matemático alemán. Fundó una geometría no euclidiana. Teoría de las funciones de las variables complejas.

Roemer, Olaus (1644-1710). Astrónomo danés. Primero en determinar la velocidad de la luz: 300,000 kilómetros por segundo. Primer instrumento práctico de tránsito.

Roux, Guillermo (1850-1924). Zoólogo alemán. Investigaciones sobre el primer desarrollo del óvulo fecundado.

Sabin, Alberto B. (1906-   ). Virólogo norteamericano nacido en Polonia. Creó vacunas contra los virus; como, por ejemplo, el dengue, la influenza intestinal y la poliomielitis. Su vacuna contra esta última, consistía en virus "atenuados" en lugar de la vacuna de virus muertos de Salk. Recientes investigaciones sobre el cáncer.

Sanger, Federico (1918-   ). Bioquímico inglés. Síntesis de la insulina. Premio Nobel de 1958.

Schleiden, Matías (1804-1881). Botánico alemán. Descubrió que todas las plantas se componen de células.

Schrodinger, Erwin (1887-1961). Físico norteamericano de origen austriaco. Investigaciones sobre la teoría ondulatoria de la materia; teoría quántica. Relación de la estructura atómica con la mecánica ondulatoria. Premio Nobel de 1933.

Schwann, Teodoro (1810-1882). Fisiólogo alemán. Uno de los grandes investigadores de la estructura celular. Propuso la *teoría celular* con Schleiden y refutó la teoría de la *generación espontánea*. Descubrió la pepsina.

Segre, Emilio (1905-   ). Físico norteamericano de origen italiano. Compartió el premio Nobel de 1959 por la producción e identificación del antiprotón.

Shapley, Harlow (1885-   ). Astrónomo norteamericano. Investigaciones fotométricas y espectroscópicas. Estudió la estructura del universo.

Soddy, Federico (1877-1956). Químico inglés. Investigaciones sobre los isótopos y la trasformación de la emanación del radio en helio. Explicó la desintegración atómica. Premio Nobel de 1921.

Solvay, Ernesto (1832-1922). Químico belga. Proceso de producción barata del bicarbonato de sodio.

Spemann, Juan (1869-1941). Zoólogo alemán. Investigaciones sobre la mecánica del desarrollo embrional. Premio Nobel de 1935.

Stanley, Wendell M. (1904-   ). Bioquímico norteamericano. Investigaciones sobre los virus. Premio Nobel de 1946.

Steinmetz, Carlos F. (1865-1923). Ingeniero norteamericano de origen alemán. Investigaciones sobre la corriente alterna, pararrayos; perfeccionó los generadores y los motores eléctricos.

Szent-Gyorgyi, A. (1893-   ). Bioquímico húngaro. Síntesis de la vitamina C. Premio Nobel de 1937.

Tales (640 a. de J.C.-546 a. de J.C.). Matemático y astrónomo griego. Primer hombre de ciencia que predijo un eclipse de sol.

Descubrió la electricidad estática e importantes teoremas de la geometría.

Teller, Eduardo (1908-). Físico norteamericano nacido en Hungría. Estructura nuclear de la materia. Teoría quántica. Premio Einstein de 1959.

Tesla, Nicolás (1856-1943). Físico norteamericano nacido en Croacia. Inventó el sistema de iluminación de arco. Motores eléctricos. La bobina y el trasformador de Tesla.

Thorndike, Eduardo L. (1874-1949). Sicólogo norteamericano. Teorías de sicología educativa, comprendiendo leyes del aprendizaje y la asociación.

Tiselius, Arne W. (1903-). Bioquímico sueco. Química de las proteínas. Dos nuevos métodos para analizar las sustancias: adsorción y electroforesis. Premio Nobel de 1948.

Trudeau, Eduardo (1848-1915). Físico norteamericano. Precursor en ei ᴛ.atamiento de la tuberculosis.

Von Braun, Werner (1912-). Físico norteamericano nacido en Alemania. Diseño de cohetes, control de cohetes, proyectiles teledirigidos y vehículos espaciales.

Waksman, Selman A. (1888-). Bioquímico norteamericano. Nació en Rusia. Investigó los antibióticos, descubrió la estreptomicina y la neomicina con los cultivos de hongos. Premio Nobel de 1952.

Wallace, Alfredo (1823-1913). Biólogo inglés. Descubrió independientemente, al mismo tiempo que Darwin, la teoría de la selección natural.

Warburg, Otto (1883-). Bioquímico alemán. Descubrimiento de las enzimas respiratorias. Premio Nobel de 1931.

Watson, Juan B. (1878-). Sicólogo norteamericano. Teorías del conductismo (behaviorismo): pautas de estímulo-respuesta.

Wien, Guillermo (1864-1928). Físico alemán. Premio Nobel de 1911 por sus estudios sobre las leyes de la radiación térmica.

Wilkins, Mauricio H. (1916-). Biofísico inglés. Estructura molecular de los ácidos nucleicos (herencia). Investigaciones sobre el cáncer. Premio Nobel de 1962.

Wilson, Carlos T. R. (1869-). Físico inglés. Inventó la cámara de niebla para estudiar la actividad de las partículas ionizadas.

Wilson, Edmundo B. (1856-1939). Embriólogo norteamericano. Número de cromosomas de los organismos para los gametos y los cigotes.

Wolff, F. G. (1733-1794). Anatomista alemán y fundador de la embriología moderna.

Wright, Sewell (1889-). Geneticista norteamericano. Estudios matemáticos de la evolución.

Young, Tomás (1773-1829). Físico inglés. Teoría de la visión del color. Comprobó la teoría ondulatoria de la luz.

Yukawa, Hideki (1907-   ). Físico japonés. Predijo la existencia del *mesón*. Premio Nobel de 1949.

Zeeman, Pedro (1865-1943). Físico holandés. *Efecto Zeeman* relacionado con los cambios de la luz del espectro en un campo magnético.

BIBLIOGRAFÍA COMPLEMENTARIA

Astronomía

Adler, Irving .... The Stars
Bartky, Walter .... Highlights of Astronomy
Berry, Arthur .... A Short History of Astronomy
Dreyer, I. L. .... A History of Astronomy from Thales to Kepler
Johnson, Martin .... Astronomy of Stellar Energy and Decay
Levitt, I. M. y Dandridge .. Exploring the Secrets of Space
Scientific American (recopiladores) .... The New Astronomy

Biografía

Armitage, Angus .... The World of Copernicus
Bell, Eric T. .... Men of Mathematics
Bolton, Sarah .... Famous Men of Science
Cane, P. .... Giants of Science
Crowther, J. G. .... Six Great Scientists
De Kruif, P. .... Microbe Hunters
Fortune (recopiladores) ..... Great American Scientists
Harrow, Benjamin .... Eminent Chemists of Our Time
Hylander, C. J. .... American Scientists
Jaffe, Bernard .... Crucibles
Jaffe, Bernard .... Men of Science in America
Lodge, Oliver .... Pioneers of Science
Peattie, Donald .... Green Laurels
Pringle, Patrick .... Great Discoveries in Modern Science
Riedman, Sarah .... Men and Women behind the Atom
Science Digest (recopiladores) Science Milestones
Scientific American (recopiladores) .... Lives in Science
Shippen, Katherine .... Men of Medicine
Suter, Rufus .... A Gallery of Scientists
Thomas, Henry y Dana ..... Living Biographies of Great Scientists
Williams, Greer .... Virus Hunters
Yost, Edna .... Women of Modern Science

Biología

Brown, Harrison ....The Challenge of Man's Future
Carson, Rachel L. ....Under the Sea Wind
Gerard, R. W. ....Unresting Cells
Harrison, Kenneth ....A Guide Book to Biochemistry
Langdon-Davies, John ....Seeds of Life
Locy, W. A. ....Biology and Its Makes
Nasset, E. S. ....Food and You
Nicol, High ....Microbes and Us
Schrodinger, Erwin ....What Is Life? and Other Essays
Scientific American (recopi-
   ladores) ....Plant Life
Smith, Kenneth M. ....Beyond the Microscope

Ciencias de la Tierra

Carrington, Richard ....A Guide to Earth History
Fenton, Carrol y Fenton M. Giants of Geology
Hurley, Patrick M. ....How Old is the Earth

Ciencia en General

Bronowski, J. ....Science and Human Values
Calder, Ritchie ....Science in Our Lives
Conant, James B. ....Science and Common Sense
Eddington, Arthur ....New Pathways in Science
Engel, Albert (recopilador) New Worlds of Modern Science
Gaynor, Frank ....Concise Dictionary of Science
Hogben, Lancelot ....Science for the Citizen
Mackenzie, A. E. ....The Major Achivements of Science
Poincaré, Henri ....The Value of Science
Runes, Dagobert (recopila-
   dor) ....Treasury of World Science
Schneer, C. J. ....The Search for Order
Schroedinger, Erwin ....Science Theory and Man
Whitehead, Alfred North ....Science and the Modern World

Física

Andrade, E. N. ....An Approach to Modern Physics
Atkinson, William G. ....Introduction to Atomic Energy
Born, Max ....The Restless Universe
Eddington, Arthur ....Space, Time and Gravitation
Efron, Alexander ....Nuclear Energy
Gamow, George ....The Atom and Its Nucleus
Magie, W. F. ....Source Book in Physics
Planck, Max ....A Survey of Physical Theory
Taylor, Lloyd W. ....Physics, the Pioneer Science
Teller, E., y Latter, A. ....,..Our Nuclear Future

Historia de la Ciencia

Atkinson, D. T. .... Magic, Myths, and Medicine
Butterfield, H. .... The Origins of Modern Science
Crombie, A. C. .... Medieval and Early Modern Science
Dampier, William C. .... A Shorter History of Science
Findlay, A. .... A Hundred Years of Science
Haggard, Howard W. .... Devils, Drugs and Doctors
Hall, L. W. .... History and Philosophy of Science
Linday, Jean (recopilador) ... A Short History of Science
Moulton, F., y Schifferes, J. .. The Autobiography of Science
Pledge, H. T. .... Science Since 1500
Sarton, George .... Ancient Science and Modern Civilization
Sedgwick, Tyler y Bigelow .. A Short History of Science
Singer, Charles .... A Short History of Biology
Singer, Charles .... From Magic to Science
Smith, David E. .... History of Mathematics
Taylor, F. S. .... An Illustrated History of Science

Matemáticas

Adler, Irving .... The New Mathematics
Albert, A. A. .... Fundamental Concepts of Higher Algebra
Bell, Eric T. .... Mathematics, Queen and Servant of Science
Dadownian, H. M. .... How to Study, How to Solve
Hills, E. J. .... A Course in the Slide Rule and Logarithms
Klein, Felix .... Famous Problems of Elementary Geometry
Merrill, Helen A. .... Mathematical Excursions
Sommerville, D. .... The Elements of Non-Euclidian Geometry

Medicina

Abrahams, Adolphe .... The Human Machine
Atkinson, D. T. .... Magic, Myth, and Medicine
Burnet, F. M. .... Viruses and Man
Calder, Ritchie .... Medicine and Man
Haggard, Howard W. ...... Devils, Drugs and Doctors
Riesman, David .... The Story of Medicine in the Middle Ages
Rothenberg, R. E. .... Understanding Surgery
Shippen, Katherine B. ..... Men of Medicine

Química

Caron, M., y Hutin, S. ......The Alchemists
Findlay, Alexander ....Chemistry in the Service of Man
Hutton, Kenneth ....Chemistry: the Conquest of
                                     Materials
Read, John ....Prelude to Chemistry
Scientific American (recopi-
  ladores) ....New Chemistry
Whitmore, Frank C. ....Organic Chemistry

Sicología

Adler, Alfred ....Understanding Human Nature
Dunlay, Don, y otros ....Contributors to Modern
                                     Psychology
Freud, Sigmund ....Group Psychology and the
                                     Analysis of the Ego
Harriman, Philip L. ....Modern Psychology
Sargent, W. E. ....Teach Yourself Psychology

LOS CIEN GRANDES CIENTÍFICOS ORDENADOS SEGÚN LA ESFERA DE SU ESPECIALIDAD

Astronomía

Brahe
Copérnico
Galileo

Huygens
Jeans
Kepler

Laplace
Tolomeo

Biología

Agassiz
Aristóteles
Burnet
Cuvier
Darwin

Lamarck
Leeuwenhoek
Linneo
Mendel
Morgan

Müller
Pasteur
Spallanzani
Watson
Weissman

Física

Ampère
Aristóteles
Arquímedes
Avogadro
Bacon
Becquerel
Bohr
Boyle
Bunsen
Cavendish
Compton
Chadwick
Curie
Davy
Da Vinci
De Forest

Einstein
Faraday
Fermi
Galileo
Gauss
Gay-Lussac
Henry
Hooke
Huygens
Jeans
Joule
Kelvin
Lawrence
Maxwell
Meitner
Michelson

Millikan
Moseley
Newton
Ohm
Oppenheimer
Planck
Roentgen
Rumford
Rutherford
Seaborg
Thomsen
Thomson
Torricelli
Volta
Watt

Geología y Ciencias de la Tierra

Agassiz
Cuvier

Humboldt

Lyell

Matemáticas

Arquímedes	Euclides	Laplace
Descartes	Gauss	Newton
Einstein	Jeans	Pascal

Medicina y Fisiología

Banting	Harvey	Pavlov
Bernard	Hipócrates	Salk
Carrel	Jenner	Semmelweiss
Ehrlich	Koch	Vesalio
Eijkman	Lister	Virchow
Enders	Malpighi	Wundt
Fleming	Müller	
Galeno	Paracelso	

Química

Bacon	Davy	Pasteur
Becquerel	Faraday	Priestley
Berzelius	Gay-Lussac	Rutherford
Bohr	Langmuir	Scheele
Bunsen	Lavoisier	Urey
Cavendish	Mendeleiev	Watt
Curie	Moseley	Wohler
Dalton	Paracelso	

ESTA EDICIÓN SE TERMINÓ DE IMPRIMIR
EL 30 DE MAYO DEL 2000 EN EL TALLER DE
EDITORES, IMPRESORES FERNÁNDEZ, S.A. DE C.V.
RETORNO 7 SUR NÚM. 23 COL. AGRÍCOLA ORIENTAL
DELEGACIÓN IZTACALCO
C.P. 08500 MÉXICO, D.F.